⋮⋮ 머리말

27번째 책을 출판중이다. 격려와 채찍 사이에서 뿌듯한 보람이라면 과거에는 무조건 맞는다고 인식했던 중국 명리이론의 오류들을 꾸준히 교정하고 2차원에 머물던 사주명리에 시간과 공간을 불어넣어 4차원으로 도약하는 노력을 멈추지 않았다는 점이다.

2015년 즈음까지도 한국의 명리이론들은 格局, 旺衰, 用神, 十神의 범주를 맴돌았다. 그 논리의 심각한 문제는 실생활과 부합하지 않는다는 점이다. 매일 시공간 변화에 따라 일상을 살아감에도 時間도 空間도 없는 十神과 五行으로 生하고 剋하거나, 强하고 弱함만 살필 뿐이었다.

우리의 일상이 어찌 生하거나 剋하고, 强하거나 弱하기만 할까? 강한 듯 약하고, 약한 듯 강할 수는 없는 것인가? 用神을 정하면 평생 바꾸지 못한다는 논리도 이상하지 않은가? 매년, 매월, 매일 끊임없이 움직이고 변하는데 탄생할 때 받은 사주팔자에서 用神을 결정한들 무슨 소용이란 말인가?

아침에 일어나 일하고 저녁에 쉬어야하고 밤에 잠자리에 들고 다시 아침을 맞는 과정을 생각하면 그 움직임을 결정하는 것은 時間 그리고 집 혹은 사무실이라는 空間조합임이 분명하다.

時空間을 十神으로 표현하는 것은 참으로 어색하다. 傷官이기에 아침에 일어나고 印星이기에 잠자리에 드는 것일까? 身强과 身

弱으로 표현해도 어색하기는 마찬가지다. 신강해서 건강하고 신약하기에 질병에 시달릴까? 우리는 시공간을 따라 살아가는데 왜 사주이론은 현실에 부합하지 않는 生剋, 强弱에만 빠져있는 것일까? 운명을 결정하는 정체가 무엇인지 답을 찾는 과정은 참으로 혼란스러웠다. 과정을 간략하게 소개하면 이렇다.

2008년 즈음 우연히 地藏干을 원통으로 말아보다 四季가 순환하는 이치를 설명한 것임을 깨우쳤지만 순환을 주도하는 정체가 무엇인지는 전혀 눈치 채지 못했다. 2010년에 이르러 地藏干의 원리라는 제목으로 6개의 칼럼을 소개할 때에도, 2012년 時間의 정체를 찾아 방황하던 시기에도 그 정체를 찾지 못해서 물리서적까지 닥치는 대로 읽었지만 여전히 미궁에서 빠져나오지 못했다.

참으로 신비한 일이었다.
地藏干은 四季가 순환하는 이치를 설명하는 것임을 깨우쳤음에도 순환을 주도하는 정체가 時空間이라는 것을 깨우치는데 근 5년이라는 시간을 허비한 것이다.

時間과 空間이었구나!
四季를 순환하고 내 인생을 결정하는 정체가 바로 그였구나. 다행스럽게 時空間의 정체를 깨우쳐가던 2014년 즈음 강의를 시작하였고 자연스럽게 모든 이론에 時空間 개념을 불어넣음으로써 실생활에 부합하는 명리이론이 탄생할 수 있었다.

자연의 순환원리를 완벽하게 설명할 수 있는 유일무이한 존재는 동서양을 통틀어 地藏干(지장간) 뿐이라고 믿는다. 時間과 空間이 톱니바퀴처럼 회전하는 움직임을 그토록 정밀하게 그려내다니 놀라울 따름이다.

강의가 이어지면서 地藏干 내부에 깊이 감추어진 8개의 보물들을 캐내고 도덕경을 포함하여 27권의 책에 그 이치를 펼쳐냈으니 참으로 기쁘고 뿌듯한 일이다.

다만, 수 년 축적된 강의파일과 25권의 책 사이에는 일정의 거리가 있었는데 모든 강의 내용을 책에 풀어낼 수는 없었기 때문이었다. 항상 아쉬워했던 점은 책은 책대로, 강의파일은 강의파일대로 조화를 이루지 못하고 있다는 느낌이었기에 강의와 책이 유기적으로 연결될 때를 기다리고 있었다.

감사하게도, 壬寅년에 時空學의 골수를 동영상 강의와 책으로 연결할 수 있는 시간이 도래하였다. 하늘의 의지에 따라 강의파일과 책들 사이의 거리를 없애고 튼튼한 이론의 뼈대를 세울 기회가 생겼다. 강의에서 부족한 부분을 책으로 보충하고 또 책들에 빠져있던 뼈대를 동영상 강의로 보완하여 학습효과를 극대화 할 수 있을 것이라 믿는다.

2014년 ~ 2015년 강의내용들을 壬寅년 壬寅월부터 Youtube에 동영상으로 올리고 있으며 3시간 분량의 52강을 모두 올리기까지 나름의 시간이 소요될 것이기에 한편으로 예습하고 한편으로 복습이 가능하도록 6권의 책으로 출판할 예정이며 2024년 10월 이전에는 모두 완성될 것으로 믿는다.

강의를 책으로 출판하는 것이 어려웠던 이유는 구어체는 살리면서 가벼워 보이지 않도록 보완해야 했고 강의로는 이해하지만 책으로 표현하기 어려운 부분들을 보충하고 필요하면 추가도 했기 때문이었다.

時空命理學 Youtube에 올린 동영상과 이 책을 활용하면 학습 효율을 획기적으로 높일 수 있을 것으로 믿는다. 마지막으로, 강의파일을 책으로 출판하려면 내용을 정리한 노트가 필요했는데 오랜 시간 힘들게 정리한 노트를 주저 없이 제공해주신 권동우 선생님께 감사의 마음을 전합니다.

2024년 10월 19일

紫雲

- 차례 -

▆제 47강▆

◆天煞論 1
  天煞의 원리 9
  天煞의 개념 20

▆제 48강▆

◆天煞論 2
  天煞 궁위 29
  天煞 사주사례 42

▆제 49강▆

◆통변실전
  간지구조 이해 85
  地藏干이 透干하다. - 시간의 도래 91
  古書의 干支 透干 이해하기 92
  현대명리의 透干 이해하기 102

▆제 50강▆

◆地藏干 透干 - 때가 도래하다.
  地藏干 透干 - 時間의 도래 141
  十二支의 투간 원리와 의미 144
  (1) 子月 - 밖을 향하는 움직임 144
  (2) 丑月 - 응축과 폭발의 갈등 147
  (3) 寅月 - 뿌리를 하강하다. 151
  (4) 卯月 - 양쪽으로 갈라지다. 156
  (5) 辰月 - 함께 농사짓는 시기 158

(6) 巳月 - 벌과 나비가 모여드니　163
(7) 午月 - 열매가 열리고　167
(8) 未月 - 열매를 교류하다　170
(9) 申月 - 틀을 형성하다.　172
(10) 酉月 - 씨종자를 수확하다.　176
(11) 戌月 - 씨종자를 창고에 보호하다.　179
(12) 亥月 - 씨종자를 풀어내다.　182

▬제 51강▬

◆사주팔자 구조분석

　사주원국의 정체　191
　사주원국 구조 분석방법　193
　　地藏干 透干　193
　　宮位　194
　　干支　194
　　時間의 선후　195
　　사주원국 구조분석 방법　196
　　月支 時空이 중요한 이유　202
　　사주원국의 순차적인 시간흐름　204
　　월지 時空이 충족되는 宮位에서 발전　206
　　사주원국 구조가 인생을 결정　208
　　사주원국의 형충파해(刑沖破害).　210
　　時間의 중복 - 복음　211
　　명암으로 인생을 결정　212
　　時間方向 - 운의 길흉을 결정　213
　　日干의 時節　218
　　夾字　219
　　墓庫이론　221
　　三字조합　223
　　저승사자 이론　224
　대운 분석방법　227

세운 분석방법 233

☷제 52강☷

◆時間 方向과 사주사례 252

☷제 53강☷

◆ 시공명리학 운세 보는 방법(時運論) 1 306

사주팔자 원국 307
사주원국이 반응하는 방식 308
時空間과 宮位의 반응 309
時空間이 반응하는 방식 310
  1. 天干은 사주원국 天干 구조대로 반응 311
  2. 地支는 사주원국 地支 구조대로 반응 312
  3. 운에서 드러난 天干에 집중한다. 313
  4. 地藏干 透干과 천간 상황 314
  5. 大運 天干 315
  6. 大運 地支 316
  7. 歲運 天干 317
  8. 歲運 地支 318
  9. 月運, 日運 318
辰戌丑未에 대해서 327

☷제 54강☷

◆시공명리학 운세 보는 방법(時運法) 2 353

辰戌丑未 墓庫 417
夾字의 時運法 428

▬제 47강▬

◆天煞論 1
　　天煞의 원리 9
　　天煞의 개념 20

天煞의 원리

12신살 중에서 天煞은 六害와 더불어 매우 독특한 작용을 하는데 그 핵심은 인간의 육체와 정신에 지대한 영향을 미친다는 것입니다. 삶과 죽음은 물론이고 질병, 사고, 정신 모두에 관여합니다. 12신살은 괴강, 백호와 같은 三合운동의 범주를 벗어난 이론들이 아니며 四季를 순환하는 과정에 공간변화를 규정하는 명확한 논리로 육해와 천살은 육체와 정신, 심리에 지대한 영향을 미치기에 집중적으로 연구해야 합니다. 시공간 순환원리의 이치를 명확하게 설명하는 것은 天干 合과 三合운동이며 三合운동을 세분한 12神煞도 깊은 연구가 필요합니다. 또 三合, 12신살, 12운성의 차이에 대해서도 정확하게 구분해야 하는데 모르면 혼란에서 빠져나오지 못합니다. 甲乙丙丁에서 癸까지는 十干으로 하늘에서 지구에 방사하는 기운을 표현하였습니다. 물론 인간의 눈으로는 그 정체를 확인할 방법이 없기에 지구에서 반응하는 물형변화를 통해서 十干을 규정하였습니다.

선조들은 十干이 에너지를 방사하기에 지구공간이 움직이고 변화하여 물형변화를 일으킨다는 것을 깨달은 것입니다. 지구공간이 없다면 十干의 존재를 확인할 방법도 없습니다. 12개월을 지나는 과정에 기운이 계속 바뀌는데 예로 甲이 子丑寅卯辰巳午未申酉戌亥를 지날 때마다 변화합니다. 세분하면 亥子丑은 生, 寅卯辰은 長, 巳午未, 衰, 申酉戌은 滅하여 새로운 생을 기다립니다. 이 과정을 더욱 세분하면 12운성으로 열 두 공간을 지날 때마다 十干의 에너지 파동이 변화하는 과정을 표현하였습니다. 명리이론들이 복잡해진 이유는 지구의 時空間이 상이하게 움직이기 때문입니다. 하늘의 氣와 땅의 質이 상이하기에 甲과 寅이 즉각 반응하지 못하고 亥子丑寅 과정을 거칠 수밖에 없습니다. 亥에서 기운이 동하고 子丑을 지나고 寅에서야 비로소 天干 甲

의 존재가 地支 寅에서 모습을 드러냅니다. 근묘화실 과정으로 亥에서 丑까지의 준비과정을 거쳐야 합니다. 따라서 근묘화실의 본질은 시간과 공간의 엇박자를 표현한 것입니다. 甲寅으로 干支를 이루어야 하는데 甲子로 시작하는 이유는 바로 氣와 質의 반응이 상이하기 때문입니다. 天干이 地支에서 물질의 생장쇠멸과정을 거치는 이치를 三合과 12신살로 설명한 것이기에 하늘과 땅이 즉각 반응하면 三合과 12신살, 12운성 이론은 아무런 의미가 없습니다. 甲이 亥에서 준비하고 寅에서 존재를 드러내는 이유로 甲은 반드시 亥卯未 三合운동을 해야 하기 때문입니다. 비록 干支배합은 甲과 寅午戌, 甲과 申子辰임에도 亥卯未 三合운동으로 시간의 엇박자를 맞추려는 겁니다.

12운성은 天干이 주체이기에 에너지 파동을 관찰하고 三合과 12신살은 地支가 주체이기에 공간, 물질, 육체, 환경의 변화과정을 관찰합니다. 정리하면, 三合은 공간변화를 다룬 이론이고 세분하면 12신살입니다. 三合운동이기에 지살, 장성, 화개를 축으로 9개월을 순환하고 나머지 3개의 공간 겁살, 재살, 천살에서 존재를 드러내지 못하다가 지살에서 새로운 三合을 출발합니다. 12운성은 장생, 제왕, 묘지라고 표현하는데 기운을 표현한 용어들이고 지살, 장성, 화개는 물질을 표현한 용어들입니다. 하늘, 기운, 에너지, 시간을 다루는 12운성과 육체, 물질, 공간을 다루는 神煞의 차이입니다. 따라서 墓地라는 표현에는 기운을 담았고 화개라는 표현에는 물질, 육체를 담았습니다. 年支가 화개라면 과거의 화려한 유산을 물려받거나 유산을 탕진하고 빈손으로 새롭게 출발합니다. 墓地는 무기력한 기운을 표현하였기에 개념이 상이하지만 하늘이 땅에 이르렀고 땅은 하늘의 기운을 품었기에 차이가 없다고 느낍니다. 천간의 윤회과정은 물질계 甲乙丙丁戊己庚辛과 영혼을 상징하는 壬癸로 구분할 수 있습니다. 甲에서 辛까지는 탄생해서 사망하는 순간까지를 표현하였고 壬癸는 영혼의 세계를 상징합니다. 두 과정이 중요한 이유는 甲에서 辛까지 축적했던 업보를 壬癸에 풀어내고 甲木으로 탄생하면 그 업보가 육체에 들어와 함께하기 때문입니다.

《十宮圖2(인간의 일생)》

재탄생	윤회	시주	일주	월주	년주
甲(1)	壬(9)	庚(7)	戊(5)	丙(3)	甲(1)
	癸(10)	辛(8)	己(6)	丁(4)	乙(2)

직선의 시간흐름 ←------------------------

윤회 궁의 壬癸 영혼은 반드시 甲을 타고 육체로 들어오지만 활용하는 방식은 30세 좌우를 기준으로 달라집니다. 30세 이전에는 육체성장에 집중하기에 전생의 업보를 잘 느끼지 못하지만 30세가 넘어가면 성장을 완료했기에 대략 35세 즈음에 年柱에 드러난 전생업보를 이어받아 일주와 조합하여 활용하기 시작합니다. 예로 乙巳년 戊寅일이라면 戊寅이 乙巳를 어떤 방식으로 이어받고 활용하는지 살펴야 합니다. 乙巳를 정신으로 활용하여 生氣를 전파하기에 교육, 공직, 사회발전을 위한 봉사활동을 하거나 육체적으로 활용하면 성욕으로 生氣를 확산합니다. 어느 방식을 택할 것인가는 전생업보와 사주구조에 따라 달라집니다.

乾命			
時	日	月	年
癸酉	甲申	辛酉	癸酉

무기력해 보이는데 정력이 뛰어납니다. 수많은 金氣들을 癸水가 풀어냅니다. 따라서 癸水가 없다면 金氣들의 쓰임이 낮습니다. 대운도 역행하여 巳午未를 지나는 과정에 수많은 金氣에 열을 가하면 뜨거워진 金氣들이 癸水를 향해서 튀어 가는데 엄청난 성욕을 상징합니다.

乾命			
時	日	月	年
丙寅	甲申	壬申	己酉

申申酉로만 있으면 가치가 낮지만 壬水가 있기에 활용도가 높습니다. 丙火도 있기에 배합이 더욱 좋습니다. 丙火가 金氣에 빛과 열을 가하면 壬水를 향해 달려듭니다. 일지 배우자 宮位에 申申酉로 많은데 壬水를 향해 튀어갑니다. 壬水는 유일한 水氣이기에 여자들이 줄을 서는 모습입니다. 日支와 동일한 오행이 많으면 배우자나 이성이 많기에 관계가 복잡하고 정력이 좋지만 十神으로 판단하면 관살혼잡이기에 정반대로 읽습니다.

乾命			
時	日	月	年
乙酉	乙酉	癸巳	辛酉

甲午년에 癸水가 金氣들을 줄 세웁니다. 乙木이 甲木을 만나 육체를 적극적으로 활용합니다. 또 수많은 金氣들이 午火에 자극받으면 유일한 통로 癸水를 향해 튀어가고 癸水는 乙木을 향합니다. 十神으로는 金氣들을 여성으로 판단할 수 없고 오히려 수많은 偏官들에게 剋당하여 죽을 것처럼 보입니다. 하지만 실제상황은 정력이 좋고 여자가 많습니다. 酉金은 일지에 있기에 배우자를 상징하며 동일한 五行이 많기에 일간 주위에 여성들이 많습니다. 그들이 원하는 것은 癸水에 金氣를 풀어내서 乙木을 향하는 겁니다. 만약 壬水. 癸水가 많으면 金氣들은 욕망을 풀어낼 통로가 많기에 굳이 乙木을 찾아올 이유가 없습니다. 癸水가 하나뿐이기에 여자들이 아우성거리면서 씨종자와 같은 金氣를 풀어달라고 乙木을 찾아오는 겁니다. 甲午년에 수많은 유부녀들과 관계했다고 합니다. 왜 유부녀들일까요? 년에 辛酉가 있기 때문입니다. 辛酉입장에서 살피면 甲午년에 자신의 자식과 같은 甲木을 만나 자극받고 癸水를 통하여 乙木을 향해 옵니다.

坤命			
時	日	月	年
乙酉	乙丑	癸酉	甲辰

戊寅년이 오면 천간에서 乙癸戊 三字조합과 癸甲戊 三字조합이

동시에 이루어집니다. 문제는 戊癸 合해버리면 수많은 金氣들이 적절하게 水氣에 풀어지지 못합니다. 癸水가 酉金을 풀어내는 작용이기에 남편은 癸水를 통하여 의지를 드러냈지만 戊寅년에는 남편의 움직임이 답답해집니다. 남편이 교통사고로 사망했습니다. 地支에서 酉丑辰 三字조합으로 교통사고 물상이 분명합니다. 金氣가 癸水에 풀어질 때는 문제가 없었는데 癸水가 戊土에게 묶이자 木金이 다투면서 殺氣가 강해졌습니다.

주제로 돌아와서, 十干이 地支에서 드러내는 파동을 12운성이라 부르고 十干이 땅에 전달되고 물질로 변화하는 과정을 三合과 12신살이라 부르며 지살, 장성, 화개 삼각형을 축으로 출발하고 왕성해졌다가 마감합니다. 공간, 환경, 물질, 육체의 변화를 살피기에 12신살을 이해해야 내가 살고 있는 공간변화를 이해합니다. 신살의 근본원리를 설명하는 책을 찾기 어렵습니다. 자연의 순환원리인 12신살을 사주팔자 통변기교로 활용해서 그렇습니다. 지살과 역마는 상이함에도 지살도 해외, 역마도 해외라고 합니다. 신살의 핵심은 육해와 천살 그리고 재살인데 육해에 대해서는 명리 바르게 학습하기 전문 편에서 자세히 다루었습니다. 이 章에서는 天煞에 대해 살펴보겠습니다.

천살과 육해는 인간의 생사, 질병, 사건, 사고, 경제에 개입해서 주로 망가뜨리는 작용을 합니다. 申子辰 三合을 기준으로 申酉戌, 亥子丑, 寅卯辰, 巳午未로 순환하는데 申酉戌은 申子辰 三合의 출발점이고 亥子丑은 三合의 기운이 왕성해지고 寅卯辰에서 三合을 마감하고 巳午未에서는 申子辰 三合이 철저히 무력화 됩니다. 따라서 地煞은 三合운동을 출발하지만 역마는 三合을 정리하고자 출발합니다. 전혀 근거가 없던 시공간에서 출발하는 것은 지살이지만 익숙한 공간에서 상황이 불리해지자 더 좋은 곳으로 이동하고자 출발하는 것이 역마입니다. 이런 이유로 역마에서는 지금까지와 다른 직업을 찾으려고 합니다. 예로, 庚子년생이라면 申子辰 三合운동을 하기에 寅에서 역마를 만나 새로운 일로 전환합니다. 다만, 역마에서의 전환은 장기적이지 못합니다. 지살에서 반안까지 오랜 기간 활용했기에 발전하기 어려운 상황에 처하자 역마에서 三合을 정리하고자 일시적으로 변화를 주는 것이기에 직업을 바꿔도 오래 유지할 상황이 아닙니다. 申子辰 三合을 기준으로 寅卯辰은 역마, 육해, 화개인데 육해의 사망을 준비하고자 마지막 불꽃을 피우는 공간이 역마입니다. 따라서 역마의 상황은 이전과 비교하면 그릇이 작아졌고 권력도 없으며 명예는 남았지만 주위에서 알아주는 것도 아닙니다. 다만 역마에서 나름대로 발전하고 돈을 벌 수 있는 이유는 기존에 활용했던 권력과 명예를 활용하기 때문입니다. 예로, 대통령에서 물러났지만 출판과 강의로 대통령 월급보다 많은 수입이 가능하고 인맥을 활용해서 이권을 취할 수 있습니다. 따라서 역마에서 크게 발전한다는 착각에 빠지지만 일시적이며 그렇게 하는 이유는 육해에서 물질과 육체를 빼앗아서 사망에 이르게 만들려는 자연의 의지 때문입니다. 역마에서 반드시 발전하는 상황을 연출하는 것은 모두 하늘의 설계로 육해에서 소유한 육체와 물질을 강탈해서 죽음으로 몰아갑니다.

장사, 사업이 예상보다 발전하자 무리하게 확장하다 육해에서 다 빼앗기고 화개에 빠집니다. 소위 삼재라고 부르는 과정으로 하늘의 설계도와 같습니다. 申子辰 三合을 기준으로 庚寅, 辛卯, 壬辰년이 역마, 육해, 화개로 三合운동을 마감하는 과정입니다. 癸巳년부터는 겁살의 기운을 받아서 상상하지 못했던 전환이 이루어집니다. 癸巳, 甲午, 乙未 겁살, 재살, 천살을 지나는 과정에 상상도 못했던 시공간에서 경험한 적이 없는 방식으로 장사, 사업, 직업을 경험합니다. 그리고 丙申年 지살에 이르면 향후 9년 동안의 장기적인 미래를 출발합니다. 이런 방식으로 12년이 순환합니다. 庚寅년 역마에서 일시적으로 변화를 준 행위는 壬辰년 화개에서 마감되고 癸巳년 겁살에서 이상한 직업이나 인연과 연결되지만 기존과 너무 달라서 안정감이 없습니다. 癸巳년에서 乙未년까지는 이런 상황이 이어지다가 丙申年에 새로운 활동을 시작하는데 대부분 장기적인 직업, 인연, 시공간입니다. 申子辰생에게 卯木과 乙木은 육해로 사망을 상징하고 전생, 조상신, 영혼을 상징하는데 未土 천살에도 地藏干에 乙木을 품었기에 육해와 천살의 기운이 이어집니다. 사주팔자에 육해나 천살이 있는 사주상담사가 상담과정에 생각지도 않았던 통변들이 튀어나오는데 육해와 천살의 작용입니다. 그래서 육해와 천살은 종교, 명리, 철학과 인연이 강하다는 겁니다.

육해는 집중해서 공부하면 학습효과가 뛰어나지만 육체로 활용하면 굉장히 상반된 강한 성욕을 상징합니다. <u>죽음을 불사한 성욕</u>이라고 표현했습니다. 육해가 天干에 드러나면 정신적으로 불안정해지고 방황하지만 적절하게 활용하면 깊은 공부가 가능합니다. 육해, 천살을 효율적으로 활용하는 것이 바로 교육, 종교, 명리, 철학입니다. 천살은 하늘의 명령을 받들어야 합니다. 저승에서 이승으로 넘어오는 갈림길에서 하늘이 원하는 것이 무엇인지 집중해서 들어야 합니다. 탄생하기 전에 이승에서 살아가야 할 숙제를 받는 과정이라고 이해하면 쉽습니다. 하늘의 의지를 찾아내고 섬기는 것이 천살입니다. 하늘에 순응하면 복을 받습니다. 乙未년에 申子辰생들에게 하늘이 원하는 것은 공부하면서 하늘의 의지를 따르라는 것입니다.

坤命			
時	日	月	年
불명	己酉	癸未	庚子

庚子를 기준으로 未土가 천살입니다. 역마에서 발전하게해주고 육해에서 갑자기 빼앗아버리고 화개에서 죽음으로 몹니다. 겁살에서 탈출구를 찾지만 엉뚱한 행위를 할 수도 있습니다.

坤命			
時	日	月	年
불명	辛巳	壬子	壬子

일지가 巳火인데 壬子의 시기에 스튜어디스 하다가 38세 일지 巳火 겁살에 이르자 갑자기 중국에서 피부미용 업에 종사합니다. 사주원국에 겁살이 있으니 기존의 시공간을 포기하고 멀리 떠나서 임시방편으로 직업을 삼았습니다.

이런 과정을 만들고자 역마에서 발전을 제공하고 육해에서 빼앗아서 화개에서 갈림길에 서게 만들고 겁살에서 엉뚱한 행동을 하도록 유도합니다. 그리고 재살, 천살을 지나 地煞에서 다시 정상적인 환경, 직업, 심리를 출발합니다. 이처럼 12신살 순환과정에서 요동치는 공간이 바로 육해와 천살입니다. 육해가 심각한 이유는 묘지로 들어가기 전에 地煞을 묶고 將星도 破시켜서 왕성한 기운들을 망가뜨린 후 화개로 들어가기 때문입니다. 다만, 六害에서 갑자기 망가뜨릴 수 없기에 역마에서 신기루처럼 일시적으로 발전하게 해준 다음 소유한 것들을 빼앗아버립니다. 하늘의 속임수가 매우 뛰어납니다. 마치 IMF 이전 상황처럼 크게 발전하다 갑자기 쪼그라듭니다. 육해는 지살, 장성의 멱살을 잡고 화개로 돌아가기에 육체와 물질을 버릴 수밖에 없는 상황으로 내몰립니다. 이런 신기루에 속지 않으려면 역마에서 무리한 확장은 금물입니다. 1-2억 미끼를 던져주면서 10-20억을 투자하게 만들고 빼앗아버립니다. 대운에서도 뚜렷하게 영향을 받는 사주사례들이 있는데 육해 대운 10년 동안, 심지어는 20년 동안 매우 불편한 환경에서 살아갈 수 있습니다. 亥卯未 三合의 경우, 육해가 午火인데 丙午, 丁未대운을 만나면 午火, 丁火 육해의 영향을 받아서 20년 방황할 수 있습니다.

육해는 墓地 내부로 향하기에 사업 확장보다는 땅이나 부동산으로 장기적으로 보유해야 재물을 탕진하지 않고 지킬 수 있습니다. 혹은 내면을 추구하는 직업들로 전환하는 것도 좋은데 종교, 명리, 철학, 교육, 기공, 단전호흡, 요가와 같은 것들입니다. 물질을 탐하면 상황이 급속하게 나빠질 수 있으며 이상한 현상들이 발생합니다. 겁살, 재살, 천살에서는 생뚱맞은 시공간에서 좌충우돌 적응해 갑니다. 사람, 직업, 공간, 환경도 과거에 경험한 적이 없는 시공간들입니다. 특히 災煞을 수옥이라 부르는데 三合운동의 범위를 벗어나 三合의 중심 장성을 沖으로 공격합니다. 유전무죄, 무전유죄처럼 어렵게 살고 있는데 王은 가장 높은 곳에서 겁살, 재살, 천살 싸구려 인생들을 돌보지 않습니다. 겁살에서 고향으로 돌아가지도 못하고 길바닥에서 서성이는데 똑똑한 놈이 왕에게 반기를 들고 난을 일으킵니다. 왕은 높은 곳에서 겁살, 재살, 천살을 관찰하기에 이기지도 못할 것을 알면서도 대항하자 將星은 법률을 활용해서 재살을 교도소에 잡아넣습니다. 이런 이유로 <u>재살은 범죄, 반역, 약탈, 불법, 강탈,</u>

사기로 교도소에 들어갑니다. 물론 사주구조가 좋아서 재살을 적절하게 활용하면 판사, 검사, 경찰로 활용합니다. 잡아들이거나 잡혀서 들어가거나 사주구조에 따라서 달라집니다. 재살에서 방황하다 천살에 이르면 심신이 지쳐서 고향으로 돌아가고 싶어집니다. 三合운동 9개월 동안은 물질과 육체가 풍요로운 땅인데 육해에서 물질과 육체를 빼앗기고 영혼의 세계로 넘어간 상태가 겁살, 재살, 천살로 戌亥천문이라 불립니다. 酉金 육해가 戌土 墓地에 들어가고 亥水 영혼의 세계로 넘어가 色界에서 살았던 辛金 씨종자를 풀어내는 과정이 壬水이고 새 영혼을 얻는 과정이 癸水입니다. 神煞로는 壬水가 劫煞이고 癸水가 災煞입니다. 마지막 단계 丑土는 天煞로 영혼과 육체가 결합하는 과정으로 새 육체를 얻어서 미래를 결정하는 공간입니다. 이처럼 중요한 의미를 지닌 天煞이 刑沖을 만나면 태어나기도 전에 육체와 정신에 장애가 생기는 것과 다를 바 없습니다.

윤회의 마지막 과정이 천살로 영혼만 있다가 전생의 업보와 부모의 육체가 결합하여 잉태하고 지살에서 탄생하기에 천살은 저승과 이승을 이어주는 시공간이자 육체와 영혼이 결합하기에 문제가 발생하면 선천적으로 지체장애, 육체장애를 가지고 태어나는 문제가 발생합니다. 예로, 寅午戌 三合의 경우 丑土가 천살인데 未土가 와서 沖하면 심각하지 않지만 사주원국에서 丑土와 子水, 癸水와 연결되면 子水도 상하면서 심각할 수 있습니다. 丑土와 未土가 沖하면 무리는 없는데 戌土가 刑하면 오히려 심각할 수도 있습니다. 예로, 未土가 천살인데 戌土가 와서 刑하면 더욱 흉할 수 있습니다. 경험한 바에 의하면 천살은 오히려 刑의 작용이 더 무섭습니다.

天煞의 개념

천살에 대해 정리해보겠습니다. 영혼의 세계에서 윤회과정에 겁살, 재살, 천살을 지나면서 새 육체를 얻어 태어날 준비합니다. 물질, 육체도 없고 땅도 없는데 엉뚱한 공간에서 삼년을 지나는 과정에 엄마 배속과 같은 천살에서 성장하여 地煞에서 탄생합니다. 결국 地煞의 길흉은 天煞의 동태에 따라 달라지기에 흔들려서 좋을 것이 없고 천살은 사주팔자에 없는 것이 좋다고 합니다. 영혼과 육체가 결합하여 탄생을 준비하는 과정이 천살인데 노출되면 영혼처럼 보이지 않아야하는 존재가 노출된 것과 같아서 흉합니다. 영혼과 육체의 갈림길이 天煞과 地煞로 未申, 丑寅, 辰巳, 戌亥의 과정이며 辰巳, 戌亥를 천라지망이라고 부르는 이유입니다. 未申 귀문, 丑寅 귀문이라 부르는 이유도 모두 정신과 육체의 갈림길이기 때문입니다. 인간은 반드시 죽어야만 갈 수 있는 시공간으로 업보, 영혼, 육체를 결정하는 것이 바로 천살로 하느님, 조상님, 스승님에 비유합니다. 새 영혼을 얻고 새 생명을 준비하기에 철저히 보호해야할 대상입니다. 年柱를 기준으로 天煞에게 덤비면 좋지 않습니다. 예로, 申子辰 생은 未土가 天煞로 모셔야할 대상입니다. 천살에서는 물질, 육체는 없지만 정신을 추구하면 神의 자식처럼 높은 경지에 오를 수 있습니다.

天煞은 표현대로 하늘에서 내리는 벌입니다. 인간의 능력으로는 극복하기 어렵습니다. 자연재해, 천재지변, 화산폭발, 홍수, 태풍 등으로 인간의 통제에서 벗어나기에 손 쓸 방법이 없습니다. 고대에 전염병 등으로 해결하지 못하는 상황이 천살입니다. 개운 방법은 무조건 하늘에 살려달라고 비는 것이라고 합니다. 천살에 해당하는 辛未년 戌월에 죽음을 목전에 두었지만 무조건 살려달라고 빌어서 건강을 회복하였습니다. 사망, 질병, 도산, 사별, 육체고통, 정신이상 등 다양한 물상들이 천살에서 나옵니다. 12신살 중에서 天煞과 六害만 이해해도 현실에서 이해하기 어려운 현상들의 이유를 살필 수 있습니다. 이것을 모르기에 格局과 用神, 十神 生剋으로 풀어보려고 애 쓰지만 신살과 전혀 다른 이론체계이기에 분석하기 어렵습니다. 천살을 가장 효율적으로 활용하는 방법은 교육이기에 열심히 공부해야 합니다. 특히 월지 천살은 평생 공부해야 합니다. 육해와 천살이 사주팔자에 드러나면 하늘의 행위가 인간의 눈에 노출된 상황으로 드러나지 말아야할 하늘의 기운이 인간의 몸에 내재한 것입니다. 둘째, 天煞은 내가 어떤 인간으로 태어날지를 결정하는 방위이기에 나의 존재가치를 결정합니다.

내 존재이전의 존재를 상징하기에 법원, 청와대, 국방부, 동사무소, 교회, 성당, 사찰처럼 나보다 훨씬 높은 정신적, 육체적, 법률적 결정권을 가진 기관을 상징합니다. 해외에서는 영사관, 대사관이 내 존재를 증명합니다. 태극기가 펄럭이는 국가기관들이 천살입니다. 현재 살고 있는 집을 기준으로 태극기가 걸려있는 관공서가 천살방위에 있다면 적절한 집에서 살고 있지만 없다면 오래 살지 못한다고 판단합니다. 天煞의 地藏干에는 六害가 담겨있기에 육해보다 훨씬 복잡하며 육체, 물질, 정신을 모두 포함합니다. 천살은 영혼과 육체가 결합하여 탄생을 기다리기에 인간의 정신세계를 지배하며 이해하기 어려운 현상들이 발생합니다. 기도, 절, 제사 지내는 방향도 천살방향이고 스승도 천살띠를 모셔야 학습에 효과적입니다.

셋째, 천살의 의미를 시공간으로 살피면, 다가올 미래에 탄생을 기다리기에 그 방위에 있는 건물, 물건, 사람이 미래를 암시합니다. 예로, 절이 있다면 종교와 깊은 인연, 술집이 많으면 향락을 즐기는 인생입니다. 학교가 있다면 교육과의 인연이 펼쳐질 것입니다. 참고로 지살과 역마에 출입구가 있어야 발전하지만 육체와 물질이 가장 왕성한 장성 방위에는 출입구가 없어야 하며 막혀야 좋습니다. 역마와 지살 방위에 출입구가 있어야하는 이유는 시작을 상징하는 지살과 역마에 문이 나야 발전하기 때문입니다. 이처럼 반드시 뚫어야 좋은 공간과 반드시 막혀야 좋은 공간에 대한 이해가 필요합니다. 청와대처럼 산으로 장성을 보호하면서 겁살, 재살, 천살에 있는 백성의 동태를 살펴야 좋은 구조입니다.

왕은 절대로 將星 방위가 개방된 공간에서 살 수 없습니다. 요새, 성벽, 만리장성, 배산임수 모두 장성을 지키려는 노력입니다. 왕은 신하를 상대할 때 반드시 높은 곳에서 낮은 곳을 바라봅니다. 바로 겁살, 재살, 천살 방향으로 그들의 움직임과 동태를 한눈에 살필 수 있는 자리입니다. 장성에게는 물질, 육체가 없는 겁살, 재살, 천살 방위는 천박한 공간이 분명합니다. 오해하지 말아야할 점은, 물질, 육체를 기준으로 판단한 것이지만 영혼을 기준으로 살피면 뛰어난 지도자, 스승, 조상이 천살입니다. 육체와 물질이 가득한 상태로는 절대로 갈 수 없는 경지의 정신입니다.

넷째, 근본터전을 제공하는 방위입니다. 윤회과정에 전생의 육체를 버리고 새 영혼과 육체를 받기에 인간의 근본과 같습니다. 十宮圖 2 윤회 궁에서 영혼과 육체가 결합하는 공간으로 저승과 이승의 갈림길이기에 조상의 묘지가 천살방위에 있어야 음덕을 받을 수 있다고 합니다. 엉뚱한 방위에 있다면 이사해서 천살 방위를 맞춰야 좋다는 것입니다. 부자가 되려면 방위의 개념을 적극적으로 활용해야 합니다. 우리는 물질, 육체에서 벗어날 수 없기에 방위를 효율적으로 활용해야 합니다. 음택, 양택이 사주팔자보다 중요하다고 주장하기도 합니다. 아무리 사주팔자가 좋아도 땅 기운이 나쁘면 복을 받지 못한다는 주장입니다. 오묘한 이치를 품은 것이 神煞인데 적절하게 활용하지 못하고 역마, 지살만 활용합니다. 결국 땅과 방위는 물질과 육체를 유지하는 근본이며 三合과 神煞은 물질과 육체를 판단하는 기준을 제공하기에 그 가치가 매우 높습니다. 신살을 판단하는 기준은 年支이지만 日支를 활용하는 경우도 많은데 변통이 많으면 기준이 불안정하기에 年支 만을 활용하는 것이 바람직합니다. 年柱는 전생업보를 이어받은 宮位이기에 그렇습니다. 반드시 활용할 신살 방위를 정리하면, 수면할 때 머리 방향은 장성, 출입문은 지살과 역마, 뻥 뚫려야 하는 방위는 겁살, 재살, 천살, 물이 잘 빠져야 좋은 방위는 육해입니다.

다섯째, 천살은 살려 달라고 애원하는 방위로 인간의 능력으로는 통제할 방법이 없기 때문입니다. 영혼의 세계이기에 내 의지로 해결할 방법이 없으니 하늘의 도움을 받아야 합니다. 혹은 억울한 일을 당했을 때 호소하는 방위이기도 합니다.

여섯째, 천살의 지위는 훨씬 높습니다. 巳酉丑 三合운동과 연결되는데 망신, 육해, 천살은 권력과 이권을 활용하는 씨종자 집단입니다. 巳火, 酉金, 丑土 三合운동은 바로 庚辛 씨종자의 三合운동과정이기에 씨종자들끼리 세력을 형성해서 이권과 권력을 탐합니다. 인맥이 없는 일반인은 절대로 참여할 수도 없고 취할 수도 없는 권력과 이권을 누리기에 인맥을 활용해야만 하는 상황이라면 망신, 육해, 천살 띠를 찾아야 합니다. 정리하면, 巳酉丑 三合운동의 본질은 동일한 씨종자끼리 이권과 권력을 유지하는 것입니다. 사주팔자에 있는 천살을 잘못 활용하면 이권, 권력에 빌붙어서 지름길을 택하고 가난하면서도 브랜드만 고집하면서 거드름을 피우는 사례들입니다. 자신보다 젊어도 천살 띠에 해당하면 함부로 대할 수 없는 이유입니다. 학습과정에 비유하면 제자의 띠를 기준으로 선생이 천살에 해당하면 오래도록 학습할 수 있는 제자가 분명합니다.

일곱째, 영혼의 세계를 상징하는 천살에서 지혜를 얻어야하기에 학생을 포함하여 학습방위는 재살, 천살이 좋습니다. 재살, 천살에서 공부하다 장성, 반안을 향하여 공부하면 30분도 지나지 않아서 졸립니다. 천살 방위는 육체, 물질이 없지만 하늘이 지배하는 공간이므로 이권과 권력을 활용할 수 있다고 했습니다. 물질보다 상위 영혼의 세계와 같아서 일반인들의 정신을 지배하고 이권, 권력을 활용하는 겁니다. 영국왕족, 일본 황족들은 일 하지 않음에도 이권, 권력을 마음껏 행사하고 누립니다. 높은 수준의 영혼으로 일반인들의 재물을 활용하기 때문입니다. 이처럼 天煞은 육체와 물질이 없음에도 권력, 이권을 활용해서 품위와 명예를 유지합니다. 천살이 사주에 있으면 돈도 없으면서 명품으로 품위를 유지하려고 애쓰는 이유입니다. 망신, 육해, 천살 三煞은 물질적으로 풍부하지 않지만 언제라도 이권, 권력을 활용해서 원하는 것을 취할 수 있다는 사고방식을 가졌습니다. 따라서 천살을 품위 있게 쓰느냐에 따라서 손가락질을 받거나 칭찬 받거나 극명하게 갈립니다. 결국 천살은 타인의 육체나 재물을 활용하는 겁니다. 자신이 소유한 돈은 없기에 타인을 위한 행위를 해야 합니다. 직업으로 종교, 교육, 철학, 정치에 해당하며 물질을 추구하면 해외무역, 식품유통 등입니다. 未土가 천살이면 평생 공부해야 합니다. 특히 月支에 천살이 있으면 직업궁에 해당하기에 교육으로 활용하는 것이 좋습니다. 천살 운에는 물질을 추구하기 어렵기에 장사, 사업 인연이 박합니다. 만약 사업하려면 중개업 유통업 정도입니다. 직접 투자하는 사업은 천살에 적절하지 않습니다. 부동산 중개처럼 타인의 재물을 다루는 것이 적합합니다. 마지막으로 천살은 노출되면 좋지 않다고 했습니다. 엄마 배속에서 영혼과 육체가 결합하여 조용히 성장하다 지살에서 밖으로 나와야하기에 안정을 요하는데 천살이 사주원국이나 운에서 드러나면 刑沖破害로 불안정해지고 육체와 정신이 망가지면서 문제가 발생합니다. 예로, 뇌출혈, 심장마비, 갑작스런 교통사고 등으로 육체가 상하고 정신이 이상해집니다. 사주구조가 나쁜데 천살이 刑沖破害로 불안정해지면 심각한 문제들이 발생합니다. 丑戌 刑, 戌未 刑, 破에 걸리고 六害도 개입되면 더욱 흉합니다. 하늘에서 일으키는 이상한 현상들은 用神이나 生剋으로 풀어낼 수 없습니다. 귀신장난을 格局, 用神, 조후, 十神으로는 살피지 못합니다. 천살은 색계 밖에 있기에 눈으로 볼 수 없는데 사주원국 혹은 운에서 드러나면 하늘의 기밀이 노출되는 상황입니다. 천살예문은 흔할 정도로 많고 심각한 사례들도 넘쳐납니다. 동일한 土임에도 문제가 심각하다면 天煞 가능성이 높습니다. 또 子午卯酉 중에서 문제를 일으키는 것은 육해일 가능성이 높습니다. 이 차이를 이해해야 보이지 않던 부분들이 보입니다. 천살 운에 직장을 그만두는 경우가 많은 이유는 辰戌丑未 土의 특성이기도 하지만 천살의 地藏干에 사망을 암시하는 六害가 주위로부터 따돌림 시키기 때문입니다.

乾命				陰/平 1964년 6월 20일 00:35							
時	日	月	年	83	73	63	53	43	33	23	13	3
壬子	戊寅	辛未	甲辰	庚辰	己卯	戊寅	丁丑	丙子	乙亥	甲戌	癸酉	壬申

乙대운에 六害가 천간에 드러나자 정신적으로 방황합니다. 중국에 유학하여 기존의 사회활동 반경에서 벗어납니다. 월지 未土가 있는데 戌土를 만나거나 戌土가 있는데 未土를 만나면 하던 일을 그만두고 새 출발하는 경우가 많습니다. 특히 이 사주처럼 년에 있는 甲木이 월지 未土에서 墓地를 만나면 그 공간을 포기하는 상황에 처합니다.

이런 이유로 辰戌丑未는 과거를 청산하고 새 출발하는 기운입니다. 墓地를 지나오면 과거가 아무리 화려해도 다시 돌아가기 힘듭니다. 天煞과 六害의 地藏干에는 六害의 특징인 사망, 고독, 따돌림 물상을 품었기에 과거보다 화려할 수 없는 것이 바로 天煞을 지날 때입니다. 화려한 과거는 끝나고 존재감을 드러내기 어렵습니다. 사주원국에 천살이 있다면 어떤 방식으로든 충격을 받으면 문제인데 안정적이면 오히려 좋은 작용을 합니다. 예로, 일지 辰土가 천살이고 좌우에서 흔들지 않으면 조상신이 나를 보호하는 이치입니다. 남자 사주 日支에 天煞이 있다면 배우자를 대하는 태도에 따라 길흉이 달라집니다. 부인을 부려먹고 함부로 대하면 문제가 발생합니다. 배우자가 자신보다 높은 조상신과 같은데 부리려들면 정신, 육체적으로 문제가 발생합니다. 조상신과 같은 천살을 地支에 깔고 부인을 막대하면 불편한 일이 발생합니다.

乾命				陰/平 1952년 6월 27일 00:00								
時	日	月	年	87	77	67	57	47	37	27	17	7
丙子	乙未	戊申	壬辰	丁巳	丙辰	乙卯	甲寅	癸丑	壬子	辛亥	庚戌	己酉

辰年을 기준으로 일지 未土가 천살이기에 조상신과 같은 부인인데 부려 먹습니다. 부인이 병에 걸려 불편하고 20년 동안 일도 풀리지 않습니다. 乙未일주 남자의 특징 하나는 未土를 마구 부려 먹는 겁니다. 乙己로 시공간이 적절하지 않으니 未土를 부려 먹으면서도 未土에 묶여서 떠나지도 못합니다. 다만, 천살의 영향을 받아서 불교와 인연이 깊습니다.

제 48강

◆天煞論 2

　　　天煞 宮位 29
　　　天煞 사주사례 42

천살과 육해는 절대로 가볍게 생각할 수 없습니다. 육체는 물론, 영혼을 다루기 때문입니다. 윤회과정은 辛金과 壬水와 癸水에 의해 이루어진다고 했습니다. 辛金은 六害로 사망을 상징하며 전생과 이생을 연결하는 문입니다. 이런 이유로 六害는 현재의 나와 전생의 내가 교류하는 통로(블랙홀과 같은 구멍)입니다. 申子辰 생들은 卯年을 만나면 육해이기에 그런 현상들이 발생합니다. 물론 육해를 품은 壬癸도 영혼을 상징하기에 영적인 기운이 강합니다. 壬癸는 비록 천살은 아니지만 辛金을 풀어내기에 전생, 영혼, 업보와 관련이 있습니다. 壬癸를 탁하게 만드는 작용을 未土가 하는데 흐름도 막아버리고 열이 오르고 탁하게 만듭니다. 흘러야할 水氣가 막히면 결코 좋지 않습니다.

癸未 혹은 壬辰 干支처럼 천간 壬癸가 未辰에 흐름이 답답해지면 불편합니다. 특히 未土는 평생 공부해야만 하는 글자로 종교, 명리, 철학과 인연이 깊은 이유는 전생, 영혼을 상징하는 癸水를 탁하게 만들기에 문제를 해결하고자 공부하는 겁니다. 그렇지 않으면 이생과 전생의 기운이 막혀서 예측하지 못한 일들이 발생합니다. 예로, 접신, 빙의, 정신병처럼 탁해집니다. 사주 팔자에 未土가 있으면 상갓집에 가지 말라고 하는 이유로 귀신이 잘 붙습니다.

坤命				陰/平 1973년 8월 18일							
時	日	月	年	88	78	68	58	48	38	28	18	8
불명	癸丑	辛酉	癸丑	庚午	己巳	戊辰	丁卯	丙寅	乙丑	甲子	癸亥	壬戌

乙未년에 癸丑과 충돌합니다. 귀신을 감당할만한 내공이 없으면

상갓집에 가지 않아야 합니다. 접신하기 쉬운 해입니다. 六害와 天煞로 조합한 干支들이 있습니다. 辛未, 甲戌, 庚辰, 乙丑, 癸丑, 癸酉, 丁未 등입니다. 庚辰의 경우는 庚金이 巳酉丑 三合운동을 하기에 辰土가 천살입니다. 日柱가 庚辰이고 구조가 탁한 여성의 경우는 무당, 과부, 술집, 귀신을 보는 사례가 많습니다. 천살을 적절하게 활용하면 종교, 명리, 철학, 교육으로 활용하지만 나쁘면 술집, 화류계로 빠지는데 귀신이 붙는 것으로 육체를 탐하는 귀신들입니다. 화류계에 종사하는 여성들 중에서 귀신을 보는 사람들이 많습니다. 壬辰, 庚辰일주 여성들이 종교 쪽으로 가지만 잘못 풀리면 귀신에게 속아서 화류계로 빠지는 겁니다. 직접 술집을 운영하면서 남자들과 인연이 복잡한데 자신의 의지와 상관없는 귀신장난도 많으며 전생의 업보를 풀어내는 행위입니다. 무속, 화류계의 행위는 달라 보이지만 정신이 탁해지는 문제는 동일합니다.

천살의 사고나 질병은 하늘에서 벌을 내리는 것이라고 합니다. 감기처럼 약을 먹으면 해결되는 질병, 사고가 아닙니다. 내 전생의 업보에 대해 벌을 내리는 겁니다. 천살에서 병에 걸리면 치료하기 어렵고 천살 운을 지나야 치료되는 경우도 많습니다. 천살 운에 구안와사처럼 얼굴이 비틀리면 치료하지 못하고 애를 먹다가 천살 운이 지나가자 정상으로 돌아옵니다. 혹은 천살 해를 지나야 정상으로 돌아오거나 1년 중에서 천살에 해당하는 달에 시달리다가 한 달이 지나면 좋아지기도 합니다. 戌土, 丑土가 천살 未土를 冲刑하거나 乙木 六害를 辛金이 冲하는 경우에도 정신이상이 올 수 있습니다.

坤命				陰/平 1964년 10월 15일 16:00							
時	日	月	年	83	73	63	53	43	33	23	13	3
丙申	辛未	乙亥	甲辰	丙寅	丁卯	戊辰	己巳	庚午	辛未	壬申	癸酉	甲戌

32세 辛未대운에 일주와 복음이면서 未土가 천살입니다. 38세 辛巳년에 아산병원에서 대장암 판단을 받았고 42세 辛未대운 乙酉년에 대장암으로 사망했습니다. 五行 生剋制化로 발생하는 문제가 아니고 生氣가 상하면 질병에 시달리거나 사망하는데 천살이 개입되면 더욱 심각합니다. 辛未 干支는 살기가 강합니다. 辛未대운에 乙木 육해와 乙辛 沖하고 乙酉년에 沖이 정확하게 반응했습니다. 辛未대운 辛巳년에 대장암 판정, 辛未대운 乙酉년에 사망하는 흐름이 명확합니다. 천살과 육해가 개입되자 더욱 심각했습니다.

천살을 하늘의 경고라고 하는 이유로 우리의 통제를 벗어나기 때문입니다. 천살에서 이상한 현상들이 발생하는데 세월 호 참사, 성수대교 붕괴, 비행기 추락사고 등 하늘의 경고처럼 느껴집니다. 인간의 生氣를 제거하는 방식으로 경고하는데 무시하면 육체를 치고 들어옵니다. 천살은 신의 경고라고 이해하면 쉽습니다. 교회 다니다가 하느님을 만났다고 방언이 터지거나 꿈에서 조상님이 예지해주는 것은 모두 천살, 육해와 관련됩니다. 예로, 申子辰생은 未日. 亥卯未 생은 戌日, 巳酉丑 생은 辰日에 꿈을 꾸는 것이 하늘에서 전달하는 메시지라는 겁니다. 천살, 육해가 사주팔자에 있으면 꿈이 잘 맞습니다. 만약, 종교, 명리, 철학으로 활용하기 싫으면 공부를 많이 해서 교육으로 활용해야 합니다. 천살 일, 천살 방위에 제사를 지내는 이유입니다. 나와 하늘이 만나는 통로 육해와 천살을 적절하게 활용해서 조상은 물론이고 전생의 나와 교류해야 합니다. 영혼은 윤회하기에 전생의 나와 현생의 내가 대화할 수 있습니다. 결국 모든 문제는 전생의 나와 이생의 내가 교류할 수 있는 통로가 막혔기 때문이며 막힌 통로를 뚫어야 운이 풀리는데 바로 육해와 천살입니다.

天煞 宮位
年柱에는 오로지 지살, 장성, 화개뿐이기에 천살은 없습니다. 천살은 절대로 노출되지 않아야 하는데 月支에 드러나면 흉하기도 하면서 다행이기도 합니다. 흉한 이유는, 사회활동을 상징하는 宮位에 있기에 성장, 발전해야 하는데 물질이 없는 천살의 영향을 받기 때문입니다. 좋은 점이라면 사회, 직업 宮位에 사회적으로 이권, 권력을 가진 조직, 인맥과 연결될 수 있습니다. 전생에 높은 이치에서 다루던 일을 수행하는 개념입니다. 月支는 사회, 직업 궁이기에 조상을 모셔야하므로 무식하면 방법이 없습니다. 하늘의 명령을 수행하려면 교육, 종교, 철학, 정치와 같은 고난도의 정신을 활용하는 직업에 어울립니다. 빠르고 바르게 대답하고 적절히 수행해야 하는 것이 월지 천살입니다. 항상 긴장상태로 공부하면서 하늘의 명령을 기다려야 하기에 월지 천살을 활용하기 힘듭니다. 천살로 물질을 취하려면 유통, 무역, 대행에 적합하지만 기본적으로는 물질, 육체가 없기에 주로 두뇌와 입을 활용해야 합니다.

坤命			
時	日	月	年
乙	甲	戊	己
丑	寅	辰	酉

陰/平 1969년 2월 23일 01:50

89	79	69	59	49	39	29	19	9
丁	丙	乙	甲	癸	壬	辛	庚	己
丑	子	亥	戌	酉	申	未	午	巳

년지 巳酉丑 三合을 기준으로 癸水 육해만 오면 미친 듯 공부한다고 합니다. 癸水는 月支 天煞과 時支 화개의 地藏干이기에 癸水가 透干하면 열심히 공부해서 왕을 보필하려고 합니다. 천살은 格이 있기에 하늘에서 혜택을 받는 겁니다. 특히 癸甲戊 三字로 조합하기에 공부하지 않으면 운동으로 살기를 해결해야 합니다. 공부를 싫어하는데 천살을 만나면 노력 없이 이권, 권력, 인맥을 활용하려고 달려들기에 불법, 비리를 저지르고 문제가 발생합니다. 사실 천살은 三合을 벗어난 저승사자의 일원으로 겁살, 재살과 한통속이기에 타인의 육체나 재산을 강탈하려는 욕망도 강합니다. 하지만 학문을 추구하는 천살이라면 항상 책을 손에서 놓지 않습니다. 열심히 학업에 전념하면 하늘에서 절대로 괴롭히지 않기 때문입니다. 천살을 만나면 공부가 가장 좋은 개운 법이며 神의 의지에 순응하는 것입니다.

부처님을 모시면 먹거리는 주신다는 이유입니다. 모두 천살의 기운을 활용하는 사례들입니다. 사주원국에 천살이 없는 것이 좋다는 이유는 끝없이 공부하면 먹고는 살지만 화려한 색계로 나가지 못합니다. 사주팔자와 사주명리를 동일한 것으로 인식하지만 전혀 다른 수준입니다. 사주명리는 종교, 철학, 물리, 과학을 포괄한 우주본성을 연구하는 학문이지만 사주팔자는 色界에서 살아가는 인간의 육체와 물질의 길흉을 집중적으로 분석하기에 활용범위가 전혀 다릅니다. 정리하면, 천살이 있다면 물질을 멀리하고 깊은 정신세계를 추구하는 것이 안정적입니다. 공부를 하는 것은 좋고 싫고의 문제가 아니라 매일 식사하듯 거르지 않아야 합니다.

乾命				陰/平 1947년 9월 18일								
時	日	月	年	87	77	67	57	47	37	27	17	7
불명	癸未	庚戌	丁亥	辛丑	壬寅	癸卯	甲辰	乙巳	丙午	丁未	戊申	己酉

亥年을 기준으로 亥卯未 三合을 벗어난 戌土가 천살입니다. 공부하는 이유도 모르면서 오래도록 명리공부를 하셨습니다.

<u>日支에 天煞</u>이 있으면 발밑에 하느님을 깔고 앉은 이치와 같아서 함부로 다루면 육체, 정신에 문제가 발생할 수 있으니 주의해야 합니다. 자신이 아니면 배우자가 질병에 시달리거나 사고를 당할 수 있습니다. 일지 천살인데 돈도 없으면서 명품가방을 찾고 타인을 부리고 공짜를 좋아하면 인생도 풀리지 않습니다.

乾命				陰/平 1962년 12월 27일								
時	日	月	年	84	74	64	54	44	34	24	14	4
불명	乙丑	癸丑	壬寅	壬戌	辛酉	庚申	己未	戊午	丁巳	丙辰	乙卯	甲寅

일지가 天煞이기에 조상과 같은 배우자를 하늘처럼 모셔야하기에 열심히 일해서 부인에게 돈을 쓰라고 줍니다. 寅午戌 三合을 기준으로 丑土가 천살인데 月支와 日支에 있습니다. 한의원 원

장으로 부인과 자식들이 돈을 많이 쓴다고 합니다. 낭비가 심해서 이혼을 고민하지만 乙丑으로 묶여서 떠나지도 못합니다. 丑土 天煞을 적절하게 활용하는 방법은 질병을 고쳐주는 활인, 종교, 명리, 철학, 연구에 적합합니다. 배우자가 교사, 교수라면 매우 적절합니다. 일지 천살은 좋은 의미보다는 흉한 의미가 강합니다.

<u>時支에 천살</u>이 있다면 하느님이 안방을 차지했습니다. 자식 궁에 있기에 자식이 왕 노릇합니다. 자식을 왕처럼 모셔야하기에 평생 자식을 보호해야 하거나 자식의 불편한 육체 때문에 오래도록 보살펴야 하는 상황입니다. 時柱는 나의 의지를 실현하는 宮位인데 그곳에서 왕을 만나서 함부로 행동하지 못합니다. 혹은 나의 미래, 개인적으로 추구하는 행위에 하느님을 부리는 겁니다. 결국 함부로 행동하고 법률을 무시하는 행위를 하다가 문제가 발생합니다. 時柱에 천살이 있을 때 자신의 권위를 주장하거나 하느님처럼 행동하면 주위 사람들이 모두 떠나갑니다. 천살에 영향을 받아서 위대한 사람처럼 건방 떨지만 왜 그런 행동을 하는지도 모릅니다.

時柱 천살은 종교, 철학, 학자, 한의, 역학으로 활용하면 좋습니다. 사주원국에 천살이 있으면 그 宮位에서 전생의 업보를 털어내야 하고 대운이나 세운에서 천살이 들어와도 용서를 빌어야할 일이 발생하기에 죄를 짓지 않도록 주의해야 합니다. 다만, 사주원국에서 천살이 刑沖破害에 흔들리지 않으면 크게 흉하지 않습니다. 천살에서 신에게 용서를 빌어야할 상황이 발생한다고 생각하면 됩니다. 천도 재를 지내거나 조상 묘를 찾아서 제를 지내는 행위들입니다. 혹은 교도소에 들어가 지내거나 병원에 입원해서 지내면 큰 재앙을 면할 수 있다고 합니다. 재벌들은

사회적으로 문제가 발생하면 병원 복을 입고 등장합니다. 천살, 육해 운이 들어오면 나와 배우자가 풀리지 않는 경우가 많습니다. 사망을 상징하고 영혼의 세계를 지나는 과정이기에 물질, 육체와 인연이 없기 때문입니다. 육해, 천살이 가진 고독한 성정으로 함께 살기 어려워져 떨어져 살아야 하는 상황도 발생합니다. 천살, 육해는 하늘에서 공부할 자들에게 기회를 제공하는 것입니다. 색계에 물든 사람들, 육체만 활용하는 사람들에게는 불편한 운이지만 영혼의 등급이 높은 자들에게는 공부할 기회를 제공합니다. 조상의 얼을 이어받아서 혹은 전생의 기운을 받아서 어려운 사람들을 보살펴야 합니다. 천살과 육해에서 가장 조심할 행위는 이권, 권력을 남용하는 것으로 교도소에 들어갈 수 있습니다. 천살에서 좋은 점이라면 巳酉丑 三合이 망신, 육해, 천살로 이권, 권력을 활용해서 빠르게 권력과 부를 축적할 수 있지만 불법을 저지르면 문제가 발생합니다. 복권당첨, 군대면제와 같은 일반인들이 취하기 어려운 행운을 활용하기도 합니다. 혹은 큰 죄를 사면 받을 수도 있습니다.

天煞이 刑沖破害로 상하지 않고 깨끗하면 혜택이 주어집니다. 천살은 육해까지 품어서 조상의 무덤이 흔들리면 귀신들이 난동을 부립니다. 天煞이 아니라도 辰戌丑未가 刑沖破害 당하면 시끄러운데 천살이면 황당한 현상들이 발생합니다. 辰戌丑未가 천살인데 刑沖破害로 불안정해지면 조상을 달래야 합니다. 천살에서 육체와 영혼을 준비하는데 불안정해지면 멀쩡한 정신과 육체를 이어받을 수 없습니다. 젊은 시절에 천살을 만나면 단명할 수도 있습니다. 일도 꼬이고 원인 모를 병에 시달리거나 접신, 빙의에 시달립니다. 산소에 다녀왔는데 갑자기 정신병에 걸리는 경우로 조상신, 귀신, 영혼과 밀접한 관계가 있는 것이 바로 육해와 천살입니다. 未土에서 귀신들이 많이 붙는 이유는 조상들이 지금 누워있는 땅이 불편하니 살펴달라는 의미이기에 가능한 빨리 墓地에 문제가 없는지 살피고 제를 올리는 것이 중요합니다. 이처럼 육해와 천살은 조상 혹은 전생의 나와 소통하는 행위입니다. 만약 원하는 것을 알아듣지 못하면 몸을 아프게 하거나 사고가 발생하거나 접신, 빙의와 같은 방식으로 불편함을 알립니다. 제를 지내거나 묘지를 바꾸거나 천도 재를 지내는 방식으로 해결해야 합니다. 천살 운에 자꾸 아파서 할머니 묘를 옮겼더니 운이 좋아졌다는 사례도 있습니다. 결국 천살은 나를 보호해주는 수호신과 같은데 천살 운이 지나면 수호신이 사라지는 것입니다. 천살의 地藏干에 육해가 있기에 사망, 고독을 상징하며 직장에서 좌천, 퇴직, 지위가 낮아질 수 있습니다.

천살이 沖하는 상황 예로, 亥卯未 三合의 반안이 辰土이고 천살이 戌土로 沖하면 물질과 정신이 충돌합니다. 반안은 물질이 풍요로운 공간으로 왕의 자리에서 물러나서 평민으로 돌아왔기에 그렇습니다. 반안에서 역마로 이어지면 제 2의 인생을 준비하고 떠나려고 합니다. 과거를 마무리하고 평민으로 돌아가는 상황이 반안인데 천살과 刑沖破害로 불안정해지면 육체와 정신에 문제가 발생합니다. 질병, 실직, 사업부도, 억울한 일, 육친변고 등입니다. 고독, 쓸쓸함 따돌림을 상징하는 천살이기에 인간관계에도 문제가 발생합니다. 윗사람과 충돌하거나 억울한 누명을 쓰는 일들이 발생합니다. 직장에서 충돌, 부모와 자식의 싸움, 부부 사이에 정이 없어지거나 갑자기 화병이 생기거나 원인 모를 병으로 시달립니다. 천살과 육해는 유사한 면이 많습니다. 천살도 정신 나간 행위를 하거나 따돌림을 당할 수도 있기에 종교, 철학에 심취하는 것이 좋습니다. 가장 주의해야 할 방위들은 천살, 장성, 육해입니다. 고사 지내는 방위는 천살이고 장성 방위는 막혀야 합니다. 장성을 왕이라고 하는 이유는 물질, 육체가 가장 강하기 때문인데 뚫리면 육체와 물질을 지키지 못합니다. 방위를 모르기에 건강이 나빠지고 망하는 이유를 이해하지 못하지만 장성은 물질과 육체가 가득한 공간이기에 지형을 높게 막는 것입니다. 장성은 재산과 건강을 지키는 가장 중요한 방위입니다. 亥卯未년 생들은 卯木 장성 동쪽이 막혀야 합니다. 육해는 조상과 소통해야하므로 물의 흐름이 막히지 않아야 합니다. 막히면 소통이 어려워지면서 정신이 탁해집니다. 육해에 하수구가 있어야 하는 이유는 물의 흐름이 중요하기에 그렇습니다. 항상 물이 막히지 않도록 청소해야 합니다. 이 세 가지는 매우 중요하기에 반드시 기억해야합니다. 재살, 천살 방위에서 새 영혼을 이어받는데 그에 해당하는 물상이 의사, 약사, 한의사처럼 약을 다루는 직업이 좋습니다. 즉, 하늘에서 生氣를 유지할 수 있는 기회를 제공하는 겁니다. 壬辰간지처럼 생명수를 공급하는 행위와 유사합니다. 육체를 보살필 일들이 생기는 겁니다. 신살 원리에 대해서는 책 2권 분량으로 원리와 통변에 대해서 출판하겠지만 가장 중요한 신살을 정리하면 아래와 같습니다.

장성 - 건강과 재산을 지키는 방위로 청와대가 북한산에 둘러 싸여 보호받듯 반드시 막혀야 합니다. 열리면 재산과 건강을 쉽게 빼앗깁니다. 장성 방위에 출입문이 있다면 빨리 이사 가야 합니다. 수면방향도 중요한데 반드시 장성, 반안 방위를 향하여 머리를 두고 자야합니다. 영혼의 세계와 같은 재살, 천살에 머리를 두면 귀신에게 나를 죽여 달라는 의미와 다를 바 없습니다.

육해 - 육해방향의 핵심은 조상신, 전생의 나와 현생의 내가 교류하는 공간이기에 물이 막히지 않아야 합니다. 만약 일이 풀리지 않으면 육해방위 하수구에 술을 따르고 전생의 나와 대화하면 대부분 풀어집니다. 육해를 조상신으로 단정할 필요가 없으며 전생의 나를 상징하기에 조심해서 다루어야할 방위입니다.

천살 - 천살 방위가 중요한 이유는 영혼과 육체가 결합하는 단계이기 때문입니다. 건강한 육체, 영혼을 얻으려면 천살을 주의해서 다루어야 합니다. 재살과 천살로 이어지는 과정에 좋은 영혼을 받고 천살에서 건강한 육체를 이어받아야 하므로 조상의 영정사진, 위대한 스승의 사진이나 책, 건강을 위한 약을 비치하는 것이 좋습니다. 재살, 천살 방위의 핵심 하나는 바로 학생들이 학습할 때 향하는 방위입니다. 학업성적을 높이려면 재살, 천살 방향을 향해야 학습효과가 높아집니다. 재살과 천살은 영혼의 세계, 미래를 상징하는 공간이기에 매우 중요합니다.

육해와 천살의 질병에 대해 간략하게 살피면, 육해는 삶과 죽음의 갈림길이기에 굉장히 민감하고 불안정해지고 초조하며 사주구조가 좋지 않으면 정신질환에 시달립니다. 천살은 영혼과 육체가 결합한 상황이기에 정신질환 보다는 질병, 사고와 관련된 일들이 상대적으로 많고 육해는 정신병, 접신, 빙의와 같은 문제들이 많습니다. 천살에서 질병은 갑작스럽고 생각지도 못했던 특이한 질병들입니다. 심장마비, 뇌출혈, 중풍, 정신질환, 불치의 병 등입니다.

辛 乙 甲 庚
未 丑 戌 辰
위 4개의 干支들은 모두 天煞을 품은 것들로 辛金은 申子辰 三合운동을 하기에 未土가 천살이고 乙木은 寅午戌 三合운동을 하므로 丑土가 천살이고 甲木은 亥卯未 三合운동을 하기에 戌

土가 天煞이고, 庚金은 巳酉丑 三合운동을 하므로 辰土가 천살입니다. 地支에 天煞을 두었기에 학문추구, 종교, 명리, 철학과 인연이 강하지만 망신, 육해, 천살의 이권과 권력을 함부로 남용하다가는 문제가 발생하기 쉬운 干支들입니다. 천살은 기본적으로 영혼의 세계이기에 물질과 육체에 인연이 없는데 억지로 추구하면 탈이 납니다. 月支 천살이면 조상, 부모, 형제와 인연이 없다고 판단합니다. 육친들이 영혼의 세계에 있는 상황이기 때문입니다.

월지 辰土가 천살이면 모내기하는 땅이지만 영혼의 세계와 같아서 농사짓기 어렵습니다. 물질이 박한 공간이기에 농작물이 자라기 어렵습니다. 소작농처럼 타인의 터전에서 농사지어야 합니다. 자신의 땅은 활용하지 못하고 타인의 땅에서 종교, 명리, 철학, 교육 직업을 활용합니다. 새싹들이 자라야 하는데 어렵고 직접 물건을 다루는 것은 어렵기에 남의 땅을 빌려서 활용하는 운명입니다.

月支 未土가 천살이면, 火에서 金으로 넘어가 열매를 수확해야 하는데 어렵기에 그 땅에서 벗어나야 합니다. 혹은 종교, 명리, 철학, 교육을 활용해야 합니다. 열매를 완성했지만 이상하게 수확하기 어려워 열매를 포기하는 상황입니다. 결국 타인의 터전에서 입과 두뇌를 활용해서 살아가야 합니다. 물질을 추구하면 중개, 무역, 유통 정도입니다. 未土는 육체장애, 정신장애의 문제도 심각할 수 있습니다.

月支 戌土가 天煞이면 生氣를 제거하기에 殺氣가 강해지면서 종교, 명리, 철학과 인연합니다. 비록 창고에 씨종자를 저장했지만 활용하기 어렵습니다. 戌土의 공간은 태양 빛이 사라졌기에

불편합니다. 사회활동을 상징하는 월지 宮位에서 벗어나야 합니다. 사회의 중심으로 나가기 어렵고 스스로도 나가는 것을 싫어합니다. 화려하게 살기를 원하면 그 땅을 벗어나야 합니다. 종교, 철학, 외국, 공직, 변방, 군인, 경찰, 수위, 보디가드 세콤 등 지키는 행위에 적절합니다.

月支가 丑土 天煞이라면 뿌리 내리는 행위가 어렵고 교육처럼 약자를 보살피고 돕는 행위에 적합합니다. 식당의 경우는 서민이나 춥고 배고픈 자들을 위한 음식을 제공해야 합니다. 亥子丑에서는 고급 음식은 아닙니다. 丑土 천살의 地藏干에 癸水가 있기에 영혼, 귀신을 상징합니다. 조상의 혼백이 남아있는 공간으로 癸丑간지는 탁하기에 업장을 소멸해야 합니다. 丑土에는 희생, 봉사, 탁한 혼백이 있습니다. 卯丑으로 조합해도 귀신, 접신, 빙의와 같은 문제가 있다고 했습니다. 丑土에 있는 것이 卯木 생명체로 드러나는 과정에 탁한 업보가 이어집니다.

天煞 干支는 乙丑, 辛未, 甲戌, 庚辰으로 상대가 이런 간지를 가졌고 이권, 권력, 공짜를 좋아하면 상대하지 않아야 합니다. 乙丑에서는 회계, 세무와 같은 물상으로 타인의 재산을 관리합니다. 하지만 중간에 물질과 인연이 끊어지고 부도납니다. 특히 丑戌 刑맞으면 부도나고 교도소에 갈 수 있습니다. 乙丑을 정신으로 활용하면 법조계가 많습니다. 천살이 원하는 종교 철학 정치 법률의 물상을 택해서 그렇습니다. 여성이 甲戌간지를 가지면 남편이 무기력하거나 교육, 정치에 어울립니다. 辛未는 무역, 유통, 대행, 종교, 명리, 철학, 무당에 적합하고 庚辰은 귀신이 붙어서 식당, 술집이나 화류계에 많이 보입니다. 辰戌丑未 자체는 본질적으로 탁합니다. 時支 天煞은 해외에 나가는 것이 좋습니다. 천살에 먹거리가 없어서 두뇌만 활용하기에 땅을 버려야

합니다. 天煞은 기본적으로 총명하기에 巳酉丑 생이 寅卯辰 띠를 만나면 다루기 힘들고 인연을 오래 유지하기 어렵고 심하면 내 재산을 강탈하고 내 조직을 무너뜨립니다. 亥卯未생에게 申酉戌년 생들은 다루기 힘들기에 항상 조심해야 합니다. 申子辰생의 경우는 巳午未생을, 寅午戌생은 亥子丑생을 조심해야 합니다. 깨지고 부서지는 사주팔자를 분석해보면 상당부분 천살, 육해와 관련이 있습니다.

천살 사주사례

乾命				陰平 1972년 2월 27일 20:35								
時	日	月	年	88	78	68	58	48	38	28	18	8
戊戌	辛未	甲辰	壬子	癸丑	壬子	辛亥	庚戌	己酉	戊申	丁未	丙午	乙巳

壬子년 甲辰월로 辰月에 水氣를 보충했기에 공직자 조합입니다만 辰戌未 三字가 모여 있습니다. 일주가 辛未로 子年을 기준으로 천살이며 子未로 불편합니다. 丁未대운 2000년 庚辰년에 사망했는데 그 이유를 살펴보겠습니다. 丁未대운은 28세부터 시작하는데 庚辰년은 29세입니다. 辰戌未 三字 조합도 불안정하지만 丙午와 丁未로 겁살, 재살, 천살 저승사자와 같은 기운을 지나가는 과정에 壬子가 마르고 탁해지면 辛金과 甲木이 서로 날카로워집니다. 丁未대운, 庚辰년 사주원국 구조대로 辰戌未 三字가 조합하고 甲庚 沖하면 丁火로 가는 피의 흐름이 막히면서 심장마비, 뇌출혈, 정신병이 발생하는데 자살도 심장마비처럼 갑자기 심장이 멈추는 물상입니다. 미혼이었으며 자살이유에 대해서는 가족들도 모른다고 합니다. 時運法(시공명리학 운세 보

는 방법)을 활용하면 丁未대운에 戌未의 地藏干 丁火가 透干하였기에 사주원국 구조대로 未土 天煞과 戌土 月煞이 刑하면서 갑작스런 사건, 사고가 발생하는 대운이 분명합니다.

乾命				陰/平 1944년 6월 17일 18:00								
時	日	月	年	81	71	61	51	41	31	21	11	1
丁酉	辛丑	辛未	甲申	庚辰	己卯	戊寅	丁丑	丙子	乙亥	甲戌	癸酉	壬申

어려운 환경에서 성장하고 상고를 졸업한 후 은행에서 취직하여 지점장까지 올랐습니다. 丁丑대운 乙亥년에 퇴직하고 丁丑년에 파산하였습니다. 申年을 기준으로 월지 未土는 천살입니다. 丁丑대운이 오면 천살 未土에 있던 丁火가 透干하였고 乙亥년에는 천살 未中 乙木 육해가 드러났기에 사주원국 구조대로 丑未 沖하면서 未土에 변동이 발생하는 대운과 세운입니다. 乙亥의 亥水는 마른 未土의 땅에 水氣를 공급하기에 퇴직이 나쁘지 않아서 퇴직금을 받고 다른 회사 임원으로 이직했습니다. 은행을 택한 이유는 月支 天煞과 辛未를 회계물상으로 활용했기 때문입니다. 辛金은 정확한 숫자를 살피는 것인데 甲木과 辰土, 未土에 있는 木氣들의 움직임을 정리하기에 회계, 은행에 적합합니다. 丁丑대운 丁丑년에 이르면 未土 천살을 세 개의 丑土가 沖해버리기에 심각하게 상합니다. 퇴직금 전액을 주택분양 사업에 투자하다 망했습니다. 위에서 살핀 것처럼, 月支 未土 천살이 요구하는 바는 물질을 직접 추구하지 말고 중개역할을 하라는 것인데 무리하게 직접 투자하다 파산한 것입니다. 대운과 세운에서 천살이 심하게 비틀릴 때 발생하는 문제입니다.

乾命				陰/平 1968년 9월 7일 10:00								
時	日	月	年	83	73	63	53	43	33	23	13	3
癸巳	辛未	壬戌	戊申	辛未	庚午	己巳	戊辰	丁卯	丙寅	乙丑	甲子	癸亥

2001년 세계무역빌딩 폭발할 때 비행기에 탑승해서 사망하였습니다. 1968년생으로 사주원국 日支에 未土 天煞이고 戌未 刑하기에 육체가 상할 수 있습니다. 己未대운을 만나면 천살 未土의 지장간 己土가 透干하여 戌土와 刑하기에 육체가 상함을 암시하고 辛巳년에 戌土의 地藏干 辛金이 透干하여 정확하게 戌未 刑이 반응하자 사망하였습니다. 주의할 점은, 동일한 戌未 刑이라도 물상이 상이한 이유는 사주구조 때문으로 특히 戌未 두 글자가 천살에 해당하면 훨씬 심각합니다. 이 사주도 未土가 천살이 아니라면 사망에 이를 정도로 심각하지 않았을 겁니다. 戌未 刑도 무조건 흉한 것이 아니며 적절한 물상을 선택하여 개운할 수 있는데 예로 의료계통으로 생기를 치료하는 직업이 좋습니다. 다만 辰戌丑未는 3개 이상이 동시에 조합하면 좋을 것은 없습니다. 丑戌未, 辰戌丑, 辰戌未, 辰未丑, 丑未戌 등 3개 이상이 만났는데 천살까지 끼어들면 더욱 심각합니다.

乾命				陰/平 1997년 3월 2일 10:35								
時	日	月	年	81	71	61	51	41	31	21	11	1
辛巳	庚辰	甲辰	丁丑	乙未	丙申	丁酉	戊戌	己亥	庚子	辛丑	壬寅	癸卯

1997년생입니다. 丑年을 기준으로 천살 辰土가 월지, 일지에 있

습니다. 첫 대운이 癸卯로 1세부터 시작하는데 10세 丙戌년 乙未 月에 떡볶이 먹다가 질식해서 사망했습니다. 이 사건을 癸水 傷官이 丁火 正官을 충해서 문제가 발생했다고 통변하지만 그 이유를 살펴보겠습니다. 첫째, 丑土와 卯木이 조합하는 구조들은 잘 살펴야 합니다. 이상한 현상들이 많이 발생하는 조합으로 卯木 生氣가 丑土에 응결되기에 정신적, 육체적으로 장애가 발생할 수 있습니다. 卯木이 사주원국과 특별한 문제가 없는 것처럼 보이지만 丑土와 조합해서 심각한 문제를 일으키는 경우도 많습니다. 또 辰辰으로 천살이 두 개요, 癸卯대운의 癸水는 丑土는 물론이고 辰土 천살의 地藏干 癸水 육해가 透干하였기에 흉함을 암시합니다. 丙戌년에 辰戌丑으로 3개 이상의 土들이 조합하기에 좋을 것이 없습니다. 乙未 月에도 천살 辰土에 담겼던 乙木이 透干하고 4개의 土가 겹쳤습니다. 다만 근본적인 문제는 辰辰천살과 癸水 六害가 반응한 것입니다.

乾命				陰/平 1939년 9월 4일 00:00							
時	日	月	年	83	73	63	53	43	33	23	13	3
戊	丙	甲	己	庚	己	戊	丁	丙	乙	甲	癸	壬
子	戌	戌	卯	辰	卯	寅	丑	子	亥	戌	酉	申

卯年을 기준으로 戌土 두 개는 天煞입니다. 甲戌월에 甲己 합하고 卯戌 합하기에 무난해 보입니다. 또 戌月에 필요한 약간의 子水가 있기에 구조가 좋습니다. 하지만 卯戌 합으로 卯木 生氣가 무기력해집니다. 유괴범, 정신병자로 자살했습니다. 1939년생인데 27세 1967년 辛未대운에 천살 戌土의 地藏干 辛金이 透干하여 卯戌 합으로 卯木을 墓地에 담습니다. 특히 辛未대운은 두 번이나 卯戌 합하고 未土와 戌未 刑으로 천살이 불안정

- 45 -

해지기에 生氣가 상하는 조합입니다. 그 해에 두 대학생을 납치해서 살충제를 먹여서 살인하고 甲寅년에 자살했습니다. 이처럼 天煞이 겹치거나 六害가 겹치면 흉한 사건들이 발생합니다. 사망과 영혼을 상징하는 육해와 천살의 작용 때문입니다.

乾命				陰/平 1968년 6월 14일 08:00								
時	日	月	年	90	80	70	60	50	40	30	20	10
庚辰	庚辰	己未	戊申	戊辰	丁卯	丙寅	乙丑	甲子	癸亥	壬戌	辛酉	庚申

申年을 기준으로 未土가 天煞입니다. 다행히 하나뿐이고 辰辰으로 겹치지만 천살은 아닙니다. 다만, 辰辰은 地藏干 乙木의 성장이 답답하기에 사주구조에 따라서 종교, 명리, 철학 혹은 술집, 화류계와 인연이 많습니다. 중국 북경 대에서 철학을 전공하여 석사 학위를 받고 27세 辛酉대운 乙亥년에 출가해서 승려가 되었고 불교계 저명인사가 되었습니다. 이 구조는 천살을 종교로 활용하였습니다. 흥미로운 점은, 乙亥년에 未土 天煞의 地藏干 乙木 육해가 透干하자 승려가 되었습니다. 죽음을 상징하는 육해를 사회로부터 분리되는 물상으로 활용하였기에 매우 적절합니다.

乾命				陰/平 1967년 10월 5일 06:30								
時	日	月	年	89	79	69	59	49	39	29	19	9
丁卯	甲戌	庚戌	丁未	辛丑	壬寅	癸卯	甲辰	乙巳	丙午	丁未	戊申	己酉

未年을 기준으로 戌土 천살이 겹쳤을 뿐만 아니라 戌未 刑도 작용합니다. 丁火가 육해인데 두 개가 천간에 드러나 신경선, 영혼이 노출된 것과 다를 바 없습니다. 29세부터 시작하는 丁未 대운 戊寅년 甲子월에 폭죽사고로 본인과 아내와 아이가 모두 사망하는 불행한 일이 발생했습니다. 戌未 刑 때문에 사망했다고 판단하지만 사망과 영혼을 상징하는 육해와 천살이 모두 노출되었기에 심각해졌습니다. 대운에서 戌土와 未土의 地藏干 丁火가 透干하자 천살과 戌未 刑이 쌍으로 겹치면서 참으로 불행한 일이 발생하였습니다.

乾命				陰/平 1967년 10월 3일 10:00								
時	日	月	年	89	79	69	59	49	39	29	19	9
乙	壬	庚	丁	辛	壬	癸	甲	乙	丙	丁	戊	己
巳	申	戌	未	丑	寅	卯	辰	巳	午	未	申	酉

丁未년을 기준으로 戌土가 天煞이요 丁火 六害가 노출되었습니다. 29세부터 丁未대운이 오면 육해 丁火가 노출되었을 뿐만 아니라 戌未의 地藏干 丁火가 透干하여 천살 戌土가 未土와 刑하기에 生氣가 상합니다. 33세 己卯년 丙子月에 화학물질을 다루다 문제가 발생하여 2개월 치료를 받았습니다. 위 사주처럼 천살과 육해가 중첩된 구조는 아니기에 2개월 치료하는 정도에 그쳤습니다.

坤命				陰/平 1963년 9월 14일 22:00								
時	日	月	年	83	73	63	53	43	33	23	13	3
己	丙	壬	癸	辛	庚	己	戊	丁	丙	乙	甲	癸
亥	午	戌	卯	未	午	巳	辰	卯	寅	丑	子	亥

년지 亥卯未 三合을 기준으로 戌土가 天煞이고 午火가 六害입니다. 戌月에는 水氣가 많음을 기피하는데 壬癸와 亥水로 많으니 月支 時空에 좋은 배합은 아닙니다. 乙丑대운 32세 1994년 甲戌년 壬申월에 투신자살 했습니다. 乙丑대운에 卯丑으로 조합하면서 生氣가 상합니다. 사주원국에서 卯戌 합하는데 丑土가 와서 천살 戌土를 刑합니다. 특히 사주원국에 水氣가 많은데 丑土까지 들어와 戌土를 刑하니 불씨를 유지해야하는 戌土 화로가 꺼지면서 흉합니다. 이처럼 辰戌丑未가 天煞이며 月支에 있을 때 세 번째 대운에서 土를 만나 刑하는 문제가 발생하면 대략 30세까지 축적했던 경험, 자료, 인맥들을 포기하는 상황에 몰립니다. 위의 스님은 출가하는 방식으로 그 문제를 현명하게 해결했습니다.

坤命				陰/平 1971년 9월 10일 14:0 0								
時	日	月	年	84	74	64	54	44	34	24	14	4
乙	丙	戊	辛	丁	丙	乙	甲	癸	壬	辛	庚	己
未	戌	戌	亥	未	午	巳	辰	卯	寅	丑	子	亥

년지 亥卯未 三合을 기준으로 戌土가 천살로 겹치고 時支 未土 화개와 刑합니다. 辛丑대운이 24세부터 시작하는데 天煞 戌土의 지장간 辛金이 透干하여 사주구조대로 戌未 刑하려는 의지

를 드러냅니다. 27세 丁丑년에 戌中 丁火와 未中 丁火가 透干하여 戌未 刑하면서 육체가 상하거나 사건이 발생합니다. 辛丑대운과 丁丑년의 丑土가 천살 戌土를 刑하자 상황이 더욱 심각합니다. 실연으로 손목을 그어 자살을 시도했습니다. 사주원국에 천살이 겹치고 丁丑년 육해가 천간에 드러날 때 정신적으로 불안정해지자 다양한 문제들이 발생했습니다.

坤命				陰/平 1964년 10월 4일 16:00								
時	日	月	年	90	80	70	60	50	40	30	20	10
甲	庚	甲	甲	乙	丙	丁	戊	己	庚	辛	壬	癸
申	申	戌	辰	丑	寅	卯	辰	巳	午	未	申	酉

년지 辰土를 기준으로 未土가 천살인데 없고 戌土만 있습니다. "SBS 그것이 알고 싶다."에 소개된 사주입니다. 미군부대 군무원으로 국방성 초청을 받고 庚辰년 8월 5일 워싱턴으로 갔는데 시내로 들어가던 달리는 차에서 문을 열고 떨어져 사망했다고 합니다. 이상하게도 대운이 辛未로 未土가 천살이고 辰戌未 三字가 조합해서 천살 未土가 불안정해졌습니다.

천간 辛金은 戌의 地藏干 辛金이 투간 했고 庚辰년에 甲庚 沖합니다. 달리는 차에서 떨어진 이유는 무엇일까요? 사건 당일은 癸未月 乙未日 丙戌시로 묘하게도 天煞 未土가 세 개나 겹치고 乙木 육해까지 드러났습니다. 이처럼 천살은 심각한 문제를 일으키는 인자이기에 조심스럽게 살펴야 합니다. 특히 刑沖으로 불안정해지면 강력한 殺氣를 갖습니다.

坤命				陰/平 1955년 11월 2일 14:00							
時	日	月	年	87	77	67	57	47	37	27	17	7
癸未	庚戌	戊子	乙未	丁酉	丙申	乙未	甲午	癸巳	壬辰	辛卯	庚寅	己丑

未년을 기준으로 천살은 戊土입니다. 이 구조는 정신적으로 문제가 있음을 느껴야 합니다. 정신을 상징하는 子水가 열기를 가득 품은 戊未 刑 사이에 夾字로 끼었는데 그 위에 戊土까지 있기에 상태가 심각합니다. 이 여인은 화류계에 종사하였는데 그런 방식으로 子水의 문제를 해결하는 겁니다. 생명수 子水는 물질의 세상을 살아가는 인간에게 묘한 특징을 제공합니다. 귀신들은 육체와 물질을 소유하지 못하기에 자극적인 것을 좋아합니다.

色界의 욕망을 탐하기에 육체를 빌려서 섹스, 물질, 음주를 좋아하지만 정신적인 성숙을 즐기는 귀신들은 종교, 명리, 명상을 즐깁니다. 천살이 일지에 있는데 庚戌干支로 거칠며 戊未 刑하기에 그 성정이 일반적이지 않습니다. 이 구조의 핵심은 월지로 亥월이나 子月에 태어나 戊未, 丑戌, 未未가 양쪽에서 子水를 탁하게 만들면 좋을 것이 없습니다. 이 사주가 더욱 심각한 이유는 子月에 열기 가득한 戊未가 흐름을 막아버리기에 정상적인 사고방식이 아닙니다. 참고로 三合을 벗어난 겁살, 재살, 천살이 사주원국에 많을수록 일반인들이 할 수 없는 행위를 과감하게 저지릅니다.

乾命				陰/平 1923년 6월 11일 12:00								
時	日	月	年	85	75	65	55	45	35	25	15	5
甲寅	戊戌	己未	癸亥	庚戌	辛亥	壬子	癸丑	甲寅	乙卯	丙辰	丁巳	戊午

국회의원을 역임하였습니다. 未月의 시공에 필요한 癸亥가 년에서 쓰임이 좋습니다. 년지 亥水를 기준으로 일지 戊土가 천살입니다. 대운이 戊午, 丁巳, 丙辰, 乙卯, 甲寅으로 흐르면서 生氣를 공급하지만 甲寅대운 48세 庚戌년에 부인이 교통사고로 사망했습니다. 이런 부분의 판단이 어렵습니다. 庚戌년에 일지와 戌未 刑하고 甲戊庚으로 殺氣가 강해졌고 대운에서 甲己 合하는데 세운에서 庚金이 合을 깨면서 甲寅 生氣가 상합니다. 甲戊庚이 조합하면 水氣가 없기에 치고받으면서 문제를 일으킵니다. 사주원국에서 戊戌과 甲寅으로 조합하고 水氣가 없으면 甲寅도 戊戌도 불편합니다. 甲寅을 이겨보겠다고 덤비다가 戊土 육체가 상하는 문제가 발생합니다. 운에서 庚戌을 만나자 甲寅을 沖하다가 문제가 발생하였습니다. 寅戌조합은 기존 명리이론에 없는데 殺氣가 강해서 육체가 상하는 사례가 많습니다. 또 일지 천살 戊土가 戌未 刑하자 부인이 사망하였습니다.

乾命				陰/平 1991년 9월 3일 18:00								
時	日	月	年	81	71	61	51	41	31	21	11	1
辛酉	癸丑	戊戌	辛未	己丑	庚寅	辛卯	壬辰	癸巳	甲午	乙未	丙申	丁酉

1991년생으로 71년생 모친이 3세 甲戌년에 아이를 차에 넣고

호수에 빠뜨려 살해했습니다. 未年을 기준으로 戌土가 天煞인데 丑戌未 三刑은 물론이고 丑未 沖 사이에 戌土 天煞이 夾字로 끼어서 비틀립니다. 사주원국에 木氣가 전혀 없고 殺氣가 강한데 丁酉대운에 戌土 천살과 未土의 地藏干 丁火 육해가 透干하자 戌未 刑하고 癸甲戌 三字로 육체가 상합니다. 사주원국에 없는 甲木이 들어오자 갑자기 木金이 다투면서 殺氣가 더욱 강해집니다. 또 다른 특징은 未年을 벗어난 申酉戌 겁살, 재살, 천살이 많기에 영혼 세계의 저승사자처럼 현실세계에서 살기 힘들기에 단명하고 말았습니다. 월지 戌土 모친 관점에서 분석하면 戌土가 天煞이기에 흔들리면 흉한데 三刑과 夾字로 심하게 비틀리기에 사고방식이 정상이 아닙니다.

乾命				陰/平 1951년 8월 19일 18:00							
時	日	月	年	84	74	64	54	44	34	24	14	4
己酉	壬戌	丁酉	辛卯	戌子	己丑	庚寅	辛卯	壬辰	癸巳	甲午	乙未	丙申

미국인으로 卯年을 기준으로 일지 戌土가 천살입니다. 또 亥卯未 三合을 벗어난 申酉戌 저승사자 재살, 천살이 많습니다. 이런 구조의 특징 하나는 사주구조가 나쁘면 단명하는 것입니다. 乙未대운에 년지 卯木의 地藏干 乙木이 透干하여 사주원국 구조대로 卯酉 沖하고 卯戌 合하기에 卯木이 심하게 상합니다. 또 未土가 일지 戌土 天煞과 刑하여 생기가 상하자 22세 壬子년에 호수에서 빠져 사망했습니다. 사망한 이유는 月干 丁火는 육해로 사망을 상징하고 戌土 天煞과 卯戌 合하는 과정에 夾字 酉金과 卯木이 沖하면서 生氣가 심하게 상했기 때문입니다. 이처럼 合이나 刑沖破害 사이에 夾字가 끼어있으면 대부분은 불편

합니다. 戌未 刑사이에 子水가 있거나 이 사주처럼 卯戌 合 사이에 酉金이 끼어서 상하거나 三合, 六合에 夾字가 끼면 상할 가능성이 높습니다.

乾命				陰/平 1961년 8월 5일 08:00								
時	日	月	年	82	72	62	52	42	32	22	12	2
庚	庚	丁	辛	戊	己	庚	辛	壬	癸	甲	乙	丙
辰	戌	酉	丑	子	丑	寅	卯	辰	巳	午	未	申

丑年을 기준으로 辰土가 천살인데 일시에서 辰戌 沖하고 辰酉 합하는 사이에 戌土가 夾字로 끼어서 강제적으로 沖이 발생합니다. 또 酉丑辰 三字조합 사이에 戌土가 끼어서 沖합니다. 일시에서 辰戌 沖하는 구조들 중에는 자식을 낳기 어려운 사례들이 많이 보입니다. 癸巳대운 32세 癸대운에 辰土 천살의 地藏干 癸水가 透干하고 丑土의 地藏干 癸水도 透干하여 丑戌 刑, 丑辰 破로 반응하자 壬申년에 아들이 고층아파트에서 떨어져 사망했습니다. 時支에 天煞이 있는데 辰戌 沖뿐만 아니고 다양한 刑沖破害가 복합하여 반응하자 아들에게 불행한 일이 발생했습니다.

乾命				陰/平 1941년 3월 23일 14:00								
時	日	月	年	85	75	65	55	45	35	25	15	5
丁	丁	壬	辛	癸	甲	乙	丙	丁	戊	己	庚	辛
未	酉	辰	巳	未	申	酉	戌	亥	子	丑	寅	卯

년지 巳酉丑 三合을 기준으로 월지 辰土가 천살인데 辰酉 合합

니다. 己丑대운에 酉丑辰과 巳酉丑으로 조합합니다. 丙午년에 午丑 탕화로 갑작스런 사건, 사고를 암시합니다. 마약중독으로 총으로 자살했다고 합니다. 丑辰 破의 흉한 물상 하나는 정신적으로 불안정한 것으로 丑土와 辰土의 地藏干 癸水가 흔들리자 방탕, 마약, 도박, 술 중독과 같은 물상을 만들어냅니다. 특히 巳年을 기준으로 癸水는 六害에 해당하기에 정신적으로 더욱 불안정합니다.

乾命				陰/平 1934년 2월 29일 12:00							
時	日	月	年	88	78	68	58	48	38	28	18 8
丁巳	癸丑	戊辰	甲戌	丁丑	丙子	乙亥	甲戌	癸酉	壬申	辛未	庚午 己巳

戌년을 기준으로 일지 丑土가 천살입니다. 辰戌丑으로 토가 많고 刑沖으로 불안정합니다. 알코올 중독과 간질병으로 사망했습니다. 癸丑을 제외하고 甲戌, 戊辰, 丁巳는 癸水를 증발시키는 작용입니다. 따라서 水氣를 반드시 보충해야 하는 癸水는 자신도 모르게 술을 찾고 중독됩니다. 갈증을 해소하려고 술을 찾다가 휘둘립니다. 특히 丑土가 天煞인데 辰戌과 刑破로 불안정해지면서 정신이 멀쩡하지 않습니다. 천간의 癸甲戊 三字조합도 殺氣가 강하기에 문제가 심각해졌습니다. 대운이 戊辰 己巳 庚午 辛未로 癸水가 증발하면서 甲木이 戊土를 뚫어버리자 사망했습니다.

乾命				陰/平 1958년 11월 4일 12:00							
時	日	月	年	88	78	68	58	48	38	28	18	8
戊寅	乙丑	甲子	戊戌	癸酉	壬申	辛未	庚午	己巳	戊辰	丁卯	丙寅	乙丑

丑戌로 夾字로 끼어있는 월지 子水를 합과 刑으로 비틀어버리는데 戌年을 기준으로 丑土가 天煞에 해당합니다. 子丑 合, 丑戌 刑, 甲子戌(癸甲戌)로 조합하자 술만 먹으면 난동부리며 경찰서에 가서도 난동을 부립니다. 평소에는 상상도 못할 정도로 얌전하면서도 도벽이 있고 먹는 것을 탐합니다. 子水가 정신을 상징하는데 子丑 合, 丑戌 刑으로 불안정해지면서 희한한 반응을 보입니다. 전생에 무슨 업보를 가졌기에 그러는지 궁금합니다. 子月 신생아 택일의 경우에는 이런 구조를 조심해야 합니다. 土에 포위된 子水의 정신은 탁해지기 쉽습니다.

乾命				陰/平 1960년 6월 22일 02:00							
時	日	月	年	88	78	68	58	48	38	28	18	8
乙丑	甲辰	癸未	庚子	壬辰	辛卯	庚寅	己丑	戊子	丁亥	丙戌	乙酉	甲申

癸未월에 庚金을 배합하여 구조가 좋습니다. 공군사관학교를 졸업하고 조종사가 되었습니다. 子年을 기준으로 월지 未土가 天煞인데 子丑 合 사이에 未辰이 夾字로 丑未 沖하고 丑辰 破로 비틀리고 子未로 子水가 탁해집니다. 丙戌대운에 戌土가 天煞 未土를 刑하고 辰戌丑未가 모두 모였는데 辛未년에 未土 천살이 겹치자 운전하다 충돌사고로 사망했습니다.

乾命				陰/平 1960년 윤6월 13일 12:00								
時	日	月	年	81	71	61	51	41	31	21	11	1
壬午	乙丑	癸未	庚子	壬辰	辛卯	庚寅	己丑	戊子	丁亥	丙戌	乙酉	甲申

子年을 기준으로 월지 未土가 天煞인데 丑未 沖하고 子丑 合사이에 未土가 夾字로 비틀립니다. 1979년, 19세 乙酉대운 己未년에 뇌종양 수술을 받고 사망했습니다. 乙酉대운의 乙木은 육해로 사망을 상징하고 정신적으로 불안정해지는 운입니다. 일간이 육해인 구조들은 정신적, 육체적으로 불안한 부분이 있습니다. 乙酉 대운, 己未년에 육해와 천살이 겹치자 심각해졌습니다.

乾命				陰/平 1966년 5월 5일 08:00								
時	日	月	年	85	75	65	55	45	35	25	15	5
丙辰	癸丑	甲午	丙午	癸卯	壬寅	辛丑	庚子	己亥	戊戌	丁酉	丙申	乙未

午年을 기준으로 일지 丑土가 천살입니다. 丙午년 甲午월에 필요한 壬水가 없기에 甲木도 마르고 癸水도 증발하기 쉬운 구조입니다. 조상, 고향과 인연이 박하기에 타향, 해외로 도망가는 것이 좋습니다. 癸水가 午月 만나거나, 丁火가 子月을 만나면 불편합니다. 午月부터 丁火가 수렴하기에 癸水의 발산에너지가 쓰임을 상실하고 子月부터 폭발하기에 丁火의 수렴에너지가 쓰임을 상실하기 때문입니다. 卯辰巳월을 벗어나 午未월에 이르면 癸水에게 반드시 庚金이 필요한 이유입니다. 하지만 丙午, 甲午로 庚金이 없으니 癸水가 더욱 불안정합니다. 마약과 도박에 빠

지고 부인과 자식을 폭행하였고 甲申, 乙酉년에 정신병에 걸렸습니다. 甲申년에 교도소에 들어가자 부인과 자식은 도망갔습니다. 사주원국에 丑辰 破가 있기에 地藏干 癸水가 불안정해지면 마약, 도박처럼 정신을 통제하지 못하는 문제가 발생합니다. 마침 38세 戊戌대운에 이르렀고 천간에서 癸甲戌 三字로 조합하자 거칠어졌고 地支에서 丑土 天煞이 刑破로 불안정해지는 시기였습니다.

坤命				陰/平 1979년 1월 16일 14:00								
時	日	月	年	87	77	67	57	47	37	27	17	7
癸	庚	丙	己	乙	甲	癸	壬	辛	庚	己	戊	丁
未	戌	寅	未	亥	戌	酉	申	未	午	巳	辰	卯

未年을 기준으로 일지 戌土가 天煞인데 戌未 刑을 두 번이나 하므로 불안정합니다. 癸未년에 부친이 갑작스럽게 사망했습니다. 일지 배우자 宮位가 刑으로 상하자 남편은 질병이 있고 본인은 임신하지 못해 자식이 없습니다. 戌土 천살이 양쪽에서 刑당하는 문제 외에도 殺氣가 강한 寅戌 조합도 있습니다. 寅月에 성장하려면 반드시 水氣가 필요한데 없기에 말라갑니다. 대운도 丁卯, 戊辰, 己巳, 庚午, 辛未로 水氣를 공급하지 못해 성장하기 힘듭니다. 다만 자신은 庚戌로 丙火 지도자를 두었고 癸水를 활용하기에 교사입니다.

乾命				陰/平 1967년 10월 10일 12:00								
時	日	月	年	81	71	61	51	41	31	21	11	1
甲戌	己卯	辛亥	丁未	壬寅	癸卯	甲辰	乙巳	丙午	丁未	戊申	己酉	庚戌

未年을 기준으로 時支 戌土가 天煞이요 년간 丁火가 육해입니다. 戌土가 卯戌 合하기에 卯木이 生氣를 잃기 쉽습니다. 다행하게 亥水가 사주전체에 생명수를 공급합니다. 2002년 壬午년에 부인이 교통사고 당했습니다. 亥水의 地藏干 壬水 財星이 천간에 노출되고 丁壬 合으로 답답해졌으며 午火 육해가 亥午와 卯午 破로 亥水도 마르고 일지 宮位도 상했기 때문입니다. 사주 원국에 亥水, 子水가 유일한 水氣인데 운에서 천간으로 노출되면 좋을 것이 없습니다. 地支에서 역할을 수행하던 水氣가 증발하여 무기력해집니다. 특히 천간에서 壬癸를 상하게 만들면 더욱 흉합니다. 壬午년에 亥水의 地藏干 壬水가 天干에 노출되었고 午火 六害와 合으로 상했습니다. 亥月에 丁辛亥 三字조합으로 흐름이 좋지만 丁未대운에 未土가 亥水의 흐름이 막아버리자 열이 오르고 辛金이 날카로워지면서 甲과 卯의 生氣가 상합니다.

乾命				陰/平 1980년 12월 12일 20:00								
時	日	月	年	86	76	66	56	46	36	26	16	6
丙戌	乙未	己丑	庚申	戊戌	丁酉	丙申	乙未	甲午	癸巳	壬辰	辛卯	庚寅

申年을 기준으로 일지 未土가 천살입니다. 庚申을 己丑 墓地에

담아서 丙火의 도움으로 乙木을 생산하였습니다. 또 천간에서는 乙丙庚 三字로 배합이 좋습니다. 중국 청화 대학교 석사출신입니다. 어려서 머리에 중상을 입고 죽을 뻔 했다고 합니다. 또 천살 未土가 丑未 沖하고 戌未 刑하기에 배우자 궁위가 매우 불안정합니다. 일지가 丑戌未로 좋을 리 없습니다. 결혼 하자마자 이혼했습니다. 배우자는 안방에 들어오자마자 함께 살다가는 죽을 것이라는 느낌에 도망갔습니다. 눈치 없는 배우자라면 단명할 수 있습니다.

乾命				陰/平 1968년 6월 28일 16:00							
時	日	月	年	85	75	65	55	45	35	25	15	5
壬申	甲午	己未	戊申	戊辰	丁卯	丙寅	乙丑	甲子	癸亥	壬戌	辛酉	庚申

申年을 기준으로 월지 未土가 천살인데 특별한 刑沖破害가 없습니다. 은행장입니다. 월지 未土의 물상 중에서 은행에 종사하는 사주사례가 많습니다. 특히 未申으로 乙庚 합하고 午火로 열매를 확장하는 구조들은 돈을 부풀리는 행위에 적합합니다. 또 辛未월이나 己未월의 경우에도 많이 보입니다. 천살이 未土로 끊임없는 공부를 요구하기에 석사학위를 받았습니다. 천살을 활용하는 효율적인 방법은 꾸준히 학문에 전념하는 것입니다.

乾命				陰/平 1940년 3월 4일 14:00							
時	日	月	年	88	78	68	58	48	38	28	18	8
辛未	甲申	庚辰	庚辰	己丑	戊子	丁亥	丙戌	乙酉	甲申	癸未	壬午	辛巳

辰年을 기준으로 未土가 천살입니다. 辰辰으로 살기가 강하고 辛未도 만만치 않습니다. 丙戌대운에 천살 未土와 刑이 동하면 육체가 상할 수 있습니다. 59세 戊寅년에 교통사고로 사망했는데 자식도 없었습니다. 戊寅년에 천간과 지지에서 모두 甲戊와 寅戌로 육체를 상징하는 戊土가 상하는 해였습니다. 辰戌未처럼 土가 몰리는 것도 좋은 상황이 아닙니다.

坤命				陰/平 1967년 6월 2일 00:00							
時	日	月	年	90	80	70	60	50	40	30	20	10
甲	甲	丁	丁	丙	乙	甲	癸	壬	辛	庚	己	戊
子	戌	未	未	辰	卯	寅	丑	子	亥	戌	酉	申

未年을 기준으로 일지 戌土가 천살입니다. 2006년 丙戌 년에 다양한 사고를 겪었습니다. 특수직 공무원으로 壬申년에 결혼해서 두 아들 낳고 남편과 갈등하다 丙戌년에 이혼했습니다. 또 모친의 신장이 급속히 나빠져 신장투석 장애 2급을 받았고 10월에 감기로 병원에 갔던 부친에게 혈관이 막혔다고 수술하자는 의사 조언으로 수술했지만 부친이 3일 만에 사망했습니다.

승진한다고 믿었던 남편은 실패하였고 아이들의 성적이 하위권으로 떨어졌습니다. 자신은 사무실에서 중책을 맡았는데 사건, 사고가 많았고 사무실에 불이 나서 다른 부서로 쫓겨났습니다. 庚戌대운에 천살 戌土가 들어와 두 未土와 刑하기에 子水가 탁해지고 열기가 증폭됩니다. 천간에서 甲庚이 沖하기에 관재구설, 스트레스, 직업변동, 질병, 외도들통 같은 물상인데 丙戌년에 戌土 천살이 겹치자 감당하기 힘든 일들이 발생했습니다. 다행한 점은 子水 생명수가 있었기에 최악의 상황은 피했습니다.

乾命				陰/平 1967년 9월 20일 06:00								
時	日	月	年	85	75	65	55	45	35	25	15	5
己卯	庚申	庚戌	丁未	辛丑	壬寅	癸卯	甲辰	乙巳	丙午	丁未	戊申	己酉

未年을 기준으로 월지 戌土가 천살이고 丁火 육해가 年干에 드러났습니다. 39세가 丙午대운의 午火 육해 운을 지납니다. 乙酉년 상황으로 몇 년째 하는 일이 없어서 살기 싫다고 합니다. 부인의 도움으로 겨우 생계를 유지하지만 한계에 이르렀고 막막한 상황입니다. 未年을 기준으로 丙午와 丁未대운 20년 동안 사망을 상징하는 육해를 지나기에 활동이 위축되고 물질적, 육체적, 심리적으로 답답해집니다. 戌月에는 火氣가 필요하기에 丙午대운이 나쁠 것이 없지만 사주원국에 약간의 水氣도 없고 일지 申金이 卯戌 合 사이에 夾字로 끼어서 卯木 生氣를 자르자 삶의 의욕을 상실했습니다.

坤命				陰平 1965년 3월 28일 10:00								
時	日	月	年	82	72	62	52	42	32	22	12	2
丁巳	癸丑	庚辰	乙巳	己丑	戊子	丁亥	丙戌	乙酉	甲申	癸未	壬午	辛巳

巳年을 기준으로 월지 辰土가 천살이고 일간 癸水가 육해입니다. 또 丑辰 破하기에 천살과 육해가 불안정합니다. 癸일간이 辰月에 乙巳, 丁巳를 배합하여 水氣가 부족해보입니다. 甲申대운에서 乙酉대운으로 넘어오는 42세 丙戌년에 천살 辰土와 충하고 丑戌 刑하자 남편이 사고로 하반신 불구가 되었습니다. 나

중에 남자를 알게 되었는데 남편에 대한 죄의식으로 고민합니다. 이처럼 천살이 건들리면 예측불허의 문제들이 발생합니다.

坤命				陰/平 1927년 9월 15일 14:00								
時	日	月	年	83	73	63	53	43	33	23	13	3
丁未	丁丑	庚戌	丁卯	庚辰	己卯	戊寅	丁丑	丙子	乙亥	甲戌	癸酉	壬申

월지 戌土가 천살인데 丑戌未 三刑이 모두 있기에 불안정합니다. 또 천간에 육해 丁火가 3개나 드러났습니다. 육해는 사망, 죽음을 불사한 성욕을 상징하고 천살은 일반인들은 못하는 행위를 과감하게 실행하는 기운입니다. 이런 에너지가 여성 사주에 많으면 화류계로 빠지는 사례가 많습니다. 대운도 辛亥, 壬子, 癸丑으로 庚壬을 방탕물상으로 활용하였습니다. 이 구조는 자식이 나오면 정신지체, 기형의 문제가 있습니다.

乾命				陰/平 1944년 6월 10일 02:00								
時	日	月	年	83	73	63	53	43	33	23	13	3
乙丑	甲午	辛未	甲申	庚辰	己卯	戊寅	丁丑	丙子	乙亥	甲戌	癸酉	壬申

申年을 기준으로 월지 未土가 천살입니다. 壬戌년에 업무상 횡령으로 징역 1년을 받았습니다. 戌土가 월지 천살을 刑하는 시기였습니다. 천간에 드러난 壬水는 사주원국에서 긴장감을 유지하던 甲木과 辛金의 균형이 깨고 甲乙과 충돌하자 生氣가 상하면서 문제가 발생합니다. 午未에 날카로워진 辛金은 水氣가 없

기에 甲木을 공격하지 않지만 壬戌년에 갑자기 탄성이 생기고 총알처럼 甲乙을 공격합니다. 정확함을 요구하는 辛金이 壬水에 방탕하기에 횡령문제를 일으켰습니다. 천살을 沖刑하는 시기에는 항상 조심해야 합니다. 壬水는 년지 申金의 地藏干이 透干하였기에 국가관련 일이나 사건이 발생하는데 구조대로 교도소에 수감되었습니다.

乾命				陰/平 1932년 6월 6일 12:00								
時	日	月	年	90	80	70	60	50	40	30	20	10
甲午	辛未	丁未	壬申	丙辰	乙卯	甲寅	癸丑	壬子	辛亥	庚戌	己酉	戊申

申年을 기준으로 未土 천살 두 개가 겹쳤습니다. 학업을 중단하였고 庚戌대운 39세 庚戌년에 부인이 사망하고 辛亥대운 壬子년에 또 부인이 사망했습니다. 39세는 일지 未土 天煞의 시기에 이르렀고 庚戌대운 庚戌년에 천살을 심하게 刑하자 부인이 사망했습니다. 辛亥대운 壬子년에는 위 사주와 유사한 논리로 火氣에 자극받아서 날카롭던 辛金이 壬子를 만나 강력한 탄성으로 튀어나가면서 甲木을 찌르기에 生氣가 상하고 부인이 사망했습니다.

坤命				陰/平 1976년 6월 13일 02:00								
時	日	月	年	81	71	61	51	41	31	21	11	1
辛丑	壬戌	乙未	丙辰	丙戌	丁亥	戊子	己丑	庚寅	辛卯	壬辰	癸巳	甲午

辰年을 기준으로 未土 천살이 월지에 있고 그 위에 六害 乙木도 있습니다. 地支에 辰戌丑未가 모두 모였고 未土는 辰戌 沖 사이에 夾字로 끼어서 비틀리고 丑未 沖하기에 극도로 불안정합니다. 壬辰대운 28세 癸未년 천살이 겹치는 해에 자살했습니다.

乾命				陰/平 1950년 6월 9일 20:00								
時	日	月	年	85	75	65	55	45	35	25	15	5
甲戌	己未	癸未	庚寅	壬辰	辛卯	庚寅	己丑	戊子	丁亥	丙戌	乙酉	甲申

寅午戌 三合을 기준으로 천살은 丑土인데 사주원국에 없습니다. 일시에서 甲己 合하고 戌未 刑하기에 좋지 않은 구조입니다. 59세에 己丑 천살대운을 만나고 丑戌未 三刑이 동하였습니다. 戊子년에 戌土의 地藏干 戊土가 透干해서 戌未 刑하고 천간에서 戊癸 合으로 癸水가 묶이면서 甲庚 沖이 가까워지자 심근경색으로 수술했습니다.

사주원국에 천살이 없고 戌未 刑으로 있다가 대운에서 천살을 만나 戊子년에 심근경색으로 수술했지만 사망에 이르지는 않았습니다. 만약 戊子년이 지나고 己丑년에 문제가 발생했다면 사망했을 겁니다. 일부러 문제를 일으켜 살려두려는 의도처럼 보입니다. 심근경색, 뇌졸중, 심장마비, 중풍과 같은 현상들이 천살과 육해에서 자주 발생합니다.

乾命				陰/平 1968년 4월 1일								
時	日	月	年	82	72	62	52	42	32	22	12	2
불명	戊辰	丙辰	戊申	乙丑	甲子	癸亥	壬戌	辛酉	庚申	己未	戊午	丁巳

申年을 기준으로 未土 천살이 사주원국에는 없습니다. 대운이 丁巳, 戊午, 己未로 흐르는데 水氣가 없고 辰辰으로 살기가 강합니다. 천살에 해당하는 己未대운 27세 甲戌년에 辰戌未 三字로 조합하여 천살을 건들자 丁丑월에 교통사고로 사망했습니다.

乾命				陰/平 1960년 6월 17일 06:00								
時	日	月	年	89	79	69	59	49	39	29	19	9
丁卯	己亥	癸未	庚子	壬辰	辛卯	庚寅	己丑	戊子	丁亥	丙戌	乙酉	甲申

子年을 기준으로 未土가 천살이면서 庚, 癸未로 조합이 좋아 보입니다. 하지만 未土 천살을 기준으로 살피면 子未, 亥未로 水氣가 탁해집니다. 丁亥대운에 천살 未土의 地藏干 丁火 災煞(수옥살)이 透干했기에 잘못 활용하면 도둑처럼 타인의 재물을 강탈합니다. 甲申년에 뇌물 수수로 교도소에 들어갔습니다. 癸未년에 월주와 복음이고 천살이 반응하여 子未와 亥未로 불법, 비리 조합이 반응하자 결국 甲申년에 일지 亥水가 透干하여 亥未 조합의 문제가 발생하자 교도소에 들어간 것입니다. 時支 卯木은 육해이고 丁, 未는 三合을 벗어난 재살과 천살이기에 일반인들은 못하는 행위를 과감하게 실행하면 하늘에서 돈벼락을 맞을 수 있지만 이 사주처럼 교도소에 가는 경우도 많습니다. 재살과

천살을 길하게 쓰느냐 흉하게 쓰느냐에 따라서 범죄자와 사회지도자로 갈립니다.

乾命				陰/平 1930년 11월 24일 00:00								
時	日	月	年	88	78	68	58	48	38	28	18	8
庚子	丁卯	己丑	庚午	戊戌	丁酉	丙申	乙未	甲午	癸巳	壬辰	辛卯	庚寅

午年을 기준으로 丑土가 천살입니다. 卯丑조합과 子卯 刑으로 불편하고 또 卯午 破로 卯木 生氣가 생합니다. 丙戌대운에 결혼하고 乙酉대운에 남편이 사망했고 甲대운에도 남편이 죽었습니다. 배우자에 해당하는 일지 卯木이 사주원국에서 심하게 상하다가 대운에서 地藏干이 透干하자 남편이 사라졌습니다.

坤命				陰/平 1933년 11월 16일 04:00								
時	日	月	年	82	72	62	52	42	32	22	12	2
壬寅	壬申	甲子	癸酉	癸酉	壬申	辛未	庚午	己巳	戊辰	丁卯	丙寅	乙丑

酉年을 기준으로 癸水, 子水가 육해이고 천살은 드러나지 않았습니다. 일지는 寅申 沖으로 불안정하고 申酉로 혼잡입니다. 특이하게도 사주원국에 남편을 상징하는 官星도 없습니다. 하지만 己巳대운에 官星이 천간에 드러나고 43세 丙辰年에 日支를 포함하여 申子辰 三合하자 남편이 사망했습니다. 일지와 三合하는 운에는 배우자와 이혼, 사별하는 사례가 많습니다. 물론 사주구조가 흉하지 않으면 주말부부로 지내는 경우도 있습니다. 일지

와 시지 37세에서 45세 사이에 三合하면 배우자가 사라질 수 있으니 해결방법을 찾아야 합니다. 대략 45세가 넘어가면 그 위험에서 벗어납니다. 子月이기에 寅申 沖해서 필요한 丙火를 활용하지만 배우자 宮位가 불안정할 수밖에 없습니다. 이 구조처럼 사주원국에서 寅申 沖을 활용하는데 운에서 沖을 방해하면 좋지 않습니다. 己巳대운에 寅巳申 三刑으로 묶이고 丙辰年에 巳火의 三刑이 丙火로 투간했고 申子辰 三合으로 묶이자 寅申 沖도 묶이면서 사주원국의 쓰임이 나빠졌습니다. 己巳대운에 드러나지 말아야할 배우자 己土 正官이 드러나 배우자 문제임을 암시하고 月干 甲木과 合으로 사라졌습니다. 육해만 2개로 문제가 없는데 丙辰年에 天煞 辰土까지 申子辰 三合으로 묶이자 남편이 버티지 못한 것입니다.

乾命				陰/平 1953년 3월 8일 12:35								
時	日	月	年	85	75	65	55	45	35	25	15	5
丙午	壬寅	丙辰	癸巳	丁未	戊申	己酉	庚戌	辛亥	壬子	癸丑	甲寅	乙卯

巳年을 기준으로 癸水는 六害요 월지 辰土는 천살입니다. 어려서 부모를 잃고 부귀한 숙부의 집에서 乙卯, 甲寅대운에 의식이 풍족하고 공부도 잘해서 교육 업에 종사하면서 지위도 상당했으나 항상 불만족스러웠습니다. 사촌형제들 틈에 끼어서 만족하지 못하자 더욱 성공해보고자 단신으로 외국에 가서 10여년 유랑했지만 소식을 모릅니다. 壬水가 辰月에 태어나 주위에 화려한 丙火가 가득하기에 時節을 잃었습니다. 대운이 乙卯, 甲寅, 癸丑, 壬子로 흐르자 사주원국에서 무기력하던 壬水가 고집을 부리고 의지를 드러냅니다. 年支를 기준으로 巳酉丑 三合을 벗어난 寅

辰이 겁살과 천살에 해당하기에 현실에 만족하지 못하고 저승으로 떠났습니다. 일간이 時節을 잃었고 天干에 육해가 드러났으며 대운에서 강력한 육해를 만나자 정신적으로 방황하였습니다.

乾命				陰/平 1896년 6월 10일 22:00								
時	日	月	年	86	76	66	56	46	36	26	16	6
乙	甲	乙	丙	甲	癸	壬	辛	庚	己	戊	丁	丙
亥	戌	未	申	辰	卯	寅	丑	子	亥	戌	酉	申

申年을 기준으로 未土가 천살이요 乙木 육해가 2개나 드러났습니다. 未土 천살은 戌未 刑으로 불안정합니다. 14세 己酉년에 사망했습니다. 未土 천살의 地藏干 己土가 透干하여 戌未 刑이 반응하는 해였습니다.

乾命				陰/平 1936년 12월 17일 02:00								
時	日	月	年	82	72	62	52	42	32	22	12	2
己	丙	辛	丙	庚	己	戊	丁	丙	乙	甲	癸	壬
丑	辰	丑	子	戌	酉	申	未	午	巳	辰	卯	寅

子年을 기준으로 未土 천살은 없지만 음습한 구조입니다. 57세 丁未대운 癸酉년 차사고로 사망했습니다. 사주원국에 丑辰으로 교통사고 조합이 분명하고 丁未대운의 未土는 천살이며 57세 癸酉년에 酉丑辰 三字로 조합하자 개인택시 운전하다 사고로 사망하였습니다.

乾命			
時	日	月	年
乙丑	甲子	乙酉	庚寅

陰/平 1950년 8월 15일 02:00								
84	74	64	54	44	34	24	14	4
甲午	癸巳	壬辰	辛卯	庚寅	己丑	戊子	丁亥	丙戌

寅年을 기준으로 丑土가 天煞이고 酉金이 六害입니다. 가정에 풍파가 많았고 사업기복도 많았습니다. 甲일간의 酉子 破 작용은 사주구조에 따라 크게 달라집니다. 이 구조는 寅酉로 육해와 조합하여 불편하고 酉子로 破하기에 정신적으로 불안정해질 수 있습니다. 만약 순서를 바꿔서 年支부터 酉子寅이라면 흐름이 순탄합니다. 또 다른 문제는 일지 子水가 酉丑 合사이에 끼어서 酉子 破와 子丑合하기에 매우 불안정합니다. 酉金과 丑土가 合하는 과정에 강제로 酉子 破와 子丑 合이 반응하면서 子水가 상할 수밖에 없습니다. 三合 沖, 六合 沖도 중간에 夾字가 끼어 있으면 불편한 일들이 많이 발생합니다.

乾命			
時	日	月	年
壬戌	癸亥	戊寅	乙亥

陰/平 1935년 1월 13일 20:00								
84	74	64	54	44	34	24	14	4
己巳	庚午	辛未	壬申	癸酉	甲戌	乙亥	丙子	丁丑

亥年을 기준으로 戌土가 천살입니다. 癸水가 천간에서 乙癸戊 三字로 조합했지만 寅月에 너무 질퍽한 느낌입니다. 평생 주색과 도박으로 패가했습니다. 癸水가 寅月 적절하지 않은 시절을 만나고 乙癸戊, 地支에서 癸甲戊로 조합하였습니다. 대운이 역행하여 丑子亥 戌酉申으로 흐르기에 癸水가 존재감을 상실하였

- 69 -

습니다. 천살 戌土를 기준으로 살피면 戌土의 地藏干 辛金 씨종 자를 수많은 水氣가 경쟁적으로 풀어내기에 주색과 도박으로 패가한 것입니다.

坤命				陰/平 1919년 8월 8일 00:35								
時	日	月	年	83	73	63	53	43	33	23	13	3
壬辰	丙戌	癸酉	己未	壬午	辛巳	庚辰	己卯	戊寅	丁丑	丙子	乙亥	甲戌

未年을 기준으로 일지 戌土가 천살이고 辰戌 沖하고 戌未 刑합니다. 월주 癸酉가 戌未 刑 사이에 夾字로 비틀리기에 씨종자 酉金이 정상적이지 않습니다. 평생 음란하여 남편을 배신하고 정부와 놀아나자 참다못한 남편은 己卯대운에 자살했습니다. 사주원국에서 辰戌 沖하는 시기에 己卯대운을 만났기에 未土의 地藏干 己土가 透干하여 일지 천살 戌土와 刑하므로 불안정해 졌습니다. 일지 戌土가 天煞이면서 陽氣가 사라지는 40세 즈음에 남편과 관계가 나빠지고 밖에서 외도하는 사례가 많습니다.

乾命				陰/平 1930년 6월 7일 12:00								
時	日	月	年	82	72	62	52	42	32	22	12	2
戊午	癸丑	壬午	庚午	辛卯	庚寅	己丑	戊子	丁亥	丙戌	乙酉	甲申	癸未

午年을 기준으로 日支 丑土가 천살인데 세 개의 午火와 午丑 탕화로 조합합니다. 68세 己丑대운에 천살을 만나자 부인이 시어머니와 갈등이 심해져 자살하고 말았습니다. 천살이 복음이요

午丑으로 탕화작용을 하자 생각하지 못했던 갑작스런 사건, 사고가 발생했습니다.

乾命				陰/平 1939년 2월 15일 08:00								
時	日	月	年	90	80	70	60	50	40	30	20	10
壬辰	辛未	丁卯	己卯	戊午	己未	庚申	辛酉	壬戌	癸亥	甲子	乙丑	丙寅

卯年을 기준으로 戌土가 天煞인데 사주원국에 없지만 壬戌대운에 卯戌 합하고 辰戌未 三字로 冲刑이 발생하자 지극히 불안정해집니다. 57세 乙亥년에 일지를 포함하여 亥卯未 三合을 이루자 부인이 갑자기 사업하다가 재산을 탕진했습니다. 乙亥년의 乙木은 未土, 辰土의 地藏干 乙木이 透干하였고 卯木의 地藏干 乙木도 투간하여 地支전체가 요동치는 해였습니다. 특히 일지를 포함하여 辰未로 한탕욕망이 동하자 부인이 욕망을 억제하지 못하고 재산을 탕진했습니다.

乾命				陰/平 1952년 2월 2일 18:00								
時	日	月	年	83	73	63	53	43	33	23	13	3
己酉	壬寅	壬寅	壬辰	辛亥	庚戌	己酉	戊申	丁未	丙午	乙巳	甲辰	癸卯

辰年을 기준으로 未土가 천살인데 사주원국에 없지만 49세 丁未대운에 천살을 만났습니다. 庚午년에 수많은 사업을 진행하다 갑자기 뇌졸중으로 사망했는데 이유를 모른다고 합니다. 사주원국 日支와 時支의 寅酉는 殺氣가 강한 조합이라고 했습니다. 여

기에 未土 천살을 만났으며 庚午년에 酉金의 地藏干 庚金이 투간해서 寅酉로 조합하고 酉辰 합하는 과정에 寅木 생기가 상하고 寅午로 이어지던 피의 흐름이 갑자기 막혀버리자 심장마비로 사망했습니다.

乾命				陰/平 1928년 2월 4일 00:00							
時	日	月	年	84	74	64	54	44	34	24	14	4
甲	甲	甲	戊	癸	壬	辛	庚	己	戊	丁	丙	乙
子	午	寅	辰	亥	戌	酉	申	未	午	巳	辰	卯

辰年을 기준으로 未土 천살이 사주원국에는 없습니다. 천간에서는 甲甲甲이 戊土 하나를 공격하기에 水氣가 많아야 상하지 않는데 년과 월에 없습니다. 다만, 寅午와 戊土는 화려한 문명을 펼치려는 의향은 뚜렷합니다. 日時에서 子午 沖하는데 46세 己未대운에 사주원국에 없던 천살을 만나고 癸丑년에 갑자기 심장마비로 사망했습니다.

己未대운에 未土가 子水의 흐름을 막아서 탁해지면 甲木 세 개가 戊土의 터전을 뚫어버립니다. 戊土는 육체를 상징하고 심하면 사망할 수 있습니다. 특히 癸丑년은 대운과 子未로 조합하여 상하고 있던 子水의 地藏干 癸水가 투간하여 자미의 문제가 발현될 때가 되었음을 알리고 천간에서는 <u>癸甲戊 三字</u>로 살기가 강한 해였습니다. 또 丑土와 子水가 합하고 午火와 충돌하자 寅午로 연결되었던 피의 흐름이 불안정해지면서 심장마비로 사망한 것입니다.

乾命				陰/平 1978년 2월 29일 04:00								
時	日	月	年	90	80	70	60	50	40	30	20	10
甲寅	戊戌	丙辰	戊午	庚辰	己卯	戊寅	丁丑	丙子	乙亥	甲戌	戊午	丁巳

寅午戌 三合을 기준으로 丑土가 천살인데 사주원국에는 없지만 寅午戌 三合과정에 辰土가 夾字로 끼어있습니다. 31세 己未대 운에 이르면 辰戌未 三字가 조합하여 불안정해지고 戊子년에 폐를 심하게 앓아서 아무것도 못하고 약혼녀는 도망가고 모든 상황이 힘들어졌습니다. 寅午戌 三合과 子水가 沖하자 사주전체 가 불안정해졌습니다. 대운이 巳午未로 흐르기에 水氣가 말라가 는 과정에 戌中 辛金이 火氣에 마르면서 폐에 문제가 발생했습 니다. 폐가 상하는 상황은 주로 火土의 기세에 金氣가 심하게 마르거나 酉丑辰처럼 너무 습한 경우에 발생합니다. 酉丑辰 조 합은 폐, 뼈가 약해지는 문제입니다. 치아가 흔들리는 물상으로 딱딱한 뼈가 흐물흐물 해지는 상황입니다.

乾命				陰/平 1951년 2월 27일 20:00								
時	日	月	年	89	79	69	59	49	39	29	19	9
壬戌	癸酉	辛卯	辛卯	壬午	癸未	甲申	乙酉	丙戌	丁亥	戊子	己丑	庚寅

卯年을 기준으로 戌土 천살이 時支에 있습니다. 성장해야할 卯 月에 辛金, 酉金의 방해가 심각합니다. 戊子대운이 29세에 시작 되는데 33세 癸亥년에 간암으로 사망했습니다. 사주원국에서 卯 戌 합하는 과정에 酉金이 夾字로 끼어서 卯木이 반드시 상할

수밖에 없습니다. 소위 卯酉戌 三字로 殺氣가 강한 조합입니다. 戊子대운에 천살 戌土의 地藏干 戊土가 투간하여 卯戌 合하는 과정에 酉金 夾字로 卯木 生氣가 상합니다. 癸亥년에 戊子대운 子水의 地藏干 癸水가 透干하여 子卯 刑, 酉子 破로 반응합니다. 또 地支에서 亥水가 卯酉 沖하는 木金 사이를 통관하여 좋을 듯해도 그렇지 않습니다. 다른 사례를 보겠습니다.

乾命				陰/平 1981년 2월 20일 04:00								
時	日	月	年	84	74	64	54	44	34	24	14	4
壬	壬	辛	辛	庚	己	戊	丁	丙	乙	甲	癸	壬
寅	寅	卯	酉	子	亥	戌	酉	申	未	午	巳	辰

1981년생으로 년과 월에서 卯酉 沖하고 있습니다. 癸巳대운 18세 1998년 戊寅년에 천간에 육해가 드러나자 정신분열증에 걸렸습니다. 이 사례는 통관을 살피는 구조는 아니지만 卯酉 沖으로 긴장감을 유지하다가 운에서 水氣가 들어오면 통관해서 무조건 좋은 것이 아닙니다.

坤命				陰/平 1981년 5월 24일 06:00								
時	日	月	年	84	74	64	54	44	34	24	14	4
丁	甲	甲	辛	癸	壬	辛	庚	己	戊	丁	丙	乙
卯	戌	午	酉	卯	寅	丑	子	亥	戌	酉	申	未

水氣가 너무 말랐습니다. 辛酉는 水氣가 없기에 화기에 자극받아서 날카롭지만 탄성은 없습니다. 또 卯戌 合하고 卯酉 沖하고 있습니다. 丙申대운 己卯년 丙子 月에 구안와사로 마비되었습니다

다. 이 사주의 문제는 水氣가 전혀 없다는 것입니다. 천간에서 甲辛이 조합하였는데 水氣가 전혀 없으면 寅酉조합과 동일한 반응을 보입니다. 반장도 하고 발전했는데 구안와사로 자신감도 사라지고 3년 동안 낫지 않는다고 합니다. 巳酉丑 三合을 기준으로 육해 子水, 천살 辰土가 없는데도 己卯년에 卯午 破 卯戌 슴이 발생하고 丙子월에 子水 육해가 마른 땅을 축축하게 적실 것 같아도 오히려 흉합니다. 丙申대운과 己卯년의 문제는 卯申 합으로 卯木의 움직임이 답답해지면 丙丁을 향하는 피의 흐름이 갑자기 막히면서 중풍과 같은 증세를 보였습니다.

乾命				陰/平 1974년 9월 12일 16:00								
時	日	月	年	84	74	64	54	44	34	24	14	4
甲	庚	甲	甲	癸	壬	辛	庚	己	戊	丁	丙	乙
申	子	戌	寅	未	午	巳	辰	卯	寅	丑	子	亥

寅年을 기준으로 丑土가 天煞인데 사주원국에 없지만 丁丑대운에 天煞을 만나고 31세 乙酉년에 원인 모를 병으로 입원해 절망하고 지쳐있습니다. 戌土의 地藏干 丁火가 透干하고 丑土 천살이 戌土를 刑하자 병명도 모르는 질병에 시달립니다. 천살이 무서운 이유가 바로 이해하기 어려운 질병, 사건으로 生氣가 상하는 것입니다. 년과 월의 寅戌 조합으로 殺氣가 강한데 천살 丑土가 丑戌로 난로를 건들자 질병으로 신음합니다. 乙酉년의 酉金은 사망을 상징하는 육해입니다.

乾命				陰/平 1979년 12월 14일 06:00								
時	日	月	年	88	78	68	58	48	38	28	18	8
乙卯	癸卯	丁丑	己未	戊辰	己巳	庚午	辛未	壬申	癸酉	甲戌	乙亥	丙子

未年을 기준으로 戌土가 천살인데 사주원국에 없습니다. 乙亥대운 丙戌년에 천살을 만나고 丑戌未 三刑이 동했습니다. 또 원국에서 卯丑으로 卯木 生氣가 상할 수 있습니다. 사법고시 1차 합격했는데 갑자기 신장질환으로 병원에 입원했습니다. 다행하게 乙亥대운은 천살이 아니지만 사주원국과 亥卯未 三合하고 夾字 丑土와 沖하기에 신장이 탁해져 문제가 발생하였습니다. 특히 卯木이 丑土에 상하고 있다가 乙木이 透干하자 문제가 발생할 것임을 암시하다가 丙戌년에 丑戌未, 卯戌, 亥卯未, 刑沖이 난동을 부리자 육체가 심하게 상했습니다. 夾字의 작용도 심각한 사례가 많습니다. 자세한 내용은 夾字論 책을 참조하기 바랍니다.

坤命				陰/平 1980년 8월 30일 00:35								
時	日	月	年	90	80	70	60	50	40	30	20	10
己巳	甲寅	乙酉	庚申	丙子	丁丑	戊寅	己卯	庚辰	辛巳	壬午	癸未	甲申

申年을 기준으로 未土가 天煞인데 사주원국에 없습니다. 다만 乙木 육해가 月干에 드러났습니다. 20세부터 癸未대운으로 천살을 만납니다. 간질환자인데 숨기고 결혼했지만 신혼 후에야 남편이 그 사실을 알게 되었습니다. 월간 乙木 육해가 상하고 寅

酉로 피의 흐름이 원활하지 않으며 寅巳申 三刑까지 있습니다. 사주원국에 水氣라도 있으면 날카로운 金氣를 풀어내는데 전혀 없습니다. 癸未대운 28세 丁亥년에 대운과 세운에서 水氣가 들어오자 불편한 상황이 발생했습니다. 이처럼 水氣가 木金의 다툼을 통관시키면 무조건 좋다는 통관논리에 문제가 있음을 이해해야 합니다.

천살대운을 만나면 인간의 능력으로는 극복하기 어려운 현상들이 발생합니다. 이 구조의 문제는 사주원국에서 木金이 水氣도 없는 상태에서 甲己 合, 寅巳 刑으로 다양한 문제들이 존재합니다. 더욱 문제는 운에서 水氣가 들어온다고 목금의 다툼을 해결해주는 것이 아니라는 겁니다. 남편은 결혼 후에서야 부인이 간질환자임을 알고서 매일 괴로운 나날을 보낸다고 합니다.

乾命				陰/平 1968년 6월 17일 08:00							
時	日	月	年	89	79	69	59	49	39	29	19	9
庚	癸	己	戊	戊	丁	丙	乙	甲	癸	壬	辛	庚
辰	未	未	申	辰	卯	寅	丑	子	亥	戌	酉	申

申年을 기준으로 未未가 천살입니다. 癸亥대운을 지나는 중인데 청각장애인입니다. 부인이 64년생인데 자주 싸워 불화가 심하다고 합니다. 부인에게 남자가 있는 것 같아서 방황합니다. 戊癸 合으로 유일한 癸水가 묶이고 균형감각을 잃자 청각장애로 발현되었습니다.

乾命				陰/平 1980년 6월 10일 16:00								
時	日	月	年	86	76	66	56	46	36	26	16	6
甲	乙	癸	庚	壬	辛	庚	己	戊	丁	丙	乙	甲
申	未	未	申	辰	卯	寅	丑	子	亥	戌	酉	申

申年을 기준으로 월과 일의 未土가 천살입니다. 월간 癸水는 未月에 증발하고 乙木도 수많은 金氣에 묶여서 답답합니다. 다행한 점은, 년과 월의 조합이 庚申, 癸未로 증발하기 쉬운 癸水에 金氣를 보충하여 공무원으로 근무합니다. 다만 癸水가 탁해지자 전립선이 좋지 않습니다. 이런 증상들은 대운에서 水氣가 넉넉해지면 자연스럽게 해결됩니다.

乾命				陰/平 1971년 1월 15일 00:00								
時	日	月	年	82	72	62	52	42	32	22	12	2
甲	丙	庚	辛	辛	壬	癸	甲	乙	丙	丁	戊	己
午	寅	寅	亥	巳	午	未	申	酉	戌	亥	子	丑

亥年을 기준으로 戌土가 천살인데 사주원국에 없습니다. 丙戌대운 丙戌년에 대운과 세운에서 천살이 중첩되자 이상한 현상이 발생했습니다. 壬甲丙 삼자로 일류대학을 졸업하고 대기업에 근무하는 중이었는데 갑자기 천기를 누설하여 뇌신경계통에 중병을 얻었다고 이상한 주장을 하면서 종교인이나 스님이 될 운명인가를 고민합니다. 사주원국에 寅午만 있다가 寅午戌 三合을 이루었지만 다행히 三合 沖刑은 발생하지 않았습니다. 하지만 寅戌로 조합하면 살기가 강해지고 육체가 상할 개연성이 증가했습니다. 특히 대운과 세운에서 寅戌조합이 겹치기에 훨씬 심각

합니다. 또 다른 문제는 戌戌로 亥水의 흐름이 막혀 열이 오르고 탁해집니다. 火氣에 자극받은 庚辛이 水氣에 풀어지지 못하자 甲木을 공격하고 丙火로 이어지는 피의 흐름이 막히자 갑자기 정신병이 발생하였습니다.

坤命				陰/平 1966년 4월 23일 00:35								
時	日	月	年	82	72	62	52	42	32	22	12	2
丙寅	辛丑	甲午	丙午	乙酉	丙戌	丁亥	戊子	己丑	庚寅	辛卯	壬辰	癸巳

午年을 기준으로 丑土가 천살인데 일지에 있습니다. 두 개의 午火와 탕화작용이 심하기에 일순간 폭발하면 갑작스런 사건, 사고가 발생합니다. 또 寅午 合 사이에 丑土 天煞이 夾字로 끼어서 강제적으로 午丑이 충돌하기에 피하기 힘듭니다. 남편과 부부관계에 만족하지 못하고 유혹에 흔들리고 있습니다. 39세 2014년 甲申년 당시의 상황입니다. 寅木의 地藏干 甲木이 透干하여 寅丑으로 暗合하는데 그 위에 丙火가 日干과 丙辛으로 合하자 丙火가 이 여인을 유혹하는 것입니다.

坤命				陰/平 1981년 8월 14일 04:00								
時	日	月	年	89	79	69	59	49	39	29	19	9
壬寅	壬辰	丁酉	辛酉	丙午	乙巳	甲辰	癸卯	壬寅	辛丑	庚子	己亥	戊戌

년지 巳酉丑 三合을 기준으로 일지 辰土가 천살인데 辰酉 합하고 寅酉로 조합하기에 辰土 속의 乙木이 활발하게 움직이지 못

하자 피의 흐름이 막혀 자궁 질병이 있습니다.

坤命				陰/平 1963년 8월 23일								
時	日	月	年	90	80	70	60	50	40	30	20	10
불명	丙戌	壬戌	癸卯	辛未	庚午	己巳	戊辰	丁卯	丙寅	乙丑	甲子	癸亥

卯年을 기준으로 戌戌 두 개가 천살이고 卯戌 合으로 生氣가 상하고 피의 흐름이 불안정하자 자궁암에 걸렸습니다. 인체의 질병도 모두 피의 흐름과 연관이 있는데 수명을 암시하는 육해와 천살이 개입되면 문제가 더욱 심각해집니다.

坤命				陰/平 1961년 2월 15일 08:00								
時	日	月	年	82	72	62	52	42	32	22	12	2
丙辰	癸亥	辛卯	辛丑	庚子	己亥	戊戌	丁酉	丙申	乙未	甲午	癸巳	壬辰

丑年을 기준으로 辰土가 天煞인데 丑辰 파하고 卯丑으로 卯木이 응결되면서 丙火로 흐르는 피의 흐름이 답답합니다. 유방암에 걸렸습니다.

坤命				陰/平 1963년 7월 17일 00:00								
時	日	月	年	81	71	61	51	41	31	21	11	1
丙子	庚戌	庚申	癸卯	己巳	戊辰	丁卯	丙寅	乙丑	甲子	癸亥	壬戌	辛酉

卯年을 기준으로 일지 戌土가 天煞입니다. 문제는 卯戌 合 사이에 申金이 夾字로 끼어서 卯木이 戌土를 향하는 과정에 申金에 묶이고 상하기에 生氣를 상실합니다. 또 다른 문제는 卯木이 時干 丙火를 향하는 움직임이 매끄럽지 못하고 흐름이 답답하기에 무서운 공포증을 느낍니다. 이처럼 피의 흐름이 비틀리면 심리적, 육체적으로 기묘한 현상들이 발생합니다. 보통 卯酉戌 三字를 철쇄개금이라 표현하지만 심각하게 생기가 상하는 것이 문제이고 유사한 조합이 卯申戌로 卯木 生氣가 상한 후 墓地와 같은 戌土에 들어가 生氣를 상실합니다.

乾命				陰/平 1987년 9월 6일 14:00								
時	日	月	年	86	76	66	56	46	36	26	16	6
癸未	庚戌	庚戌	丁卯	辛丑	壬寅	癸卯	甲辰	乙巳	丙午	丁未	戊申	己酉

卯年을 기준으로 천살 戌土가 월과 일에서 戌未로 刑합니다. 또 年干에 丁火 육해가 드러났습니다. 戊申대운 癸未년 17세에 노래방에서 놀다가 갑자기 심장마비로 사망했습니다. 卯戌 合으로 生氣가 상하는데 사망을 상징하는 육해까지 있으니 심각합니다. 戊申대운의 문제는 卯申戌 三字로 卯木 生氣가 심하게 상하고 술토 墓地 천살에 들어갑니다. 문제는 卯木이 丁火로 가는 피의 흐름이 막히면서 심장마비, 뇌출혈, 정신질환과 같은 문제가 발생할 수 있습니다. 戊申대운의 戊土는 戌土 天煞이 투간하여 사주원국 구조대로 두 번 戌未 刑하고 癸未년에 戊癸 合으로 水氣가 사라져 더욱 날카로워지고 戌未로 재차 刑하자 갑작스럽고 황당한 사건이 발생했습니다.

乾命				陰/平 1966년 7월 8일 06:00								
時	日	月	年	85	75	65	55	45	35	25	15	5
丁卯	甲寅	丙申	丙午	乙巳	甲辰	癸卯	壬寅	辛丑	庚子	己亥	戊戌	丁酉

午年을 기준으로 丑土가 천살인데 사주원국에 없습니다. 수많은 火氣들이 夾字로 끼어있는 申金을 자극하면 극도로 날카로워져 水氣에 풀어지거나 木氣를 공격합니다. 사주원국에 水氣는 없기에 반드시 木氣를 상하게 합니다. 35세부터 庚子대운이 시작되는데 火氣에 자극받은 申의 地藏干 庚金이 透干하여 甲庚 沖하면 丙丁으로 가는 피의 흐름에 막힙니다. 子水는 사주원국에 없는데 들어와 날카로운 申金이 탄성이 생기면서 주위에 있는 寅卯를 공격합니다. 己丑년에 天煞을 만나고 甲己 合하고 卯丑으로 목기의 움직임이 답답해질 때 갑자기 사망했습니다.

乾命				陰/平 1935년 5월 15일 00:35								
時	日	月	年	83	73	63	53	43	33	23	13	3
庚子	壬戌	壬午	乙亥	癸酉	甲戌	乙亥	丙子	丁丑	戊寅	己卯	庚辰	辛巳

亥年을 기준으로 午火가 육해요 戌土가 천살입니다. 정신병자라고 합니다. 아동을 성추행하고 연쇄살인마이며 시체를 훼손하고 1974년 40세 甲寅년에 무덤에서 시체와 함께 잠을 잤다고 하니 이해하기 어려운 인간입니다. 丁丑대운 1985년 50세에 구속되었습니다. 亥年을 기준으로 저승사자와 같은 겁살, 재살, 천살 중에서 庚金 劫煞과 戌土 天煞이 있으며 生氣를 상징하는 乙木

을 庚金으로 合하는 과정에 夾字로 끼어있는 두개의 壬水를 거쳐야 하므로 블랙홀 壬水에 빨려 들어가 목숨을 부지하기 힘듭니다. 연쇄살인마인 이유입니다.

지금까지 명리 바르게 학습하기 전문 편에서 육해를 살폈고 통변실전에서 천살에 대해 사주사례를 중심으로 그 이치를 살폈습니다. 다만, 실전통변을 위주로 분석하였기에 12신살의 근본원리에 대해서 아쉬움이 남습니다. 따라서 2025년에는 2권의 책으로 12신살의 원리와 통변에 대해서 자세히 다룰 예정입니다.

▄제 49강▄

◆통변실전

　　　　간지구조 이해 85
　　　　地藏干이 透干하다. - 시간의 도래 91
　　　　古書의 干支 透干 이해하기　92
　　　　현대명리의 透干 이해하기　102

干支구조의 이해

과학, 물리학에서는 3차원(상하, 좌우, 전후) 공간에 1차원 시간을 가미하여 4차원으로 정의하지만 신비로운 점은 아직 時間의 정체를 규정하지 못한다는 것이며 시간이 흐르는지도 논쟁 중에 있습니다. 고대에서 현대까지 시간이 흐른다고 생각하는 이유는 時間을 절대적 기준점이라고 인식했기 때문입니다. 괴테는 가장 좋아하는 女神이 時間이라고 한 것처럼 시간만큼 흥미로운 주제도 없을 것입니다. 이제 시간을 사주팔자에 적용해보겠습니다. 사주팔자는 과연 몇 차원일까요? 과학의 주장처럼 4차원이라면 사주팔자도 반드시 4차원이어야 하는데 마땅히 증명할 방법이 있을까요? 세상을 이루는 가장 작은 단위를 양자라 부르는데 사주팔자에서는 干支에 비유할 수 있습니다. 쪼개면 원자핵과 전자처럼 天干과 地支로 나뉘고 주종관계이지만 절대로 분리될 성질의 것이 아니며 붙어서 떨어질 수 없습니다. 비유하면, 태양이 아무리 화려한 빛을 내뿜어도 지구가 없다면 丙火의 존재를 확인할 방법이 없지만 지구가 있기에 빛의 존재를 확인할 수 있으며 태양과 지구의 상호 작용으로 관계를 규정한 것처럼 天干과 地支로 구분하지만 결코 분리될 성질의 것이 아닙니다. 비유하면 天干은 지구 밖에서 방사되어온 태양 빛이며 地支는 피동적인 지구공간을 표현합니다.

그렇다면 天干과 地支는 어떤 방식으로 교류할까요? 天干은 하늘에 있고 地支는 땅이며 중간에 공간이 격하고 있기에 干支는 서로 교류할 방법이 없습니다. 과연 天干이 地支로 내려오고 地支가 天干으로 자유롭게 올라갈 수 있는지 우리는 알 수 없습니다. 더욱 궁금한 점은, 天干과 地支는 과연 물리학에서 주장하는 시공간처럼 4차원체계인가에 대한 의문입니다. 선인들은 地支는 조용하여 움직임이 없다고 규정하였습니다. 자발적 의지가 없기에 스스로 움직일 수 없으며 반드시 사용할 때를 기다려야 한다고 주장합니다. 과연 어떤 때를 말하고 어떤 방식으로 움직일까요? 天干은 1차원 時間이고 地支는 3차원 空間으로 규정하면 4차원이지만 문제는 시간과 공간이 격하여 소통할 수 있느냐의 문제가 남습니다. 선인들은 움직일 수 없는 地支를 과연 어떻게 움직이게 만들까에 대한 고민을 하였을 겁니다. 그 고민을 해결할 유일무이한 방법은 바로 자연에서 보여주는 물형변화였을 겁니다. 매년 四季를 순환하는 모습들을 보면서 무엇이 어떤 방식으로 저런 움직임과 변화를 생산하는가를 얼마나 오래도록 고민했을까요? 봄에는 여름에는 가을에는 겨울에는 이런 저런 변화가 발생하는데 무엇이 저런 조화를 부리는지 연구를 거듭하다가 地支에 地藏干을 추가하는 방식으로 그 이치를 명확하게 표현하였습니다.

▌天干 - 10개의 상이한 시간이 존재합니다.
▌地支 - 12개의 상이한 공간이 존재합니다.
▌地藏干 - 地支가 품은 地藏干은 모두 33개입니다.

신비롭게도 地藏干은 天干, 地支를 모두 합한 22개보다 훨씬 많습니다. 天干, 地支, 地藏干의 정체를 2024년 甲辰년 干支를 활용하여 간단히 살펴보겠습니다.

甲 - 天干, 시간, 에너지로 스스로 움직이고 변화하여 관계를 정립하고 물형을 결정합니다. 甲의 時間을 지날 때는 오로지 甲으로서만 존재하며 地支 공간에 영향을 받지 않습니다.

辰 - 地支, 물질, 육체, 공간, 환경으로 靜的이기에 자발적으로 움직이고 변화할 수 없습니다. 반드시 時間이 도래해야 움직이

고 변화하여 길흉을 드러냅니다. 時間이 도래하기 전에는 모든 것이 가능성, 확률로만 존재합니다. 甲이 辰土 공간에 이르면 辰土 공간에서 활동하는 甲木으로 변합니다. 天干에서는 스스로 움직이고 변화하는 甲木이었지만 辰土공간에 내려오면 오로지 辰土의 공간에서만 활동하는 甲木으로 바뀌는 겁니다. 이것이 天干과 空間에 내려온 천간의 차이입니다.

乙癸戊 - 辰土공간에 담긴 地藏干들로 반드시 이해해야할 골치 아픈 존재들입니다. 靜的이기에 움직이고 변화할 수 없는 地支에 生氣를 불어넣고 움직이게 만들어 확률과 가능성을 현실에서 실현되도록 유도합니다. 이처럼 地藏干은 地支공간을 지배하는 자로 그 정체는 時間이며 靜的인 地支를 다스리는 방식입니다. 따라서 辰月은 봄을 상징하는 공간이지만 어떤 방식으로 다스리는지를 이해하려면 乙癸戊를 살펴야합니다. 癸水가 乙木에게 발산에너지를 방사하고 戊土 터전 위에서 성장하는 방식으로 다스립니다.

여기에 하나의 궁금증이 남습니다. 왜 이토록 많은 地藏干을 두었을까요? 그 이유는 두 가지로 四季의 순환원리를 지장간으로 표현하는 것이 결코 간단하지 않기 때문이고 둘째로는 일, 사건의 순서를 분류하고 규정하기 위한 것입니다. 월지, 월령, 당령, 사령, 인원용사 등 다양한 명칭들은 물론이고 절기를 세분하여 살핀 이유는 바로 일과 사건의 순서를 분류하기 위한 것입니다. 결국 地藏干은 空間에 담긴 時間으로 각각의 공간에서 어떤 방식으로 물형을 변화시키고 어떤 순서로 사건을 발생하게 하는가를 결정하는 존재입니다. 이것이 바로 地藏干의 뛰어난 가치로 자연의 순환원리이자 사주팔자를 분석하는 가치 높은 도구입니다. 이런 이치를 담은 60干支를 3천 년 전에 은나라에서 활용하였으니 선인들의 지혜가 놀라울 따름입니다. 결국 사주팔자의 4차원은 1차원의 天干과 3차원의 地支 그리고 1차원의 天干이 地藏干을 활용하여 空間을 어떤 방식으로 움직이고 변화시키는지에 대하여 너무도 아름답게 표현하였습니다.

사주팔자의 4차원 방정식이 과학의 그것보다 고차원적이라 느끼는 이유는 과학에서는 時間의 존재유무, 움직임을 규정하지 못하지만 사주팔자는 예로 子月에 壬癸라는 地藏干을 표시하여 壬의 時間이 癸의 시간으로 변하면서 지구자연의 물형을 응축에서 발산으로 변화시킨다고 명확하게 표현할 수 있기 때문입니다. 다른 章에서 다룰 내용으로 시공간을 활용한 시공명리학 이론들은 아래와 같습니다.

1. 地藏干 - 지구에서의 시공간이 순환하는 방식을 설명합니다.
2. 宮位 - 각 宮位는 해당 육친과 개인의 연령이 담겨있습니다.
3. 시간방향 - 누가 소유권을 갖는지를 구분하게 해줍니다.
4. 夾字 - 刑沖破害 사이에 낀 글자의 비틀림 현상입니다.
5. 시간의 선후 - 일이나 사건의 순서를 결정합니다.
6. 地藏干 透干 - 사건의 특징을 알려주는 방식입니다.
이 외에도 다양한 이론들이 있는데 아래에서 살펴보겠습니다.

地藏干에 대해서 명확하게 구분할 내용이 있습니다. 첫째, 天干과 地藏干은 상이한 존재입니다. 天干은 시간처럼 자유롭게 움직이고 변화하지만 地藏干은 결정된 空間에서만 자유를 누릴 수 있습니다. 예로 乙巳干支의 경우, 乙木은 자신의 에너지를 마음껏 누리지만 巳火에 이르면 巳火 공간에 국한해서 활동하는 乙木으로 변합니다. 또 巳火의 地藏干 戊庚丙은 巳火 공간을 바꾸고 변화시키지만 단지 巳火에서만 활용되는 戊丙庚입니다.

결국 乙木과 巳火에 담긴 地藏干 戊丙庚은 모두 天干이지만 그 특징은 상이합니다. 干支를 사주팔자의 원자로 규정했고 매우 간단해 보이지만 분석할수록 복잡한 것이 天干, 地支, 地藏干 관계입니다. 여기에 그치지 않고 天干의 合沖, 地支의 刑沖破害合, 夾字, 三字조합으로 확장하면 그 복잡함에 놀라지 않을 수 없습니다.

둘째, 地支와 地藏干은 상이합니다. 地支는 靜하여 스스로 움직이고 변화할 수 없는데 그것을 가능하게 만든 것은 地藏干이라는 존재입니다. 地支 공간에 영혼과 生氣를 불어넣어서 움직여서 물형변화를 유도하고 사건이 순차적으로 발생하도록 정리합니다. 예로, 辰土는 空間의 특징을 규정할 뿐 時間의 특징을 드러내지 못하지만 地藏干 乙癸戊라는 生氣를 불어넣자 辰土 空間의 특징을 규정하고 움직이고 변화할 가능성을 갖추고 운에서 辰土의 地藏干들이 透干하는 방식으로 사건을 세분할 수 있게 되었습니다. 양자물리학의 입자를 地支에, 파동을 地藏干에 비유할 수 있는데 입자와 파동이 따로 또 함께 활동하는 상황과 다를 바 없습니다. 地支는 절대로 움직일 수 없는 존재였는데 地藏干을 활용해서 제한적으로 움직일 권한을 얻은 것입니다.

五行과 十神의 生剋작용은 몇 차원일까요? 거의 대부분의 사주팔자 분석에 활용하는 五行과 十神은 생하고 극하는 단순한 움직임뿐이기에 입체적이라는 느낌을 전혀 받을 수 없습니다. 만약 五行과 十神 생극 작용이 4차원이 아니라면 문제가 심각합니다. 과학에서 주장하는 4차원 현실세계를 정면으로 부정하기 때문입니다. 관건은 "五行과 十神의 生剋작용에 물리학에서 주장하는 1차원의 時間이 있는가."의 문제입니다. 時間의 존재가 중요한 이유는 발생하는 사건, 일, 관계의 순서를 결정하기 때문입니다. 이런 의미에 부합한 표현이 있습니다.

시간은 모든 일이 한꺼번에 발생하지 않도록 해주는 자연방식이다. - 존 아츠볼드 휠러

五行과 十神의 생극 논리가 오랜 세월 여전히 혼란스럽고 방황하는 이유를 사례로 살펴보겠습니다.

乾命				자평진전 하 참정							
時	日	月	年								
辛丑	壬戌	戊戌	丙寅	丁未	丙午	乙巳	甲辰	癸卯	壬寅	辛丑	庚子	己亥

자평진전 하 참정 명조입니다. 설명하기를, 身弱하고 七殺이 旺하다. 辛金 印星이 화살(化殺)하는 用神이다. 묘한 것은 丙火재성이 七殺을 생하느라 印星을 파하지 못한다. 印星과 財星이 서로에게 장애가 없는 것이다. 殺印相生이어서 유정한 사주다. 庚子, 辛丑 대운이 가장 길하고, 壬寅, 癸卯, 甲辰 대운도 길하다. 印綬를 손상하지 않으면 무방한 것이다.

이런 生剋 논리의 문제는 무엇일까요? 사건, 일, 관계의 <u>순서를 결정하지 못하는 겁니다.</u> 시간이 없으니 자발적 의지가 없고 그렇기에 상하, 좌우, 전후의 문제를 분석할 방법이 없습니다. 반드시 時間이 개입되어야 비로소 辛金의 시간이 오면 辛金이, 戊土의 시간이 오면 戊土가 사건을 주도할 수 있고 선후를 결정할 수 있습니다. 자평진전에서는 핵심을 빼고 설명하는데 丙火가 戊土를 생하고, 戊土가 壬水를 극하고 辛金이 戊土를 化殺한다고 표현해야 합니다. 그 이유는 戊土가 丙火의 生을 받아서 일간 壬水를 먼저 극하는 위치에 있기에 그렇습니다. 그럼에도 불구하게 과감하게 저런 억지스러운 주장을 하는 이유는 오행과 십신 생극에는 순서를 결정할 방법이 없기 때문에 필요에 따라서 상황에 맞추고자 의도적으로 戊土가 壬水를 먼저 극한다는 부분을 생략해버립니다. 이런 이유로 수백 년이 지난 오늘까지도 五行과 十神 生剋으로 다투는 이유입니다. <u>時間이 사건의 순서를 결정한다는 논리는 참으로 중요</u>합니다. 순서를 결정할 이론이 없다면 어떤 사건이 먼저 혹은 나중에 발생하는지 알 수 없기에 길흉판단도 불가능합니다. 五行과 十神 生剋을 2차원이라 부를 수밖에 없습니다.

地藏干이 透干하다. - 시간의 도래

이 표현은 참으로 중대한 의미를 품었습니다. 사주팔자 원국에 결정된 숙명이 대운과 세운에서 실체를 드러내는 방식이기 때문입니다. 地支를 통치하는 것이 地藏干이라고 규정하였지만 그 방식에 대해서는 알지 못합니다. 辰土에 乙癸戊 地藏干이 있지만 地支는 靜的이기에 地藏干이 사건과 순서를 결정하는 방식을 이해해야 합니다. 3개의 地藏干이 순서대로 반응하는지 동시에 반응하는지에 대해서도 이해가 필요합니다. 이런 혼란스러운 의문점들을 해결하는 방식이 바로 透干(地藏干이 천간에 드러남)입니다. 天干만이 스스로 움직이고 변화할 능력을 가졌기에 확률과 가능성으로만 존재하는 地藏干도 반드시 天干에 드러날 때 관계와 사건, 물형을 결정할 수 있습니다. 地支가 地藏干을 품어도 天干으로 드러나기 전까지는 그 존재를 확인할 방법이 없지만 透干하는 순간 숙명이 노출되고 확률과 가능성이 현실로 발현됩니다. 또 乙癸戊 중에서 하나만 透干하는 방식으로 사건의 순서와 의미를 명확하게 규정합니다. 결국 <u>透干은 운세를 분</u>

석하는 명확한 기준입니다. 확률과 가능성으로 존재하다가 地藏干을 天干으로 드러내는 방식으로 물형, 일, 사건, 관계를 결정합니다. 이 논리는 時空命理學이 최초로 주장하는 것이 아니며 대략 300년 전부터 이어왔지만 활용방법이 전혀 달라서 적절하게 활용하지 못하고 있습니다. 자평진전은 地藏干을 五行과 十神 生剋을 활용했지만 時空命理學은 시공간을 활용해서 4차원으로 분석하는 차이입니다. 뉴턴의 시공간과 아인슈타인의 시공간은 명칭은 동일해도 활용방식은 전혀 다른 것처럼 地藏干이 透干하는 움직임을 자평진전은 十神을 활용했고 시공명리학은 時間이 도래한 것으로 활용하는데 그 이치를 살피고 비교해 보겠습니다.

古書의 干支 透干 이해하기

古書로 사주팔자를 학습했다면 자평진전의 "透干"이라는 표현에 익숙할 겁니다. 기원전 1600년경 ~ 기원전 1046년경 중국 최초의 왕조 은나라에서 60甲子를 날짜를 기록하는 수단으로 활용한 이래 근 3000년의 時空을 뛰어넘어 1730대에 출판된 자평진전에 天干과 地支가 어떻게 조화를 이루는가에 대한 설명이 있습니다.

●희기(喜忌)는 天干과 地支가 다름을 논함

命中喜忌雖干支俱有而 干主天動爲有爲 <u>支主地靜以待用</u> 且干主一而支藏多爲福爲禍安得不殊 譬如甲用酉官逢庚辛則官殺雜而申酉不作此例申亦辛之旺地辛坐申酉如府官又掌印也逢二辛則官犯重而二酉不作此例辛坐二酉如一府而管二郡也<u>透丁則傷官而逢午不作此例丁動而午靜且丁己竝藏焉知其爲財也</u>

사주팔자 喜氣는 天干과 地支 모두에 있지만 天干은 주로 움직이기에 의도함(有爲)이 있지만 地支는 靜하기에 활용할 때(시기)를 기다린다. 天干은 글자 하나로 단일하지만 地支에는 여러 개의 地藏干이 있기에 화복이 단일하지 않다. 예로, 甲일이 酉金 正官을 쓰는데 庚과 辛을 만나면 관살혼잡이지만 地支에 申酉가 있다면 관살혼잡으로 논하지 않는다. 申은 辛이 旺한 地支이고 申酉를 만나면 부(府)의 관리가 임명장을 가진 것과 같다. 두 개의 辛을 만나면 중관(重官)을 범한 것이지만 두 酉를 만나면 하나의 부(府)에서 두 곳의 군(群)을 다스리니 重官으로 보지 않는다. 이때 <u>丁이 투출하면 傷官이지만, 地支 午는 傷官으로 논하지 않는다. 丁은 動的이고 午는 靜的인 까닭</u>이다. 또한 午는 그 안에 丁火와 己土를 지니고 있기에 丁火가 己土 財星을 생하는 점도 있다.

註解 : 중요한 부분을 살펴보겠습니다.

1. 天干은 움직이기에 의도함이 있지만 地支는 靜하기에 활용할 때를 기다린다.

이 표현은 깊은 의미를 품었습니다. 天干은 움직이기에 의도함이 있다는 뜻은 자발적으로 움직이고 변화하여 관계와 사건, 물형을 결정할 수 있다는 겁니다. 天干은 멈추지 않고 흐르는 時間처럼 제약 없이 자발적 의지를 가졌기에 지극히 자유롭습니다. 하지만 地支는 조용히 때를 기다려야만 하는 이유는 움직이고 변화할 수 없기 때문입니다. 이 얼마나 큰 차이입니까? 時間과 空間은 이렇게 다른 것입니다. 따라서 靜的이던 地支가 어떤 방식으로 움직이고 활용되는지 이해해야 地支가 어느 때(時間)에 관계, 물형, 사건, 일을 결정하는지 판단할 수 있습니다.

2.天干은 글자 하나로 단일하지만 地支의 地藏干에 여러 개가 있기에 화복이 단일하지 않다.

天干과 地藏干을 품은 地支의 움직임이 상이함을 표현하였습니다. 天干은 단일한 목적, 단일한 움직임이지만 地藏干의 지배를 받는 地支는 다양한 움직임이 가능합니다. 예로, 午火에는 丙火와 丁火가 있기에 丙火의 분산에너지를 활용하여 사업을 확장하고 丁火의 수렴에너지에 영향을 받으면 사업을 축소합니다. 午火라는 공간은 동일해도 地藏干 에너지 특징이 상이하기에 화복과 길흉이 단일하지 않습니다.

3. 甲일이 酉金 正官을 쓰는데 庚과 辛을 만나면 관살혼잡이지만 地支에 申酉가 있으면 관살혼잡으로 논하지 않는다.

자평진전의 天干에 대한 인식이 뚜렷하게 드러났습니다. 天干은 스스로 의도함이 있는데 그 표현방식은 바로 官殺과 같은 十神 生剋작용이라는 주장입니다. 결국 자평진전은 天干이 움직이고 의도함을 결정하는 주체를 十神으로 인식하는 겁니다. 이것이 자평진전 이론의 실체입니다.

여기에 반드시 이해할 점이 있습니다. 빛이 그 누구의 지배도 거부하는 이유는 절대적 기준이기 때문입니다. 마찬가지로 時間도 지배를 거부합니다. 괴테가 "내가 유일하게 숭배하는 여신은 時間이다."라고 표현한 이유입니다. 우리는 神이나 빛을 비교대상이 없는 절대적 기준으로 인식하듯, 時間을 절대적 기준으로 인식하며 흔들리지 않는 기준을 제공한다고 믿습니다. 하지만 十神은 절대적 기준과 거리가 멉니다. 반드시 상대가 있어야 가치를 드러냅니다. 食神制殺, 殺印相生과 같은 표현들은 十神이

상대적 기준이며 자발적 의지가 없음을 증명합니다. 사주팔자를 판단하는 기준이 時間이어야만 하는 이유는 흔들리지 않는 절대적 기준을 제공하기 때문입니다. 사주팔자 분석과정에 五行과 十神을 참조 정도에 그쳐야하는 이유입니다. 十神은 관계론이기에 쌍방의 관계를 설정하지 않으면 이론자체가 성립될 수 없습니다. 따라서 日干을 배제하는 순간 十神의 쓰임은 사라져버립니다. 하지만 時間은 자발적 의지로 움직이면서 사계를 순환하는 과정에 물형을 변화시키고 결정합니다. <u>상대적 기준 十神과 절대적 기준 時間</u>이 하늘과 땅처럼 다른 이유입니다.

甲일이 酉金 正官을 쓰는데 庚과 辛을 만나면 官殺혼잡이지만 地支에 申酉가 있다면 관살혼잡으로 논하지 않는다고 주장하는 이유는 地支는 움직일 수 없기 때문입니다. 물론 자평진전의 주장은 옳고 그름을 떠나서 독창적입니다. 수백 년 전에 이미 地支는 움직이지 못한다고 규정하였기 때문입니다. 현대에는 당연하게 느끼는 표현들이지만 그 당시에 地支는 靜하여 움직이지 못하고 때(시기)를 기다려야 한다는 표현은 선인들의 연구가 얼마나 깊은지 알 수 있습니다.

4. 甲일이 酉金 正官을 쓰는데 丁이 透하면 傷官이지만, 地支 午火는 傷官으로 논하지 않는다. <u>丁은 動的이고 午는 靜的인 까닭</u>이다.

이 표현은 地藏干 丁火가 운에서 透干한 것인지 아니면 별도로 丁火가 운에서 드러난 것인지 불분명하지만 天干은 자발적으로 움직이기에 傷官이지만 午火는 靜的이기에 傷官이라 부를 수 없다는 것입니다. 이처럼 자평진전은 天干과 地支의 쓰임이 다름을 명확하게 표현하지만 판단하는 기준은 十神을 활용하였습니다. 天干은 그 가치를 十神으로 인정받지만 地支는 아무리 복잡해도 十神의 가치를 인정받지 못하고 하나의 공간으로 인식합니다.

乾命			
時	日	月	年
甲辰	丁酉	乙巳	丁亥

청나라 광서 13년 윤4월 10일 진시에 출생하여 상국독변(商局督辨)을 한 조철교 명조로 재격패인(財格佩印)이다. 巳酉가 합하여 財로 化하고 甲乙이 천간에 투출했다. 재와 인수가 서로 장애가 되지 않는다. 辛丑 대운에 酉의 辛金이 투출하는데 유약한 金이므로 甲木을 상하지 못하고, 巳酉丑 金局이 되니 상국독변 벼슬을 했다. 이것은 會局하여 動한 것으로 화복이 드러나는 것이다. 庚대운에 甲木을 극하고 乙木을 合去하니 두 印星이 모두 사라져 암살당했다.

해석 : 자평진전은 "辛丑대운에 酉의 地藏干 辛金이 투출"했다고 명확하게 표현했습니다. 그 시대에 이미 地藏干 透干을 활용하는 겁니다. 다만, "辛金은 유약한 金이므로 甲木을 상하지 못하고"라는 표현에 대한 이해가 필요합니다. 辛金은 酉金의 地藏干이 透干한 것이기에 酉金이 쓰임을 얻을 때를 만난 것입니다. 하지만 추가적으로 辛金이 甲木을 상하지 못한다고 표현했기에 자평진전은 두 관점을 모두 활용하는데 첫째, 地藏干 透干은 자발적 의지가 없는 地支가 때를 만난 것이다. 둘째, 地藏干이 天干에서 五行, 十神 生剋작용을 일으킬 수 있다는 주장입니다

다. 결국 자평진전은 <u>地藏干 透干, 天干의 生剋작용이 운세를 결정</u>한다고 믿는 것입니다. 하지만 그 다음 문장에 문제가 있는데 "巳酉丑 金局이니 **상국독변 벼슬을 했다. 회국하여 動하니 화복이 드러나는 것이다.**"라는 표현은 자평진전의 地藏干 透干 원칙에서 벗어나버립니다. 地支는 動할 수 없다고 주장했음에도 三合으로 動할 수 있다는 상반된 주장을 하는 겁니다. 만약 地支 刑沖破害와 合들이 모두 動할 수 있다면 天干은 動하고 地支는 靜하여 때를 기다린다는 주장은 참으로 허무한 논리에 불과하고 天干과 地支를 따로 나누어서 살필 필요도 없습니다. 다른 章을 보겠습니다.

● 地支의 희기신(喜忌神)이 운을 만나 작용함을 논함
<支中喜忌固與干有別也而逢運透淸則靜而待用者正得其用而喜忌之驗於此乃見何謂透淸如甲用酉官逢辰未卽爲財而運透戊逢午未卽爲傷而運透丁之類是也>

地支의 희신과 기신은 天干과 다름이 있다. 운에서 地支의 地藏干이 透出하면 조용히 쓰임을 얻을 때를 기다리다가 쓰임을 얻고 희기(喜忌)를 드러낸다. 예로, 甲이 酉官을 쓰는데 辰과 未가 있으면 財星이고 운에서 戊가 透出하면 財星의 작용을 하고 午未가 있으면 상관이고 운에서 丁火가 透出하면 傷官으로 작용한다.

1. 地支의 희기는 天干과 다르다.
天干은 스스로 움직이고 변화하는데 地支는 자발적으로 움직일 수 없기에 때(시간)를 기다립니다. 地支는 어떤 방식으로 때를 기다리고 활용할까요? 아래에서 방법을 명확하게 제시합니다.

2.운에서 地藏干이 투출하면 조용히 때를 기다리던 地藏干이 그 쓰임을 얻고 희기를 드러낸다.

바로 대운, 세운에서 地藏干이 투출할 때 비로소 靜的이기에 움직일 수 없었던 地支를 활용할 때가 도래하여 쓰임을 얻고 길흉을 드러냅니다. 다만, 자평진전은 중요한 부분에서 모호한 표현을 합니다.

逢運透淸則<u>靜而待用者正得其用</u>而喜忌之驗
조용히 사용할 때를 기다리다가 쓰임을 얻고 희기를 드러낸다. 그렇다면 地藏干이 透干하면 무엇을 기준으로 희기를 판단해야 할까요?

1)地支를 기준으로 판단한다.
2)天干을 기준으로 판단한다.

1)와 2)는 지극한 차이인데 자평진전의 설명은 모호하기만 합니다. 1)은 地藏干을 透干한 地支를 살펴야 하고 2)는 天干에 드러난 地藏干을 十神으로 살펴야 합니다. 물론 1)과 2)를 동시에 살필 수 있지만 자평진전 논리가 명확하지 않습니다. 透干의 핵심이기에 다음 장에서 자세히 살펴보겠습니다.

3.甲이 酉官을 쓰는데 辰과 未가 있으면 財星이고 운에서 戊가 透出하면 財星의 작용을 하고 午未가 傷官인데 운에서 丁火가 透出하면 傷官으로 작용한다.

앞에서 주장하기를 "干主天動爲有爲 支主地靜以待用" 天干은 스스로 움직이고 의도함이 있지만 地支는 스스로 움직임이 없기에 쓰일 때를 기다리다가 透干하면 <u>十神</u>으로 판단합니다. 甲이 酉官을 쓰는데 辰과 未는 甲木에게 財星이지만 地支에만 있기에 運에서 戊土가 透淸하면 財星의 작용을 한다는 주장입니다. 辰土의 地藏干에 戊土가 있지만 未土에는 戊土가 없음에도 財星으로 활용할 수 있다고 표현하였습니다. 지적하는 이유는 天干을 十神으로 살피면 문제가 없지만 地藏干이 드러난 地支를 살핀다면 未土와 辰土는 전혀 다른 시공간이기 때문입니다.

"午未가 사주원국에 있으면 傷官인데 운에서 丁火가 透出하면 傷官으로 작용한다."(逢午未卽爲傷而運透丁之類是也)

이 문장을 분석해보겠습니다. 午未가 地支에 있으면 透干하기 전에는 희기를 드러낼 수 없기에 天干에 丁火가 드러나야 비로소 傷官으로 작용합니다. 이때 핵심은 丁火를 관찰해서 운의 희기를 살펴야 하는지 丁火가 透干한 午未를 관찰해서 희기를 살펴야 하는지를 판단하는 것입니다. 만약 丁火를 기준으로 판단하면 자평진전의 地藏干 透干 논리는 무의미해집니다. 地支와 地藏干을 분석할 필요가 없기에 운에서 天干에 드러난 十神을 살피면 그만이기 때문입니다. 다만, 자평진전의 의도를 추측하건데 <u>地支는 비록 움직일 수 없지만 地藏干이 透淸할 때 쓰임을 확보하기에 관찰대상은 地支라는 겁니다.</u> 즉, 地支의 午未가 사주팔자에서 어떤 작용을 하는지를 살펴서 운의 喜氣를 결정해야 합니다. 문제는 이렇게도, 저렇게도 자평진전의 주장은 상반됩니다. 地支는 희기를 판단할 기준을 제공하지 못하기에 地藏干이 天干에 드러나도 地支를 기준으로 판단할 수 없습니다. 또 透干한 丁火를 十神으로 분석하면 地支 공간의 특징을 전혀 감안할 수 없습니다. 또 다른 문제는, 地支에 午未가 없는데 운에서 丁火가 드러나면 어떤 방식으로 희기를 판단할까요? 透干과 상관없이 丁火가 독립적으로 관계와 물형을 결정하기에 天干을 살펴서 희기를 결정해야 합니다. 정리하면,

▌地藏干이 운에서 天干에 드러난 경우(透干)
▌地藏干에 없지만 天干에 있고 운에서 천간에 드러난 경우
▌地藏干과 天干에 없는데 운에서 천간에 드러난 경우
세 상황은 모두 다르기에 반드시 기준을 정립해야 합니다.

若命與運二支會局亦作淸出如甲用酉官本命有午而運逢寅戌之類/
然在年則重在日次之至於時生午/而運逢寅戌會局則緩而不急矣/
雖格之成敗高低八字已有定論與柱中原有者不同/而此五年中亦能
爲其禍福若月令之物而運中透淸則與柱中原有者不甚相懸/卽前篇
所謂行運成格變格也.(不甚相懸 거리가 멀거나 차이가 크지 않다.)

명(사주원국)과 운의 두 地支가 회국(會局)하는 경우에도 역시 透淸하여 작용한다. 예로, 甲이 酉月에 나서 正官을 쓰는데 사주원국에 午가 있고, 운에서 寅戌과 같은 것들이 올 때 年支에 午가 있으면 午火 傷官의 작용이 중하고 일지는 그 다음이며 시지는 가볍게 작용한다. 운에서 寅戌을 만나 午火와 회국하면 느리고 급하지 않다. 格局의 성패, 고저가 사주원국에 이미 정해져 있기에 사주원국에 있는 것과 없는 것에는 차이가 있겠지만, 운에서 5년 동안 오는 것도 역시 월령에서 透淸하는 것과 화복(길흉)이 다를 바 없다. 따라서 운에서 투청(透淸)하는 것이나 사주원국 월령에서 透淸하는 것이나 큰 차이는 없다. 앞장의 행운에 의한 성격과 변격이 그것이다.

이 내용에서도 주의해야할 사항이 있습니다.

1)寅午戌로 傷官 火氣가 강해질 때 판단기준은 地支인가?
2)寅午戌로 傷官 火氣가 강해질 때 판단기준은 寅午戌에 있는

地藏干이 透干 할 때인가?
자평진전은 地支에서 회국(會局)하면 천간처럼 자유롭게 반응한다고 주장하기에 지금까지 살폈던 천간과 지지를 구분하는 행위는 무의미합니다. 地支는 靜하여 움직이지 못하지만 地藏干이 透淸하면 희기를 드러낸다고 했는데 寅午戌 三合을 이루는 것만으로 희기를 결정한다면 天干과 地支를 구분할 필요가 없기 때문입니다. 사주원국과 대운, 세운이 만나면 地支에서는 반드시 刑沖破害가 반응하기에 地支는 靜하여 움직이지 못한다는 논리는 무색해집니다. 地支는 반드시 地藏干이 透干할 때 희기를 발현시킨다는 명확한 기준이 있었는데 刑沖破害만으로 희기를 결정한다면 그 기준은 사라집니다. 이 또한 다음 章에서 자세히 다루어야할 내용입니다. 지금까지 자평진전에서 설명한 내용은 매우 간단하지만 운세를 읽는 요령을 습득하는 과정에 중요한 기준을 제공했습니다. 요약하면,

1.天干은 스스로 움직이고 변화하여 관계와 사건을 결정합니다.
2.地支는 靜하여 움직이지 못하기에 透干 방식으로 희기를 결정합니다. 다만, 자평진전은 스스로 모순에 빠져버렸습니다. 천간만 살필 수도, 지지만을 살필 수도 없기 때문입니다. 다음 장에서 기준을 명확하게 규정해야 합니다.
3.地支에서 刑沖破害로 관계와 사건을 결정할 수 있는지에 대해서도 기준을 명확하게 규정해야 합니다.

표면적으로는 간단해 보이는 透干원칙은 결코 명확하지 않습니다. 그 이유는 변수가 너무도 많기 때문입니다. 이제 현대에 이르러 透干을 활용한 명리이론의 주장을 살펴보겠습니다.

현대명리의 透干 이해하기

중국의 盲派命理는 應期라는 용어를 활용하는데 자평진전의 주장과 크게 다르지 않지만 어떤 차이가 있는지 살펴보겠습니다. 사실 應期에 대한 정보를 인터넷에서 검색해도 많지 않은 이유는 이론을 적극적으로 활용하지 않은 것으로 보입니다. 아래 자료들은 중국 인터넷과 책에서 취합한 내용들로 사주통변에 활용할 수 있는 논리들을 중심으로 가능한 많이 분석해보겠습니다.

●原局这个字凶, 大运出现为凶, 原局这个吉, 大运出现为吉。
사주원국에 있는 글자의 쓰임이 凶할 때, 대운에서 동일한 글자가 출현하면 凶하고, 사주원국에 있는 글자의 쓰임이 吉할 때는 대운에서 동일한 글자가 출현하면 吉하다.

註解 :이런 표현은 참으로 명확해 보입니다. 사주팔자 원국에서 쓰임이 좋은 글자가 대운에서 들어오면 당연히 길하고 쓰임이 나쁜 글자가 대운에서 들어오면 당연히 흉하지만 문제는 사주원국 글자의 길흉을 판단할 기준을 명확하게 제시하지 못하면 무의미한 표현입니다. 또 다른 문제는 大運에서 길흉을 결정하는 것처럼 표현했지만 시간 단위가 10년이기에 길흉을 결정하지 못합니다. 실질적인 길흉은 대부분 세운, 월운, 일운, 시운에서 결정하기 때문입니다. 예로, 로또에 당첨되는 순간에서야 비로소 50억을 받을 수 있기에 길하다고 판단하고 또 은행에서 50억을 받아서 나오다가 교통사고로 사망한 순간에 흉하다가 느낍니다. 따라서 10년을 설정한 대운으로 길흉을 판단한다는 것은 논리에 맞지 않습니다. 세운을 추가하면 사주원국에서 길한 작용을 하던 글자도 세운 干支와 合沖, 刑沖破害와 合, 夾字, 三字조합으로 그 작용이 정반대로 뒤집힐 수 있습니다. 맹파에서 제시한 사주사례를 보겠습니다.

乾命		
時	日	月	年
庚午	己未	己丑	乙巳

선박 왕 오나시스 사주팔자입니다. 火와 燥土가 세를 이루어 金水를 제압한다. 사주원국에 財星이 없으니 食傷을 재물 복으로 간주한다. 丑土가 月에 있으니 財星이자 食傷의 庫인데 財星과 財星의 原神을 制剋하기에 巨富팔자다. 乙木칠살은 아들인데 庚金과 합하기에 늙어서 아들을 잃었다. 午대운 癸卯년에 사망했는데 午火는 일간 己土의 祿으로 수명을 다한다. 卯年에 卯午 破로 祿을 破하니 사망했다.

註解: 맹파명리의 독특한 주장은 사주원국에서 강력한 세력을 가진 五行이 무기력한 五行을 제압하면 그것을 취할 수 있다고 주장하는데 정통명리의 生剋논리와 상반됩니다. 예로 偏官이 日干을 극하는데 정도가 심하면 七殺이라 표현하고 그 작용을 매우 흉하다고 인식하며 반드시 처리해야 한다고 생각합니다. 하지만 盲派는 강력한 세력이 무기력한 상대를 제압해서 취할 수 있다는 주장을 하지만 운세를 판단하는 應期와 관련 없기에 설명은 생략합니다. 午대운 癸卯년에 사망했기에 사주원국 午火는 凶한 작용이며 대운에서 다시 들어오자 흉한 역할이라는 점을 강조합니다. 그 이유에 대해서는 설명이 없지만 午火가 일간 己土의 祿으로 육체에 해당하며 말년에 들어오기에 사망했다는 주장입니다. 특히 卯年에 卯午 破로 祿이 破당해서 문제라는 점을 강조합니다. 이 주장은 자평진전 透干원칙과 다릅니다. 地支는 희기를 결정할 수 없음에도 卯午 破로 희기를 결정해서 사망했다고 주장입니다. 결국 地藏干 透干과 별도로 地支의 刑沖破害 도 사건, 물형을 결정할 수 있다는 주장입니다. 이와 유사한 의 견이 있습니다.

●사주원국에서 吉한 글자가 대운에서 虛透하면(무기력하면) 凶 하고 實(강하면)하면 길하다. 또 制剋 당해야 좋은 글자는 운의 天干에 무기력하게 드러나면 吉하고 實하게 드러나면 흉하다. 사주원국에서 쓰임이 좋은 글자가 대운에서 制剋하면 凶하고 흉 한 글자가 대운에서 制剋당하면 길하다.

註解 : 盲派의 이론들도 자평진전의 生剋과 虛實(干支의 通根) 에서 벗어나지 않습니다. 吉한 글자는 사주원국과 운에서 기세 가 강해야 좋지만 허하면 흉하다고 합니다. 흉한 글자는 사주원 국, 운에서 기세가 허해야 좋다는 주장입니다. 물론 무엇을 기 준으로 길하고 흉한지 판단기준을 제공하지 않으면 무의미한 주 장입니다. 다만, 자평진전의 五行, 十神 生剋처럼 맹파도 生剋 과 虛失(通根)을 중시하는 것을 알 수 있습니다.

●대운은 吉凶을 담당하고 세운은 應期로 간주한다. 세운 응기 에는 몇 가지가 있다. 사주원국에 있는 글자가 세운에 출현하거 나 그 글자의 祿 혹은 동일하게 간주하는 글자가 출현하면 관련 된 일이 발생된다. 어떤 작용을 하는가는 사주원국에서 작용하 는 것과 동일하다.

坤命			
時	日	月	年
戊午	癸亥	乙未	辛亥

己亥대운의 己土는 午火의 原神이다. 午中 己土가 일지 배우자 궁위 亥中 甲木과 甲己 슴하므로 午火를 남편으로 간주한다. 己亥로 虛透하니 결혼에 불리하고 남편이 유명무실하다. 남편이 가정을 돌보지 않기에 매일 싸우며 이혼가를 부른다.

註解: 己亥대운의 己土는 午火의 地藏干이 透干하였기에 그 작용을 살피면 일지 亥水의 地藏干 甲木과 甲己로 暗合하므로 己土가 남편이라는 주장입니다. 또 己土가 亥水에 무기력하게 透干하였기에 결혼에 불리하고 유명무실하여 가정을 돌보지 않으며 다툰다는 설명입니다. 이 주장은 두 가지로 살펴야 합니다. 첫째, 己土는 午火에서 透干하였기에 남편이며 일지와 午亥로 암합하기에 결혼한다는 의미이지만 결혼에 불리하고 유명무실한 이유를 사주원국이 아니라 대운의 干支에서 찾고 있습니다. 즉, 己土 남편이 亥水를 만나 허해졌기에 유명무실한 남편이라는 주장이지만 己未였다면 干支가 실하기에 좋은 남편일까요? 훨씬 흉한 남편일 가능성이 농후합니다. 일지 배우자 宮位에 있는 亥水를 망가뜨리기 때문입니다.

이 사례를 자평진전 透干원칙을 활용해서 시공명리학 이론으로 분석해보겠습니다. 己亥대운의 己土는 未土와 午火의 地藏干에서 透干하였기에 사주원국 구조대로 午未 합하려는 의도입니다. 또 대운 亥水와 일지 亥水가 복음이고 午未 합 사이에 夾字로 끼어서 비틀리기에 남편이 상하기 쉬워서 이혼하는 운이 분명합니다. 정리하면, 자평진전과 盲派는 祿, 原神에 집중하여 분석하지만 시공명리학은 사주구조를 중심으로 地藏干 透干의 의미를 분석해서 길흉을 판단합니다.

乾命				陰/平 1965년 9월 7일 04:00								
時	日	月	年	88	78	68	58	48	38	28	18	8
甲寅	戊子	乙酉	乙巳	丙子	丁丑	戊寅	己卯	庚辰	辛巳	壬午	癸未	甲申

수백억 부자다. 財星이 官星을 통제한다. 午대운에 주식으로 크게 發財하였는데 비겁과 관살 때문이다. 午火가 己土(겁재)를 강하게 하고 酉金과 子水를 극하며 午火로 寅中에 암장된 것을 끌어 쓰고 午中 己土를 활용하여 비겁으로 做功을 이루기에 주식과 같은 위험투자로 부자가 되었다. 辛巳대운 辛대운은 나쁘지 않았고 巳대운에는 寅巳 穿하여 좋지 않았다. 酉金 原神은 制剋 받아도 制剋되지 않는다.

註解 : 五行과 十神 生剋으로 사주명리를 학습했다면 무슨 설명인지 이해할 수 없습니다. 甲寅과 午火로 殺印相生하고 午대운의 己土 劫財를 활용해서 부자가 되었다는 주장입니다. 또 午火와 地藏干 己土가 酉金과 子水를 극하기에 부자가 되었다는 논리는 財星을 재물로 인식하는 기존 이론으로는 이해하지 못합니다. 午火, 己土가 傷官 酉金과 財星 子水를 모두 망가뜨리기 때문입니다. 이렇게 制剋하여 취한다는 논리를 펼치다가 갑자기 寅午로 살인상생하고 午中 己土로 투기해서 부자가 되었다는 설명입니다. 판단을 보류하고 시공명리학 이론으로 살펴보면, 乙酉월은 수확의 계절이기에 강력한 열기를 원하는데 마침 午대운에 酉金을 자극하면 수확이 매우 쉬워집니다. 또 酉金은 巳午의 열기를 품은 후 총알처럼 튀어나가 일지 子水에 풀어지면 戊土가 戊子로 自合하며 丁辛壬 三字조합을 적절하게 활용해서 매우 총명하고 하늘에서 돈벼락을 맞습니다. 이런 유형은 쉽게

발견하는데 골프선수 박세리 사주도 유사합니다.

坤命			
時	日	月	年
壬	戊	己	丁
戌	子	酉	巳

박세리 골프선수 사주팔자입니다. 년과 월에서 월지 酉金을 자극하면 丁辛壬 三字조합을 활용하여 일지 子水에서 씨종자 酉金을 빠르게 풀어내기에 하늘에서 돈벼락을 맞습니다. 이런 이치를 맹파는 午火, 己土가 酉金과 子水를 극해서 좋다는 정반대 주장을 하는 겁니다.

●遁藏透干応期 -地支의 地藏干이 대운, 세운에서 天干에 출현하면 <u>地支 글자가 도래하는 應期</u>로 본다. 따라서 글자가 대표하는 의미가 발생하거나 변화한다. 예로, 사주원국에 戌土가 있는데 대운, 세운에서 丁火가 오면 <u>丁火는 戌의 象</u>을 나타낸다. <u>丁火가 바로 戌土의 작용을 하는 것</u>이다.

註解 : 地藏干 透干應期는 자평진전 주장과 동일함에도 뒤에 應期라는 단어를 붙여서 다른 것처럼 활용하지만 기본적으로는 자평진전과 동일한 논리라고 보입니다. 盲派도 사주원국에 戌土가 있는데 운에서 丁火가 透干하면 戌의 象을 나타내며 丁火가 戌土의 작용을 한다고 주장하는데 어떤 방법으로 사주팔자에 응용하는지 사례를 보겠습니다.

坤命			
時	日	月	年
戊寅	庚寅	壬辰	辛亥

사업체를 운영한다. 丙申대운에 丙火가 <u>虛透</u>하여 이혼한다. 丙火가 다른 사람과 합하여 가버린다. 甲申년 혹은 辛巳년부터 싸우기 시작하였을 것이다. 丙申대운에 丙火가 虛透하면 寅木이 應期한 것이기에 남편이 떠났다. 丙火가 辛金과 합하기에 다른 여인에게 가버렸다. 寅木과 亥水는 합하기에 서로 象을 바꿀 수 있다. 應期는 甲申년과 辛巳년으로 보는데 申金이 亥水를 穿하고 巳火가 寅목을 穿하기 때문이다. 실제로는 辛巳년에 이혼하였다.

註解 : 丙申대운에 寅木의 地藏干 丙火가 透干하였는데 대운의 地支 申金에 根을 두지 못해서 虛透하였고 丙火가 辛金과 합하기에 남편이 다른 여인에게 가버렸다는 설명입니다. 일지 배우자 宮位가 반응한 것입니다. 甲申년에는 申金이 亥水를 穿하고 辛巳년에는 巳火가 日支 寅木을 穿하기에 이혼할 수 있다고 설명합니다. 이 논리의 문제는 자평진전 透干원칙인 地支는 靜하여 물형을 결정하지 못하고 반드시 <u>地藏干이 透干했을 때 비로소 희기를 결정한다</u>는 원칙에서 벗어났습니다. 마치 사주원국 地支와 세운 地支의 刑冲破害로 이혼물상을 결정할 수 있다는 주장을 하는 겁니다. 근본원리, 기준이 흔들리면 사주팔자를 분석하는 행위는 무의미합니다. 위에서 설명한 맹파의 기준을 요약하면 이렇습니다. 地支의 地藏干이 대운, 세운에서 透干하면 地支글자가 도래하는 應期로 본다. 사주원국에 戌土가 있는데

대운, 세운에서 丁火가 오면 戌의 象을 나타내며 戌土의 작용을 하는 것이다. 이렇게 설명하고서도 地支에서 刑沖破害가 발생하면 地支에서 곧바로 물형을 결정하는 것처럼 표현했습니다. 만약 應期의 의미가 刑沖破害를 이루는 상황이라면 굳이 應期라고 부를 이유도 없습니다.

●流年或大运与八字作用应期 : 流年或大运与八字产生冲、合、刑、穿、墓，都是一种应期，流年与大运产生这些作用也是应期。作用到哪一个字，哪个字在此运、此年就会发生应事。一般来讲，合者主到，冲者主动，墓者主收，穿者主伤。原局有合，以冲为应；原局有冲，以合为应。流年合大运为合动；流年冲大运则看其当运不当运，当运为冲去，不当运为冲起。

세운 혹은 대운과 사주팔자 원국과 <u>沖合刑穿墓도 일종의 應期</u>에 해당한다. 세운과 대운에서 발생해도 모두 應期다. 어떤 글자가 작용하는가에 따라 대운, 세운에서 상응하는 일이 발생한다. 일반적으로 合하면 도래한 것이고 沖하면 주로 動한다. 墓는 주로 수확하고 穿하면 주로 傷한다. 사주원국에 合이 있으면 沖하는 시기가 應期이고 사주원국에 沖이 있으면 合할 때 應期이다. 세운이 대운과 合하면 合하여 動하고 세운이 대운을 沖할 때는 當運이면 沖去요, 아니라면 沖起에 해당한다.

註解 : 맹파의 논리들은 자평진전 透干원칙에서 이탈하였습니다. 사주팔자 원국과 대운, 세운에서 발생하는 地支의 刑沖破害合穿墓를 應期라고 부른다면 모든 것이 應期에 해당하기에 특별한 의미를 지닌 용어처럼 활용할 이유가 없고 刑한다, 沖한다고 표현하면 그만입니다. 應期라는 용어의 정의가 운에서 발생하는 특수한 사건이나 일을 표현하는 것이라면 사소한 일, 사건

은 제외해야 합니다. 모든 사주팔자는 사주원국과 大運, 세운, 월운, 일운이 조합할 경우 반드시 刑冲破害 合穿墓로 반응하기에 모든 일이나 사건이 應期로 변해버립니다. 용어의 정확한 개념을 정립하지 않으면 혼선만 가중되기에 다음 章에서 자세히 살피겠습니다.

乾命				陰平 1972년 10월 1일 14:00							
時	日	月	年	80	70	60	50	40	30	20	10	0
乙	辛	庚	壬	己	戊	丁	丙	乙	甲	癸	壬	辛
未	丑	戌	子	未	午	巳	辰	卯	寅	丑	子	亥

金水가 局을 이루어 戌中 丁火를 制剋하고 乙木도 일간 辛金의 통제를 받는다. 子대운에 丑土를 도와서 戌土를 제하니 길하다. 庚辰년 辰土는 金水와 局을 이루어 戌土를 沖하기에 특별히 수입이 좋았다. 丑대운은 호운으로 발전하는데 庚辰년에는 辰戌 沖하는 應期로 辰土는 水庫로 金水가 局을 이루어 부친이 심장병으로 사망했다. 사주원국에서 三刑을 범하였는데 丑土는 比肩의 庫이기에 형제를 뜻하고 戌土는 부친이기에 35세 이전에 사망하는 것으로 판단한다. 형제들도 사망할 수 있는데 실제로는 35세 직전에 사망했다. 甲寅대운 甲申년은 寅申 沖하는 應期로 교통사고가 발생하였다. 또 甲庚 沖하니 이 해에 주된 일이 발생한다.

註解 : 辰戌 沖하는 應期, 寅申 沖하는 應期라는 표현은 자평진전의 透干원칙에서 벗어날 뿐만 아니라 地支에서 발생하는 刑沖破害 모두가 應期에 해당하기에 중대한 사건이나 일을 결정하는 시기를 대표하는 용어로 활용할 수 없습니다. 풀이방식은

대부분 生剋을 활용하고 있습니다. 특히 五行들이 세를 이루어 무기력한 五行을 제거하여 취한다는 주장이기에 庚辰년에 길하거나 발전해야 하는데 부친이 사망했습니다.

乾命				陰平 1965년 3월 28일 08:00							
時	日	月	年	88	78	68	58	48	38	28	18	8
壬辰	癸丑	庚辰	乙巳	辛未	壬申	癸酉	甲戌	乙亥	丙子	丁丑	戊寅	己卯

乙木을 부친으로 간주하는데 氣는 있지만 약하다. 사주원국에서 乙庚 合하니 부친이 상한다. 때를 기다려 應期하면 부친에게 화가 미친다. 丁丑대운, 庚金이 旺地를 만나니 부친을 잃는다. 甲戌년에 부친이 사망했는데 사주원국의 <u>乙庚 合을 甲庚 沖으로 깨는 應期</u>다. 甲庚 沖으로 弱神이 旺神을 沖하여 合하지 못하는 것이 아니고 沖하여 合이 應期한다. 沖으로 乙庚 合이 발생하자 부친 乙木이 상한 것이다. 또 卯戌 合하고 辰土를 沖하여 宮과 星이 모두 상하였다. 卯木이 양쪽에서 辰土에 穿당하니 부인이 병에 시달린다. 공직자로 재정을 관리한다. 丙子대운에 관직에 올라 丁丑대운 乙亥년에 관직을 맡았다. 省 정부행정처 官員이다.

註解 : 맹파는 刑沖破害 등 모든 작용을 應期로 부릅니다. 흥미로운 주장은, 乙庚 合하고 있다가 甲庚 沖하면 乙庚 合이 깨지는 것이 아니라 오히려 乙庚 合의 결속이 강해져 부친이 사망한다는 주장입니다. 보통은 乙庚 合하다가 甲木이 충격을 가하면 불안정해지는데 맹파는 合의 결속력이 더욱 강해진다고 합니다.

乾命				陰平 1963년 4월 21일 12:00							
時	日	月	年	83	73	63	53	43	33	23	13	3
丙午	丁巳	丁巳	癸卯	戊申	己酉	庚戌	辛亥	壬子	癸丑	甲寅	乙卯	丙辰

癸水를 설하는 卯木 印星과 時支 午火 祿을 用한다. 癸丑대운에 午丑 穿하니 불길하다. 癸水관성이 沖하니 윗사람과 불화한다. 하지만 午火는 旺하고 丑土는 弱하기에 癸水 官이 일간 丁火를 어찌할 수 없고 고통을 줄 뿐이다. 癸未년에 丑未 沖하고 午未 合하니 丑午가 穿하는 것을 해결하여 상대방을 제압하니 발전하였다. 북경대학원 생으로 寅대운에 祿을 생하니 發財한다. 寅巳 穿은 소송을 의미한다. 癸丑대운은 午丑 穿으로 흉한데 癸水가 년에 있기에 윗사람을 의미하여 교수와 불화하였고 癸未년에 문제가 해결되었는데 丑未 沖으로 午丑 穿을 해결한 까닭이다. 실제 상황은 교수가 논문을 표절하였는데 문제를 학생에게 뒤집어씌우고 이름을 더럽혔다가 해결된 것이다. 祿과 比肩이 旺하니 승부욕이 강하다. 졸업을 못하게 협박하였는데 타협을 본 것이다.

註解 : 모든 통변내용은 기존의 방식과 다를 바 없습니다. 더러는 세력을 규합해서 약한 세력을 공격하여 취한다고 주장하다가도 寅대운에 祿을 생하여 좋다는 기존의 방식을 활용합니다. 盲派도 用神, 十神과 五行의 生剋, 合沖, 刑沖破害, 强弱 등을 활용하여 운세를 분석하는 것은 분명합니다. 사건이나 일을 결정하는 것을 應期라고 표현하면서도 통변내용은 기존과 다를 바 없습니다.

●八字中某字在流年（大运）中出现或见其禄神与原身，则此年（运）要发生与该字有关的事情，流年（大运）中该字产生什么样的作用，就如同原局中该字发生的作用一样。这就叫此字在流年（大运）的应期。禄神虚到大运、流年，主虚而弱化，余气虚到大运，流年不主弱化而主到位。原局的东西，在大运流年出现，表示这个字到了，这个字的吉凶会在本运或本年出现。

사주팔자에 있는 글자가 세운(대운)에서 출현하거나 祿神과 原神(午火는 천간에서 己土)을 만나면 이 글자와 관련된 일이 발생한다. 세운(대운)의 글자가 어떤 작용을 하는지는 사주원국에서 그 글자가 하는 작용과 동일하다. 이것을 이 글자가 세운에서(대운) <u>應期한다고 표현한다</u>. 祿神이 대운, 세운에서 虛하게 들어오면 주로 虛하여 약화된 것이고 余氣가 대운, 세운에서 虛하게 들어오면 약화가 아니라 도래하였다고 간주한다.(표현불분명) 사주원국 글자가 대운, 세운에서 출현하면 이 글자가 도래한 것으로 그 길흉이 대운, 세운에서 발현된다.

註解 : 盲派는 祿神, 原神과 같은 개념을 중요하게 인식하는데 이 문장의 핵심은 사주팔자에 정해진 꼴대로 운에서 길흉을 발현한다는 주장입니다. 문제는 사주원국에 있는 글자의 길흉을 분석하는 기준이 무엇인지 내용이 없습니다. 모든 사주팔자는 어떤 이론을 활용해서 어떻게 분석하느냐에 따라 동일한 글자도 길흉이 다릅니다. 각 이론에 따라 사주팔자 用神이 목화토금수 모든 五行이 뽑히는 경우와 다를 바 없습니다. 用神과 忌神, 길흉은 이론에 따라 수시로 바뀔 수 있습니다. 應期도 어떤 이론을 활용하느냐에 따라 길흉이 바뀌기에 오차를 줄이고 적중률을 높이는 이론을 선택해야만 합니다. 자평진전은 地藏干 透干을 강조했지만 맹파는 地支도 스스로 물형을 결정하는 것으로 간주

하고 應期로 표현합니다. 이 문장에서 배울 점은, 사주원국에 있는 글자의 가치대로 대운, 세운에서 반응한다는 것으로 바로 꼴값한다는 의미입니다.

乾命				陰平 1975년 11월 13일 06:00								
時	日	月	年	82	72	62	52	42	32	22	12	2
己卯	乙未	戊子	乙卯	己卯	庚辰	辛巳	壬午	癸未	甲申	乙酉	丙戌	丁亥

财制印了，印主权利，所以是当官的，01年走乙酉运又提升，酉金是七杀冲禄本来不吉，但辛巳年辛金虚透坐在巳火上被制了，杀翻为吉，且巳火等于戊土到了，原局戊傲功了，乙酉运甲申年升官，应申年，甲木劫才虚了被己土所合，申是子的长生之地，02年定婚，03年结婚，未土是老婆，壬午年午未合到夫妻宫，癸未年妻星到位了，03年买房子，未土是坐下的财，代表房子06年还要买房子，丙戌年卯戌合，禄合财当房子看，戊未刑动坐支的家，所以又买房子，卯戌合到边上了，所以买的房子是城边的。

財星이 印星을 극하는데 印星은 주로 權利를 상징하기에 공직자이다. 乙酉대운 2001년 辛巳년에 승진하였다. 酉金은 七殺로 祿을 冲하기에 불길한데 辛巳년에 辛金이 허투하고 巳火에 制 압당하니 七殺이 길하게 바뀌었다. 또 巳火는 戊土가 도래하였기에 사주원국에서 戊土가 做功을 이룬다. 乙酉대운 甲申년에 승진하였는데 申年에 應期한 이유는 甲木 劫財가 虛透하여 甲己 합하고 申金은 子水의 장생지이기 때문이다. 2002년 정혼하고 2003년 결혼하였다. 未土는 배우자로 壬午년에 午未 합으로 일지 宮位에 이르고 癸未년에는 未土 배우자 십신(妻星)이 도래하였다. 2003년에 집을 구입하였는데 未土는 日支 재성이요 주택을 의미한다. 2006년에도 집을 구매하려는 이유는 丙戌년에 卯戌 合하면 祿이 財星을 합하기에 집으로 간주한다. 戌未 刑으로 일지가 동하자 주택을 구입하는 것이다. 卯戌 合으로 변방으로 가니 도시 외곽에서 주택을 구매하였다.

註解 : 印星을 제압하여 공직자라고 표현하면서도 辛金 七殺이 일간을 극하니 흉하다는 상반된 주장을 합니다. 다행히 虛透하여 辛金이 무기력하기에 승진할 수 있었다는 주장입니다. 盲派도 十神 生剋을 활용하여 통변하고 있습니다. 공직자가 된 이유를 財星 戊土가 印星 子水를 合剋하기 때문이라고 설명합니다. 시공명리학 이론으로는 년과 월에서 乙癸戊 三字로 조합하기에 공직자입니다. 印星을 극하면 상하는데도 상한 印星을 것을 취한다는 논리는 이상합니다. 기존의 生剋 논리를 거꾸로 주장하기에 혼란스럽습니다.

乾命				陰平 1975년 6월 16일 06:00								
時	日	月	年	85	75	65	55	45	35	25	15	5
辛卯	辛未	癸未	乙卯	甲戌	乙亥	丙子	丁丑	戊寅	己卯	庚辰	辛巳	壬午

食神生出外边的财，财入墓到主位。走庚辰运的庚运一事无成，因劫财运，别人合走了财。到辰运事业稳定了，未入辰墓了，卯辰穿，自己有了呆的地方。05年乙酉年遇到贵人，从此开始好转，办了文化传播公司，03本人准备也要开公司，但失败了。08年戊子年会搞个大的策划会成功。03癸未年是做事的应期，因为乙木是弯曲的，形象是波动的象，又八字里年上乙卯伏吟到时

上，所以是传播的象，而能传播的是文化行业，木是纸张，文化之象。乙酉年辰酉合动了禄，遇到贵人了。

食神 癸水가 年의 乙卯 財星을 생하고 財星이 일지 未土 墓地에 이른다. 庚辰대운 庚대운에는 아무것도 이룬 것이 없었는데 劫財 대운에 財星을 합하기 때문이다. 辰대운에 사업이 안정되었는데 未土가 辰土 墓地에 이르고 卯辰 穿으로 자신이 머물 공간이 생겼기 때문이다. 2005년 乙酉년에 귀인을 만나서 운이 좋아져 문화, 홍보회사를 설립하였다.

2003년에 회사를 설립하려고 시도했지만 실패한 경험이 있다. 2008년 戊子년에 대형 프로젝트를 계획 중인데 성공할 것이라고 판단한다. 2003년 癸未년은 일을 추진하는 應期인데 乙木은 휘고 꺾인 모양으로 파동의 상이고 사주원국 년에서 乙木이 복음으로 時에 이르기에 미디어 상이다. 또 문화관련 미디어로 木은 종이요 문화의 상이다. 乙酉년에는 辰酉 合으로 일간 辛金의 祿이 동하여 귀인을 만난 것이다.

註解 : 모든 통변내용들은 五行과 十神의 生剋을 활용하고 있습니다.

坤命				陰平 1950년 4월 10일 10:00								
時	日	月	年	87	77	67	57	47	37	27	17	7
癸巳	辛酉	辛巳	庚寅	壬申	癸酉	甲戌	乙亥	丙子	丁丑	戊寅	己卯	庚辰

此造禄神被两巳火克坏，食神癸水在局中很重要，行丙子运之子

运，相当于癸落入地支，原来癸受天干庚辛之生，到地支就没法受生了（酉金自身受克，无法生子水），反被巳绝，寅泄，到壬午年，一冲子水，食神被坏，命主被歹徒杀害。

祿神 酉金이 두 巳火에게 극 당하여 상한다. 癸水는 食神으로 수명을 상징하며 사주원국에서 매우 중요한 역할이다. 丙子대운의 子대운에는 天干의 癸水가 地支에 내려온 것이다. 사주원국 천간에서는 庚辛의 생을 받고 있던 癸水가 地支에 내려오면 생을 받지 못한다.(酉金도 剋당하기에 子水를 生하지 못한다.) 오히려 巳火에 絶地요 寅木에 설기 당하기에 壬午년에 子水를 沖하므로 食神이 상하자 악당에게 살해당했다.

註解 : "祿神이 극 당하여 상한다. 食神으로 수명을 상징한다. 癸水가 庚辛의 생을 받는데 地支에 내려오자 생을 받을 방법이 없다. 寅木에 설기 당하기에 壬午년에 子水를 沖하므로 食神이 상하고 악당에게 살해당했다." 여기까지 내용은 五行과 十神의 生剋작용을 활용하기에 應期라고 표현할 의미가 없습니다. 다만, "丙子대운의 子대운에는 天干 癸水가 地支에 내려온 것과 같다."는 표현은 주의할 필요가 있습니다. 이때 문제는 天干이 地支에 내려오는 상황일 때 과연 무엇을 기준으로 판단해야 하는가 입니다. 첫째, 天干을 기준으로 살피거나 둘째, 地支를 기준으로 살필 수 있는데 盲派는 地支를 기준으로 살핍니다. 이 논리는 자평진전의 透干원칙처럼 혼란스럽습니다. 지장간이 透干하면 地支의 작용을 살펴야하는데 자평진전은 천간의 十神을 살피고 맹파도 天干이 地支로 내려오면 天干의 구조를 살펴야 하는데 地支 구조를 설명합니다. 풀이과정이 상반됩니다. 기준이 흔들리면 이론의 가치를 상실합니다. 여기에서 간단히 정리하면, 地藏干이 透干하면 地支의 동태를 결정하기에 地支를 살

피는 것처럼 天干이 地支로 내려오면 天干의 구조를 살피는 것이 원칙입니다.

따라서 天干에서는 庚辛의 생을 받지만 地支에서는 子水가 생을 받지 못한다는 주장은 天干을 살펴야하는 원칙에서 벗어나 地支를 살피고 있습니다. 기본원리를 사례에 따라서 다르게 적용하면 혼란스러워집니다. 맹파에서 주장하는 應期 사례를 다양하게 소개하는 이유는 盲派가 어떤 방식으로 풀이하고 있는지를 이해해보자는 취지입니다만 익숙하지 않다면 이쯤에서 다음 章으로 뛰어넘어도 무방합니다.

乾命				陰平 1957년 3월 27일 04:00								
時	日	月	年	87	77	67	57	47	37	27	17	7
甲寅	戊辰	甲辰	丁酉	乙未	丙申	丁酉	戊戌	己亥	庚子	辛丑	壬寅	癸卯

此造戊土长生在寅，杀当财看。行子运生助寅木，发财；到己运合绊甲木不利，破财之象。此运中最凶之年份是甲申年，此年甲虚透，等于寅木虚了，被己合绊，是指别人夺了他的财，而寅申冲破木之根，将八字所用的东西全部坏了。因投资失误，损财严重。实际，己运破财五年，破七百多万，好在他有两甲，不至于破产。

戊土가 寅木에서 장생하므로 七殺을 財星으로 간주한다. 子대운에 寅木을 생하니 돈벌이가 좋았다. 싱가포르 국적으로 子대운에 辰의 地藏干에 있는 水氣를 인출하여 寅木을 생하니 발전하였다. 丁丑년에 가장 많은 돈을 벌었는데 20억 정도다. 子丑 合

으로 子水를 동하게 한 까닭이다. 금융위기가 발생하자 달러를 말레이시아 돈으로 바꾸어 대량의 토지를 사들였고 금융위기가 끝나자 대발한 것이다. 己대운에 甲己 합하니 불리하기에 破財의 象이다. 甲申년이 가장 흉하였는데 甲이 虛透하니 寅木이 虛透한 것으로 己土에 묶이니 타인이 내 재물을 빼앗는 象이다. 寅申 沖으로 木의 根이 상하니 팔자에서 사용할 수 있는 글자들이 모두 망가져 투자에 실패하고 손실이 심각하였다. 실제로 己대운 5년 동안 14억 정도를 파재하였지만 다행하게 두 개의 甲木이 있으니 파산하지는 않았다.

註解 : 월지 시공이 辰月이기에 반드시 마른 땅에 水氣를 채워주어야 발전하는 간단한 논리이지만 盲派는 甲寅 偏官 凶神이 재물 복이라는 주장을 펼칩니다. 甲寅의 땅은 水氣를 채우면 아름드리나무가 되지만 水氣가 없으면 戊辰을 파괴합니다. 己亥대운의 천간과 지지가 크게 다른 이유입니다. 甲寅시가 수기가 부족할 때 戊辰일이나 戊戌일을 파괴하는 사주사례들이 매우 많습니다. 따라서 맹파의 주장처럼 甲寅이 재물 복이 아니고 甲寅에게 水氣를 채워주기에 戊土 터전을 괴롭히지 않는 겁니다. 丁丑년에 가장 많은 돈을 벌었는데 地支에서 酉丑辰 三字조합을 이루자 하늘에서 돈벼락을 맞았습니다.

乾命				陰平 1965년 2월 19일 12:00								
時	日	月	年	85	75	65	55	45	35	25	15	5
庚午	甲戌	己卯	乙巳	庚午	辛未	壬申	癸酉	甲戌	乙亥	丙子	丁丑	戊寅

伤食入墓于戌，戌集了很大的财富，被卯所合制之，故能发大

财。时上庚金为大忌，原局无制，乙庚合，比肩来害他。行子运，冲制午火有功，发财数千万。乙亥运乙庚合，原局乙木坐巳火是虚的劫才，走乙亥运乙木劫才受生为比劫合官夺财之意，必有人欲侵占其财产。果然这步运的甲申年、乙酉年起财产官司。申年庚金到位，乙年乙庚合到位，是为应期。

사주원국에서 丙丁 食傷이 戌土 墓地에 入墓하기에 戌土는 엄청난 재물을 모집하였고 卯木에 의해 合으로 제압당하기에 대발하는 팔자다. 時의 庚金은 기피하는데 사주원국에서 제하지 못하고 乙庚으로 비견이 庚金을 상하게 만들기 때문이다. 子대운에 午火를 沖으로 제압하여 功을 이루기에 몇십 억을 벌었다. 乙亥대운에 이르러 乙庚 合하는데 사주원국에서는 乙木이 巳火에 좌하여 虛한 겁재이었지만 乙亥대운에는 乙木 겁재가 亥水의 生을 받아서 庚金 官을 합하기에 재물을 빼앗기는 상이다. 반드시 재산을 빼앗으려고 달려드는 운으로 과연 甲申년, 乙酉년 재산관련 소송이 걸렸다. 甲申년의 申金은 庚金이 온 것이고 乙年은 乙庚 合으로 반응한 應期이다.

註解 : 시공명리학 이론을 활용해서 구조를 분석해보겠습니다. 乙丙庚 三字조합으로 부자팔자가 분명합니다. 다만, 甲己 合하는데 乙巳가 己土의 터전을 나누자고 달려들어도 피할 수 없는 이유는 乙庚 合하는 과정에 夾字로 끼어있는 甲己 合이 반드시 비틀리기 때문입니다. 乙木 입장에서 살피면, 자신이 소유한 巳火를 활용해서 재물을 취하기에 결국 甲木을 부자 만들어준 것은 자신이라고 인식합니다. 하지만 甲木이 戌土를 이용해서 卯巳를 墓地에 담아서 취해버리기에 乙木은 억울할 수밖에 없고 乙庚 合하는 과정에 甲木이 소유한 己土와 甲木을 沖으로 공격해서 문제를 일으킵니다. 甲木은 일지에 戌土를 두어서 乙巳를

자기 것으로 취하려는 욕망이 강하기에 매우 이기적이고 이에 따라서 주위에 많은 적을 만들고 결국 소송에 시달립니다. 특히 甲日이 庚午시를 만나면 火氣에 자극받은 庚金이 甲木을 沖해 버리기에 관재구설이 잦은 팔자입니다.

盲派는 庚金을 가장 기피한다는 주장을 하지만 이 사주구조에서 庚金이 없다면 재물 복도 없습니다. 잡초만 우거진 땅이기에 반드시 庚金을 활용해서 열매 맺고 巳午로 그 열매를 확장하기에 부자입니다. 다만, 위의 설명처럼 사주구조가 좋지 않기에 소송에 시달리는 것입니다. 즉, 乙丙庚 三字조합을 활용하여 부자이지만 乙庚 合하는 과정에 甲己가 夾字로 끼어서 소송이 빈번한 현상은 별개의 작용임을 이해해야 합니다. 이런 이유로 항상 길흉이 공존하는 것입니다. 乙木이 己土를 극하는 것도 문제이지만 乙庚 合으로 甲己 合이 깨지고 상하는 것이 더 큰 문제입니다.

●八字地支中某字遁藏，在大运或流年的天干出现，也是地支此字的的应期，表明这个字所代表的信息要发生变化。如原局有戌，流年或大运出现丁，此丁就可以代表戌的信息，其丁的作用就相当于戌的作用。

地支가 품은 地藏干
甲－－亥寅　　乙－－卯未辰　　丙－－寅巳　　丁－－午戌未
戊－－巳戌辰　己－－午未丑　　庚－－申　　　辛－－酉丑
壬－－亥申　　癸－－子辰丑

地支의 地藏干이 대운, 세운에서 천간에 출현하면 <u>地支 글자의 應期로 간주</u>한다. 글자가 대표하는 의미가 발생하여 변화를 갖는다. 예로 사주원국에 戊土가 있다면 대운이나 세운에서 丁火가 나타나면 丁火는 戊土를 대표하는 사건이 발생한다. 따라서 丁火의 작용은 戊土의 작용과 동일하다.

註解 : 위에서 유사한 표현을 살펴보았습니다만 자평진전의 표현과 동일합니다. 결국 <u>자평진전 透干원칙을 활용</u>하면서 몇 가지 이론을 추가한 것입니다. 또 자평진전에서 활용하는 五行, 十神 生剋의 범위를 벗어나지 않습니다. 특별하게는 강한 세력이 약한 세력을 制剋하여 취한다고 주장하면서도 때로는 생하여 취한다는 주장도 하므로 판단기준이 불명확합니다. 참고로 <u>地支가 품은 地藏干에 대해 주의</u>해야 합니다. 盲派는 亥寅卯에 地藏干 甲이 있음에도 亥寅에만 있는 것처럼 주장합니다. 또 寅巳午에 地藏干 丙火가 있음에도 寅巳에만 있다고 주장하며 특히 戊土는 寅巳申亥, 辰戌의 地藏干에 모두 있음에도 巳戌辰에만 있다고 주장하는데 그 이유를 설명하지 않았습니다. 또 巳申酉에 庚金이 모두 있으며 酉戌丑에 辛金이 모두 있습니다. 申亥子에 地藏干 壬水가 있습니다. 시공명리학에서 활용하는 地藏干원칙은 예외가 없으며 지장간 표를 그대로 활용합니다.

지장간 배치표

	子	丑	寅	卯	辰	巳	午	未	申	酉	戌	亥
여기	壬	癸	戊	甲	乙	戊	丙	丁	戊	庚	辛	戊
중기		辛	丙		癸	庚	己	乙	壬		丁	甲
정기	癸	己	甲	乙	戊	丙	丁	己	庚	辛	戊	壬

乾命				陰平 1967년 11월 18일 20:00								
時	日	月	年	84	74	64	54	44	34	24	14	4
辛	丁	壬	丁	癸	甲	乙	丙	丁	戊	己	庚	辛
亥	巳	子	未	卯	辰	巳	午	未	申	酉	戌	亥

日主坐旺，有年柱帮比，是用火土制金水的意思。但火土无强势，用之不力，事业多坎坷。行戊申运之乙酉年，乙木可以代表八字中的未土（因未中含乙），子未穿，官杀制不好当财看，因无庚，辛又弱，故乙不受伤，乙在天干受壬水之生，且生日主丁火，故此年可得财，此财必来自于未土食神。果在食用品生意上赚了些钱。因未是食神，故是吃的东西。因乙坐酉太弱，得利不大。

日干은 巳火를 깔아서 旺하고 丁未년이 丁巳를 돕기에 火土로 金水를 제압하려는 의도이지만 火土의 세력이 강하지 못하기에 사업에 기복이 많다. 戊申대운 乙酉년, 乙木은 未의 地藏干 乙木을 의미하고 子未 穿하지만 官殺을 제압하기 어렵기에 재물복으로 간주한다. 庚金도 없고 辛金도 약하여 乙木이 상하지 않으며 壬水의 생을 받고 일간 丁火를 생하기에 돈을 벌었다. 이 재물은 未土 食神에서 온 것이기에 식품사업으로 돈 좀 만졌는데 未土가 食神으로 음식을 의미하기 때문이다. 다만, 乙酉년 乙木이 酉金에 너무도 미약하기에 큰돈은 벌지는 못했다.

註解 : 핵심은 다른 곳에 있는데 未土의 地藏干 乙木이 천간에 드러났고 未土가 食神이므로 식품으로 약간의 돈을 벌었다는 주장을 합니다. 흥미로운 점은 子未로 穿하면 문제임에도 오히려 子水를 제대로 처리하지 못하기에 재물 복이라는 논리를 펼칩니다. 기억할 점은, 乙木은 未土 食神에서 透干하여 식품으로 판

단하는 것입니다. 사실, 戊申대운 乙酉년은 地支 子水에 酉金이 풀어지고 乙丙庚 三字로 조합하여 좋지만 사주배열이 적절하지 않기에 부자팔자는 아닙니다.

乾命				陰平 1966년 2월 7일 00:00								
時	日	月	年	83	73	63	53	43	33	23	13	3
庚	丙	庚	丙	己	戊	丁	丙	乙	甲	癸	壬	辛
子	辰	寅	午	亥	戌	酉	申	未	午	巳	辰	卯

丙火坐下官杀库，但不开，时上庚子是官带财帽子，年上劫才午火有冲制水的象，且子水也生寅木有印化官之意，所以是个当官的命，走甲午运的午运癸未年升官，午运是原局的劫才到了，应癸未年是子水虚透了，子等于癸官到了，走酉年又升官，辰土是官杀库不开，乙木虚透等于辰到了，乙庚合财坐下官，象告诉你官到了，乙酉年辰酉也是升官的意思。

丙火가 日支에 관살의 庫地 辰土를 두었지만 열리지 않았다. 時의 庚子는 官星이 財星을 천간에 드러낸 것이며 午火 겁재가 子午 沖으로 子水를 制剋한다. 子水는 寅木을 생하기에 관인상생으로 공무원에 적합하다. 甲午대운 午대운 癸未년에 승진했다. 午대운은 사주원국 겁재가 도래하였고 癸未년은 子水가 虛透한 것이다. 子水는 바로 癸水로 官이 도래하였다. 乙酉년에 또 승진하였다. 辰土가 官殺의 고지인데 개고되지 않았고 乙木이 虛透하기에 辰土가 도래한 것이다. 乙庚 合으로 財星을 合하고 그 아래에 官星을 두니 官이 도착했음을 알리는 것이다. 乙酉년 辰酉 合도 승진의 의미다.

註解 : 子水를 공격하여 취한다고 주장하면서도 子水가 寅木을 생하니 공직자라고 합니다. 子水를 극해서 좋다는 의미는 子水를 무기력하게 만들어야 한다는 논리인데 그런 子水를 활용해서 寅木을 생하니 공직자라는 상반된 주장을 펼칩니다.

●大运应期：大运干支生、克、刑、冲；克、穿、墓、破；三合、六合、五合作用于八字定吉凶。
대운응기 : 大運 干支에서 生剋刑沖, 剋穿墓破, 三合 六合 五合의 작용으로 사주원국의 길흉을 결정한다.

註解 : 명확하게 모든 合沖剋, 刑沖破害合墓, 三合, 六合, 五合이 모두 應期라는 주장을 합니다. 하지만 應期라는 용어가 특정한 사건이나 일을 지칭하는 것이라면 이 모든 것을 應期라고 표현한 필요가 없어집니다.

●流年应期：流年管应期，<u>不管吉凶</u>，<u>吉凶由原局与大运管</u>。流年与八字有生、克、刑、冲；克、穿、墓、破；三合、六合、五合，这种作用只是引动，必须配合大运与原局定吉凶，流年出现原局的禄、原身藏干，也是引动。

세운응기 : <u>세운에는 應期만 관리하고 吉凶에 관여하지 않으며 사주원국과 대운에서 吉凶을 관리(결정)한다.</u> 세운과 사주원국에서 生, 剋, 刑, 沖, 穿, 卯, 破, 三合, 六合, 烏合과 같은 작용은 引動(움직이는 요인)에 불과하고 <u>반드시 大運과 사주팔자 원국에서 길흉을 결정</u>한다. 歲運에서 사주원국의 祿, 原身의 地藏干이 출현해도 引動으로 간주한다.

註解: 盲派의 주장과는 달리 사주원국과 대운에서는 吉凶을 결정하지 못합니다. 위에서 언급한 것처럼, 사주원국은 숙명이지만 현실로 반응할 수 없고 반드시 운에서 발현되는데 대운의 기간이 10년이기에 그 길흉을 직접 체감할 방법이 없습니다. 반드시 세운, 월운, 일운으로 현재와 가까워질수록 사건이나 일의 길흉을 체감할 수 있습니다. 마찬가지로 地支에서 발생하는 刑沖破害 合을 모두 應期라고 부른다면 구분할 필요가 없습니다.

●流年为应期：流年冲合可以引动八字的字，通过合局与墓之气到位，还可以引动墓库。（如原局有辰，亥子可引动辰；原局有丑，申酉可引动丑，）支干应，干支应。合待冲，冲待合。藏怕露，无者怕出现。

세운은 應期에 해당 한다: 세운의 沖合으로 사주팔자에 있는 글자를 동하게 만들 수 있다. 合局과 墓의 기운이 도래하면 墓庫도 동하게 할 수 있다.(예로, 사주원국에 辰土가 있는데 亥水, 子水가 辰土를 동하게 할 수 있다. 사주원국에 丑土가 있다면 申酉가 丑土를 동하게 할 수 있다.) 地支는 天干과 應하고 天干은 地支와 應한다. 合은 沖을 기다리고, 沖은 合을 기다린다. 地支에 숨은 것은 드러남이 두렵고 사주원국에 없는 글자가 운에서 출현하면 두렵다.

乾命				陰平 1962년 7월 15일 14:00							
時	日	月	年	88	78	68	58	48	38	28	18	8
辛未	甲申	戊申	壬寅	丁巳	丙辰	乙卯	甲寅	癸丑	壬子	辛亥	庚戌	己酉

此造为活木，但水弱，甲木得年时之根，寅禄被申金冲坏，活木

怕埋根之铁（两个根不可坏根，一个不怕），故命不久。行亥运，寅被亥合，申冲之不怕，身体尚无碍；到壬子之子运，子未穿坏其根，子水腐败寅木，故得尿毒症不治。甲申年过不去。肾病，根坏后子水一来就烂了。甲申年亥月病故。应甲申年者，日主出现之年，申又冲禄破身之应。亥月者，长生之月故。夏活木要用水来滋润，故巳不好，因冲了亥，故妻子不好，有病。

이 사주는 活木인데 壬水가 약하다. 甲木이 년지 寅木과 時支 未土에 根을 두었는데 寅祿이 申金에 冲으로 상했다.(두개의 근이 상하면 안 되지만 하나라면 두렵지 않다.) 活木은 根이 잘리는 것을 두려워하기에 명이 짧다. 亥대운에는 寅木이 亥水와 合하여 寅申 冲이 두렵지 않기에 건강에 문제가 없었는데 壬子대운 子대운에는 子未로 穿하여 <u>甲木의 根에 해당하는 未土</u>를 망가뜨리고 子水가 寅木을 부패시키니 요독 증에 걸려 치료할 수 없었다. 甲申年을 넘길 수 없다. 신장병에 걸렸는데 根이 상한 후 子水가 오니 썩어버린다. 甲申年 亥月에 병이 발생한 이유다. 甲申년에 應期하였는데 바로 사주원국 日柱가 출현한 것으로 申金은 日干의 祿에 해당하는 寅木을 冲하는 應期다. 亥月에 사망한 이유는 장생의 달이기 때문이다. 여름의 木은 水氣로 자윤 해야 하기에 亥水를 冲하는 巳火가 좋지 않다. 따라서 부인이 좋지 않고 질병이 있다.

註解 : 生剋과 通根논리로 해석합니다. 만약 甲木이 活木이라면 亥水도 壬子도 나쁠 것이 없고 申子로 水氣를 만들어서 壬水를 강하게 만들기에 흉할 것이 없습니다. 하지만 이 사주는 申月이기에 반드시 丙火로 열매를 확장해야 함에도 대운은 거꾸로 흐르면서 申金 열매를 확장하고 딱딱하게 만들 수 없고 오히려 흐물흐물 상해서 문제입니다. 寅木이 썩는 것이 문제가 아니라 申

金 열매가 강력한 水氣에 딱딱함을 유지하지 못하고 상하는 것이 문제입니다. 월지 時空 조건을 충족하는 것이 중요하다고 강조하는 이유입니다. 申月에는 甲木을 수확할 준비하는 시공간임에도 活木이라고 주장합니다. 月支에 따라 甲木을 성장의 대상으로 볼 것인지, 수확의 대상으로 볼 것인지 결정되어 있으며 活木, 死木이라는 특정한 이론이 있는 것이 아닙니다.

<u>子水는 甲木의 성장을 돕는 생명수임에도 썩는다고 표현하고 未土는 甲木의 성장을 멈추게 만들어버리는 墓地임에도 甲木의 根이라는 주장을 펼치기에</u> 정확히 정반대 주장을 하고 있습니다. 이처럼 명리 이론은 정확하게 상반될 수 있다는 점이 놀라울 따름입니다. 이런 문제는 어디에서 기인한 것일까요? 판단기준이 모호하기 때문입니다. 이런 문제를 깔끔하게 해소하는 것이 바로 四季의 순환원리입니다. 자연의 움직임은 우리에게 흔들리지 않는 기준을 제공합니다. 이론을 정립하는 과정에 옳고 그름을 판단할 기준을 제공하지 못하면 도저히 이해하지 못하는 상황이 발생합니다. 예로 이 사주를 活木으로 주장했으면 亥水나 子水로 생을 받아야 活木 상태를 유지할 수 있음에도 子水에 썩고 未土는 地藏干에 乙木이 있어서 通根 역할을 한다는 주장을 합니다. 未土가 子水의 흐름을 막아서 탁해지고 열이 오르기에 신장병에 걸린 것이 명확함에도 정반대 통변을 하는 겁니다.

坤命				陰平 1953년 11월 13일 22:00							
時	日	月	年	86	76	66	56	46	36	26	16	6
癸	癸	甲	癸	癸	壬	辛	庚	己	戊	丁	丙	乙
亥	卯	子	巳	酉	申	未	午	巳	辰	卯	寅	丑

此命是用食神生宾位的财，财又落在自己下边，是替别人管理财的意思，故是个企业家（如财落在它干下边，则是打工的），巳财中含官，合癸，有职权，是国有企业的经理。因食生到了宾位的财官，故为副职，当不了正的。最好的时候为戊运，戊运是巳之原身到干，合身主掌权，吉。做食品一年销量上百万。到辰运泄巳穿卯，不好，闲着；己巳运的己运合甲，伤官合杀又是掌权之应，但戊寅、己卯年却依然未得权，到庚辰年掌权，合而应冲也。因冲有动意，此冲能动而促合之应。

日支 卯木 食神을 활용하여 년에 있는 財星 巳火를 생한다. 巳火 財星이 癸水의 地支에 있으니 타인의 재물을 관리하는 기업가다. (만약 財星이 다른 天干에 있다면 봉급자다.) 巳火의 地藏干 戊土 官星이 戊癸로 합하기에 직권이 있다. 국유기업의 經理다. 食神이 년과 월의 財官을 생하기에 2인자(副職)로 일인자는 어렵다. 戊대운에 가장 좋았는데 巳火의 原神이 天干에 드러나 일간과 自合하기에 권력을 장악하여 길하였다. 식품업을 하는데 1년 판매량이 2억 정도이다. 辰대운에 巳火를 설하고 卯辰穿하니 한직에 머물렀다. 己巳대운의 己대운에 甲己로 합하여 傷官이 七殺을 합하니 권력을 장악하는 應期다. 하지만 戊寅, 己卯년에는 직위를 얻지 못했고 庚辰년에 이르러서 직위를 얻었다. 합한 것을 沖한 應期로 동하여 甲己 합을 촉진하였다.

註解 : 모든 통변내용은 <u>五行과 十神의 生剋</u>을 활용하고 있습니다. 즉, "卯木 食神을 활용하여 財星을 생한다, 辰대운에 巳火를 설하고 卯辰 穿하니 좋지 않으며 한직에 머물렀다. 己巳대운의 己대운에 甲己로 합하여 傷官이 七殺을 합하니 권력을 장악하는 應期다, 戊寅, 己卯년에 권한을 얻지 못하고 庚辰년에 비

로소 권한을 얻었다. 合한 것을 沖한 應期로 沖으로 동하면서 甲己 合을 촉진한다."라는 표현들은 모두 生한다, 洩한다, 穿한다, 合한다, 合을 沖한다 등으로 기존의 명리이론과 동일합니다. 따라서 별도의 용어를 활용해서 應期라고 표현할 이유가 없습니다.

乾命				陰平 1974년 1월 1일 22:00								
時	日	月	年	86	76	66	56	46	36	26	16	6
乙亥	甲子	乙丑	癸丑	丙辰	丁巳	戊午	己未	庚申	辛酉	壬戌	癸亥	甲子

此造子丑合, 合用丑财, 癸未年, 坐下印虚了, 又被穿坏, 没了工作。但未能冲丑, 丑动是谓财动促合, 有财之象, 结果申月子水得生时, 得一万元意外收入。

子丑으로 財星 丑土를 合한다. 癸未년에 일지 子水 印星이 천간에 虛透하고 子未 穿으로 직업을 잃었지만 未土는 丑土를 沖하기에 丑土 財星이 동하여 일간과 合을 촉진하니 재물이 생기는 象이다. 申月에 子水가 생을 만나니 200만원 상당의 수입이 있었다.

註解: 대운, 세운에서 특정한 사건이나 일을 정확하게 통보하는 應期라고 간주할 내용이 보이지 않습니다. 刑沖破害合, 地藏干透干을 활용하여 통변하고 있습니다.

乾命				陰平 1951년 7월 7일 16:00								
時	日	月	年	80	70	60	50	40	30	20	10	0
丙申	辛巳	丙申	辛卯	丁亥	戊子	己丑	庚寅	辛卯	壬辰	癸巳	甲午	乙未

此造是合用官星，但官星无力又被他合，故命平常不贵。以卯木财星生官为喜，可有个单位领工资。到壬辰运之癸酉流年，壬冲克了丙，酉冲了卯，财与工作都没，故此年下岗在家。此是局中本弱，旺神来冲，是冲而破，而不是动意；如果是局中旺，逢流年冲则是动的应期。同是此造，在戊寅年上岗，重新有了工作，此因寅冲穿巳是动了巳（穿而生，有动意），寅冲申是动了申，引动巳申之合，工作有事做了（巳合申是做作事），还有巳之原身透戊干生身，更是表示有了工作了。

官星을 合하여 사용하지만 무기력하고 다른 比肩과도 合하기에 평범하고 귀하지 않다. 卯木 財星으로 官星을 생하는 것을 기뻐하기에 일자리가 있고 봉급자에 해당한다. 壬辰대운 癸酉년에 壬水가 丙火를 沖하고 酉金이 卯木을 沖하니 돈도, 일도 사라져 놓았다. 사주원국에서 미약한데 旺神이 沖하면 망가지고 動하는 것이 아니다. 만약 사주원국에서 旺한데 세운에서 沖하면 動하는 應期다. 戊寅년에 다시 일을 시작했는데 寅木이 巳火를 沖穿하여 동하게 한 이유다.(穿으로 生하여 動하는 것이다.) 寅木이 申金을 沖하여 동하게 만들기에 巳申이 合으로 動하자 일자리가 생겼다.

註解 : 十神生剋과 沖剋, 旺衰를 활용하여 통변하고 있습니다. 관계나 물형을 결정하는 방식을 기존의 명리이론으로 설명하면

서도 應期라는 용어를 활용하고 있습니다.

乾命				陰平 1975년 6월 25일 08:00								
時	日	月	年	88	78	68	58	48	38	28	18	8
庚辰	庚辰	癸未	乙卯	甲戌	乙亥	丙子	丁丑	戊寅	己卯	庚辰	辛巳	壬午

这个是自己开厂子发财的命，未是财库，入自己的伤官库。戊了年，正行庚辰大运之辰，子水引动辰，而出现子卯破，破财的应期。戊癸合主投资，故为投资破财。果是。

공장을 운영하여 發財하는 팔자다. 未土는 財星의 庫地로 자신의 傷官 庫에 해당하는 일지 辰土에 들어온다.(未土가 辰土에 入庫한다는 이론) 庚辰대운 戊子년에 子水가 辰土를 동하게 하고 子卯 破하기에 破財하는 應期다. 戊癸 合은 주로 투자를 의미하기에 잘못 투자하여 파재한 것이다.

註解 : 天干은 움직이고 변화하여 관계와 물형을 결정하지만 지지는 靜하여 쓰임을 얻을 때를 기다린다는 근본원칙에서 벗어났습니다. 地支에서 발생하는 刑沖破害 合墓穿 등으로 반응하면 모두 應期라고 주장합니다.

乾命				陰平 1964년 10월 27일 08:00								
時	日	月	年	82	72	62	52	42	32	22	12	2
丙辰	癸未	乙亥	甲辰	甲申	癸未	壬午	辛巳	庚辰	己卯	戊寅	丁丑	丙子

癸水本通于月令，透乙连体，然地支逢水墓、木墓，损寿命。此为一派出所民警，行己卯运丙子流年，被人枪击身亡。应卯运者因卯为水死，且入中年运限。应丙子流年，此为禄神出现为死亡之应期。子卯破禄。为何是被枪击而不水淹？因与卯辰之穿，卯应乙到，反被辰穿，穿死不应水淹，多应车祸。枪击可能与他的职业有关。

癸水가 월지 亥水에 통근하고 乙木이 드러나서 서로 연결되었다. 地支에는 水氣의 墓地 辰土를 보았고 木氣의 墓地 未土를 보았기에 수명이 짧아진다. 파출소민경인데 己卯대운 丙子년에 총격으로 사망하였다. 卯대운에 水氣가 卯木 死地에 이르고 사주원국 日柱의 시기에 이르렀다. 丙子년은 癸水의 祿이 地支에 출현하여 사망하는 應期로 子卯로 祿을 파하였다. 그렇다면 왜 총격으로 사망하고 익사하지 않았는가? 卯辰이 穿하기에 卯木은 乙木이 地支에 도래하여 辰土에 穿당하니 익사로 사망하지 않고 교통사고로 사망한다. 총격으로 사망한 이유는 직업과 관련된 것으로 보인다.

註解 : 다양한 사례들을 기록하는 이유는 盲派가 어떤 방식으로 운세를 분석하는지 살피기 위해서입니다만 전통명리와 다른 설명들이 보이지 않습니다.

●八字要先看原局，原局定富贵贫贱，大运流年看应期. 原局中年、月、日、时表示时间发生的顺序，称原局应期，也为大限应期。一般而言，在运表吉凶，流年表应期。大运以生克作用为主，要注重大运对原局的作用，当大运作应期时，一般是原局的东西在大运出现，被原局反作用。流年看应期。命运中一个重大事情的发生首先在原局有体现，然后在大运中又有体现。这才可以在流年中找。依据流年应期规律确定其发生时间。

사주팔자를 분석할 때는 먼저 사주원국을 살펴야 한다. 사주원국은 부귀빈천을 결정하고 대운과 세운은 應期를 살핀다. 사주원국의 연월일시는 시간의 순서를 표시하며 원국 應期라 부르며 다른 명칭으로는 大限응기라고 부른다. 일반적으로, 대운은 길흉을 드러내고, 세운은 應期를 드러낸다. 대운은 生剋작용을 위주로 살피는데 대운이 사주원국과의 작용을 중점적으로 살핀다. 대운이 應期할 때는 사주원국의 글자가 대운에서 출현하면 원국과 반작용한다.(원국은 主, 대운은 客인데 사주원국이 대운에서 客으로 바뀐다.) 세운은 應期를 살피는데 사주팔자에서 중대한 사건은 모두 사주원국에서 체현되고 대운에서 체현되기에 대운이 속한 세운에서 언제 사건이 발생할 것인가를 찾아내야 한다. 歲運 應期가 발생하는 시간을 결정하는 규율이다.

註解 : 이론이 조금씩 바뀝니다. 사주원국과 대운에서 길흉을 결정하며 세운에서 應期한다고 주장했지만 여기에서는 대운과 세운이 應期라고 합니다.

●应期的三种方式 :
出现为应期 : 原局的东西，在大运流年出现，表示这个字到了，这个字的吉凶会在本运或本年出现。
응기에는 세 가지 방식이 있다.

◆출현응기 : 사주원국 글자가 대운과 세운에 출현하면 그 글자가 도래한 것으로 길흉이 대운, 세운에서 출현한다.

乾命				陰平 1974년 2월 17일 22:00								
時	日	月	年	89	79	69	59	49	39	29	19	9
丁亥	庚戌	丁卯	甲寅	丙子	乙亥	甲戌	癸酉	壬申	辛未	庚午	己巳	戊辰

庚日主被官星夹克，这叫官杀两头钳，主凶。地支寅卯戌全是凶神，唯有亥是食神主寿，被戌克坏，中年损寿。庚出问题，怕庚出现。庚午运之庚，出现为死的应期。癸未年四月初三死于电。应癸未者，未为丁之半禄，干应支；又癸水冲起丁，丁动而克。也可以断甲申年死，因申为禄到应期。

庚日이 官星에 의해서 양쪽에서 剋당하면 주로 흉하다.(이 주장은 기존 七殺 이론과 다를 바 없습니다. 문제는 강한 세력이 약한 세력을 제압한다는 논리와는 상충됩니다.) 地支 寅卯戌은 모두 凶神에 해당하기에 亥水만이 유일하게 食神으로 수명을 상징하는데 戌土에 剋당하기에 중년에 수명이 다할 수 있다. 庚金이 드러나면 문제이기에 운에서 庚金이 출현하는 것이 두렵다. 庚午대운의 庚운에 사망하는 應期다. 癸未년 사월 초 3일 전기에 의해 사망했다. 癸未의 未土는 丁火의 半祿으로 天干이 地支에 반응하였다. 또 癸水가 丁火를 冲하기에 丁火가 동하여 극하였다. 甲申년에 사망한 것으로 판단할 수 있는데 申金이 일간 祿에 해당하는 應期이기 때문이다.

註解: 맹파는 祿과 原神에 대단한 주의를 기울입니다. 癸未년과 甲申년을 동시에 설명하는 것을 보면 정보가 정확하지 않은 듯 보입니다. 출현 應期는 庚午대운에 庚金이 출현해서 사주원국의 구조대로 칠살 때문에 사망했다는 주장이지만 癸未년은 癸水가

制殺하는 해였습니다. 사망원인을 분석하면, 地支 亥水가 중요한 역할을 하는데 癸未년에 亥卯未 三合하고 戌未 刑하는 것도 문제이고 未土가 유일한 亥水를 막아서 열이 오르기에 문제가 발현되는 달에 사망했습니다.

乾命				陰平 1965년 2월 13일 04:00								
時	日	月	年	83	73	63	53	43	33	23	13	3
甲寅	戊辰	己卯	乙巳	庚午	辛未	壬申	癸酉	甲戌	乙亥	丙子	丁丑	戊寅

戊日主以甲当财看，但不喜已透合甲，为劫财我之财。乙亥运整体发财，因亥水引通辰中之水，生甲寅。乙克住已。找乙亥运中破财流年 1)壬午流年，午到代表已到，寅财泄到午，破财。2)二甲申流年，甲代表甲寅，虚而被已合去，主破财。寅申冲主动，动资金投资之意。为何不断已卯年破财，因乙当运克已之故。

戊일간의 경우는 주로 甲木을 재물 복으로 간주하기에 己土가 透干하여 甲木과 合하는 것을 기뻐하지 않는 이유는 劫財가 나의 재물을 취하기 때문이다. 乙亥대운에 발재하였는데 <u>亥水가 辰土 속 水氣를 引通</u>하여 甲寅을 생하고 乙木은 己土 겁재를 극했기 때문이다. 乙亥대운 중에서 파재한 세운을 찾아보면, 1) 壬午년의 午火는 己土가 도래한 것이고 寅木 財星을 설하여 午火에 이르기에 파재하였다. 2)甲申년 甲木은 甲寅을 대표하는데 虛透하여 己土와 合去되기에 파재한다. 寅申으로 沖하니 動하여 자금을 투자한다. 己卯년에 왜 파재하지 않았는가? 乙木이 己土를 극하기 때문이다.

註解 : 亥水가 마른 땅에 水氣를 공급하여 좋다고 설명하면 간단한데 마른 辰土의 땅에서 바다와 같은 亥水를 퍼낸다고 주장합니다. 甲寅을 재물로 간주하는 이유는 甲寅이 돈이기 때문이 아니고 己土와 합하면 손해를 보는 귀납적인 경험 때문입니다. 甲寅이 己土와 합하면 성장하던 甲木이 갑자기 하강하여 가치가 사라지기에 戊土일간에게 주로 흉하게 작용합니다. 甲寅은 결코 戊土의 재물이 아니며 水氣를 보충해주면 무럭무럭 성장하지만 水氣를 보충하지 못하면 언제라도 戊土를 뚫어서 재물과 건강을 빼앗아가는 매우 위험한 관계입니다. 따라서 핵심은 己土가 아니며 甲寅이 戊土를 극하지 못하도록 水氣를 공급할 수 있느냐에 달렸습니다. 왜 戊土에게 七殺에 해당하는 甲寅을 재물이라고 판단했을까요? 위에서 언급한 것처럼 경험에서 터득한 귀납적 결과물이며 己土가 甲木을 합하면 대부분 재물손실이 온다는 것을 깨달았기 때문입니다. 하지만 근본원칙은 甲寅은 반드시 壬水와 己土가 있어야 <u>壬甲己 三字</u>로 안정적으로 성장하지만 戊土는 壬甲己의 아웃사이더로 甲木의 가치를 己土에게 빼앗깁니다. 부연설명하면, 戊土가 壬水를 활용해서 甲寅의 성장을 도왔지만 己土를 만나면 甲己 合으로 戊土를 배반하는 움직임을 盲派는 破財로 이해한 것이며 귀납적으로 甲寅이 戊土의 재물이라는 인식을 갖게 된 것입니다.

<u>引动为应</u> : 流年冲合可以引动八字中的字 ; 通过合局, 与墓之气到位, 还可以引动墓库。(申、酉可引动丑, 亥、子可引动辰.)

◆引動응기 : 세운의 沖合으로 사주원국의 글자를 동하게 만든다. 合局, 墓의 기운이 도래하거나 墓庫를 동하게 할 수 있다. 예로, 申酉가 오면 丑土가 동하고 亥子가 오면 辰土가 동한다.

乾命				陰平 1966년 1월 12일 02:00								
時	日	月	年	89	79	69	59	49	39	29	19	9
辛丑	壬辰	己丑	乙巳	庚辰	辛巳	壬午	癸未	甲申	乙酉	丙戌	丁亥	戊子

干支应期，月时丑官都入辰墓，为官入辰墓，年上巳生合丑官，财生官，财弱官旺，官当财看。所以是个富命，辰是主要功神。行戌运，财库冲入自己发财五年，资产4亿。乙酉运之乙运，这里的乙不仅代表年上的乙，也代表辰，乙透干有克无生，等于破坏了辰。主凶。酉运化阳为阴，全局没了阳气。更凶。癸未年刚入乙运坐牢，因非法集资而没收产财。判刑十年。现已出狱。

干支應期 사례입니다. 월과 시의 丑土가 모두 辰土에 入墓하니 丑土 官星이 辰土 墓地에 들어온다. 년의 巳火는 丑土 官星을 합하기에 財星이 官星을 생하는 것으로 財星은 약하고 官星은 旺하기에 官星을 재물 복으로 간주하는 부자로 辰土가 중요한 작용을 한다. 戌대운에 財星의 庫地 戌土가 일지 辰土를 沖하여 5년 동안에 800억을 축적하였다. 乙酉대운의 乙대운은 年干 乙木을 대표할 뿐만 아니라 辰土도 대표한다. 乙木이 透干하여 辛金에 剋당하고 生해주는 것이 없으니 辰土가 망가진 것과 같아서 흉하다. 酉대운에 陽이 모두 陰으로 변해 陽氣가 소멸되어 더욱 흉한 운이다. 乙대운 시작하는 癸未년에 교도소에 수감되었는데 불법자금을 모집하다 모든 재산을 몰수당하였다. 십년 형을 받고 복역하다 출옥하였다.

註解 : 이 사주는 전형적인 酉丑辰 三字조합이며 하늘에서 돈벼락을 맞지만 불법을 저지르면 모두 빼앗기고 교도소에 수감된다

는 사례입니다. 주의할 내용은 "乙酉대운 乙대운은 年干 乙木을 대표할 뿐만 아니라 辰土도 대표" 한다는 표현입니다. 乙木이 대운에서 왔을 때 天干에도 있고 地支 地藏干도 透干한 상황에는 어떻게 판단하는가를 설명하고 있습니다. 盲派는 年干 乙木을 대표하면서도 辰土도 대표하며 辛金이 乙木을 剋하기에 辰土도 망가진다고 설명합니다. 결국 五行과 十神 生剋을 활용하면서도 상반된 주장을 펼치는데 바로 강한 세력이 약한 세력을 制剋해서 취한다는 논리입니다.

지금까지 盲派 應期 자료에 대해 간략하게 註解를 마쳤고 다음 章에서 시간과 공간이 반응하는 방식을 활용해서 사주원국과 운을 분석하는 방법을 학습하면 자평진전, 맹파. 시공명리학의 차이를 명확하게 느낄 수 있습니다.

제 50강

◆地藏干 透干 - 때가 도래하다.
    地藏干 透干 - 時間의 도래　138
    十二支의 透干 원리와 의미 144
        (1) 子月 - 밖을 향하는 움직임　144
        (2) 丑月 - 응축과 폭발의 갈등　147
        (3) 寅月 - 뿌리를 하강하다.　151
        (4) 卯月 - 양쪽으로 갈라지다.　156
        (5) 辰月 - 함께 농사짓는 시기　158
        (6) 巳月 - 벌과 나비가 모여드니 163
        (7) 午月 - 열매가 열리고　167
        (8) 未月 - 열매를 교류하다　170
        (9) 申月 - 틀을 형성하다.　172
        (10) 酉月 - 씨종자를 수확하다.　176
        (11) 戌月 - 씨종자를 창고에 보호하다. 179
        (12) 亥月 - 씨종자를 풀어내다.　182

地藏干 透干 - 時間의 도래

지금까지 자평진전과 맹파의 透干에 대해 살펴보았는데 두 이론 체계는 기본적으로 동일하지만 盲派는 이론을 확장해서 활용하고 있습니다. 통변내용을 살펴보면, 강한 세력이 약한 세력을 制剋해서 취한다는 독특한 논리를 제외하면 자평진전의 五行, 十神의 生剋 논리와 크게 다를 바 없습니다. 자평진전은 透干원칙을 제시하였으면서도 盲派와 더불어 地支 刑沖破害 合墓穿 등도 天干처럼 중요한 사건이나 일을 결정한다고 단정하면서 透干원칙과 상반된 논리를 펼칩니다. 地藏干이 透干할 때 분석방법은 五行과 十神 生剋, 制剋, 虛透(通根), 做功 이론을 활용하면서 전통명리에 약간의 변화를 주었습니다. 유일하게 다른 점은, 강력한 五行이 약한 五行을 제압하고 취한다는 주장인데 기존의 五行과 十神 生剋 논리를 섞어서 활용하기에 혼란스럽습니다. 다양한 盲派 應期사례를 올린 이유는 어떤 방식으로 활용하는지 명확하게 비교하려는 취지입니다. 사례에서 보듯, 용어가 동일해도 이론체계가 다르면 전혀 다른 논리가 됩니다. 표면적으로는 透干이라는 용어는 동일해도 이론체계와 활용방식은 상이합니다.

지금부터 시공명리학 이론체계를 활용해서 사주팔자에서 발생하는 사건, 현상을 분석하는 방법을 살펴보겠습니다. 시공명리학 이론체계의 본질은 <u>4차원의 시공간</u>을 활용하여 사주팔자를 분석하기에 먼저 사주팔자 내에서 時空間이 반응하는 방식을 살펴보고 자평진전의 透干, 맹파의 應期와 비교해 보겠습니다. 天干과 地支, 地藏干의 차이를 정리해보겠습니다.

天干 - 시간, 에너지, 파동, 자발적 의지로 관계와 물형을 결정.
地支 - 공간, 물질, 靜的, 확률과 가능성으로만 존재하다가 때

(時間)가 도래하면 그 존재를 드러내고 희기를 결정하는데 때가 도래하는 방식은 地藏干이 透干할 때입니다.
地藏干 - 十二支 空間을 다스리는 時間으로 天干에 透干할 때 존재를 드러내고 관계와 물형을 결정합니다.

하늘과 땅은 모두 時間의 통제를 받습니다. 天干과 地支의 극명한 차이는 物形의 有無이지만 物形을 움직이고 변화하게 만드는 것은 地支에 감춰진 地藏干(時間)이 분명합니다. 표현은 어렵지만 하늘에서 기운을 방사하기에 지구에서 물형을 완성하는 이치를 학문적으로 표현한 것입니다. 봄에 모내기 상황을 상상해보면, 논에 물이 있다고 무조건 모가 자라는 것이 아닙니다. 태양 빛은 물론이고 우리가 모르는 하늘의 기운을 받아야만 가능합니다. 하늘의 기운을 땅에 저장하는 것으로 그 방식이 바로 地藏干이며 열두 달에 활용하는 하늘의 기운이 다름을 표기한 것입니다. 즉, 열두 개의 空間에서 어떤 기운을 활용해서 물형을 결정하는지 알려주는 것이 地藏干입니다. 지금까지 명리이론은 時間과 空間을 활용하지 않았는데 이해를 돕고자 地藏干이 透干하는 이치를 살펴보겠습니다.

十二支에 담긴 地藏干과 透干 사례를 먼저 살피는 이유는 時空間이 반응하는 원리에 익숙해지기 위해서입니다. 十二支와 地藏干은 四季를 순환하는 방식을 표현하기에 먼저 十二支 특징을 살펴야 합니다. 예로 卯月, 辰月, 未月의 地藏干은 공통적으로 乙木을 품었지만 운에서 乙木이 透干할 때 의미가 상이합니다. 乙木이 관리하는 空間이 무엇이냐에 따라서 乙木의 특징이 결정됩니다. 이처럼 地支와 地藏干은 따로 또 함께 공존하는 사이입니다. 空間 특징은 地藏干이 결정하지만 地藏干의 특징도 空間에 따라 달라집니다. 이것을 이해하면 地藏干이 透干할 때 발생할 수 있는 사건의 특징과 범위를 규정할 수 있기에 마구잡이 식 통변에서 벗어납니다. 부연설명해보겠습니다.

十二支의 空間특징은 地藏干이 결정합니다.
地支와 地藏干은 별개의 것으로 오해합니다. 즉, 地支는 계절이나 月의 공간특징을 표현하고 地藏干은 格의 명칭을 결정한다는 오해입니다. 地藏干의 본질은 매 월의 공간을 天干이 다스리는 방식을 표현한 것입니다. 예로 戌月의 地藏干에는 辛丁戊가 있기에 그 공간특징은 辛金과 丁火에 의해서 결정됩니다. 丁火로 수렴하고 열기를 제공하며 辛金으로 만물을 최대로 응축시킵니다. 따라서 우리가 느끼는 戌月의 공간 환경을 만드는 것은 戌土가 아니라 丁辛의 움직임이 있기에 가능한 것입니다. 地藏干이 각 月의 공간특징을 결정한다고 표현하는 이유입니다.

地藏干 특징도 空間에 따라 달라집니다.
地支는 地藏干이 가치를 규정한다고 생각하지만 반드시 그런 것은 아닙니다. 예로, 卯辰未 월에 地藏干 乙木이 공통으로 들어 있습니다만 세 地支가 품은 乙木의 가치와 물형은 상이합니다. 乙木의 움직임은 "좌우로 확산하다."입니다. 이것을 기준으로 卯月, 辰月, 未月의 동태를 살펴야 합니다. 卯月에 좌우로 펼치기 시작하고 辰月에 조금 더 펼치다가 巳月에 가장 적극적으로 펼치지만 午月에 이르면 丁火가 좌우확산 움직임을 수렴하고 未月에 답답한 상황에 처합니다. 이것이 地藏干의 특징이 空間에 따라 달라진다는 의미입니다. 또 다른 예로, 丑土에서 地藏干 辛癸(酉子)의 破작용이 이루어지는 이유는 씨종자 辛金을 癸水에 풀어내고 부드럽게 만들어야 寅月에 甲木을 내놓을 수 있기 때문입니다. 이 과정은 자연의 의지이지만 사주팔자에 있는 丑土도 酉子 破의 영향을 받아서 도둑, 강도, 한탕, 도박, 투기, 마약과 같은 물상을 만들어냅니다. 이것을 이해해야 丑土의 地藏干 辛金, 癸水, 己土가 운에서 透干하면 丑土의 성질대로 물형을 결정하는 이유를 이해합니다. 戌土와 丑土의 地藏干 辛金은 글자가 동일해도 戌土와 丑土의 공간이 상이하기에 辛金이 透干하면 반드시 공간특징을 살펴야 합니다. 戌土는 음력 9월로 가을에 수확한 열매와 씨종자를 저장하기에 씨종자를 지키려는 보수적인 성향이 강합니다. 정리하면, 地藏干은 空間을 움직이는 원동력이면서도 공간특징에 영향을 받기에 地支와 地藏干은 독립적으로 존재할 수 없고 상호 영향을 미칩니다.

十二支의 透干 원리와 의미

(1) 子月 - 밖을 향하다.

	子月
餘氣	壬
中氣	↓
正氣	癸

子月의 움직임은 지구의 빅뱅과 유사합니다. 무한대로 응축했던 壬水가 癸水로 폭발하면서 엄청난 열기가 펼쳐지고 봄을 향합니다. 壬水와 癸水를 모두 품은 공간은 오로지 子月뿐으로 내부에 엄청난 폭발력을 가졌습니다. 子月의 독특한 특징 하나는 육체, 물질이 없는 영혼의 세계라는 겁니다. 사주팔자에 子水가 있으면 운에 따라 地藏干 壬水가 透干할 수도, 癸水가 透干할 수도 있기에 天干의 특징도 반드시 함께 이해해야 합니다. 壬水는 무한응축, 癸水는 발산운동의 시간이지만 모두 子水의 공간에서 透干하기에 그 특징을 子水공간에 국한해야 합니다. 이것이 바로 자평진전에서 언급했던 地藏干이 透干하면 地支의 특징을 발현하여 희기를 결정한다는 논리입니다. 책 시공간부호 60干支

도입부에 三合운동의 특징을 규정하였는데 子水의 기본물상은 어둠, 추락, 조폭, 흐름, 회오리, 자살, 불륜, 방탕, 방랑, 소멸, 홍수, 유람 등입니다. 어떤 물상으로 발현될 것인가는 사주원국의 구조가 결정합니다. 또 子水를 子午卯酉와 연결시켜 살필 수 있습니다. 旺地의 地藏干에는 동일 五行이 있으며 陽氣가 陰氣로, 에너지가 물질로 전환하기에 갑작스런 변화, 변동을 의미합니다. 酉金의 경우, 庚金의 경화작용이 극에 이르면 辛金 물질로 완성됩니다. 子午卯酉가 어떤 방식으로 변하는지는 반드시 天干과 地支를 함께 살펴야 합니다. 예로, 丁卯干支는 巳酉丑 三合운동하는 丁火가 卯木을 만난 상황으로 地藏干 甲乙이 甲에서 乙로 전환하기에 甲木입장에서는 卯月에 기운이 가장 강력해진 후 점점 쇠락하면서 乙木으로 변해갑니다. 丁火입장에서 살피면 자신이 가장 기뻐하는 甲木의 강력한 도움을 받다가 조합이 어색한 乙木을 억지로 활용해야 합니다. 사주구조를 배제한 상태에서 子卯午酉의 地藏干을 살피면, 子月에는 壬癸가 전환하기에 壬水와 癸水의 활용방식이 상이합니다. 壬水의 응축작용을 유지하려면 丁辛과 조합해야 활용가치가 높아지고 癸水의 발산작용을 활용하려면 乙木과 丙火와 조합해야 활용가치가 높아집니다.

卯月에 甲木의 수직 상하운동을 활용하려면 壬水가 필요하지만 乙木의 좌우확산운동을 활용하려면 丙火가 필요합니다. 다만, 卯月의 본질은 성장이기에 癸水와 丙火를 보충해야 빠르게 발전합니다. 午月에 丙火의 분산운동을 활용하려면 乙木과 庚金의 도움이 필요하지만 丁火의 수렴운동을 활용하려면 무기력한 壬水와 辛金의 도움이 필요합니다. 酉月에 庚金 열매를 확장하려면 乙木과 丙火가 필요하지만 辛金 씨종자를 풀어헤치려면 丁火와 壬水가 필요합니다. 이 원칙에 입각해서 透干한 地藏干이 제공하는 사건을 분석해야 합니다. 사주사례를 살펴보겠습니다.

乾命				陰平 1977년 3월 9일 00:00								
時	日	月	年	86	76	66	56	46	36	26	16	6
壬	癸	甲	丁	乙	丙	丁	戊	己	庚	辛	壬	癸
子	丑	辰	巳	未	申	酉	戌	亥	子	丑	寅	卯

壬寅대운 丙子년 壬辰월 乙酉일에 절도죄로 3년 형을 받았습니다. 절도죄라는 물상을 결정하고자 사주원국과 대운, 세운은 계속 움직이면서 영향을 미치는데 子月의 地藏干 壬癸를 학습하는 과정이기에 간략하게 언급하겠습니다. 壬寅대운에는 子水의 地藏干 壬水가 透干했기에 子水의 공간특징을 발현합니다. 사주원국 구조에서 子水는 전체구조를 어둡게 만드는 작용입니다. 丙子년에는 년지 巳火의 地藏干 丙火가 透干해서 宮位 의미대로 국가관련 일이나 사건이 발생할 것임을 암시합니다.

壬辰월에는 재차 子水의 地藏干 壬水가 透干하여 丙壬 沖하자 빛이 사라지고 천간에서는 壬癸가 丁火를 合沖하므로 년간 宮位의 丁火 상합니다. 특히 子水는 사망을 상징하는 육해인데 대운, 세운, 월운에서 겹쳤고 乙酉일에 辰土의 地藏干 乙木이 透干하여 酉丑辰 三字로 조합하자 절도행위를 저지르고 교도소에 수감되었습니다. 그 외에도 다양한 통변기법들이 있지만 이 章에서는 十二支 地藏干 특징을 집중적으로 살펴보겠습니다.

坤命				陰平 1930년 11월 11일 16:00							
時	日	月	年	87	77	67	57	47	37	27	17	7
壬申	甲寅	戊子	庚午	己卯	庚辰	辛巳	壬午	癸未	甲申	乙酉	丙戌	丁亥

중국자료로 초등교사로 재직하였는데 癸未대운 辛酉년 52세에 비리가 발각되어 7년형을 받았습니다. 癸水가 透干하였기에 地支 중에서 유일하게 子月의 地藏干 癸水가 透干하였습니다. 따라서 子水가 사주원국에서 어떤 행위를 하는지 분석해야 癸대운에 발생할 사건이나 일을 예측합니다. 명백하게도 子水는 子午 沖으로 年支를 沖하여 국가, 사회, 직장과 관련된 상황이 불안정해질 것임을 알립니다. 神煞을 가미하면 년지 午火를 기준으로 寅午戌 三合을 벗어난 子水는 災煞로 수옥 살이며 어둠, 도둑, 강탈속성이기에 비리가 발각되고 7년 형을 받았습니다.

(2) 丑月 - 응축과 폭발의 갈등

	子月	丑月
餘氣	壬	↗ 癸
中氣	↓	辛
正氣	癸 ↗	己

지구에서의 시공간은 절대로 끊어지지 않고 파노라마처럼 이어집니다. 子月 正氣에 있던 癸水가 丑月 餘氣 癸水로 이어지면서 봄을 향하는 움직임이 조금 더 강해집니다. 丑月 中氣에 地藏干 辛金이 있는 이유를 살펴보겠습니다.

	巳	酉	丑
餘氣	戊	庚	癸
中氣	庚→	→↓→	→辛
正氣	丙	辛	己

辛金은 巳酉丑 三合운동과 관련 있습니다. 巳月에 庚金 꽃이 피어나 酉月에 庚에서 辛로 물형이 바뀌며 丑월의 中氣에 辛金이 巳酉丑 三合운동을 마감했음을 알립니다. 그리고 寅月로 이어져 木氣로 물형을 변화시킵니다.

丑土의 正氣에 己土가 있는 이유를 살펴보겠습니다. 己土를 품은 地支는 유일하게 丑土와 未土뿐입니다. 午火에도 있지만 丙火의 분산작용을 丁火 열로 수렴, 저장하는 역할이기에 상이한 작용입니다. 丑土와 未土는 물질완성을 상징하며 巳酉丑 三合을 마감한 丑土는 辛金을 저장하고, 亥卯未 三合을 마감한 未土는 乙木을 저장합니다. 丑土 속 己土가 중요한 이유는 辛金의 딱딱한 속성을 癸水의 발산운동으로 부드럽게 만들고 저장하기 때문입니다. 이 움직임을 酉子 破라고 부르고 어둡고 좁고 꼬불꼬불한 己土 내부에 저장하기에 도박, 투기, 한탕, 도둑, 강도와 같은 속성입니다.

또 다른 丑土의 특징은 탕화로 癸水의 폭발력과 辛金, 己土의 응축 움직임이 조화를 이루지 못하고 癸水의 폭발력을 억지로 가두지만 외부에서 자극 받으면 폭발해버립니다. 예로 午火, 丁火가 丑土에 저장된 癸水 가스를 자극하면 가스폭발, 화재, 갑작스런 사건과 사고, 유전폭발, 가스사업, 연탄가스 중독과 같은 물상으로 발현됩니다. 丑月의 地藏干에서 이루어지는 子酉 破 작용은 생각보다 심각합니다. 酉金이 子水를 만나면 딱딱한 물형이 갑자기 너덜거리기에 문제입니다. 씨종자로 생명을 잉태할

의무를 가졌기에 순차적으로 육체를 만들어가야 하는데 破 작용으로 갑작스럽게 변형되고 비틀리면서 육체와 정신에 문제를 야기 시킵니다. 정신지체, 정신질환, 미숙아, 저능아, 혹은 귀신을 보거나 접신, 빙의 물상 등입니다. 丑月의 본질적인 문제는 子水가 酉金을 破시키면 지극히 작은 부피를 크게 부풀리기에 한탕, 도박, 투기, 도둑, 강도, 살인과 같은 물상을 만드는 것입니다. 문제를 해결하려면 辛金의 딱딱한 체성이 변질되거나 너덜거리지 않도록 丁火와 辛金을 보충하거나 癸水를 활용해서 甲木 생명체를 생산해야 합니다. 丑土의 地藏干 癸水와 辛金, 己土가 透干하면 어떤 사건이 발생하는지 보겠습니다.

坤命				陰平 1958년 2월 30일 02:00							
時	日	月	年	81	71	61	51	41	31	21	11	1
丁丑	乙丑	丙辰	戊戌	丁未	戊申	己酉	庚戌	辛亥	壬子	癸丑	甲寅	乙卯

티켓 다방을 오래 운영했는데 빚이 늘고 돈을 받지 못하자 음독 자살하였습니다. 辛亥대운 庚辰년 43세였고 남편은 조폭의 일원이었습니다.

辛亥대운의 辛金은 41세부터 시작되며 사주원국 일지 丑土의 地藏干이 透干하였기에 日支를 중심으로 사주구조를 분석해서 물형을 읽어내야 합니다. 丑丑으로 복음이요 丑辰으로 한탕을 노리기에 봉급생활로 만족하지 못하며 지름길을 택해서 빠르게 큰돈을 벌려는 욕망이 강합니다. 대운도 20대부터 계속 어두운 밤길로만 흐르기에 월간 丙火는 빛을 상실하여 어두운 직업을 택했습니다. 辛亥대운의 辛金은 戌年을 기준으로 죽음을 상징하는 육해요 亥水와 丑土는 삼합을 벗어난 겁살, 재살, 천살 저승사자의 속성이기에 어둠 속으로 사라질 수 있습니다. 남편이 조폭인 이유도 바로 丑土의 속성 때문입니다.

乾命				陰平 1972년 12월 14일 20:00								
時	日	月	年	86	76	66	56	46	36	26	16	6
甲戌	甲寅	癸丑	壬子	壬戌	辛酉	庚申	己未	戊午	丁巳	丙辰	乙卯	甲寅

친구들과 술을 먹다가 남의 카드인지 모르고 신용카드를 사용했다가 공범으로 몰려 丙辰대운 癸未년 6월에 교도소에 수감되었다가 7월에 풀려났습니다. 癸未년의 癸水가 透干하였기에 子水와 丑土에 있는 地藏干 癸水가 透干하여 사건이나 일의 물형을 결정합니다. 문제는 子水와 丑土 중 어느 것을 기준으로 판단하는지 의문이 생기는데 30세 즈음이기에 먼저 월지 宮位 丑土를 기준으로 합니다. 특히 년과 월의 조합이 壬子와 癸丑으로 어둡고 丑寅으로 暗合하여 丑土를 日支로 끌어오려는 욕망이기에 기본적으로 도둑심보가 강합니다. 남의 카드인지 모른다고 설명하지만 丑辰, 寅丑으로 한탕을 노리기에 의도적으로 활용한 것입니다.

乾命				陰平 1914년 12월 10일 14:00								
時	日	月	年	83	73	63	53	43	33	23	13	3
癸未	乙卯	丁丑	甲寅	丙戌	乙酉	甲申	癸未	壬午	辛巳	庚辰	己卯	戊寅

인신 매매업을 하면서 여성들에게 포악하게 대하다 45세 壬午 대운 己亥年 乙亥 月에 칼에 찔려 과다출혈로 사망했습니다. 이렇게 어두운 사례들을 살피는 이유는 十二支의 가장 두드러진 특징을 살피기 위해서입니다. 壬午대운의 壬水는 地藏干에 없지만 天干에서 壬癸丁 三字로 丁火 중력에너지가 상합니다. 午火는 午丑 탕화로 갑작스런 사건, 사고의 가능성을 만들어냅니다. 己亥년에는 壬午대운 午火의 地藏干 己土, 丑土, 未土의 地藏干 己土가 透干하여 사주원국 구조대로 午丑 탕화의 갑작스런 사건, 사고가 발생할 수 있고 丑未 沖하면서 일지 卯木이 夾字로 끼어서 비틀리기에 생기가 상합니다. 乙亥월에 이르면 이런 움직임들의 결과에 해당하는 일지 卯木의 地藏干 乙木이 透干하여 丑未 沖 사이에 夾字로 비틀리는 문제가 현실로 바뀌자 갑자기 사망이라는 물상을 결정하였습니다. 년지 寅年을 기준으로 三合운동을 벗어난 亥子丑 저승사자들이 가득한 대운, 세운, 월운이었습니다.

(3) 寅月 - 뿌리를 하강하다.
丑月 己土가 내부에 癸水와 辛金을 품고서 寅月로 넘어옵니다만 寅月의 특징을 이해하는 것은 쉽지 않습니다.

	子	丑	寅
餘氣	壬	癸	↗ 戊
中氣		辛	丙
正氣	癸	己 ↗	甲

地藏干 餘氣는 동일한 원리로 지나온 달의 기운이 이어지는 것을 표현합니다. 子丑은 癸水가 이어졌고 寅卯는 甲木이, 卯辰은 乙木이, 辰巳는 戊土가, 巳午는 丙火가, 午未는 丁火가, 申酉는 庚金이, 酉戌은 辛金이, 戌亥는 戊土가, 亥子는 壬水가 이어집니다. 다만, 아무리 글자가 동일해도 매월의 空間특징이 상이하

기에 地藏干 특징도 달라집니다. 예로 寅月에서 卯月로 甲木이 이어져도 寅月의 甲木은 하강, 뿌리내림을 위주로 하지만 卯月의 甲木은 땅을 뚫고 상승하여 乙木으로 좌우확산 하므로 운동방향은 상반됩니다. 正氣와 餘氣로 이어지는 과정에 상이한 글자로 표기된 공간이 있는데 바로 丑寅과 未申 月입니다. 丑月 己土가 寅月 戊土로, 未월 己土가 申月 戊土로 五行은 동일하지만 음양이 변화했습니다. 선인들이 가장 고심했던 부분으로 다양한 책에서 己戊, 己己戊, 己戊己로 그 흔적이 여실히 남아 있습니다. 의견이 분분했던 이유는 亥卯未와 巳酉丑 三合운동을 완성한 후 申月과 寅月에 陽氣가 출발하는 과정을 어떻게 표현해야 맞는지를 고민했기 때문입니다.

丑月은 巳酉丑 三合을 마감했지만 寅月은 寅午戌 三合을 출발하기에 陰氣와 陽氣사이에 급속한 변화가 발생합니다. 이런 이유로 丑월의 地藏干 癸辛이 寅月에 이르러 戊土의 도움으로 丙甲 陽氣를 쏟아냅니다. 陰氣가 陽氣로 전환되는 것으로 丑중 癸水가 寅月 丙火로, 丑중 辛金이 寅월 甲木으로 변하고 中氣 丙火는 寅午戌 三合운동을 출발합니다. 正氣 甲木은 亥月 中氣에서 출발하여 亥子丑月에 에너지를 확장하다가 寅月에 그 특징을 뚜렷하게 드러냅니다. 丑寅으로 이어지는 시공간을 살펴보겠습니다.

	子	丑	寅	合
餘氣	壬	癸 →	戊	癸戊
中氣		辛 →	丙	辛丙
正氣	癸	己 →	甲	己甲

시공간은 끊임없이 이어지기에 地藏干도 다양한 방식으로 연결되어 물질, 육체, 공간, 환경, 심리에 영향을 미치지만 暗合으로

연결되면 표면적으로는 드러나지 않기에 확인하기 어려운 행위, 사건, 관계들이 비밀스럽게 이루어집니다. 暗合하는 宮位가 日과 時라면 더욱 비밀스럽습니다. 丑土와 寅木에서 이루어지는 暗合은 첫째, 戊癸 合으로 寅月부터 양기가 발산하여 봄을 향하기 위함이요 丙辛 合으로 辛金의 응축움직임을 제거하여 여명이 밝아옵니다. 최대로 수렴하려는 辛金을 丙火가 合하여 분산에너지를 끌어올립니다. 甲己 合은 己土에 있던 씨종자 辛金이가 甲으로 바뀌고 뿌리내리는 과정에 터전역할하기에 생명체와 땅이 조우합니다. 참고로 暗合작용은 어느 宮位에서 이루어지냐에 따라 의미가 상이합니다. 예로 辰巳에서도 戊癸 合하지만 丑寅에서 이루어지는 戊癸 合의 의미와 다릅니다. 丑寅은 땅속에서 겨울, 밤에 이루어지지만 辰巳는 땅밖에서 봄에 오전에 이루어기에 물상이 다를 수밖에 없습니다. <u>丑寅 암합은 어두운 공간에서 부정적인 행위</u>가 많이 발생하지만 辰巳는 봄에서 여름으로, 성충에서 나비로 화려한 色界로 나가기에 긍정적인 부분이 많습니다. 또 丑寅 暗合은 合의 강도가 강력하기에 업보에서 벗어나기 어렵습니다.

寅의 地藏干에 戊土, 丙火 甲木이 있는데, 甲은 亥子丑月을 지나는 과정에 점점 강해져 寅月에 기운을 뚜렷하게 드러내고 子月부터 폭발한 癸水가 온기를 올리자 丙火 분산에너지가 寅月에 장생하면 甲木이 丙火를 돕습니다. 다만, 甲木이 丙火를 직접적으로 돕기 어려운 이유는 甲木은 겨울에, 丙火는 여름의 시공간을 활용하기에 서로의 時節이 적절하지 않기 때문입니다. 이처럼 寅木의 地藏干 甲木이 丙火를 生하려면 장기적인 시간이 필요하기에 장기투자, 교육에 적합합니다. 地支로 조합하면 寅巳 刑으로 시간이 지날수록 巳火가 강해지면서 寅木을 刑해버리면 生氣가 상합니다. 결국 寅木의 地藏干은 스스로 寅巳

刑하여 生氣를 상실하기에 육체가 상하거나 질병에 시달리거나 소송이 발생합니다. 이런 특징을 가진 寅月의 문제를 해결하려면 壬水 혹은 亥水를 공급해서 寅木이 마르지 않도록 해야 합니다.

坤命				陰平 1974년 11월 1일 12:00								
時	日	月	年	82	72	62	52	42	32	22	12	2
庚午	己丑	丙子	甲寅	丁卯	戊辰	己巳	庚午	辛未	壬申	癸酉	甲戌	乙亥

癸酉대운 2004년 31세 甲申년 말 상황으로 유부남과 사랑에 빠져 헤어나지 못하고 있습니다. 두 地支의 地藏干이 透干해서 서로 얽히면 어떤 반응을 보이는지 살펴보겠습니다. 사주원국 년과 일에서 甲己 슴하기에 나이 많은 남자와 결혼할 가능성이 높습니다. 癸酉대운에 이르면 日支 丑土의 地藏干 癸水가 透干하므로 배우자 宮位가 반응하여 결혼, 연애 등 남녀관련 일이 발생할 것임을 암시합니다. 甲申년에 이르면 年支 寅木의 地藏干 甲木이 透干하여 日支와 丑寅으로 암합하자 나이 많은 남자와 비밀스런 만남이 이루어졌습니다.

坤命			
時	日	月	年
辛卯	丙寅	丁丑	甲子

이 사주에도 丑寅이 暗合하는데 천간에서 丙丁이 연결되어 친

구, 동업자, 경쟁자와 비밀스러운 관계가 형성될 수 있습니다. 乙亥대운에 時支 卯木의 地藏干 乙木이 透干하여 卯木의 행위를 하겠다고 알립니다. 卯木은 육해로 사망, 성욕을 상징하는데 사주구조대로 子卯, 卯丑, 寅卯로 남녀문제가 비밀스럽게 이루어짐을 암시하고 己丑년에 丑土의 地藏干 己土가 透干하여 子丑, 寅丑, 卯丑으로 반응하자 천주교신부가 되고자 준비하는 과정에 친구의 간계로 몸을 망치고 자살하였습니다. 결국 丁丑과 丙寅이 숙명으로 연결되어 丑寅 암합하자 어둠의 손길에서 벗어나지 못했습니다.

乾命				陰平 1987년 12월 23일 16:00							
時	日	月	年	88	78	68	58	48	38	28	18	8
甲	乙	甲	戊	癸	壬	辛	庚	己	戊	丁	丙	乙
申	未	寅	辰	亥	戌	酉	申	未	午	巳	辰	卯

丙辰대운 28세 2014년 甲午년 甲戌월에 자살하였습니다. 이 구조는 자살할 수 있음을 눈치 채기 어렵습니다만 戊辰과 甲寅이 대치할 때 水氣가 부족하면 甲寅이 戊土를 심하게 극해버리면 육체가 상하고 심하면 사망에 이릅니다. 특히 甲乙甲으로 戊土가 심하게 상하는데 水氣가 전혀 없고 대운도 木火로 흘러 戊辰의 땅이 마르면서 강력한 木氣들에 의해서 상할 수밖에 없습니다. 丙辰대운은 월지 寅木의 地藏干 丙火가 透干해서 寅木의 행위를 하겠다고 알립니다. 寅木은 사주구조대로 甲寅이 戊辰에게 물을 달라고 파헤치고 未土 墓地에 들어가는데 水氣가 전혀 없기에 生氣를 잃습니다. 甲午년에 이르러 재차 월주 甲寅이 未土 墓地에 들어가고 戊辰의 땅을 뚫기에 견디지 못하고 자살하고 말았습니다.

(4) 卯月 - 양쪽으로 갈라지다.

	丑	寅	卯
餘氣	癸	戊	↗甲
中氣	辛	丙	
正氣	己	甲↗	乙

卯月의 地藏干은 간단합니다. 甲이 餘氣로 이어지고 正氣에 乙木이 있는 이유는 甲의 에너지가 乙의 에너지로 바뀌는 과정을 표기하였습니다. 卯月의 움직임이 중요한 이유는 시공간 상황이 급변하기 때문입니다. 경천동지(驚天動地)라는 표현처럼 공간의 상황이 크게 달라집니다. 땅 속에서 뿌리내리던 甲木이 땅 밖으로 튀어나와 乙木으로 드러나는 순간 모든 에너지들에게 큰 변화가 발생합니다. 활용공간이 땅 속에서 땅 밖으로 변화하자 가을과 겨울에 甲木을 위해 활용하던 壬水, 己土, 辛金. 丁火는 쓰임을 상실하고 봄과 여름에 활용할 癸水, 戊土, 丙火, 庚金이 乙木을 위해 활발히 움직이기 시작합니다. 癸水의 발산에너지로 乙木 새싹들이 산과 들에 펼쳐지고 날씨는 점점 따뜻해집니다. 卯月의 地藏干 甲木이 운에서 透干하면 수직 상하운동을 활용하고자 壬水와 己土가 필요하지만 乙木이 透干하면 癸水와 丙火를 배합해야 좌우확산 운동을 적극적으로 활용합니다. 이처럼 地藏干이 透干해도 원하는 배합이 다르기에 사주구조를 살펴서 판단해야 합니다.

乾命				陰平 1970년 5월 10일 06:00							
時	日	月	年	88	78	68	58	48	38	28	18	8
丁卯	甲子	壬午	庚戌	辛卯	庚寅	己丑	戊子	丁亥	丙戌	乙酉	甲申	癸未

여자문제로 2004년 35세 甲申년 6월에 관재가 동하고 11월에 실형 선고받고 구속당하지 않은 상태에서 항소 중입니다. 이 사건으로 8월에 이혼 당했고 돈도 못 벌고 폐인처럼 지냅니다. 乙酉대운은 時支 卯木이 透干하였기에 卯木의 구조대로 子卯 刑하는 문제가 발생합니다. 甲申년에 卯木의 地藏干 甲木이 透干하자 대운에서 암시했던 子卯 刑의 문제가 세운에서 현실로 반응하였습니다. 子卯 刑 물상은 기본적으로 성욕, 이성문제이며 더러는 생식기 질병의 문제를 일으킵니다. 신살을 가미하면 戌年을 기준으로 乙酉대운의 酉金이 육해이기에 사망, 성욕을 상징하고 일시의 甲, 丁卯 조합은 육체가 강하여 색욕문제를 일으키는 조합이라고 하였습니다. 이렇게 정해진 사주원국 구조가 대운과 세운에서 반응한 것입니다.

乾命				陰平 1980년 2월 18일 18:00							
時	日	月	年	81	71	61	51	41	31	21	11	1
丁酉	丙午	己卯	庚申	戊子	丁亥	丙戌	乙酉	甲申	癸未	壬午	辛巳	庚辰

壬午대운 乙酉년 26세 2005년에 모친이 사망하고 한 달 후 부친이 아파트에서 투신자살하였습니다. 乙酉년은 월지 卯木의 地藏干이 透干하여 卯木의 상황을 드러냅니다. 卯申으로 움직임이 답답하고 卯午 破로 더욱 마르며 사주원국에서 酉金이 丙午에 자극받고 날카로워진 상태에서 卯木을 沖하기에 生氣가 상합니다. 특히 乙酉년에 酉金이 卯木을 沖하니 모친과 부친이 모두 사망했습니다. 申年을 기준으로 卯木은 육해이기에 죽음과 성욕을 상징하는데 이 사주는 卯申으로 생기가 상하는 문제로 발현되었습니다.

(5) 辰月 - 함께 농사짓는 시기

	寅	卯	辰
餘氣	戊	甲	↗乙
中氣	丙		癸
正氣	甲	乙↗	戊

卯月에 甲木이 乙木으로 바뀌고 땅을 뚫고 올라온 乙木은 산과 들에 엄청난 속도로 새싹을 펼치는데 모두 癸水의 폭발하는 에너지 덕분입니다. 봄을 상징하는 干支는 癸卯로 만물이 내부에서 외부를 향해 튀어나가 성장합니다. 辰月 餘氣는 卯月 乙木의 움직임이 이어집니다. 많은 새싹들을 펼쳐야 가을에 많은 씨종자를 수확합니다. 따라서 辰月 餘氣에 乙木이 존재하는 최종 목적은 申월에 庚金과 合하기 위해서입니다. 이런 작용이 없다면 봄에 새싹은 땅을 뚫고 오르지 않습니다. 乙庚 合하는 방식으로 庚金 내부에 乙木 生氣를 저장했다가 봄에 다시 내놓기를 반복합니다. 辰土 속 中氣에 癸水가 있는 이유를 살펴보겠습니다.

	申	酉	戌	亥	子	丑	寅	卯	辰
餘氣	戊				壬	癸			乙
中氣	壬	→	→	→	→	→	→	→	癸
正氣	庚				癸				戊

申子辰 三合운동은 결국 壬水에서 癸水로의 변화과정입니다. 申月에 壬水가 장생하고 亥월에 강력해지고 子月에 壬水의 응축운동이 극에 이르러 癸水로 폭발합니다. 그때부터 癸水의 움직임이 활발해지기에 卯月에 새싹들이 성장하지만 꽃을 피우고자 壬癸 水氣를 줄이는 방식으로 점점 火氣가 증가합니다. 따라서 辰月 中氣의 癸水는 申子辰 三合운동의 완성을 표현한 것입니다. 辰月 正氣에 戊土가 있는 이유를 살펴보겠습니다.

	寅	卯	辰
餘氣	戊	甲	乙↓
中氣	丙		癸↓
正氣	甲	乙	戊

寅月 餘氣에 있는 戊土와 辰月 正氣의 戊土는 작용이 상이합니다. 寅月 戊土는 寅巳申亥 餘氣의 戊土로 새로운 에너지를 쏟아내는 터전이지만 辰戌丑未 戊己는 에너지와 물질을 전환하고 저장하는 역할입니다.

	子	丑	寅	卯	辰	巳	午	未	申	酉	戌	亥
餘氣	壬	癸	戊	甲	乙	戊	丙	丁	戊	庚	辛	戊
中氣		辛	丙		癸	庚		乙	壬		丁	甲
正氣	癸	己	甲	乙	戊	丙	丁	己	庚	辛	戊	壬

地藏干 戊土와 己土가 산만하게 분포한 것처럼 보이지만 전혀 그렇지 않습니다. 예로, 未月에서 申月월로 넘어오는 과정에 亥卯未 三合을 마감하고 申子辰 三合운동을 시작하면서 陰氣가 陽氣로 전환하기에 己土가 戊土로 변하고 己土가 저장했던 丁乙을 戊土에게 넘겨주면 戊土는 陽氣 壬庚을 쏟아냅니다. 未申과 丑寅 월의 전환과정을 정리하면 아래와 같습니다.

未 → 申	丑 → 寅
丁 → 壬	癸 → 丙
乙 → 庚	辛 → 甲

이런 방식으로 水火木金이 변화하기에 陰氣를 저장하는 己土, 陽氣를 쏟아내는 戊土로 표기하였습니다. 표현을 바꾸면, <u>己土는 陽氣를 품을 수 없고, 戊土는 陰氣를 쏟아낼 수 없습니다.</u> 이것이 寅巳申亥, 辰戌丑未에 표기된 戊己의 차이점입니다. 正

氣에 戊와 己가 달리 표기되는 이유는 4개의 三合운동 결과가 상이하기 때문입니다. 寅午戌과 申子辰 三合은 물질을 만드는 에너지로 물질자체가 아니기에 地藏干에 戊土를 표기하지만 亥卯未와 巳酉丑 三合은 물질의 완성, 마감을 뜻하기에 己土로 표기합니다. 正氣 戊土와 餘氣 戊土의 작용이 상이한 이유입니다.

	寅	卯	辰	巳
餘氣	戊	甲	乙↓	↗戊
中氣	丙		癸↓	庚↓
正氣	甲	乙	戊↗	丙↓

예로, 辰月의 戊土는 乙癸를 품었고 巳月의 戊土는 庚金과 丙火를 쏟아내기에 동일한 戊土가 상이한 작용을 합니다. 辰戌丑未 地藏干을 간략하게 살펴보면 辰속에 乙癸, 未속에 丁乙, 戌속에 辛丁, 丑속에 癸辛으로 모두 陰干만을 품은 이유는 三合운동을 마감하고 저장했기 때문입니다. 이런 이유로 地藏干 中氣에는 물질의 완성을 뜻하는 乙, 丁, 辛, 癸가 표기되고, 餘氣에는 子卯午酉 陰氣의 에너지가 이어집니다. 예로, 卯辰월의 경우, 卯木의 地藏干에서 甲과 乙이 이어지고 辰月 餘氣에 乙木이 지속되며 中氣에 申子辰 三合을 완성한 癸水가 표기됩니다. 정리하면, 寅巳申亥는 氣運이 동하는 시공간, 子午卯酉는 陽氣가 陰氣로 전환하는 시공간, 辰戌丑未는 陰氣를 저장하는 시공간입니다. 辰土의 地藏干을 살펴보면, 乙癸가 있기에 癸水가 乙木의 성장을 촉진합니다. 干支로 癸卯이며 癸水가 卯를 키우는 과정에 甲乙이 다양하게 움직입니다. 地支로 살피면 子卯 刑으로 辰월에 발생하는 실질적인 문제입니다. 즉, 申子辰 三合을 마감하기에 水氣가 마르는 이유는 癸水가 乙木의 성장을 촉진하는 과정에 점점 무기력해지기 때문입니다. 결국 子卯 刑은 子水가 말라가는 상황을 표현한 것입니다. 이런 이유로 水氣가 마

르면서 불임, 조산, 미숙아, 체외수정, 입양, 미혼 등과 같은 물상을 발현합니다. 이 문제를 해결하려면 辰土에 水氣를 적절하게 보충해야 합니다. 水氣가 부족하면 조급하고 다혈질이며 한 곳에 정착하지 못하고 방황합니다. 또 다른 물상으로는 申子辰 영혼의 세계와 연결되어 귀신, 접신, 무당, 천도, 방생, 이혼, 불구와 같은 문제를 일으킵니다.

乾命				陰平 1945년 3월 18일 14:00								
時	日	月	年	88	78	68	58	48	38	28	18	8
己	戊	庚	乙	辛	壬	癸	甲	乙	丙	丁	戊	己
未	辰	辰	酉	未	申	酉	戌	亥	子	丑	寅	卯

乙亥대운 甲戌年 50세 甲戌月에 교통사고로 큰 중상을 입고 오랫동안 입원하였습니다. 사주원국에 酉辰 교통사고 조합이 보입니다. 酉丑, 酉辰, 酉丑辰, 丑辰은 모두 교통사고 물상이라고 했습니다. 乙亥대운에 乙木이 透干하기에 사주원국 지지의 구조대로 酉辰 합하고, 辰未로 刑합니다. 亥水까지 酉亥辰 三字조합으로 辰土 속 乙木의 움직임이 응결되고 답답해졌습니다. 甲戌년에는 乙亥대운 亥水의 地藏干 甲木이 透干하여 酉亥辰 삼자로 生氣가 상했음을 알립니다. 甲戌月에 이르러 辰戌 沖하고 戌未 刑하자 교통사고로 중상을 입었습니다. 사주원국에 결정된 교통사고 조합이 乙亥대운, 甲戌년 甲戌 월에 물형을 결정하였습니다.

乾命				陰平 1960년 12월 7일 02:00								
時	日	月	年	84	74	64	54	44	34	24	14	4
己	丙	己	庚	戊	丁	丙	乙	甲	癸	壬	辛	庚
丑	辰	丑	子	戌	酉	申	未	午	巳	辰	卯	寅

癸巳대운 41세 辛巳년 비명횡사했습니다. 이 사주도 丑辰으로 교통사고 조합이 있습니다. 癸巳대운에 癸水가 透干하자 지지에 있는 모든 공간들이 반응해서 丑辰 破, 子丑 合하겠다고 알려줍니다. 辛巳년에 丑土의 地藏干 辛金이 透干해서 丑辰 破가 양쪽으로 반응하자 비명횡사했습니다. <u>사주원국은 숙명이고 대운과 세운에서 숙명을 현실화시킵니다.</u>

坤命				陰平 1983년 11월 18일 18:00								
時	日	月	年	85	75	65	55	45	35	25	15	5
辛	癸	甲	癸	癸	壬	辛	庚	己	戊	丁	丙	乙
酉	未	子	亥	酉	申	未	午	巳	辰	卯	寅	丑

戊辰대운의 戊土는 地支의 地藏干에 없지만 天干에서 癸甲戊 三字로 조합하기에 殺氣가 강해지고 地支에서는 酉亥辰으로 亥水와 酉金이 辰土에 들어가 地藏干 乙木의 生氣가 상합니다. 癸卯년에 巫病(무병)에 시달렸습니다. 辰土의 地藏干에서 탁해진 癸水가 透干하고 卯木이 亥卯未 三合하고 卯酉 沖하자 정신병에 걸렸습니다.

乾命				陰平 1969년 2월 27일 10:00								
時	日	月	年	82	72	62	52	42	32	22	12	2
丁巳	戊午	戊辰	己酉	己未	庚申	辛酉	壬戌	癸亥	甲子	乙丑	丙寅	丁卯

은행에 근무하여 과장으로 승진했지만 27세 乙丑대운 乙亥년 己丑월에 교통사고 사망했습니다. 乙丑대운은 辰土의 地藏干이 透干했지만 地支에서 酉丑辰 三字 교통사고 조합을 형성하다 乙亥년에 乙木이 透干해서 酉辰과 酉亥辰 三字로 조합하고 己丑월에 酉丑辰 三字가 반응하자 교통사고로 사망했습니다.

(6) 巳月 - 벌과 나비가 모여드니

	卯	辰	巳
餘氣	甲	乙 ↘	戊
中氣		癸 ↘	↘ 庚
正氣	乙	戊	↘ 丙

辰月의 正氣 戊土는 乙과 癸를 저장한 후 巳月의 餘氣 戊土로 넘겨줍니다. 辰月 戊土가 품었던 乙, 癸는 巳月에 에너지 특징이 바뀌고 戊土가 庚金과 丙火를 쏟아냅니다. 辰월에 壬水의 응축운동은 마감되었고 癸水의 발산운동도 무기력해지기에 水氣가 줄고 火氣는 증가하며 地藏干 내부에서 戊癸가 暗合하여 火氣가 증폭하기에 巳月에 꽃이 피어납니다. 巳火의 地藏干 庚金은 새싹을 상징하던 辰月의 乙木이 庚金 꽃으로 바뀐 것입니다. 다만, 辰巳에서 이루어지는 乙庚 合은 열매가 아니기에 물질이 풍부한 공간은 아니며 꽃과 벌과 나비가 모여들어 열매를 맺으려고 준비하는 단계입니다. 이런 이유로 巳火에서는 단체, 조직, 인맥을 형성하고 활용해서 물질을 만들고자 준비하고 未월과 申

월에 乙庚 合하여 열매를 완성합니다. 巳月의 地藏干 正氣의 丙火는 寅月 中氣에 장생지로 동하여 寅午戌 三合을 출발하여 巳月에 이르면 에너지가 강해졌음을 표기한 것입니다. 결국 巳月의 地藏干에서 알려주는 자연의 의지는 丙火의 분산작용을 활용하여 庚金 꽃을 활짝 피우고 열매를 준비하려는 겁니다. 巳月의 地藏干 庚과 丙을 干支로 바꾸면 丙申이며 丙火가 申金 열매를 확장하는 움직임입니다. 다만, 시간이 지날수록 丙火는 申金에게 에너지를 쏟아내기에 점점 무기력해집니다. 地支로 조합하면 巳申 合으로 巳火가 申金을 확장하기에 부드럽던 물형이 점점 딱딱해집니다. 丙申과 巳申으로 조합할 때 丙火가 申金을 극한다고 인식하지만 丙火를 활용해서 庚申 열매를 확장하려는 자연의 의지입니다. 이런 이유로 巳月에는 무기력한 癸水를 기뻐하며 수렴하는 丁火, 응축하는 壬水를 기뻐하지 않습니다. 꽃이 활짝 피어야 하기에 丁火와 壬水의 움직임은 불편합니다. 또 巳月에 꽃을 피우려면 乙卯를 보충해서 乙丙庚 三字로 꽃을 많이 생산해야 많은 열매를 완성합니다.

乾命				陰平 1961년 4월 16일 22:00							
時	日	月	年	88	78	68	58	48	38	28	18	8
癸亥	癸亥	癸巳	辛丑	甲申	乙酉	丙戌	丁亥	戊子	己丑	庚寅	辛卯	壬辰

庚寅대운의 庚대운 壬申년에 교통사고로 부모와 처자 모두 상처를 입고 본인도 후유증으로 힘든 일을 못합니다. 庚寅대운은 사주원국 월지 巳火의 地藏干 庚金이 透干하였습니다. 즉, 巳火의 時間이 天干에 도래하여 사주원국 구조대로 반응할 것임을 알려줍니다. 壬申년에 이르면 日時 두 宮位 亥水의 地藏干 壬

水가 透干하여 사주원국 구조대로 반응할 것임을 알립니다. 표면적으로는 庚寅대운과 壬申년에 사주원국 巳火와 함께 寅巳申 三刑을 이루기에 교통사고가 발생한 것으로 분석하지만 이런 분석으로는 부모, 자신과 부인, 자식이 모두 교통사고를 당한 이유를 설명하지 못합니다. 사주분석 과정에 반드시 宮位를 활용해야 하는 이유로 월지 巳火, 일지와 시지의 亥水가 冲하자 각 宮位의 육친들에게 영향을 미쳤습니다. 물론 추가적으로 寅巳申 三刑이 반응하지만 대운이나 세운이 아니고 월운에서 물형을 결정하는 인자에 불과합니다.

乾命				陰平 1968년 1월 29일 10:00							
時	日	月	年	82	72	62	52	42	32	22	12	2
乙巳	丁卯	甲寅	戊申	癸亥	壬戌	辛酉	庚申	己未	戊午	丁巳	丙辰	乙卯

丙辰대운 甲子년 16세 己巳월 丁巳일에 자전거를 타고 가다 버스와 충돌하여 전신이 마비되어 식물인간이 되었습니다. 丙辰대운의 丙火는 寅중 丙火, 巳중 丙火가 透干하여 사주원국에 정해진 구조대로 寅巳申 三刑이 반응하는데 甲子년에 寅卯의 地藏干 甲木이 透干하여 寅巳申 三刑이 동할 것임을 알려줍니다. 그리고 己巳월, 丁巳일에 문제가 발생하였습니다. 더욱 본질적인 문제는 사주원국에 水氣가 전혀 없기에 육체가 상하기 쉬운 구조입니다. 寅巳 刑의 문제는 크게 심각하지 않지만 일지 卯木이 夾字로 끼어서 비틀리고 卯申으로 묶여서 생기가 상하는데 하필 卯木이 사망을 상징하는 육해에 해당합니다. 추가로 甲寅이 수기가 없는 상태에서 戊土 육체를 극하는 문제도 심각한 구조입니다.

乾命				陰平 1953년 8월 15일 22:00							
時	日	月	年	84	74	64	54	44	34	24	14	4
己	丙	辛	癸	壬	癸	甲	乙	丙	丁	戊	己	庚
亥	子	酉	巳	子	丑	寅	卯	辰	巳	午	未	申

丙辰대운 戊寅, 己卯년 IMF당시 구조조정의 희생양이 되어 미국으로 이민 가서 대형 편의점을 운영하여 성공하였습니다. 己未, 戊午대운에 학업도 좋았고 직장생활도 무난했습니다. 丙辰대운에 년지 巳火의 地藏干이 透干하자 宮位 의미대로 근본터전에 변화가 있음을 알립니다. 신살을 감안하면 巳年을 기준으로 戊寅, 己卯, 庚辰은 三合을 벗어난 겁살, 재살, 천살이기에 해외로 이동하는 운이었습니다.

乾命				陰平 1977년 12월 7일 04:00							
時	日	月	年	84	74	64	54	44	34	24	14	4
壬	丁	癸	丁	甲	乙	丙	丁	戊	己	庚	辛	壬
寅	丑	丑	巳	辰	巳	午	未	申	酉	戌	亥	子

庚戌대운 丁亥년에 교통사고로 한 달 정도 식물인간 상태로 있다가 깨어났고 후유증으로 건강이 좋지 않습니다. 그 후에는 호프집 체인점을 운영하고 있습니다. 天干에서 일간 丁火가 壬癸에 심하게 合沖 당하기에 육체가 상할 수 있습니다. 庚戌대운은 巳火의 地藏干 庚金이 透干하여 년지 宮位 의미대로 근본적인 변화가 발생합니다. 戌土는 巳戌, 丑戌, 寅戌로 불안정하게 조합하였다가 丁亥년에 戌土의 地藏干 丁火가 透干하는 문제가 발생합니다. 亥水는 巳亥로 沖하기에 巳戌과 亥水가 만나 차의

후방을 충돌하는 물상입니다. 교통사고가 발생한 원인은 地藏干 透干이지만 근본원인은 사주원국에서 일간 丁火가 양쪽의 壬癸에 심하게 상하기에 사주원국에 결정된 시기에 이르자 교통사고로 상했습니다. 만약 사주원국에 壬癸가 없다면 육체가 상할 가능성이 크게 줄면서 교통사고라고 단정할 수 없습니다. 사주원국과 대운, 세운을 살피는 기본원칙은 "<u>사주원국은 숙명을 표현하고 대운과 세운은 그 시기에 결정될 가장 중요한 사건, 일, 관계, 물형을 표현</u>"합니다.

(7) 午月 - 열매가 열리고
午火를 살피기 전에 子卯午酉 旺地의 상황을 정리해보겠습니다.

	子	卯	午	酉
餘氣	壬	甲	丙	庚
中氣			己	
正氣	癸	乙	丁	辛

子卯午酉 地藏干은 위와 같습니다. 子月에는 壬水응축에너지가 癸水발산에너지로 전환하고, 卯月에는 땅 속에서 뿌리내리던 甲木이 땅을 뚫고 올라와 乙木의 좌우확산 운동으로 전환하고, 午月에는 丙火 분산운동이 丁火 수렴운동으로 전환하고, 酉月에는 매달려 있던 열매 庚金이 낙하하여 씨종자 辛金으로 완성됩니다. 따라서 卯月에는 땅속에서 땅 밖으로, 酉月에는 땅위의 공간을 활용하다 땅 표면과 내부로 시공간이 급격하게 변합니다. 정리하면, 子월에는 폭발하고, 卯월에는 갑자기 시공간이 넓어지고, 午월에 갑작스럽게 좁아지고, 酉월에 낙하하여 좁은 시공간을 활용합니다. 巳月에서 午月로의 시공간 변화과정을 살펴보겠습니다.

	卯	辰	巳	午
餘氣	甲	乙	戊	↗丙
中氣		癸	庚	己
正氣	乙	戊	丙↗	丁

巳火와 午火는 동일한 火氣임에도 특징은 상이합니다. 巳火는 巳酉丑 三合운동으로 열매를 완성하는데 午火는 寅午戌 三合운동으로 분산을 주도합니다. 또 巳火는 六陽으로 무한분산하기에 분산운동에 목적을 두지만 午火는 丁火를 활용해서 열매를 단단하게 만들기에 실질적이고 현실적입니다. 물상에 비유하면 巳火는 홍보, 광고, 홈쇼핑을 활용하지만 午火는 은행, 금융, 금속처럼 물질을 추구합니다. 午月의 地藏干에 있는 글자들을 살펴보겠습니다. 餘氣에 丙火가 있는 이유는 巳月의 正氣 丙火가 午月의 餘氣로 이어졌기 때문입니다. 午月의 中氣 己土에 대해서는 많은 이해가 필요합니다.

	巳	午	亥	子
餘氣	戊	丙	戊	壬
中氣	庚	己	甲	
正氣	丙	丁	壬	癸

六陽에서 一陰五陽 // 六陰에서 一陽五陰

午月에 一陰이 동하여 수렴하는 움직임이 생겨나 중력과 열이 강해지면서 물형이 단단해지기에 열매가 열립니다. 中氣의 己土가 행하는 작용은 丙火의 분산운동을 丁火의 수렴운동으로 전환시킵니다. 태양광처럼 빛을 열로 집약하기에 丙己丁 三字조합은 물형전환 행위를 상징합니다. 태양광, 돋보기, 변압기, 전압기 등은 빛을 열로 바꾸며 통역, 번역, 변호사, 전화교환수 물상은 중간에서 쌍방의 요구를 조정하고 타협합니다. 마지막으로 午火의 正氣에 丁火가 있는 이유는 丙火가 극에 이르러 丁火로 전환되었음을 표기하였습니다. 빛이 열로 바뀌고 꽃이 열매로 바뀌었습니다. 화려한 色界에서 물질을 추구하는 첫 걸음입니다.

坤命				陰平 1948년 8월 4일 00:00								
時	日	月	年	90	80	70	60	50	40	30	20	10
甲子	甲午	庚申	戊子	辛亥	壬子	癸丑	甲寅	乙卯	丙辰	丁巳	戊午	己未

丁巳대운 30대 중반에 이혼하고 후에 다방을 운영했지만 재산을 모두 날렸고 강도 2명이 들어와 겁탈 당했다. 나중에 연하남과 동거했지만 辰대운 甲戌년(47세)에 헤어졌다. 스님을 만나서 함께 지내다 乙대운 己卯年 52세에 역술 상담을 시작하였다. 일지 午火는 배우자를 상징하는데 두 개의 子水와 양쪽에서 沖하기에 결혼이 불안정합니다. 丁巳대운에 午中 丁火가 透干하여 사주원국의 숙명대로 子午 沖하는 시기에 이혼하였습니다.

乾命				陰平 1957년 8월 26일 06:00								
時	日	月	年	83	73	63	53	43	33	23	13	3
丁卯	甲午	己酉	丁酉	庚子	辛丑	壬寅	癸卯	甲辰	乙巳	丙午	丁未	戊申

丙午대운 25세 辛酉년(81년)에 심장출혈로 사망하였다. 사주원국은 丁午 火氣에 자극받은 酉金이 卯木을 沖하면 卯木이 심장 丁午로 향하는 피의 흐름에 문제가 발생합니다. 丙午대운에 午中 丙火가 透干하여 卯午로 破하여 卯木을 말리고 辛酉년에 酉金의 地藏干 辛金이 透干하여 사주원국 구조대로 卯木을 沖하

자 午火로 가는 피가 막히자 심장출혈로 사망했습니다.

(8) 未月 - 열매를 교류하다

	午	未	申
餘氣	丙	↗丁	戊
中氣	己	乙	壬
正氣	丁↗	己	庚

未中 餘氣 丁火는 午月의 丁火가 이어진 것입니다. 만물을 수렴하고 딱딱하게 만드는 丁火에너지를 방사하면 열매가 맺히는 이치를 十神으로 설명하기 어렵지만 四季의 순환원리를 이해하면 丁火의 특징 때문임이 명확합니다. 中氣에 乙木이 있는 이유를 살펴보겠습니다.

	午	未	申
餘氣	丙	丁	戊
中氣	己	乙	壬
正氣	丁	己	庚

乙木은 좌우확산 운동하는데 未月에 亥卯未 三合운동을 마감하기에 성장을 멈추어야 합니다. 따라서 未月의 地藏干 丁火와 己土를 활용해서 乙木의 움직임을 답답하게 만들기에 육체장애가 발생하는 사례가 많습니다. 午月과 未月을 지날 때 자연에서 집중적으로 활용하는 에너지는 丁火와 己土로 수렴하고 저장하기에 癸水의 발산, 乙木의 좌우확산 움직임은 무기력해집니다. 午未 月에 답답증, 정신병, 종교, 명리, 철학, 사이비 종교 물상이 많은 이유입니다. 正氣 己土는 亥卯未 三合운동을 마감하였음을 표기한 것으로 더 이상의 성장은 어렵습니다. 地藏干 丁乙을 生剋으로 살피면, 乙木이 丁火를 生하면서 乙木의 활동이 점점 답답해지는 관계입니다. 干支로는 丁卯로 卯木의 활동을 丁火가

제어하기에 교육, 공직 물상입니다. 地支로 조합하면 卯午 破로 卯木이 午火를 만나 갑작스럽게 수렴됩니다. 卯木 새싹, 어린아이가 午火에서 성인의 육체로 바뀌었습니다. 따라서 성장발육이 순차적으로 이루어지지 않기에 육체는 성인이지만 정신은 미성년자와 같습니다. 성장하는 움직임을 丁火가 제어하기에 육체를 다루는 화장, 미용, 연예, 헬스 물상이지만 未土의 地藏干 내부에서 卯午 破로 성장장애, 육체손상 물상도 많습니다.

乾命				陰平 1983년 3월 25일 20:00							
時	日	月	年	81	71	61	51	41	31	21	11	1
丙戌	乙未	丁巳	癸亥	戊申	己酉	庚戌	辛亥	壬子	癸丑	甲寅	乙卯	丙辰

24세 당시 상황으로, 乙卯대운 21세 癸未년 庚申월 壬申일에 운동하다 목뼈가 부러져 대수술을 받았는데 다행히 호전되었지만 목뼈를 나사못으로 고정시킨 장애인이다. 乙卯대운은 未土의 地藏干 乙木이 透干하여 사주원국 구조대로 반응합니다. 戌未로 刑하고 未亥로 亥水가 탁해집니다. 癸未년에는 未土가 와서 사주원국의 구조대로 반응하자 육체에 문제가 발생하였습니다.

坤命			
時	日	月	年
乙酉	乙酉	乙酉	乙未

미국에 거주하는데 월주가 乙酉로 가을에 열매를 수확하려는 욕

망이 강해 재물욕심이 강합니다. 계모임을 하는데 己卯년에 곗돈을 훔쳐 도망갔다가 辛未월에 체포되어 감방에 수감되었습니다. 己卯년은 未土의 地藏干 己土가 透干하였기에 年支 宮位이고 未土의 멀리 떠나는 움직임대로 멀리 도망갔지만 辛未월에 잡히고 말았습니다.

坤命				陰平 1966년 12월 27일 04:00							
時	日	月	年	89	79	69	59	49	39	29	19	9
庚寅	辛丑	壬寅	丁未	辛亥	庚戌	己酉	戊申	丁未	丙午	乙巳	甲辰	癸卯

丁未대운 壬寅년에 노숙하며 살아왔다고 합니다. 남편과 호적을 정리하지 않은 상태인데 역학을 배우고 싶지만 돈 한 푼도 없습니다. 남편과는 辛卯년부터 별거했습니다. 丁未대운은 년지 未土에서 丁火가 透干하고 사주원국 구조대로 일지와 沖 합니다. 年支가 동하여 근본터전에 변화가 발생하고 未土의 글자속성대로 역학을 배우려고 합니다.

(9) 申月 - 틀을 형성하다.

	午	未	申
餘氣	丙	丁	↗戊
中氣	己	乙	壬
正氣	丁	己↗	庚

未月의 地藏干 丁火와 亥卯未 성장운동을 끝낸 乙木을 己土에 저장해서 申月 戊土에게 넘기면 새로운 陽氣를 쏟아내는데 바로 壬水와 庚金입니다. 壬水는 갑자기 어디에서 드러났을까요? 子月에 壬水가 癸水로 바뀐 후 8개월 동안 보이지 않다가 申월

의 壬水로 드러난 이유를 살펴보겠습니다.

	午	未	申
餘氣	丙	丁 ↘	戊
中氣	己	乙 ↘	↘ 壬
正氣	丁	己	↘ 庚

未月 丁火가 申月 壬水로 바뀐 이유는 丁火의 수렴운동으로 壬水 응축에너지가 생겨났기 때문입니다. 또 乙木이 庚金으로 바뀐 이유는 성장을 끝낸 乙木의 물형을 庚金 열매로 바꿔야하기 때문입니다. 결국 己土와 戊土는 丁乙 에너지를 壬庚에너지로 전환하는 역할을 한 것입니다. 이처럼 자연은 미리 미리 반대편 계절을 준비하기에 午未申 여름에 壬水가 생겨나고, 子丑寅 겨울에 丙火가 생겨나고, 卯辰巳 봄에 庚金이 생겨나고, 酉戌亥 가을에 甲木이 생겨납니다.

	巳	午	未	申
餘氣	戊	丙	丁	戊
中氣	庚	己	乙 ↘	壬
正氣	丙	丁	己	↘ 庚

申月 庚金은 巳월에 장생지로 동한 庚金이 申月 正氣에서 기세가 강력해졌습니다. 巳月 庚金과 申月 庚金의 특징을 규정할 수 있는 것은 十二支 공간뿐입니다. 巳月 庚金의 물형은 꽃이지만 申月 庚金의 물형은 딱딱해진 열매이기에 글자가 동일해도 에너지특징과 물형은 상이합니다. 이것이 바로 十神의 심각한 문제점으로 巳중 庚金이 천간에 드러나도, 申중 庚金이 드러나도 庚金을 규정하는 十神 명칭은 동일합니다. 시간과 공간을 전혀 활용하지 못하고 日干을 기준으로 十神의 명칭을 결정했기 때문입니다. 巳火는 분산하는 庚金이고 申金은 수렴하는 庚金입니다.

정리하면, 中氣 壬水는 午月부터 발생한 수렴에너지 丁火 때문에 생겨난 기운이고 庚金은 巳月의 中氣에 장생하던 庚金이 에너지를 증폭한 것이며 申月의 핵심은 辰巳에서 乙庚 合, 未申에서 乙庚 合으로 庚金 내부에 乙木 生氣를 담아서 보호하는 겁니다. 申月의 地藏干 壬과 庚의 조합을 살펴보면 庚金이 壬水를 품습니다. 庚金 물탱크가 단단해지면 대기에 펼쳐진 癸水를 하강시켜 물탱크 내부에 壬水로 저장합니다. 申月에 이르면 덥고 습했던 날씨가 하늘은 높아지고 건조해지는 이유입니다. 일상에서 활용하는 제습기는 이런 움직임을 이용해서 대기에 펼쳐진 癸水를 壬水로 물탱크에 수집하여 가득차면 버리는데 물탱크가 庚金입니다. 만약 물탱크 부피보다 많은 壬水를 저장하면 밖으로 넘쳐버리기에 庚金의 쓰임에 문제가 발생합니다. 이런 상황을 <u>申亥 穿</u>이라 부르며 딱딱한 申金 체성이 흐물흐물 변질됩니다. 干支로는 壬申으로 방탕, 방랑, 기술, 예술 물상이라고 하는 이유입니다. 이 문제를 해결하려면 반드시 丙火를 보충해서 庚申의 딱딱한 체성을 유지해야 합니다.

坤命				陰平 1964년 9월 11일 20:00							
時	日	月	年	83	73	63	53	43	33	23	13	3
壬	戊	甲	甲	乙	丙	丁	戊	己	庚	辛	壬	癸
戌	戌	戌	辰	丑	寅	卯	辰	巳	午	未	申	酉

壬申대운 1982년 壬戌년 19세에 집에서 경영하던 세차장에 온 남자와 도망가 임신하자 부모가 결혼을 승낙하였는데 남편은 노름꾼으로 수시로 노름방에 들락거린다. 일간을 기준으로 壬水는 偏財로 재물이자 여성이기에 남자를 만나는 운이라고 읽기 어렵습니다. 하지만 壬申대운의 특징이 방탕, 방랑 물상이고 壬戌년

에 大運의 申中 壬水가 透干하여 壬申대운의 속성을 발현하자 어린 나이에 사랑의 도피행각을 벌였습니다.

坤命				陰平 1968년 2월 4일 18:00							
時	日	月	年	88	78	68	58	48	38	28	18	8
丁酉	辛未	甲寅	戊申	乙巳	丙午	丁未	戊申	己酉	庚戌	辛亥	壬子	癸丑

庚戌대운 42세 2009년 己丑년 상황입니다. 3년 전 부동산 매매 과정에 중개업자의 사기행위로 3억 가까이 손실을 보았다. 민사 재판하고 형사 고소하여 수사 중이다. 조직적 사기조직에 연루되어 재판을 했어도 패소하여 형사 기소만을 기대하는 상황이다. 공인중개사로 활동하다가 그만두고 08년 戊子년부터 주식투자를 하다 2억 가까운 돈을 다 날렸다. 주식을 사면 악재로 손절하고 하는 일마다 문제가 생기고 또 사기 당할까봐 사회생활도 힘들다. 己丑년 10월 26일 상담상황입니다.

庚戌대운은 년지 申金과 시지 酉金의 地藏干 庚金이 透干하였습니다. 사주원국 구조대로 寅申 沖하여 寅木이 상하고 寅酉로 이상한 일들이 꼬입니다. 寅木이 상하는데 하필 甲寅이 모두 사회 宮位에 있기에 사회활동 과정에 재물손상이 발생합니다. 천간으로 살펴도 일간 辛金이 운에서 庚金을 만나자 갑자기 호승심이 발동하고 한탕, 투기 심리가 동하기에 욕심을 부리다가 사기당하기 쉬운 상태에 빠집니다. 타인에게 사기 당했다고 주장하지만 한탕을 노리는 심리 때문에 스스로가 당한 것입니다.

乾命				陰平 1946년 8월 9일 02:00								
時	日	月	年	81	71	61	51	41	31	21	11	1
己丑	辛巳	丙申	丙戌	乙巳	甲辰	癸卯	壬寅	辛丑	庚子	己亥	戊戌	丁酉

2009년 54세 壬寅대운 己丑년 丙子월에 이사로 등기된 회사에 부도가 발생하여 전 재산 70억 원을 탕진했습니다. 壬寅대운은 월지 申金의 地藏干이 透干하였기에 月支 구조대로 상응하는 물상이 발생합니다. 申金은 시간방향대로 時支 丑土 墓地를 향하기에 申金의 가치에 변화가 발생합니다. 사회 宮位에 있던 申金이 時支에 있는 개인 宮位 墓地로 들어갑니다. 위에서 학습할 때 丑土는 도둑, 강도 물상이라고 했습니다. 사회에서 가치를 발휘하던 申金 열매가 갑자기 己丑 어둠속으로 사라지고 말았습니다. 천간에서는 丙辛으로 합하고 있다가 壬寅대운에 丙壬 沖으로 丙火의 빛이 어둠 속으로 사라지는 운이었습니다.

(10) 酉月 - 씨종자를 수확하다.

	申	酉	戌
餘氣	戊	庚	辛
中氣	壬	↓	丁
正氣	庚	辛	戊

酉月에 庚金이 辛金으로 바뀌는 이유는 열기를 가득 품어서 최대로 딱딱해진 열매가 낙하하기 때문입니다. 庚金과 辛金의 극명한 차이를 드러내는 공간으로 庚金은 반드시 丙火를 필요로 하지만 辛金은 내부에 열을 가득 채워서 더 이상 丁火 열기를 필요로 하지 않습니다. 丙火는 부피를 확장하는데 활용하지만 辛金은 더 이상 부피를 확장할 필요가 없습니다. 酉月의 두드러

진 특징은, 丙火는 쓰임을 상실하고 壬水응축에너지를 활용해서 겨울을 향합니다. 酉月에 庚金이 辛金으로 바뀌는 상황은 천지개벽과 같습니다. 卯月에 만물이 땅 밖으로 천지개벽하듯 酉月에는 만물이 땅위에서 땅 밑으로 낙하합니다. 이런 이유로 卯木은 色界로 나가는 문이요, 酉金은 어둠의 세계로 돌아가는 문입니다. 庚金까지는 乙癸戊丙이 열매를 완성하려고 노력하다가 辛金으로 바뀌는 순간 甲壬己丁이 씨종자를 활용하고자 활발하게 움직입니다. 辛酉를 죽음, 씨종자라 표현한 이유는 빛과 같은 丙火를 제거하여 어둠속으로 들어가기 때문입니다.

坤命				陰平 1972년 1월 22일 20:00								
時	日	月	年	81	71	61	51	41	31	21	11	1
庚	丁	癸	壬	甲	乙	丙	丁	戊	己	庚	辛	壬
戌	酉	卯	子	午	未	申	酉	戌	亥	子	丑	寅

29세 庚子대운 庚辰년 乙酉월 교통사고로 하반신을 절단하였습니다. 庚子대운은 酉金의 地藏干 庚金이 透干하여 酉金의 역할을 합니다. 사주원국에서 子卯 刑, 卯酉 沖, 卯戌 합하는 과정에 夾字 酉金이 卯木을 심하게 沖하자 庚辰年, 乙酉월에 사주원국에 정해진 숙명대로 불행한 일이 발생했습니다.

坤命				陰平 1958년 2월 2일 08:00								
時	日	月	年	85	75	65	55	45	35	25	15	5
甲	丁	乙	戊	丙	丁	戊	己	庚	辛	壬	癸	甲
辰	酉	卯	戌	午	未	申	酉	戌	亥	子	丑	寅

己酉대운 辛丑년 4월 상황입니다. 곱상한 얼굴에 도박하면서 전국을 돌아다닙니다. 辛丑년은 일지 酉金과 戌中 辛金이 透干하여 그에 상응하는 사건이나 물형을 만들어냅니다. 己酉대운과 辛丑년에 地支에서 酉丑辰 三字로 조합하자 한탕을 노리면서 도박에 빠져 전국을 돌아다닙니다. 한곳에 정착하지 못하고 전국을 돌아다니는 이유는 戌土가 年支에 있기에 丑戌 刑, 辰戌 沖 등으로 근본터전이 불안정해졌기 때문입니다.

乾命				陰平 1969년 11월 7일 00:00								
時	日	月	年	83	73	63	53	43	33	23	13	3
甲	甲	丙	己	丁	戊	己	庚	辛	壬	癸	甲	乙
子	子	子	酉	卯	辰	巳	午	未	申	酉	戌	亥

52세 庚子년에 빚을 내서 친구에게 주식투자를 맡겼지만 가산을 탕진하고 직장에서 쫓겨나 이혼 당했습니다. 庚子년은 년지 酉金의 地藏干이 透干하여 子子子와 세 번의 破작용으로 너덜거리자 국가, 사회, 가정, 자식 관계에 문제가 발생하였습니다.

乾命				陰平 1983년 12월 2일 12:00								
時	日	月	年	89	79	69	59	49	39	29	19	9
丙	丁	甲	癸	乙	丙	丁	戊	己	庚	辛	壬	癸
午	酉	子	亥	卯	辰	巳	午	未	申	酉	戌	亥

辛酉대운에 부친의 빚을 감당하였습니다. 辛酉대운은 日支 酉金의 地藏干이 天干에 透干하여 酉金의 상황을 발현합니다. 丙午와 丁火가 酉金을 자극하면 뜨거워진 酉金은 子水와 癸亥를 향

해 갑니다. 이렇게 결정된 시간방향대로 자신이 소유한 종자돈 酉金을 부모 宮位 甲子에 풀어냅니다. 辛酉대운에 부친의 빚을 감당한 이유입니다.

(11) 戌月 - 씨종자를 창고에 보호하다.

	申	酉	戌
餘氣	戊	庚	↗辛
中氣	壬		丁
正氣	庚	辛↗	戊

戌土 餘氣에 辛金이 있는 이유는 酉月의 辛金이 이어졌기 때문입니다. 가을에 고추를 수확한 후 길에서 건조시키는 과정과 유사합니다. 辛酉는 죽음, 씨종자, 고독을 암시하기에 戌土의 시공간은 불교와 인연이 깊습니다. 中氣 丁火는 인간의 육체와 물질을 생산하는 중력에너지인데 무기력해지기에 戌土는 이승과 저승의 경계와 같습니다. 戌月 丁火는 寅午戌 三合운동을 마감한 것을 표기한 것으로 생명체의 生氣를 제거하는 작용입니다. 戌土의 正氣 戊土는 辰月의 正氣 戊土와 글자는 동일해도 공간의 특징이 상이하기에 작용도 크게 다릅니다. 辰月 봄에는 성장하는 터전 역할을, 戌月 가을에는 수확하여 저장하는 창고 역할을 담당합니다.

辰 - 乙癸戊
戌 - 辛丁戊

地藏干은 공간의 특징을 명확하게 규정합니다. 辰월에는 乙癸戊로 성장하고 戌月에는 辛丁戊로 辛金은 씨종자, 丁火는 열기와 같아서 물형이 최대로 쪼그라듭니다. 戌土의 地藏干조합을 天干으로 살피면 丁辛으로 丁火가 辛金에게 열기를 가하기에 열기가 점점 소멸됩니다. 다만, 丁辛조합을 火生金으로 이해해야 하는 이유는 丁火가 辛金에게 열기를 제공하여 가치를 높여주기에 생하는 이치와 다를 바 없습니다. 干支로는 丁酉로 丁火 열기를 酉金이 달가워하지 않지만 충분히 전달해야 亥月에 丁辛壬 三字가 적절히 이루어지고 가치 높은 甲木을 생산합니다. 地支로 살피면 午酉 破로 午火가 熱氣를 酉金에게 방사하고 무기력해집니다. 生剋으로 살피면, 午火가 酉金을 극한다고 인식하지만 오히려 午火가 酉金에게 열기를 빼앗기는 것이 戌月의 공간에서 발생하는 午酉 破 작용이기에 戌月에는 강력한 火氣가 필요하다고 주장하는 이유입니다. 戌月의 가장 심각한 문제는 酉金 씨종자가 火氣를 최대로 축적하여 甲乙 生氣가 살아갈 수 없는 환경으로 바뀌기에 殺氣가 강해졌습니다. 그 외에도 戌月에 호전적인 성정을 가진 이유는 반드시 씨종자를 지켜야 봄에 새싹을 내놓을 수 있기 때문입니다. 결국 씨종자의 生氣를 지키고자 殺氣가 강해진 것으로 연어가 알을 낳고자 자신을 포기하는 이치와 다를 바 없습니다.

坤命				陰平 1958년 6월 10일 18:00								
時	日	月	年	86	76	66	56	46	36	26	16	6
己	甲	己	戊	庚	辛	壬	癸	甲	乙	丙	丁	戊
巳	辰	未	戌	戌	亥	子	丑	寅	卯	辰	巳	午

2001년 辛巳年 44세부터 바람을 피우기 시작하고 2003년 양력 7월 癸未年 己未月 46세에 남자에게 거액의 사기를 당하였다.

乙卯대운은 辰未의 地藏干 乙木이 透干하여 辰未의 한탕 욕망이 생겨납니다. 특히 甲木이 乙卯를 만나면 이상하리만큼 성욕이 강해지고 시기, 질투, 도박, 투기, 한탕 욕망이 강해집니다. 辛巳년에 이르면 戌土의 地藏干 辛金이 透干하여 년지 戌土에 감추어졌던 남자가 일지 辰土를 沖으로 자극하고 巳戌로 집착이 생기자 남자에 빠져들고 癸未년에 내 배속과 같은 日支 辰土가 품고 있던 地藏干 癸水가 透干하여 수많은 토들에게 合剋당하자 거액의 사기를 당했습니다.

坤命				陰平 1989년 9월 26일 12:00								
時	日	月	年	84	74	64	54	44	34	24	14	4
戊午	戊午	甲戌	己巳	癸未	壬午	辛巳	庚辰	己卯	戊寅	丁丑	丙子	乙亥

丁丑대운 26세 2014년 甲午년에 교통사고로 사망했습니다. 戌土가 殺氣를 가진 이유를 보여주는 사례입니다. 戌土는 내부에 엄청난 火氣를 담았기에 地藏干 丁火가 透干하면 가스탱크가 폭발하듯 殺氣가 강해지면서 문제가 발생합니다. 또 대운 丑土가 戌土를 자극하고 午丑으로 탕화가 동하자 교통사고로 사망했습니다. 戌土는 火氣를 품었기에 地藏干 丁火가 透干하면 殺氣가 동한다는 것을 기억해야합니다.

乾命				陰平 1957년 10월 13일 22:00								
時	日	月	年	88	78	68	58	48	38	28	18	8
丁亥	庚戌	辛亥	丁酉	乙巳	丙午	丁未	戊申	己酉	庚戌	辛亥	壬子	癸丑

丁未대운 39세 1995년 乙亥년 9월에 절도죄로 5년 6개월 형을

받고 수감되었습니다. 사주구조가 어둡고 丁火가 좁고 어두운 공간을 비추는 손전등과 같습니다. 丁辛壬 三字조합으로 총명하고 한탕을 노리는 욕망이 강합니다. 亥월의 목적은 地藏干 甲木을 밖으로 꺼내야 발전하기에 庚戌이 아니고 庚寅일주라면 흐름이 매우 좋지만 日支에 戌土를 배합했기에 시공간이 역류하면서 38-45세 사이에 운이 막힙니다. 丁未대운에 이르면 사주원국 구조대로 戌중 丁火가 透干하여 운이 막힐 것임을 알립니다. 그리고 戌未 형이 동할 것을 암시하다가 乙亥년에 未土의 地藏干 乙木이 透干하여 戌未 刑이 동해서 더욱 불안정해집니다. 해월이기에 甲木을 밖으로 꺼내야 하는데 미토까지 가세하여 해수의 흐름을 막아버리고 천간에서는 庚辛이 경쟁적으로 乙木을 탐하기에 한탕, 도박, 투기와 같은 욕망이 동하고 불법으로 재물을 탐하다 교도소에 수감되었습니다. 시간방향으로 살피면 일지 戌土는 반드시 亥水를 향하는데 그 위의 辛金이 亥水를 소유하고 있기에 자신의 것이 아님에도 丁未대운의 未土로 亥水를 강압적으로 강탈하자 범죄를 저지르고 문제가 발생하였습니다.

(12) 亥月 - 씨종자를 풀어내다.

	酉	戌	亥
餘氣	庚	辛	↗ 戊
中氣		丁	甲
正氣	辛	戊 ↗	壬

돌고 돌아 윤회의 출발점 亥月에 이르렀습니다. 戌月의 戊土에서 亥月의 戊土로 이어지는 흐름을 보겠습니다. 戌月의 戊土에 담겨진 辛丁을 亥월의 戊土로 넘겨주면 새로운 에너지 甲壬을 쏟아냅니다. 辛金이 甲木으로, 丁火가 壬水로 에너지 특징을 변화시킵니다. 亥月 中氣에 甲木이 있는 이유를 살펴보겠습니다.

卯月의 餘氣에 있던 甲木이 보이지 않다가 갑자기 亥月에 甲木으로 등장하는 이유는 戌月에 저장된 씨종자 辛金을 亥月에 甲木으로 바꾸기 시작했기 때문입니다. 가을의 씨종자가 부드러워지는 출발점이 亥月입니다. 죽음에서 生氣를 생산해내는 자연의 오묘한 이치입니다. 正氣에 壬水가 있는 이유를 살펴보겠습니다.

	酉	戌	亥
餘氣	庚	辛	戊
中氣		丁 ↘	甲
正氣	辛	戊	↘ 壬

申月 壬水가 장생지로 동하고 丁火의 수렴작용으로 응축에너지를 축적하다가 亥月에 강력해집니다. 따라서 壬水를 생산한 것은 丁火가 분명하지만 辛金이 없으면 응축운동의 가치가 없습니다. 시간을 뒤로 돌리면, 丁辛은 壬水로 돌아가고자 육체와 물질을 버려야 합니다. 丁辛의 시간을 뒤로 돌리면, 丙庚의 화려한 시공간을 지나왔고 다시 시간을 돌리면 癸乙의 파릇파릇한 시절이 있었으면 다시 시간을 돌리면 壬甲의 어머니 배속에서 육체를 얻어 이 땅에 태어났습니다. 다시 시계를 돌리면 丁辛의 시간이 있었으니 色界의 업보를 壬甲에서 이어받습니다. 亥月의 地藏干 조합 壬甲의 관계를 살펴보겠습니다. 天干에서 壬水가 甲木에게 생명수를 공급하여 뿌리내림을 유도합니다. 壬寅 干支도 寅에게 壬水를 공급하여 성장을 촉진하고 亥寅 合도 亥水가 寅木에게 생명수를 공급하다가 무기력해집니다. 이 문제를 해결하려면 丁火 열기를 辛金에게 전달하여 壬水와 亥水가 무기력해지지 않도록 辛金을 활용해야 합니다. 사주원국에서 戌亥가 이어지면 좋은 이유는 戌土 속 丁辛을 亥水에서 풀어내 가치를 높이고 壬水가 마르지 않도록 돕기 때문입니다.

乾命				陰平 1960년 10월 25일 16:00								
時	日	月	年	87	77	67	57	47	37	27	17	7
甲申	乙亥	戊子	庚子	丁酉	丙申	乙未	甲午	癸巳	壬辰	辛卯	庚寅	己丑

壬辰대운 庚辰년 2000년 41세 상황입니다. 친구 때문에 전 재산 날리고 빚까지 진 상태인데 다행하게 한의원 운영은 잘되는 편입니다. 壬辰대운은 亥水와 子水의 地藏干 壬水가 透干하였습니다. 문제는 辰土가 申子辰 三合하여 수많은 水氣들의 흐름이 막히고 문제가 발생합니다. 庚辰년이 오면 申金의 地藏干 庚金이 透干하였는데 그 위에 甲木이 있기에 동료, 친구, 부하, 직원이 申金을 水氣에 너덜거리에 만들었습니다. 酉金이 子子子를 만나서 체성을 상실하고 너덜거리듯 申金도 亥子子를 만나 너덜거리기에 친구 때문에 전 재산을 날렸습니다.

乾命				陰平 1968년 9월 29일 04:00								
時	日	月	年	86	76	66	56	46	36	26	16	6
甲寅	癸巳	癸亥	戊申	壬申	辛未	庚午	己巳	戊辰	丁卯	丙寅	乙丑	甲子

壬子년 1972년 5세 3월 23일 17시경 차도에서 이웃집 차에 치여 두 다리와 머리를 크게 다쳤고 당일 17시 45분에 사망했습니다. 壬子년은 亥중 壬水가 透干하여 사주원국 구조대로 巳亥 冲하겠다는 의지를 드러냅니다. 단순히 巳亥 冲으로 끝나는 것이 아니고 地支에 깔린 寅巳申 三刑의 숙명 때문에 문제가 더욱 심각해졌습니다.

坤命				陰平 1967년 10월 29일 10:00								
時	日	月	年	82	72	62	52	42	32	22	12	2
丁巳	戊戌	辛亥	丁未	庚申	己未	戊午	丁巳	丙辰	乙卯	甲寅	癸丑	壬子

1995년 29세 甲寅대운 乙亥년에 정신장애가 발생하고 1996년 丙子년에 자살했습니다. 甲寅대운은 亥중 甲木이 透干하여 亥水의 구조대로 반응합니다. 亥水가 戌未 刑 사이에 夾字로 끼어서 정신과 육체가 상할 수 있음을 암시하다가 乙亥년에 未土의 地藏干 乙木이 透干하여 亥水를 탁하게 만들고 戌未 刑하기에 문제가 발생하였고 丙子년에 자살하였습니다.

坤命				陰平 2007년 7월 5일 16:00								
時	日	月	年	86	76	66	56	46	36	26	16	6
庚申	癸未	戊申	丁亥	丁巳	丙辰	乙卯	甲寅	癸丑	壬子	辛亥	庚戌	己酉

16세 壬寅년에 나쁜 친구들과 가출해서 집에 돌아오지 않습니다. 壬寅년은 亥중 壬水가 透干하였기에 근본터전에 변화가 발생합니다. 또 申亥는 壬申干支로 방탕의 속성이 강하고 亥未로 탁해지면서 판단력이 흐려져 나쁜 친구들과 가출하고 말았습니다.

지금까지 十二支의 地藏干이 天干에 透干할 경우 어떤 방식으로 분석해야 옳은지 간단히 연습과정을 거쳤습니다. 시공명리학에서는 格局, 用神, 十神, 調喉, 旺衰, 通根 등을 거의 활용하지 않기에 이해하기 어려운 부분도 있겠지만 기 출판한 책들과 시공명리학 유튜브를 참조하면 이해하는 속도가 빨라질 것입니다. 아울러 시공명리학 통변스킬에 대해서는 다음 章에서 자세히 학습할 예정입니다. 결국 사주팔자에서 발생하는 사건, 일, 관계, 물형은 반드시 사주원국에 결정된 시간과 공간, 그리고 사주구조를 기준으로 분석해야 합니다. 亥水라는 글자는 동일해도 사주마다 宮位가 다르고 刑沖破害 合등 사주구조가 다르기에 극히 미세한 차이로 상이한 물상을 만들어냅니다. 사주구조를 분석하는 연습을 꾸준히 해야만 하는 이유입니다. 아래는 시공명리학에서 사주구조를 분석하는 기법들입니다.

1.이론 정립 - 모든 이론들은 地藏干의 시공간 순환원리를 활용하였습니다.
2.사주원국 구조 - 사주원국에 결정된 구조 이외의 인자들을 불러오지 않습니다.
3.月支 時空 - 월지에서 원하는 시공간 환경을 살핍니다.
4.日干 時節 - 일간이 원하는 시공간을 살핍니다.
5.宮位 - 사건을 분석할 수 있는 핵심 정보를 제공합니다.
6.時間方向 - 소유권이 어디에 있는지를 결정합니다.
7.時間의 선후 - 취직이 먼저인지 학업이 먼저인지 시간의 선후가 결정합니다.
8.시간흐름 - 사주팔자에 결정된 시간흐름이 있습니다. 위에서 살펴보았던 丁酉년 辛亥월, 庚戌일 사례처럼 일지에서 시간흐름이 막히면 운도 막힙니다.
9.夾字 - 刑沖破害 사이에 끼어있는 글자를 살피는 방법으로 비틀리는 시공간이 만들어내는 물형을 살핍니다.
10.천간 合沖, 地支 刑沖破害合 - 刑沖破害를 분석하는 이론은 상이합니다. 시공명리학의 合沖. 刑沖破害는 시공간의 순환원리

를 활용해서 분석합니다.

11. 天干, 干支의 반응이 다름 - 천간은 시간이고 지지는 공간이며 간지는 시공간이 결합한 것이기에 天干과 地支, 干支는 그 의미가 상이합니다.

12. 대운, 세운 분석기준 - 대운과 세운을 분석하는 기준이 상이합니다.

13. 저승사자 이론 - 三合을 벗어난 겁살, 재살, 천살은 물질, 육체가 없는 영혼의 세계와 같아서 그 특징이 굉장히 독특하고 오묘한 상황을 연출합니다.

14. 三字조합 - 五行과 十神의 生剋은 2차원으로 생하거나 극하지만 三字조합은 조정과 타협이라는 움직임이 추가됩니다. 지극히 현실적인 상황을 응용한 이론입니다.

15. 사주원국, 대운, 세운 종합분석 요령 - 최종적으로 사주원국의 숙명을 읽고 대운과 세운에서 어떤 물형을 결정하는지 三字를 종합적으로 분석하는 요령을 학습합니다.

제 51강

◆사주팔자 구조분석

사주원국의 정체   188
사주원국 구조 분석방법   190
   地藏干 透干   190
   宮位   191
   干支   191
   時間의 선후   192
   사주원국 구조분석 방법   193
   月支 時空이 중요한 이유   199
   사주원국의 순차적인 시간흐름   201
   월지 時空이 충족되는 宮位에서 발전.   203
   사주원국 구조가 인생을 결정.   204
   사주원국의 형충파해(刑沖破害).   207
   時間의 중복 - 복음   208
   명암으로 인생을 결정다.   209
   時間方向 - 운의 길흉을 결정   210
   日干의 時節   215
   夾字   216
     墓庫이론 218
     三字조합   220
     저승사자 이론   221
대운 분석방법   224
세운 분석방법   230

지금부터는 사주팔자에 제공된 天干과 地支 그리고 60干支를 분석하는 방법에 대해서 살펴보겠습니다. 사주팔자는 태어난 순간의 시공간을 60甲子로 표기했기에 탄생 순간의 "정지된 시공간"입니다. 따라서 사주팔자 원국에는 움직임과 변화가 없기에 반드시 대운과 세운을 활용해서 사주원국이 어떻게 움직이고 변화하는지 관찰해야 합니다. 고서에서는 사주팔자를 분석하기 위해서 먼저 사주원국의 부족함을 해결해주는 用神을 정하고 대운과 세운에서 用神이 오면 좋다고 판단하였습니다. 또 사주원국 宮位의 의미를 年柱, 月柱, 日柱, 時柱로 나누어서 根苗花實로 간단히 분류하였지만 사주원국의 움직임과 변화를 관찰하는 방법은 아니었습니다. 우리가 연월일시에 제공된 宮位의 의미를 이해하고 움직이고 변화하는 이치를 살피면 사주원국에 수많은 정보가 있음에 놀라게 됩니다. 먼저 사주원국, 대운, 세운의 의미를 간략하게 정리하면 아래와 같습니다.

●사주원국 - 절대불변의 숙명입니다.
●대운 - 10년 중에서 핵심사건, 일, 관계를 암시합니다. 월지에서 변화하기에 10년 동안 활용할 육체, 물질, 공간, 환경의 상황을 제시합니다.
●세운 - 1년 중에서 핵심사건, 일, 관계를 암시합니다.

중국 민간팔자에는 이런 표현이 있습니다. "사주원국은 팔자의 등급을 결정하고 대운으로 吉凶을 결정하고 세운에서 應期를 살핀다. 사주팔자의 등급과 중대한 사건은 모두 사주원국에 명확하게 나타난다. 예로, 부귀빈천, 직업, 학업, 성격, 부모의 사망 시기, 조혼, 만혼, 결혼 횟수, 자녀 숫자, 효자인지 심지어 공직, 재산은 어느 정도인지 모두 사주원국에 드러난다. 대운과 세운은 단지 중대한 사건이 발생하는 時間에 해당한다. 따라서 사주원국을 분석해야 사주팔자의 관건을 분석하는 것이다. 먼저 사주원국에서 일생 중 필연적으로 발생하는 중대한 사건을 살핀 후 어느 대운, 어느 세운에 중대한 일이 발생하는지 판단한다. 결국 대운, 세운은 고려하지 않은 상태에서 사주원국에서 많은 사항들을 간단하고 정확하게 읽어내야 고객의 정곡을 찌를 수 있고 세부적인 것을 물을 때 구체적인 세운을 분석하는 것이다. 그리고 대운과 사주원국이 직접적으로 발생하는 작용을 살펴서 사건의 길흉을 판단한다. 세운을 살피려면 세운과 대운 사이에서 발생하는 작용을 분석한 후 다시 사주원국과의 작용을 살펴서 사건의 발생 시기를 결정한다."

사실 이런 표현들은 매우 합리적으로 보이지만 파고들수록 매우 복잡하다는 것을 알아차립니다. 왜 그럴까요? 의문점을 정리해 보겠습니다.

1.사주원국의 부귀빈천은 무엇을 어떻게 분석해야 할까요?
2.대운과 사주원국이 직접 발생하는 작용을 어떻게 분석할까요?
3.세운과 대운 사이에 발생하는 작용을 어떻게 분석할까요?
4.세운, 대운과 사주원국 작용을 어떻게 분석해야 사건의 발생 시기를 알 수 있을까요?

간략하게 살펴도, 바둑의 경우 수만큼 복잡하고 백사장 모래알처럼 다양한 가능성이 존재합니다. 사주원국과 대운, 세운의 관계를 어떻게 정립해야 하는지에 대해 고대에서 현대까지 다양한 이론이 있지만 이것을 규정하지 못하면 사주팔자를 분석할 기준이 없기에 항상 모호한 상태에서 대충 분석할 수밖에 없습니다. 사주원국과 대운, 세운은 운세를 판단하는 흔들리지 않는 기준이지만 간단해 보이는 세 개의 기준은 독립적으로 또 복합적으로 관계를 형성하면서 하늘만큼 땅만큼 다양한 변수를 만들어냅니다. 다행한 점이라면 우리가 연구해야할 방향은 비교적 명확합니다.

1. 사주원국, 대운, 세운의 정체가 무엇인지 규정해야 합니다.
2. 사주원국과 대운의 관계를 규정해야 합니다.
3. 사주원국과 세운의 관계를 규정해야 합니다.
4. 대운과 세운의 관계를 규정해야 합니다.
5. 사주원국, 대운, 세운의 관계를 규정해야 합니다.

사주원국의 정체

사주원국은 태어난 순간의 시공간을 60甲子로 표현한 것으로 일생에 반드시 겪어야할 숙명을 표현합니다. 팔자라고 부르는 8개의 글자는 일생에서 발생할 중대한 사건들을 표현하기에 반드시 분석해낼 기준이 필요합니다. 고대로부터 이어진 분석방법은 사주원국과 대운, 세운을 모두 종합해서 生剋制化를 활용하였지만 적중률이 현저히 낮아서 사라지는 추세입니다. 또 지금도 부귀빈천, 길흉, 중대한 사건들을 분석할 때 用神을 결정하고 대운과 세운에서 用神이 들어오면 길하고 반대의 상황에는 흉하다고 판단하지만 用神은 중대한 사건이나 관계를 분석하는 방법이 아닙니다. 用神의 또 다른 취약점은 상담자의 지극히 주관적인 판단에 불과하며 사건, 일, 관계가 어떤 방식으로 언제 발생하는지 답하지 못합니다. 상담자가 질문하기를, 어느 대운, 세운, 월, 일에 결혼할까요? 라는 질문을 받았는데 用神으로 "운이 좋네요, 나쁘네요." 라는 엉뚱한 대답을 할 수는 없습니다. 불행하게도 用神은 그런 정도의 답변으로 만족해야 하는 방법에 불과합니다. 用神으로는 구체적인 통변거리도 없습니다. 그렇다면 우리에게 발생할 사건이나 일을 지극히 현실적으로 분석하는 방법이 없을까요? 이 질문에 답하지 못하면 사주팔자를 아무리 오래도록 공부해도 무의미합니다. 格局, 日干의 身强弱, 調喉, 通根 등을 활용해서 用神을 정하고 운에서 用神이 오면 좋다고 판단하는 방식으로는 사주원국에서 숙명으로 결정된 사주그릇, 학력, 직업, 결혼, 부귀 등을 분석하지 못합니다. 五行, 十神 生剋도 사주원국, 대운과 세운을 묶어서 살피기에 사주원국의 숙명을 분석할 수 없습니다. 그렇다면 어떤 방법으로 사주팔자 원국의 숙명을 읽어내야 할까요? 시공명리학에서 활용하는 <u>사주원국 분석기법</u>은 아래와 같습니다.

1)사주원국 구조분석 - 밖의 인자들은 가능한 활용하지 않는다.
2)宮位조합 - 책 궁위론 참조
3)時間방향 - 책 시공학 외 참조
4)時間의 선후 - 책 궁위론 참조
5)夾字 - 책 협자론 참조
7)월지 時空 - 책 시공론과 월지 시공 자월 참조
8)日干의 時節 - 책 시공간부호 지장간 참조
8)천간 合沖, - 책 시공간부호 지장간, 시공학 참조
10)地支 刑沖破害合 - 책 삼합과 형충파해 참조
9)60干支 구조 - 책 시공간부호 60간지 상하 참조
10)사주원국 운을 판단하는 기준
11)저승사자 - 책 윤회론 참조
12)三字조합 - 다수의 책에 다양한 설명이 있습니다.

위의 방식은 오롯이 사주원국에 결정된 숙명들을 판단할 때 활용하는 분석기법 들입니다. 물론 동일한 원리를 대운과 세운을 분석할 수 있습니다만 그 방식에 대해서 자세히 학습해야 합니다. 결국 시공명리학은 格局, 生剋, 用神, 日干强弱, 旺衰, 通

根, 調喉를 거의 모두 고려하지 않으며 4차원의 時空間 순환원리를 활용하여 입체적으로 사주원국 구조를 분석합니다. 이해를 돕고자 간단히 살펴보도록 하겠습니다. 자세한 내용은 위에서 언급한 책을 살펴보시기 바랍니다.

사주원국 구조 분석방법

乾命			
時	日	月	年
庚午	己巳	庚戌	丁亥

▌地藏干 透干

장개석 사주팔자입니다. 地藏干을 활용하여 사주구조를 분석해 보겠습니다. 이 사주팔자원국에는 丁火가 다양한 宮位에 펼쳐져 있습니다. 年干, 月支 戌土의 地藏干 丁火, 時支 午火의 地藏干 丁火가 있습니다. 따라서 대운과 세운에서 戌土의 地藏干 丁火가 透干할 수도, 午火의 地藏干 丁火가 透干할 수도 있기에 그 차이를 분석하는 요령이 필요합니다. 위에서 十二支에 담긴 地藏干 특징을 미리 살펴본 이유이기도 합니다. 예로, 세운에서 丁火가 오면 우리는 세 개의 가능성을 읽어야 합니다. 첫째, 年干의 丁火가 온 것인지, 戌土의 地藏干 丁火 혹은 午火의 地藏干 丁火가 온 것인지를 구분해야 상응하는 사건을 분석할 수 있습니다. 丁火를 구분하는 가장 합리적인 방법은 宮位를 활용하는 것입니다. 예로, 년간 丁火는 초년에, 戌土의 丁火는 20대에, 午火의 丁火는 50대에 발생할 사건을 암시합니다. 다만, 대운과 세운의 조합에 따라 달라지기에 반드시 그렇다는 것은 아닙니다.

▎宮位

年干, 月支, 時支에 丁火가 있다는 표현은 宮位를 지칭하는데 반드시 해당 宮位를 표현하는 이유는 무엇일까요? 宮位는 사주 원국을 분석하는 핵심기법이기 때문입니다. 年干 丁火, 戌土의 地藏干 丁火, 午火의 地藏干 丁火라고 구분하는 이유는 아무리 글자가 동일해도 丁火의 특징과 가치가 상이하기 때문입니다. 즉, 丁火의 가치가 시공간에 따라서 그 가치가 달라짐을 표현한 것입니다. 宮位는 육친의 동태를 파악하는데도 유용하게 활용됩니다. 年干의 丁火는 조부, 月支의 丁火는 모친, 時支의 丁火는 자식의 동태를 파악하는 과정에 중요한 정보를 제공합니다. 宮位는 홀로 또 다양한 조합으로 관계를 형성하여 길흉을 파생시킵니다. 예로, 두 宮位에 동일한 글자가 있으면 서로 밀어내기에 함께 하기 어렵습니다. 월과 일에서 甲甲으로 동일하면 부친과의 인연이 길지 못하는 경우가 많습니다. 그 외에도 宮位가 제공하는 정보는 매우 다양한데 자세한 내용은 책 宮位論을 참조하시기 바랍니다.

▎干支

年干 丁火 그리고 戌土, 午火의 地藏干 丁火는 명확하게 다릅니다. 年干 丁火는 天干, 戌土와 午火의 丁火는 地支에 담긴 地藏干이기에 天干과 地支를 명확하게 구분해야 합니다. 또 地支에 담긴 地藏干과 天干의 차이도 반드시 살펴야 합니다. 年干 丁火는 국가 宮位에 있기에 국가, 사회에서 활용하며 戌土의 丁火는 사회, 직업 宮位에서 활용하고 또 午火의 丁火는 자식 宮位와 사적 활동에 활용합니다. 또 天干은 자발적이기에 관계와 물형을 자유롭게 결정하지만 午火, 戌土의 丁火는 확률과 가능

성으로만 존재하며 운에서 地藏干이 透干하는 방식으로 관계와 사건을 결정할 수 있습니다.

▌時間의 선후

宮位는 時間의 선후를 명확하게 구분합니다. 年干은 먼저, 戌土는 나중, 午火는 가장 나중에 관련된 사건을 결정하는 宮位입니다. 또 연령을 구분하면 대략 어느 시점에 사건이 발생할지 추론할 수 있습니다. 年干은 태어나서 약 7세까지, 戌土는 24세에서 30세까지, 午火는 54세 이후를 상징하기에 그 시기에 丁火가 사건에 개입되어서 물형을 결정합니다. 이때 반드시 길흉을 판단할 기준이 필요합니다.

坤命				陰平 1959년 9월 13일 12:00							
時	日	月	年	88	78	68	58	48	38	28	18	8
甲子	己巳	甲戌	己亥	癸未	壬午	辛巳	庚辰	己卯	戊寅	丁丑	丙子	乙亥

22세 庚申년에 남편을 만나 辛酉년에 결혼하고 辛未년에 아들을 낳았습니다. 하지만 42세 庚辰년에 무능했던 남편과 강제 이혼하고 49세 丁亥년에 새 남편을 만나서 戊子년에 재혼했습니다. 시간의 선후개념을 활용해서 살펴보겠습니다. 사주원국에서 일간 己土가 양쪽에서 甲木과 合하기에 재혼 가능성이 높습니다. 월간 甲木은 첫 남편으로 16-23세 사이에 결혼할 가능성이 높은데 그 시기의 대운은 丙子로 배우자를 상징하는 日支 巳火의 地藏干 丙火가 透干하였기에 결혼하였습니다. 또 재혼 시기는 時干 甲木 46-53세 사이로 해당 대운은 己卯이기에 사주원국 구조대로 甲己 合으로 재혼하였습니다.

┃**사주원국 구조분석 방법**

사주원국 구조분석은 가장 높은 경지의 통변기법입니다. 표현그대로 사주원국에 결정된 구조만을 분석하며 대운, 세운은 물론이고 다른 요소들 예로 格局, 旺衰, 通根, 調喉, 用神, 공망, 잡다한 神煞을 활용하지 않습니다. 사주원국 구조로 얽히고설킨 숙명의 실타래를 다양하게 읽어내야 합니다. 아무리 뛰어난 명리이론도 대운, 세운을 배제하고 사주원국 구조만을 분석해낼 수 없다면 무용지물입니다. 즉, 우리가 학습하는 모든 명리이론들은 사주원국 구조분석에 필요하며 명리이론 자체가 필요한 것이 아닙니다. 예로, 刑沖破害도 사주원국 구조를 분석하고자 필요하며 刑沖破害이론 자체가 필요한 것이 아니라는 것입니다.

乾命			
時	日	月	年
庚	甲	戊	戊
午	申	午	寅

불행히도 차에서 애인과 관계하다 복상사 했습니다. 사주원국 구조의 특징은 水氣가 전혀 없기에 午火 열기에 자극받은 庚申이 날카로워서 일간 甲木을 沖할 수 있습니다. 특히 時柱 庚午는 午火에 자극받은 庚金이 甲木을 沖하기에 육체가 상하거나, 소송에 시달리거나 재산을 탕진합니다. 일지 申金은 地支에 있기에 확률과 가능성으로 존재하다가 대운, 세운에서 地藏干이 透干하면 상응하는 사건을 만들어냅니다. 그 외에도 甲木은 마른 戊土의 땅을 거칠게 다루기에 육체, 재물이 상하기 쉽습니다. 宮位의 연령을 감안하면 날카로운 庚金이 甲木을 沖하는 시기는 時干에 이르는 46-53세 즈음입니다. 여기까지 분석한 후

어느 해에 사건이 발생할 것인가는 대운과 세운을 살펴야 합니다. 결국 사주원국은 사주팔자의 숙명을 결정했고 상응하는 물상과 길흉은 대운과 세운에서 결정합니다.

乾命				陰平 1938년 5월 24일 12:00								
時	日	月	年	86	76	66	56	46	36	26	16	6
庚午	甲申	戊午	戊寅	丁卯	丙寅	乙丑	甲子	癸亥	壬戌	辛酉	庚申	己未

이제 대운과 세운을 살펴보겠습니다. 癸亥대운 53세 庚午년에 문제가 발생하였습니다. 사주원국에서 午火에 자극받아서 날카로워도 水氣가 전혀 없기에 탄성이 없던 庚金은 癸亥를 만나는 순간 총알처럼 튀어나갑니다. 그리고 사주원국에 결정된 숙명대로 庚午년에 복상사 했습니다. 물론, 복상사 물상을 읽어내는 것은 어렵습니다. 예로 교통사고, 갑작스러운 사고로 사망을 읽을 수 있지만 정확한 물상을 읽는 것은 고난이도의 경지입니다.

요지는 과거에는 사주원국으로는 운세를 판단할 수 없다고 인식하였기에 먼저 사주원국에서 格局, 旺衰, 通根, 强弱, 調喉와 같은 방식을 활용해서 用神을 뽑고 대운, 세운에서 用神이 오면 좋고, 凶神이 오면 나쁘다고 판단했기에 사건, 관계, 길흉은 대운, 세운에서 결정한다고 믿었습니다. 하지만 지금까지의 설명은 대운, 세운을 고려하지 않은 상태에서 어떤 방식으로 사주원국의 길흉과 사건을 분석하는가를 살핀 것입니다. 그 차이를 정리하면 이렇습니다. 사주원국에 결정된 숙명은 甲庚 沖하지만 그것만으로는 반드시 사망한다고 단정할 수 없습니다. 따라서 그 외의 구조를 감안해서 경중을 가감하는데 이 사주원국에는

水氣가 전혀 없고 강력한 午火들이 庚申을 자극하기에 甲木을 沖하는 정도가 매우 강하므로 심각한 문제가 발생한다고 읽어야 합니다. 하지만 사주원국에서 甲庚 沖의 문제를 발생시킬 것임을 표현하고 있지만 대운과 세운에서 반응하는 방식은 상이한 경우가 대부분입니다. 이 사주는 甲庚 沖과 전혀 관계없는 癸亥 대운에 문제가 발생하였습니다. 물론 사주원국 時柱와 동일한 庚午년에 문제가 발생했기에 표면적으로는 정확한 시기에 사건이 발생한 것으로 보이지만 사주원국과 전혀 다른 방식으로 반응하는 사주팔자들이 대부분입니다. 이것이 바로 <u>사주원국 구조를 분석한 후 대운과 세운을 살펴야 하는 이유</u>입니다. 사주원국에서 숙명으로 결정된 부분을 찾아내야 상응하는 운을 분석해서 사건을 추론할 수 있습니다. 만약 사주원국 구조를 무시하고 대운과 세운의 干支를 활용해서 生剋, 刑沖破害만으로 사건의 실마리를 찾는 행위는 사주원국 구조대로 반응한다는 원리를 전혀 활용하지 못하는 겁니다. 사주 사례를 보겠습니다.

乾命				陰平 1949년 4월 9일 02:00								
時	日	月	年	90	80	70	60	50	40	30	20	10
己	丙	戊	己	己	庚	辛	壬	癸	甲	乙	丙	丁
丑	申	辰	丑	未	申	酉	戌	亥	子	丑	寅	卯

전과 4범의 사기꾼으로 건축업에 종사하며 3번 결혼하고도 여자들과 누나, 동생하면서 염문을 뿌리고 다닙니다. 子대운 壬申년에 여자와 동업으로 토지를 사서 사업한다고 일을 벌이더니 여자가 사기죄로 고소하여 구속되었다. 주인 없는 땅의 문서를 위조하여 싸게 구입한 후 비싸게 팔아서 공짜로 공동명의로 해두고 다른 토지 사기사건으로 재차 고소당하여 가중처벌을 받게

되었습니다. 이제 사주원국과 운의 차이를 보겠습니다.

1)사주원국 : 사기치고 전과자이며 여자를 밝히는 상황은 사주원국에서 읽어내야 합니다.
2)사건결정 : 子대운 壬申년에 사기죄로 구속되었습니다.

사주원국의 숙명을 읽어내지 못한 상태에서는 대운과 세운을 참조해도 사기죄로 구속된다는 물상을 읽기 어렵습니다. 즉, 사주원국과 사건 결정은 별개의 상황임을 인식해야 합니다. 사주원국 구조를 읽어낼 방법이 없다면 子대운 壬申년에 사기죄로 수감된다는 추론은 불가능합니다. 사주원국에 丑辰조합이 두 개나 있기에 한탕으로 큰돈을 쉽고 빠르게 벌어야겠다는 강력한 욕망이 숨어있습니다. 또 일지 申金은 月支 辰土의 地藏干 乙木과 暗合으로 乙庚 합한 후 丙火로 확장하려는 욕망이 매우 강합니다. 하지만 申金은 반드시 정해진 시간방향대로 年支 丑土와 時支 丑土를 향하기에 그 돈을 지키지 못하고 년주와 시주 宮位로부터 영향을 받아야 합니다.

바로 비밀스럽게 이루어지는 乙庚 合의 행위로 국가 宮位에서 문제를 일으킵니다. 특히 丑土 위에 己土가 있기에 불법, 비리를 함부로 저지를 성정이 분명합니다. 이 분석은 대운, 세운을 전혀 감안하지 않은 상태에서 사주원국 구조만 살핀 것입니다. 이런 태도를 가진 사주 당사자가 子대운 壬申년을 만났을 때 어떤 사건을 발생할 것인가를 추론해야 합니다. 따라서 1의 분석이 없는 상태에서 2를 분석하는 것은 무의미하다는 점을 강조하는 겁니다.

乾命			
時	日	月	年
庚午	甲申	戊午	戊寅

원래 사주팔자로 돌아와서, 사주원국의 沖剋 사례를 비교해보겠습니다. 일간을 沖하거나 剋하는 十神을 偏官이라 부르고 상응하는 물상은 <u>육체손상, 스트레스, 관재구설, 직업변동, 외도들통</u>입니다. 따라서 甲日이 사주원국에서 庚金을 만나면 甲木의 존재가치를 부정하면서 잘못을 지적하고 고치려 들기에 甲木이 느끼는 감정은 세상에 옳지 않은 것들이 가득하다는 생각에 사로잡히고 반드시 고치려고 합니다. 대부분 오해하는 부분은, 庚金이 甲木을 沖하기에 甲木이 庚金에게 반항도 못하고 순응하는 것으로 생각하는데 오히려 정반대입니다. 庚金이 甲木을 沖하면 위협을 느낀 甲木은 스스로를 방어하기에 상대를 지적하고 고치려는 성향이 강해지고 사주구조가 나쁘면 조폭, 깡패처럼 거칠어집니다. 이처럼 庚金 偏官이 甲木을 沖할 때 소송이나 교도소에 수감되는 이유는 偏官의 공격에 반발하기 때문입니다.

乾命 1954년			
時	日	月	年
불명	甲辰	庚午	甲午

이 사주원국도 火氣에 자극받은 庚金이 매우 날카롭지만 水氣가 없기에 庚金의 반발력은 강하지 않습니다. 하지만 庚金의 沖으로 자극 받은 甲木은 지적하고 고치려는 성향이 매우 강합니

다. 사주원국 宮位에서 그런 성향이 뚜렷하게 발현되는 시기는 月干으로 16세에서 23세 사이입니다. 이것이 사주원국에 결정된 숙명입니다. 그 시기에 만나는 대운은 17세부터 시작되는 壬申으로 庚金이 壬水를 만나자 조용하던 庚金에게 탄성이 생기고 총알처럼 튀어나가 甲木을 沖해버립니다. 庚金의 강력한 沖을 만난 甲木은 자신을 방어하려는 태도를 보이면서 잘못된 점을 고치려고 달려듭니다. 실제 상황은, 임신한 애인이 갱단에게 살해되자 세상을 고치고야 말겠다는 강력한 殺氣가 동하고 갱단을 찾아가 두목을 포함하여 17명을 사살해버렸습니다. 후에도 주로 강간범을 위주로 70명이 넘는 살인을 저질렀다고 합니다. 다만, 사주원국에 결정된 沖의 宮位에서 반드시 사건이 발생하는 것은 아닙니다.

乾命			
時	日	月	年
丁	辛	庚	壬
酉	卯	戌	寅

사주원국 구조는 庚辛으로 적극적으로 육체를 활용하고 년과 월에서 庚壬으로 방탕 욕망이 강하며 년과 시에서 丁壬 슴하기에 夾字로 끼어있는 일간 辛金은 丁火의 통제에서 벗어날 수 없습니다. 특히 丁火가 일간 辛金을 자극하면 壬水를 향하여 총알처럼 튀어나가기에 방탕, 일탈의 욕망이 강합니다. 배우자를 상징하는 日支에서 卯酉 沖하고 卯木이 戌土를 향하는데 그 위에 庚金이 있기에 운에 따라서 배우자는 일지를 벗어나 庚戌로 이동할 것임을 암시합니다. 또 寅卯로 혼잡하여 여자관계가 복잡합니다. 時干에서 沖剋이 이루어지기에 외도들통이 46세에서

53세 사이에 발생하지만 실제로는 甲寅대운 초입 36세 1997년 丁丑년에 외도하다가 들통 나서 이혼하였습니다. 두 요인이 복합적으로 반응한 것으로, 일지 卯木이 卯戌 슴과 卯酉 沖으로 견디지 못하고 떠나야하는 시기에 가까워졌고 丁丑년에 時干 丁火 偏官이 들어오자 46세보다 훨씬 이른 나이에 외도들통으로 이혼하였습니다. 이처럼 사주원국에 결정된 宮位에서 반드시 사건이 발생하는 것이 아님을 알려주는 사례입니다. 유사한 사례를 보겠습니다.

▌月支 時空이 중요한 이유

坤命			
時	日	月	年
庚午	甲申	甲申	庚戌

乾命 복상사			
時	日	月	年
庚午	甲申	戊午	戊寅

여명은 좋은 남편만나서 辛巳대운 28세부터 십년동안 시멘트도료 기술을 동남아에 수출하여 많은 돈을 벌어 부유합니다. 복상사한 남자와 日柱와 時柱가 동일합니다. 따라서 庚金이 매우 날카롭고 申金이 더 많아서 甲木이 더욱 심각한 상황처럼 보이지만 좋은 남편만나서 크게 발전하고 부유하기에 五行, 十神, 生剋논리에 맞지 않습니다. 甲木이 壬水를 만나지 못했음에도 크게 발전하고 관살혼잡임에도 좋은 남편 만나 부자가 되었으며 日支를 기준으로 동일 五行이 많기에 남편이 외도하거나 자신이 외도할 수 있지만 그렇지도 않습니다.(아직 말년에 이르지 않은 시기임을 감안해야 합니다.) 午火 傷官으로 制殺하는 것도 偏官에 둘러싸여서 비효율적입니다. 따라서 여성의 사주구조는 五行

의 숫자, 十神의 生剋, 强弱으로는 설명할 방법이 없습니다. 핵심은 바로 月支의 요구조건이 상이합니다. 여인은 申月에 태어났기에 수확해야 하므로 丙火가 필요하지만 남자는 午月에 열매를 키우고 확장해야 하므로 壬水가 필요합니다. 이런 이치를 감안하지 않은 채 五行, 十神의 개수로 강약, 왕쇠, 통근만 살피면 甲木이 일방적으로 沖당함에도 크게 발전하고 부자인 이유를 이해하지 못하고 從格이라는 돌연변이 이론을 양산합니다. 겉으로는 별 차이가 없어 보이지만 여인은 月支 時空이 강력한 火氣를 두려워하지 않지만 남자는 壬水가 없기에 불편합니다. 또 여인의 사주팔자에 있는 수많은 金氣들은 반드시 甲木이 있어야 계속 수확할 수 있기에 많은 사람들이 여인을 간절히 필요로 합니다.

이 의미를 이해하는데 애를 먹는 이유는 生剋으로 사주팔자를 분석하기 때문입니다. 申月에 수확하는데 木氣가 없으면 수확량이 많지 않습니다. 마침 일간이 甲木이기에 庚申이 서로 달려들어 甲木을 불러와야 수확량이 늘어나기에 너도 나도 甲木을 필요로 합니다. 이것이 바로 좋은 남편 만나서 부자가 되는 이유입니다. 관살혼잡으로 시달리는 것처럼 보이지만 남편의 지극한 사랑을 받는 이유입니다. 유사한 예로, 辛金일간 주위에 수많은 丙丁巳午가 있으면 관살혼잡으로 고통 받는다고 판단하지만 실제로는 남편의 지극한 사랑을 받는 것과 동일한 이치입니다. 여인은 申月에 午戌로 火氣가 강렬하기에 쉽고 빠르게 수확하여 부자가 되었습니다.

▎사주원국의 순차적인 시간흐름

시간흐름			
時	日	月	年
庚辛	戊己	丙丁	甲乙

사주원국은 멈춰진 시공간이라고 설명하였지만 우리가 호흡하는 순간부터 사주원국의 시공간도 끊임없이 움직이고 변화하면서 년에서 월로, 월에서 일로, 일에서 시로 순차적으로 흘러갑니다. 인간의 일생은 年干 甲에서 탄생하여 살아가다가 時支 辛金에 이르러 사망하는 흐름이 순차적으로 이루어집니다. 사주팔자에는 모두 8개 宮位가 있고 각 宮位는 각각의 독특한 여정을 표현합니다. (자세한 내용은 책 時空間부호 甲乙丙丁을 참조하시기 바랍니다.) 十宮圖 2를 기준으로 年支 乙木은 8세에서 15세의 연령을 표현하는 宮位로 좌우확산, 성장, 시기, 질투, 경쟁하는 性情이며 아이들이 쉬지 않고 뛰어놀 듯 적극적으로 육체를 활용하는 시공간입니다.

인생의 마지막 宮位는 時支 辛金으로 말년에 사망하는 시공간이며 인생여정을 담은 씨종자와 같고 윤회로 이어지는 인자입니다. 이런 고유한 특징들은 干支 조합에도 고스란히 담기는데 예로 乙卯는 乙木의 고유한 특징이 뚜렷하게 담겨있지만 乙酉干支는 乙木의 고유한 특징과 사망을 상징하는 酉金의 특징이 섞여서 시공간 특징을 적절하게 발휘하지 못합니다. 乙木이 좌우로 펼치려고 하면 酉金은 죽은 듯 움직이지 말라고 합니다. 이런 방식으로 干支가 결합하면 천간과 지지가 조화를 이루기 어렵습니다. 사주원국의 時空間이 년에서 시까지 직선으로 흘러야 한다는 개념은 인생 여정에서 매우 중요한 인자입니다. 사주구조에 따라서 각 宮位를 지날 때마다 時間의 順行과 逆行이 발생하면서 지대한 영향력을 행사하기 때문입니다. 연월일시의 時間이 순차적으로 흐르면 순탄한 인생을 살아갈 가능성이 높아집니다.

乾命			
時	日	月	年
乙酉	乙丑	丁卯	甲寅

2009년 36세 己丑년에 암으로 사망하였습니다. 甲寅에서 丁卯까지의 시간흐름은 순차적이지만 일주 乙丑에 이르면 甲乙丙丁戊己로 흘러야할 시간이 역류합니다. 시주 乙酉도 乙乙로 발전이 없고 丑酉로 時空間이 역류하기에 갑자기 日과 時의 흐름이 답답해지고 인생도 막히기 시작합니다. 일지 丑土의 시기에 이르자 乙卯 生氣가 丑土에 응결되고 酉金에 沖당하자 피의 흐름이 막혀 암으로 사망했는데 근본원인은 사주원국 시간흐름이 역류하기 때문입니다.

坤命			
時	日	月	年
庚子	丁酉	己未	戊子

地支는 年支부터 時支까지 子未酉子로 年柱를 제외하고 시간

흐름이 좋습니다. 甲寅대운에 부동산으로 엄청난 부를 축적하고 500억 이상 재산가입니다. 대운에서 丁火가 가장 좋아하는 甲木을 만났기에 크게 발전했지만 더욱 본질적인 이유는 일간 丁火가 일지 酉金에 火氣를 자극하면 양쪽에 있는 子水에서 팝콘처럼 폭발하기에 하늘에서 돈벼락을 맞습니다. 소위 丁辛壬 三字조합으로 총명하고 벼락부자 사주구조가 분명합니다.

▎월지 時空이 충족되는 宮位에서 발전

월지에서 제공된 시공간 환경은 사주원국 구조를 분석하는 중요한 기준을 제공합니다. 일간이 육체를 얻어서 탄생할 수 있는 宮位는 유일하게 月支뿐입니다. 이런 이유로 월주에서 파생되는 大運은 육체, 물질, 공간, 환경, 심리 변화를 유발시키는 근거입니다. 자세한 내용은 책 時空論과 月支 時空 子月을 참조하시기 바랍니다.

坤命			
時	日	月	年
辛卯	辛亥	丙寅	甲戌

남편이 46세 戊午년에 차관으로 승진하였습니다. 丙寅월에 태어나 성장하려면 반드시 水氣가 있어야 안정적으로 뿌리내리고 壬甲丙 三字조합으로 교육, 공직에서 발전할 수 있습니다. 사주원국에서 甲寅이 뿌리내릴 수 있도록 해주는 글자는 유일하게 日支 亥水뿐이기에 남편의 역할이 중요합니다. 宮位의 연령을 살피면 38-45세 즈음에 일지 亥水를 활용해서 자신이 발전하거나 남편이 발전합니다. 이 분석방법은 인생을 살아가는 과정에 사

주원국 어느 宮位에서 발전할 수 있는지, 운이 막히는지를 살피는 것입니다. 물론 정확하게 어느 대운, 어느 세운에 승진하는가는 대운과 세운을 종합해서 판단하는데 지금은 사주원국 구조를 분석하는 요령을 학습하는 과정입니다.

乾命			
時	日	月	年
戊午	戊申	乙卯	戊寅

27세 이후 사업을 시작하여 1986년 당시 수천억 재산을 가졌습니다. 월지 卯木은 水氣가 있어야 성장하는데 년과 월에 전혀 없으니 학문과의 인연은 깊지 않습니다. 乙癸戊 三字조합은 봄에 사용하는 에너지로 밖을 향해 튀어나가기에 일찍 사회활동을 시작합니다. 년과 월에서 乙戊로 조합하기에 해외나 국가정책, 국가사업등과 인연이 깊습니다. 수천억 재산을 축적했던 이유를 살펴보겠습니다. 월주 乙卯는 다양한 인맥을 형성하고 사업에 활용할 수 있습니다. 년에서 寅卯申으로 시간이 순차적으로 흐르기에 申金의 宮位에 이르면 성장한 나무들을 빠르게 수확합니다. 일련의 행위가 순차적이고 모든 결과물이 일지 申金에 모여들기에 日干이 모든 재물을 취합니다. 사주원국에서 수확을 돕는 인자는 時支 午火로 申金에 열기를 자극해서 많은 木氣들을 빠르고 쉽게 벌목하게 만듭니다. 바로 乙丙庚 三字조합으로 하늘에서 돈벼락을 맞는 이유입니다. 이처럼 사주원국 8개 宮位에는 다양한 인생의 정보를 담았으며 이 사주사례처럼 日支에 이르러 하늘에서 돈벼락을 맞을 수 있습니다.

▎사주원국 구조가 인생을 결정

모든 사주구조는 독특한 꼴을 가졌으며 DNA처럼 고유한 문양으로 운명을 결정합니다. 사주원국을 분석하는 것이 대운, 세운을 분석하는 것보다 훨씬 중요한 이유는 바로 <u>숙명이기 때문입</u>니다. 먼저 사주원국에서 어느 宮位에서 어떤 일이 발생할 것인가를 추론한 후 그 시기의 대운과 세운에서 사주원국이 제공한 숙명이 어떻게 발현될 것인가를 읽어내야 합니다.

乾命			
時	日	月	年
庚	己	癸	辛
午	亥	巳	丑

약사로 약국을 운영하며 성실하게 살아 왔으나 2010년 庚寅년에 재미삼아 소액으로 주식투자하다 2011년 辛卯년에 주식과 선물 환에 거액을 투자하여 엄청난 손실을 입고서 고통 받았습니다. 2011년 辛卯년은 대략 50세 즈음으로 사주원국 庚金의 宮位에 이르렀습니다. 時干 宮位 연령은 46-53세 사이로 庚金을 만난 己土일간은 물질에 흥미가 강해집니다. 특히 庚午干支로 午火로 庚金 열매를 확장하려는 욕망이 동합니다. 十神을 활용해서 일간 己土의 심리상태를 살펴보겠습니다. 庚金 傷官은 사회규범, 조직, 단체, 상사의 지도, 통제를 싫어하고 자신의 의지대로 행동하려는 특징이 강합니다. 이에 상응하는 물상은 일탈, 방종, 불법, 부정행위 입니다. 국가, 사회의 법규, 규범을 깨트리고 자신만의 독특한 기준으로 세상을 재단하려는 의지가 강합니다. "傷官見官"이라 표현하는 것으로 정해진 원칙과 대립하면서 문제를 일으키고 심하면 불법, 비리, 일탈행위로 교도소에

수감되거나 육체가 상합니다. 傷官의 좋은 점이라면 正官으로 고착되고 상명하달의 낡은 문제를 혁신하여 새로운 체계를 정립하는 출발점이요 새로운 세상을 창조하는 원동력이지만 기존체계, 세력, 기득권과의 대립은 피하기 힘듭니다. 이 구조는 년지 丑土가 巳丑 슴하고 천간 辛庚으로 巳酉丑 三合의 속성이 강하기에 물질욕망이 강하지만 水氣로 巳火의 속성을 무겁게 만들기에 욕망을 쉽게 드러내지는 않습니다. 十神으로 癸水와 亥水가 財星이기에 재물로 간주하여 욕심이 많다고 생각하지만 十干의 특징을 먼저 살펴야 합니다. 水氣는 무겁기에 동하기 어렵고 火氣는 가볍기에 빠르게 움직입니다. 따라서 월지 巳火는 빛처럼 빠르지만 辛丑과 癸亥로 무거워졌습니다. 또 내부에서 안정을 원하는 己土는 생각을 드러내지 않기에 물질욕망도 잘 드러내지 않습니다. 그렇다면 왜 하필 50대 즈음에 선물에 투자하여 재물을 탕진했을까요? 첫째, 庚金이 물질을 상징하고 午火로 부피를 확장하려는 욕망이 강해졌으며 둘째, 일탈을 상징하는 庚金이 46-53세 사이에 기존의 틀을 깨려고 일탈을 감행하기 때문입니다. 물론 庚金이 있다고 무조건 일탈을 꿈꾸는 것은 아닙니다. 만약 庚子 時였다면 水氣에 더욱 무거워진 庚金은 보수적인 성향을 보였을 겁니다. 하지만 午火에 자극받은 庚金은 가벼워지면서 빠르게 동하고 일탈을 행동으로 옮겨서 문제가 발생하였습니다.

乾命			
時	日	月	年
庚戌	壬子	庚子	丙申

고시를 패스하고 검찰총장을 역임했습니다. 년과 월에서 丙申, 庚子로 丙庚壬 三字조합을 이루니 검경, 교육 계통에 적합합니다. 金水의 기세가 강하여 어둡고 습하기 쉬운데 丙火가 어둠을 밝힙니다. 庚金은 반드시 丙火 지도자가 필요한데 년과 월에 결정된 丙庚壬, 丙庚子의 독특한 꼴이 운명을 결정했습니다. 대운, 세운에서 검찰총장의 운명을 결정한 것이 아니고 사주원국에 결정된 丙庚子 三字조합의 독특한 꼴이 결정한 것이며 대운과 세운에서는 사주원국의 꼴을 유지할 것인지 변화를 줄 것인지를 결정하는 겁니다.

▍사주원국의 형충파해(刑沖破害).

아인슈타인은 시공간이 휘어진다고 표현했는데 사주명리에서는 刑沖破害라 부르며 원래의 시공간이 비틀리고 왜곡되면서 물형에 변화가 발생합니다. 기 출판한 "三刑論"에 자연의 순환원리에 입각하여 刑沖破害의 근본이치를 설명하였습니다. 사실 사주팔자마다 刑沖破害와 合췌의 구조가 다르기에 보편적이고 공통의 이론을 발견하기는 어렵습니다. 결국 사주구조에 따라 刑沖破害의 물상이 상이하기에 사주원국 구조를 분석하는 안목을 길러야만 합니다. 더 구체적인 내용은 <u>책 三合과 刑沖破害</u>를 참조하시기 바랍니다.

乾命			
時	日	月	年
乙	辛	戊	丁
未	酉	申	巳

학창시절 명문대에 입학하였지만 각종 종교, 명상수련 등에 심

취하여 방황합니다. 군대 제대 후 학업을 중단하고 미국교회에서 활동하다 회의를 느껴 신앙을 버리고 재입학하여 열심히 다니더니 다시 명상수련에 매료되어 인도로 갔습니다. 총명하고 능력 있고 대인관계도 원만한데 방황하는 이유를 모르겠습니다. 1998년 戊寅년 해병대에서 구타와 가혹행위에 시달렸고 부상을 입어 3차례 병원에 입원했습니다.

년주가 丁巳요 巳申, 巳酉로 열매를 익히기에 좋지만 문제는 辛酉의 날카로움을 해소해줄 水氣가 없으니 정신적으로 방황하고 불안정합니다. 더 큰 문제는 水氣가 없는 상태에서 辛酉가 時干에 있는 乙木 生氣를 자르려고 달려듭니다. 사람을 해하거나, 자학하거나, 이 사주사례처럼 군대에서 구타당하고 육체가 상합니다. 丁巳로 金氣를 자극하면 뜨거워져 한곳에 정착하지 못하고 돌아다닙니다. 戊寅년에 온갖 구타와 가혹행위에 시달린 이유는 날카로워진 金氣들이 寅木을 보자 난동을 부리면서 生氣를 공격했고 天干에서 辛戊乙 三字로 乙木이 심하게 상했기 때문입니다.

▋時間의 중복 - 복음

기 출판한 宮位論에서 복음에 대해 자세히 살폈습니다. 天干은 甲에서 癸까지 순차적으로 흐르고 地支는 子水에서 亥까지 순차적으로 순환합니다. 사주팔자의 시공간이 순차적으로 흐르면 인생도 순탄하지만 뒤섞이거나 비틀리면 불안정해집니다. 인생이 불안정해지는 원인들 중에서 복음이 차지하는 비중은 가볍지 않습니다. 예로 子水 다음은 丑土, 다음은 寅木이기에 子丑寅으로 흐르면 순차적 흐름이지만 공간 간격이 조밀합니다. 子寅午로 조합하면 시간흐름도 바르고 공간 폭이 넓기에 활동 범위도 넓습니다. 만약 子酉寅申이면 폭은 넓지만 조화를 이루기 어렵습니다. 적절한 시공간 흐름은 예로 子寅午申으로 간격이 적절하기에 상호 시너지효과를 발휘하고 四季를 두루 지나면서 다양한 경험을 할 수 있습니다. 동일한 글자가 중첩되면 "복음"이라 부르는데 년과 월에 丑丑이면 丑月의 시공간이 30년을 지배하기에 변화가 없기에 발전도 어렵습니다.

乾命			
時	日	月	年
癸酉	己酉	己酉	壬子

3세 壬子년에 부친이 바람나서 4세 癸丑년에 집을 나갔고 본인도 성장한 후 부친처럼 酒色을 탐합니다. 사주에 빛이 전혀 없고 어둡습니다. 己酉, 己酉 복음으로 나와 부친 己土는 함께 하기 어렵기에 부친이 아들을 떠났습니다. 일지 酉金이 세 개로 여러 번 결혼하거나 외도합니다. 또 丁火도 없이 酉子 破하기에 행위가 바르지도 않습니다. 丁辛壬 三字로 적절한 온도와 水氣가 배합되어야 酉金 씨종자가 정상적으로 윤회하는데 丁火가 없기에 행동이 바르지 않습니다.

▎명암으로 인생을 결정

탄생한 순간의 시공간 부호는 나만의 독특한 운명을 결정합니다. 대운과 세운을 배제한 상태에서 사주팔자 원국의 독특한 꼴을 분석하는 방법을 살피는 중인데 또 다른 기준은 사주구조의 명암입니다. 어떤 사주는 너무 밝고 火氣가 강하여 혹성처럼 생명체가 살기 어렵지만 또 너무 어둡고 습하여 어둠 속에서 살아가는 구조도 있습니다. 사주팔자에 어둠을 밝히는 丙火가 있으면 밝은 세상으로 인도하는 것과 같으니 교육, 공직, 혹은 경찰, 검찰, 수색대, 마약단속반 등의 직업물상이지만 丙火가 사라지면 어두워지고 익사, 부도, 추락, 사망의 물상으로 발현됩니다. 공간으로 살피면, 巳午未에서는 밝고 환하기에 솔직하고, 급하고, 서두르고, 뒤끝이 없으나 亥子丑에서는 어둡고 불명확하고 음습하여 바르지 못한 행위를 하고 세를 이루어 움직입니다. 위의 사주는 정확하게 후자의 인생을 살아가는데 그 이유는 사주 팔자가 너무 어둡기 때문입니다.

▎時間方向 - 운의 길흉을 결정

하나의 章을 할애하여 時間方向에 대해 자세히 살펴볼 예정입니다만 간략하게 사주원국의 시간방향 개념을 살펴보겠습니다. 사주구조를 분석하는 과정에 중요한 정보를 제공할 뿐만 아니라 대운, 세운에서 사건을 결정하는 핵심 작용이 바로 시간방향과 宮位입니다.

坤命				陰平 1975년 4월 26일 22:00								
時	日	月	年	80	70	60	50	40	30	20	10	0
辛	壬	辛	乙	庚	己	戊	丁	丙	乙	甲	癸	壬
亥	午	巳	卯	寅	丑	子	亥	戌	酉	申	未	午

월간 부친 辛金은 자신의 사회 宮位에 해당하는 年柱에 乙卯를 만났기에 재물욕망이 강하고 乙卯는 시간방향대로 일지 巳火를 향하기에 재물을 추구하는 부친의 의지가 巳火 宮位에 이르러 꽃 피웁니다. 따라서 이 딸이 태어나자 辛金 부친의 사업은 순조롭게 발전합니다. 辛金과 일간 壬水와의 관계를 살피면, 辛金이 乙卯와 巳火를 만났기에 時節이 적절하지 않지만 巳火, 午

火에 자극받은 辛金은 壬水를 향하여 총알처럼 튀어나갑니다. 따라서 壬水 딸이 태어나면 부친은 丁辛壬 三字를 활용하여 빠르게 발전합니다. 딸의 입장에서는 부친 辛金이 총알처럼 壬水를 향하기에 부친의 지극한 사랑을 받습니다. 이처럼 사주구조에 결정된 時間方向을 읽어내면 부친과 자식의 관계는 물론이고 다양한 육친관계를 쉽고 빠르게 이해합니다. 壬일은 엄청난 정보를 품은 씨종자 辛金이 빠르게 자신을 향하기에 총명하고 학업성적이 뛰어나며 乙卯와 조합하여 언변이나 손발을 활용하여 결과물을 巳火에 얻은 후 일지 午火로 이어받습니다. 따라서 년과 월의 모든 흐름이 日支로 이어지고 壬午로 自合하기에 부친의 사업과 자신의 사회활동이 연결되어 있습니다. 실제로 부친과 함께 부동산 업무를 합니다. 다만, 日支 午火, 月支 巳火로 혼잡하고 午火가 亥水와 암합하기에 결혼에 문제가 생겼고 2015년 乙未년 당시에 재혼 궁합을 상담하였습니다. 대운과 세운에서 발현되는 時間方向에 대해 간략하게 살펴보겠습니다.

坤命				陰平 1990년 5월 22일 20:00							
時	日	月	年	83	73	63	53	43	33	23	13	3
丙戌	庚戌	壬午	庚午	癸酉	甲戌	乙亥	丙子	丁丑	戊寅	己卯	庚辰	辛巳

己卯대운 甲午년 현대무용 학원을 차리고 乙未년에 무난하게 운영하였고 丙申년에 대학원에 등록하여 석, 박사과정을 거치려고 합니다. 乙未년 결혼 상담을 하였습니다. 태어나 지금까지 남부럽지 않게 살았으며 외모도 매우 뛰어나 많은 남자들과 교류가 있지만 몇 년째 남자를 사귀지 못하고 있습니다.

甲午년 젊은 나이에 학원을 차린 이유를 時間方向으로 살펴보겠습니다. 사주원국에서 壬水는 甲木을 만나지 못했고 丙火의 빛을 축적한 庚金의 가치를 풀어내는 丙庚壬 三字조합을 활용하며 상응하는 물상은 검경, 교육, 성악, 기술 사업이라고 하였습니다. 丙火를 조합하지 못한 庚壬은 주로 기술, 예술로 활용하는데 庚庚과 戌중 辛金이 많으니 육체를 적극적으로 활용하고 丙火 偏官으로 인내심을 가지고 반복하는 움직임을 활용하기에 현대무용을 전공하였습니다. 庚日이 甲년을 만나면 十神으로는 財星이지만 沖하는 관계입니다. 하지만 중간에 壬水가 있기에 甲木에게 생명수를 전달하려는 움직임이 생겨나자 학원을 오픈하였습니다. 특히 己卯대운의 己土와 함께 壬甲己 三字조합을 이루기에 교육에 적합한 운입니다. 주의할 점은, 甲木이 운에서 들어왔지만 주도적으로 반응하는 것이 아니며 사회, 직업 궁의 壬水가 甲木을 향하는 시간방향(움직임) 때문에 학원을 개설한 것입니다. 만약 壬水가 時干 宮位에 있다면 사회, 직업을 상징하는 宮位가 아니기에 학원을 개업하지 않습니다. 宮位가 사건을 결정하는데 중요한 작용을 한다고 강조하는 이유입니다.

坤命				陰平 1962년 5월 26일 00:00								
時	日	月	年	86	76	66	56	46	36	26	16	6
戊	丙	丙	壬	丁	戊	己	庚	辛	壬	癸	甲	乙
子	申	午	寅	酉	戌	亥	子	丑	寅	卯	辰	巳

2007년 45세 즈음의 상황입니다. 가난한 가정에서 1남 2녀의 막내로 태어나 부모 속 썩이다 고등학교도 졸업하지 못하고 직업 없이 친구들과 어울리며 살다 20대 중반에 중졸 남편만나서 결혼하였지만 생활은 나아지지 않고 부부싸움이 잦아서 이혼하

려고 여러 번 마음먹었지만 실패하였습니다. 어느 날 남편이 친지로부터 공장을 인수받은 후로 근 5년 사이에 지하방 생활에서 현재 10억 아파트에 살고 있으며 부동산과 땅이 많습니다. 친구들과 놀러 다니는 것을 좋아하고 불같은 성격이지만 시부모에게 잘해서 사랑받고 남편과 사이도 좋습니다. 남편은 중국에서 구리, 철물을 수입하는 일을 하고 있다.

이 여인이 40세에서 45세 사이에 갑자기 부유하게 된 이유를 시간방향으로 살펴보겠습니다. 사주원국의 년과 월에서 壬寅과 丙午로 午月에 필요한 壬水를 가졌고 丙午도 강력하기에 庚金을 만나야 열매의 부피를 확장하여 재물을 취할 수 있는데 없습니다. 이런 이유로 오랜 세월 특별히 할 일 없이 무의미한 생활을 하였지만 일지 申金의 시기에 이르면 상황이 급변합니다. 연월일에서 丙午에게 절실히 필요했던 申金이 일지 배우자 宮位에 있기에 할 일이 없어서 빈둥거리던 壬寅, 丙午, 丙火가 申金을 만나 바쁘게 움직이기 시작합니다. 이것이 바로 38세에서 45세 사이에 갑자기 발전한 이유입니다. 만약 丙申月 丙午일이었다면 어떤 상황일까요? 丙午는 월주에 있는 丙申에게 자신의 에너지를 활용해서 申金 열매를 확장하므로 자신이나 남편이 취하는 재물이 아니고 월간 丙火를 위한 것이기에 봉급생활에 적합합니다. 이것이 바로 시간방향으로 재물의 크기가 극명하게 갈리는 이유입니다.

乾命				陰平 1987년 7월 2일 02:00							
時	日	月	年	86	76	66	56	46	36	26	16	6
己丑	丙午	戊申	丁卯	己亥	庚子	辛丑	壬寅	癸卯	甲辰	乙巳	丙午	丁未

이 구조는 丙丁으로 申金을 확장하려는 욕망이 강하고 卯申 합하면 丙午로 확장하는 乙丙庚 三字조합입니다. 乙巳대운 30세 무렵에 직장을 그만두고 전업으로 주식투자하는데 壬寅년 당시까지 매우 좋지 않았습니다. 바로 사주원국에 정해진 시간방향 때문으로 丙午가 申金을 향해 나가기에 일지가 취하는 것이 아닙니다. 물론 운에 따라서 재물을 축적할 수도 있지만 본질적으로 일주가 취하는 재물은 아니기에 재물의 크기가 달라집니다.

乾命				陰平 1964년 10월 12일 12:00								
時	日	月	年	87	77	67	57	47	37	27	17	7
戊	戊	乙	甲	甲	癸	壬	辛	庚	己	戊	丁	丙
午	辰	亥	辰	申	未	午	巳	辰	卯	寅	丑	子

공무원인데 庚辰대운 51세 甲午년에 뇌물 수수사건으로 52세 乙未년 구속되었고 53세 丙申년에 집행유예로 출소하였습니다. 庚辰대운은 사주원국에 없는 庚金이 들어와 년간 甲木과 沖하고 월간 乙木과 合합니다. 따라서 년과 월에서 합충의 문제가 발생할 가능성을 암시하기에 국가, 사회, 직업관련 사건이 발생할 수 있습니다. 甲午년이 오면 亥水에 있는 地藏干 甲木이 透干하기에 사주원국에 정해진 시간방향대로 亥水가 辰土 墓地를 향하는데 년과 일에 있기에 국가로 가야할 돈의 일부를 일간이 취하기에 뇌물수수 물상을 만들었습니다. 또 天干에서 甲木이 대운과 沖하기에 국가관련 문제가 분명하며 午火는 年支를 기준으로 三合을 벗어난 재살, 수옥 살에 해당하기에 범죄행위임을 암시합니다. 이것이 사주원국과 운에서 시간방향이 작용하는 방식입니다.

▌日干의 時節

책 시공간부호 地藏干에서 자세히 설명한 내용으로 각 日干은 자신이 선호하는 시공간이 있습니다. 예로, 丙火는 빛을 분산하여 여름에 열매를 확장하는데 활용해야 가치를 인정받기에 午未申月에 에너지를 적극적으로 활용하고 행위의 가치를 인정받고 적절하게 보상받습니다. 일간의 時節을 결정하는 기준은 四季圖로 일간이 어느 시공간을 만나야 적절하게 자신의 능력을 발휘하는지를 알려줍니다.

《四季圖》

	癸		丙		
乙		戊		庚	
봄	卯辰巳		午未申	여름	陽
겨울	寅丑子		亥戌酉	가을	陰
甲		己		辛	
	壬		丁		

乾 조화원약

時	日	月	年
庚申	癸未	乙卯	戊子

癸일간이 乙卯月을 만나 가장 적절한 시절을 만났습니다. 또 천간에서 癸乙戊 三字조합을 이루어 癸水의 의지가 乙木에게 전달되고 戊土위에서 꿈을 실현합니다. 결국 癸水는 국가, 해외에서 꿈을 실현하기에 공직자로 근무했습니다.

坤命				陰平 1961년 11월 12일 10:00							
時	日	月	年	87	77	67	57	47	37	27	17	7
癸	丙	庚	辛	己	戊	丁	丙	乙	甲	癸	壬	辛
巳	戌	子	丑	酉	申	未	午	巳	辰	卯	寅	丑

1998년 남편과 별거로 우울증이 시작되었으며, 몇 차례 자살시도하다 친정에서 휴양했습니다. 丙火일간이 子月에 적절하지 않은 時節을 만났고 남편을 상징하는 子水가 月支에 있는데 丑戌刑 사이에 夾字로 비틀리기에 일지 배우자 宮位와 남편을 상징하는 十神이 모두 불안정합니다. 이처럼 日干이 月支에서 만난 時節이 적절하지 않으면 살아가는 과정에 불편함을 느낍니다.

▌夾字

夾字는 고대에서 현재까지 없었던 이론이지만 사주구조의 특징을 결정하는데 중요한 역할을 할 뿐만 아니라 독특한 사건과 길흉을 양산하기에 자세히 살펴야 합니다. 夾字는 사주팔자에 존재하는 刑沖破害와 합사이에 끼어있는 글자를 상징합니다.

乾命			
時	日	月	年
庚	壬	乙	壬
戌	午	巳	辰

天干의 월과 시에서 乙庚 합하는데 時間方向은 乙에서 庚을 향하여 갑니다. 이 과정의 핵심은 乙木이 壬水를 거치지 않고 바로 庚金과 합하는 것이 아니며 반드시 壬水를 관통해서 庚金에

이르러 乙庚 合이 이루어집니다. 이처럼 乙庚 合 사이에 끼어있는 壬水를 夾字라 부르는데 그 이치에 대해서 2021년에 책 夾字論에서 자세히 설명하였습니다. 이런 상황을 만난 壬水는 자신의 의지와 상관없이 반드시 乙木과 庚金을 접촉하고 취하는데 선택이 아니고 필수적으로 발생합니다. 다만, 壬水가 乙木과 庚金을 취해서 좋은지 나쁜지는 사주구조가 결정합니다. 地支에서 결정된 時間方向은 순차적이고 안정적이기에 평탄하게 발전합니다. 地藏干 내부를 살펴보면, 辰土에 乙木이 있고 巳火에 庚金이 있기에 乙庚 合이 이루어집니다. 또 辰土 속 乙木은 時干 庚金과 乙庚 合합니다. 따라서 천간에서 乙庚 合, 辰巳에서 乙庚 合, 辰中 乙木과 庚金이 乙庚 合하기에 다양한 宮位에서 乙庚 合이 이루어지면서 인맥을 형성하고 정보를 활용해서 부를 축적하는 능력이 뛰어납니다. 직장에서 월급 받거나 하나의 아이템으로 사업하지만 이처럼 다양하게 乙庚 合하는 구조들은 동시다발적으로 다양한 사업으로 부를 축적합니다. 사주팔자에 있는 乙庚 合의 상황에 따라서 열매의 가치가 달라집니다.

상한 열매, 잘 읽은 열매, 설익은 열매, 크고 당도가 높은 열매이냐에 따라서 재물의 크기가 달라집니다. 이 사주는 乙巳 월에 태어났기에 꽃이 활짝 피었습니다. 또 巳火 속 丙火가 乙庚 合의 부피를 계속 확장합니다. 壬水가 巳月에 적절하게 꽃이 피도록 유도하고 열매에 당도를 채웁니다. 만약 水氣가 많으면 꽃도 시들고 과일의 당도도 높지 않습니다. 巳月에 壬水가 많으면 흉한 이유입니다. 이 사주는 乙丙庚 三字 조합이 다양한 宮位에서 이루어지고 월지 시공도 매우 적절하기에 재물 복이 매우 큽니다. 약 2천억 부자입니다. 1990년에 유명 학원 강사로 돈을 벌어 부동산에 투자, 2000년대에 명동에 빌딩 3채, 강남에 학원이 2-3채를 보유하였습니다.

乾命			
時	日	月	年
己卯	庚戌	甲寅	癸巳

陰平 1953년 1월 15일 06:00								
87	77	67	57	47	37	27	17	7
乙巳	丙午	丁未	戊申	己酉	庚戌	辛亥	壬子	癸丑

庚戌대운 癸酉 年에 인후암으로 사망했습니다. 庚戌대운에는 다양한 움직임이 발생하는데 사주원국 구조대로 庚金이 甲己 合하여 당기려는 甲木을 강제적으로 沖해버리는 대운입니다. 地支도 복잡한데 巳戌로 巳火가 墓地 戌土를 향하는 과정에 반드시 寅木 生氣를 刑하기에 상할 수밖에 없습니다. 또 卯戌 合으로 卯木의 움직임도 답답해집니다. 癸酉년에 이르면 卯酉 沖으로 生氣가 상하면서 寅卯와 巳火의 흐름이 비틀리고 심장, 뇌로 가는 피가 막히면서 암으로 사망했습니다. 사망원인은 인후암이지만 근본 원인은 甲乙 生氣와 活力이 상했기 때문입니다. 이 사주구조의 甲庚 沖은 독특합니다. 甲己 合 사이에 庚金이 夾字로 끼어서 甲木을 沖하는 강도가 매우 강할 뿐만 아니라 강제적이기에 절대로 피할 수 없습니다. 이것이 夾字의 무서운 점입니다.

墓庫이론

乾命			
時	日	月	年
庚戌	壬午	乙巳	壬辰

墓庫이론으로 살피면, 월지 巳火와 일지 午火가 戌土 墓庫를 향하는 時間方向이기에 午火는 일간 壬水에서 벗어나 時柱를 향하지만 무조건 일간에서 벗어나고 멀어졌다고 판단하지 못합니다. 반드시 戌土 墓地에 담긴 재물을 누가 취하는지 살펴야 합니다. 만약 壬戌 時였다면 일간과 동일한 오행이 戌土를 소유하였기에 일간의 경쟁자에게 빼앗길 가능성이 높습니다. 다행히 庚戌시를 만났기에 비록 巳午가 戌土를 향하는 시간방향이지만 그 위의 庚金이 戌土의 주인이며 자연스럽게 壬水를 향합니다. 만약 乙木이 없었다면 乙庚 합하지 못하기에 庚金이 壬水를 향하는 시간방향은 강제적이지 않습니다. 하지만 이 사주는 壬水를 사이에 두고 반드시 乙庚 합하기에 庚金이 壬水를 향하는 움직임은 필연적이며 강제적으로 壬水를 향합니다. 이것이 夾字가 만들어내는 독특한 움직임입니다.

地支에서 巳午가 日支를 벗어나 時支로 나가지만 결국에는 庚金이 壬水를 향해 들어옵니다. 庚金이 壬水와 조합하면 방탕, 방랑, 기술, 예술물상이지만 丙火를 추가하면 바른 지도자를 만나 그릇이 커진다고 했습니다. 이 사주는 巳午戌 지도자들이 庚金에게 빛과 열을 가하면 뜨거워진 庚金은 일간 壬水를 향해 총알처럼 튀어오고 동시에 乙庚 합도 이루어지기에 壬水는 노력하지 않아도 좌우에서 乙庚이 계속 재물을 가져다줍니다. 이런 구조들은 가만있어도 돈이 굴러들어 옵니다. 壬水는 돈 벼락에서 벗어 날 방법이 없습니다. 귀찮다고 해도 계속 돈이 찾아옵니다. 宮位를 감안하면 時柱 庚戌 자식이 부친에게 엄청난 부를 축적해줍니다.

乾命			
時	日	月	年
庚戌	壬戌	丙戌	乙未

地支의 모든 火氣들이 時干 庚金을 향하고 庚金은 壬水를 향하고 乙庚 合하고, 丙火는 乙庚 합을 확장하고 이 모든 결과물을 일간 壬水가 자연스럽게 취합니다. 세계 갑부 빌게이츠입니다.

三字조합

乾命				陰平 1970년 6월 9일 06:00							
時	日	月	年	89	79	69	59	49	39	29	19	9
乙卯	癸巳	癸未	庚戌	壬辰	辛卯	庚寅	己丑	戊子	丁亥	丙戌	乙酉	甲申

영화배우 이 병헌 사주팔자라고 합니다. 이 사주구조는 乙丙庚 三字조합이 뚜렷합니다. 天干에서 乙庚 合하는데 未月이기에 열매를 수확하려는 의지가 분명하지만 戌未로 刑하기에 년과 월의 상황이 불안정합니다. 다행히 일지 巳火가 乙庚 합한 열매의 부피를 확장하기에 배우자 宮位의 쓰임이 매우 좋습니다. 巳火는 戌土 墓地를 향하지만 巳未戌로 庚金을 자극하면 뜨거워진 庚金은 총알처럼 월간과 일간 癸水를 향할 뿐만 아니라 時干 乙木과 乙庚 合하기에 夾字의 작용으로 癸水일간이 강제적으로 庚金과 乙木을 취합니다. 이것이 바로 년과 시에서 天干이 합하면 해외, 국가에서 자신의 명성을 알리는 이유입니다.

乾命				陰平 1955년 1월 19일 06:00							
時	日	月	年	82	72	62	52	42	32	22	12	2
乙卯	癸卯	戊寅	乙未	己巳	庚午	辛未	壬申	癸酉	甲戌	乙亥	丙子	丁丑

평생 큰 장애가 없었고 계속 사업이 발전하여 십여 년 사이에 200억 부를 축적하였습니다. 甲戌대운 甲戌년에 암으로 수술하였습니다. 天干에 乙癸戊 三字가 뚜렷하며 다양한 사람들이 월간 戊土를 찾아옵니다. 地支에서 모든 木氣들이 未土 墓地를 향하고 未土를 소유한 乙木은 자연스럽게 戊土 위에서 乙癸戊 三字로 조합하기에 未土가 소유한 것들을 일간 癸水가 취할 수 있습니다. 하지만 甲戌대운에는 癸甲戌 三字로 조합하자 육체가 상하고 수술하는 사건이 발생하였습니다. 天干과 地支에는 다양한 三字조합이 있으며 사주사례 별로 설명하겠습니다.

▌저승사자 이론

기 출판한 책 윤회론 말미에 자세히 설명한 내용으로 三合운동과 12신살의 이치를 활용하여 정립한 이론입니다. 그 외에도 카페와 블로그 그리고 유튜브에 자세히 다루었기에 여기에서는 간략하게 사주사례를 보겠습니다.

乾命				陰平 1983년 9월 21일 12:00							
時	日	月	年	84	74	64	54	44	34	24	14	4
丙午	壬子	辛酉	癸亥	壬子	癸丑	甲寅	乙卯	丙辰	丁巳	戊午	己未	庚申

30세 戊午대운 壬辰년 丁未월 庚午일에 평소 눈독을 들이던 아래층 아줌마를 겁탈하다 맞아 죽었다고 합니다. 분석하기를 "戊土가 대운 天干에 드러나자 財星이 偏官을 생하였기 때문이라고 하지만 辛酉가 저렇게 멀쩡한데 왜 殺印相生은 발생하지 않느냐고 반문하면 대답이 마땅하지 않습니다. 十神의 生剋작용으로는 겁탈행위의 본질을 설명하지 못합니다. 겁탈행위의 본질은 타인의 소유물을 강제로 빼앗는 겁니다. 상대가 원하지 않아도 불법적으로 강탈합니다. 이런 행위를 과감하게 실행하는 에너지가 무엇인가를 이해해야합니다. 이것을 분석하려면 年支를 기준으로 亥年이기에 亥卯未 三合운동을 하며 三合의 범위를 벗어난 申酉戌 劫煞, 災煞, 天煞을 저승사자라 부릅니다. 그 특징은 三合의 틀을 벗어났기에 三合의 중심 將星이 완성한 규율을 깨트리고 강제적으로 빼앗으려고 시도합니다. 이 구조에서 월주 辛酉는 災煞로 저승사자에 해당하며 사주당사자는 타인의 재물이나 육체를 함부로 강탈하려는 욕망이 강하며 타인의 것을 빼앗는 것에 대해 죄의식이 약하거나 없습니다.

물론 동일한 災煞도 사주구조에 따라서 사회발전에 기여하는 방식으로 활용합니다. 총명하고 혁신적이며 국가와 사회를 위해 독특한 아이디어를 제공하지만 이 사주처럼 몹쓸 짓을 하다 단명할 수 있습니다. 겁탈의 다른 요인은 성욕으로 亥年을 기준으로 午火가 六害이며 성욕을 상징하며 午亥가 合하는 과정에 酉子가 夾字로 끼어서 강제로 破작용이 동하기에 酉金을 子水와 亥水에 풀어내려는 욕망(성욕)이 강합니다. 丙午로 자극하지 않으면 辛酉의 성욕이 강하지 않지만 酉金을 자극하면 충동적으로 子水에 풀어지기에 즉흥적이고 감정적이며 욕망을 통제하지 못합니다. 子水만 있으면 문제가 없는데 午火가 酉金을 자극하고 子水와 沖하면 충동적으로 변합니다. 子子子子로만 있다면 성욕이 강하지 않은 이유는 자극하는 인자가 없기 때문입니다. 하지만 午火가 子水를 자극하면 지극히 충동적으로 변합니다. 十神으로 辛酉가 印星이기에 권위, 자격증이라고 통변해봐야 무의미 압니다. 겁탈하다가 맞아죽은 이유를 정리해보겠습니다.

1) 辛酉 災煞로 타인의 소유물을 강탈하려는 욕망이 강합니다.
2) 子午 沖으로 쉽게 자극 받습니다.
3) 대운을 감안하면, 戊午대운에 午火가 酉金을 자극하고 戊癸합으로 화기를 끌어올리면 자극받은 辛酉는 총알처럼 壬水에 튀어가기에 충동적으로 변하고 辛酉 씨종자를 子水에 풀어서 생명체 寅木을 생산하려는 성욕이 발동하자 결국 탈이 나고 흉한 꼴을 당했습니다.

지금까지 시공명리학에서 사주원국을 분석하는데 활용하는 이론들을 살펴보았습니다. 이미 25권의 책에서 세부적으로 자세히 설명한 논리들이며 대부분 공개되어 있으니 참조하시기 바랍니다. 이렇게 간단히 살펴보는 이유는 사주사례들을 살피는 과정에 관련 이론들이 튀어나오기에 먼저 이론의 배경을 설명하려는 의도입니다. 자평진전은 透干의 원리를 十神으로 활용하였으며 盲派도 주로 五行과 十神 生剋을 활용하고 있음을 확인하였습니다. 하지만 시공명리학은 時間과 空間의 개념을 모든 명리이론이 불어넣어 활용하는데 그 방식을 간단히 살펴보았습니다. 지금까지 살펴본 것들 외에도 다양한 이론들이 있기에 사주사례를 분석하는 과정에 살펴보도록 하겠습니다.

대운 분석방법

대운은 사주팔자 月柱를 기준으로 순행과 역행을 결정하기에 지극히 개인적입니다. 타인의 사주팔자와 전혀 상관이 없으며 사주당사자에게만 영향을 미칩니다. 그 이유는 대운 산출방식 때문으로 月柱를 기준으로 남녀와 음양을 구분하여 순행과 역행을 결정합니다. 위에서 언급했던 盲派의 "사주원국은 부귀빈천, 대운은 吉凶을 결정"한다는 표현은 무리가 있습니다. 대운의 기간은 10년으로 지극히 장기적인데 대운에서 제공되는 干支로 10년의 吉凶을 결정할 수 없습니다. <u>大運의 정체를 한마디로 정의하면 "十年 동안 발생하는 다양한 일과 사건 중에서 가장 핵심적인 사건"</u>을 지칭합니다. 그 이유에 대해서는 사주사례로 설명하겠습니다. 大運干支는 사주원국에 결정된 숙명 중에서 10년 동안 발생하는 핵심적인 숙명에 대한 정보를 제공합니다. 따라서 대운은 사주원국의 숙명이 반응하는 첫 대상이며 살펴야할 내용은 아래와 같습니다.

1)일간의 환경변화

月柱는 日干의 존재유무를 결정하는 宮位일 뿐만 아니라 月柱를 기준으로 10년의 변화과정을 살피기에 물질, 육체, 공간, 환경의 상황과 정보를 제공합니다. 결국 대운이 사주원국에 결정된 물질, 육체, 공간, 환경을 어떻게 변화시키는지 관찰해야 합니다.

2)宮位의 변화

月柱를 살피고 난 후에 年柱, 日柱, 時柱 宮位도 함께 살필 수 있습니다. 대운에서 제공된 干支를 활용해서 사주원국에 존재하는 각 宮位를 세분하여 살피면 개인의 상황은 물론이고 각 육친의 동태도 함께 분석할 수 있습니다.

3)大運 干支의 의미

위의 두 방식은 사주원국과 대운을 비교, 관찰하는 것이지만 대운 干支만을 따로 관찰할 수 있습니다. 예로, 乙亥대운에는 해외에 가거나 사회활동이 답답해져 밤에 활동하거나, 한곳에 정착하지 못해 떠돌거나, 정신적으로 방황하는 기운이 강합니다. 이처럼 대운 干支는 사주원국과 조합하여 영향을 미치면서도 독립적으로 영향력을 행사합니다. 재차 강조하는 이유는 사주원국, 대운, 세운을 모아서 五行, 十神 生剋이나 用神을 살피는 방법으로는 대운 干支가 제공하는 고유한 특징을 살필 수 없기 때문입니다. 정리하면, 대운 干支는 사주원국에 영향을 미치지만 干支 자체로 일간의 삶에 지대한 영향을 미치기에 종합적으로 살펴야 합니다. 사주사례를 보겠습니다.

坤命				陰平 1952년 9월 28일 04:00							
時	日	月	年	83	73	63	53	43	33	23	13	3
戊	乙	辛	壬	壬	癸	甲	乙	丙	丁	戊	己	庚
寅	丑	亥	辰	寅	卯	辰	巳	午	未	申	酉	戌

42세 이전에 세 번의 죽을 고비를 넘겼고 丙午대운 壬午년 1월에 남편을 잃었습니다. 乙巳대운 甲申년에는 담낭수술을 받았고 딸은 교통사고로 사망했습니다.

1)사주원국 구조

반드시 먼저 살펴야 하는 것이 사주원국입니다. 월간 辛金이 壬水, 亥水에 영향을 받아서 차갑고 무거우며 乙木 바로 옆에서 沖하고 일지 丑土에 들어와 냉기를 조장합니다. 태어날 때 정해진 숙명으로 辛金에 의해 乙木이 상하기 쉬운 구조입니다. 월간

辛金의 날카로움에 乙木이 상하고 丑土에 응결되는 日柱의 시기로 31세에서 45세 사이입니다. 또 辰亥丑寅으로 地支가 어둡고 습하여 寅중 丙火가 간절히 필요하지만 밖으로 드러나기 어렵고 亥寅 合, 丑寅 暗合으로 丙火의 활동이 답답합니다. 또 丑辰 破와 월간 辛金이 酉丑辰 三字로 조합하여 교통사고, 불법으로 재물을 탐하다 교도소 물상, 임플란트, 뼈가 상하는 물상 등이 사주구조에 따라 달라집니다. 사주원국 구조를 살피고 나면 대운의 육체, 물질, 공간, 환경, 심리 변화를 살펴야 합니다.

2)대운의 시공간변화. - 丁未대운

사주원국 乙丑의 시기 31-45세 사이의 대운은 丁未로 未土의 地藏干에 있는 乙木이 丁火 때문에 좌우확산 움직임이 위축됩니다. 또 년의 壬水와 丁壬 合하고, 월의 辛金에 열기를 가하고 일간 乙木과 丁乙로 활동을 제약하며 시주에서 丁戊로 戊土의 땅에 열이 오릅니다. 각 宮位의 의미를 살피면, 년에서 丁壬 合하기에 국가, 사회에서 전문기술, 지식을 활용하면서 직업에 변화가 발생할 수 있습니다. 월에서 丁火가 辛金을 자극하면 壬水와 亥水를 향하지만 未土에 의해서 壬水, 亥水의 흐름을 막히고 열이 오르고 탁해집니다. 水氣가 줄어들면 火氣가 증가하면서 辛金은 날카로워져 열기를 해소하고자 水氣를 향하거나 木氣를 자르는데 壬水, 亥水가 辛金의 날카로움을 해소하지 못하면 乙木 生氣가 상하면서 문제가 발생하기에 42세 이전에 세 번의 죽을 고비를 넘겼습니다. 만약 壬과 亥가 없었다면 사망했을 겁니다.

3)대운의 시공간변화 - 丙午 대운

時柱 戊寅은 46세 이후이고 대운에서 丙午를 만납니다. 乙木일간은 戊寅에서 안정적인 터전을 만나 자식에게 의지하거나 자식

이 발전하거나 재물을 얻습니다. 이런 환경에서 丙午대운을 만나면 丙壬 沖, 丙辛 合, 丙乙, 丙戊로 조합합니다. 年干에서 沖하기에 근본터전이 불안정해지고 月干 丙辛 合으로 묶이면서 사회활동이 불편해지거나 남편에 해당하는 偏官 辛金이 合으로 존재감을 드러내기 어려워집니다. 丙乙은 乙木이 丙火를 향하기에 사회활동, 외부활동이 활발해지며 丙戊는 자식 궁에서 빛이 환하게 비추기에 일간 乙木은 丙火를 향하고 戊土에서 함께 하면서 활동이 적극적이거나 자식들의 존재가치가 높아집니다. 地支에서 午辰으로 조합하면 특별한 문제는 없고, 午亥로 合하기에 辛亥월 干支가 모두 合으로 묶이고 답답해집니다. 일지와 午丑 탕화로 갑작스런 사건, 사고가 발생할 수 있고 자식 궁에서 寅午로 合하면 戊土가 조직에서 소속감을 갖습니다. 결국 午火대운에 흉한 宮位는 일지 丑土가 분명합니다. 대운 丙午는 강력한 태양 빛으로 金氣를 확장하므로 월간 辛金과 일지 丑土 배우자 宮位의 地藏干 辛金과 반응합니다. 辛巳년에 이르면 대운과 丙辛 合하고 壬水가 丙辛 合을 沖하자 辛巳년 말 壬午년 초에 남편이 사망했습니다. 대운에서 辛金을 合하려는 의지를 드러내고 세운에서 合하고 沖하자 남편이 사망했습니다. 특히 辛巳년은 천간에서 辛戊乙 三字로 조합하여 殺氣가 더욱 강해진 해였습니다.

4)대운의 시공간변화 - 乙巳대운

乙巳대운은 54세 이후로 時支 寅木의 宮位요 말년이며 육친으로 자식 궁입니다. 따라서 중점사항에 집중하여 운을 살펴야 합니다. 乙巳대운 천간에서는 乙壬, 乙辛, 乙乙, 乙戊로 조합하면서 변화가 발생합니다. 巳火는 巳辰, 巳亥沖, 巳丑合, 寅巳 刑이 발생할 가능성을 드러냅니다. 따라서 천간에서 가장 심각한 조합은 乙辛으로 辛金에 生氣가 상하는 문제가 발생할 수 있습니다. 地支도 寅巳 刑으로 寅木이 상할 수 있는데 고려할 점은 乙巳대운에 水氣가 줄고 火氣는 증가하면서 寅木이 亥水로부터 받았던 水氣가 줄어들고 성장에 문제가 발생합니다. 이런 상황에서 甲申년이 오면 戊寅 時柱가 마르고 甲木이 戊土를 찌르고 地支에서 寅巳 刑하는데 申金까지 끼어들어 寅巳申 三刑과 沖으로 심각하게 상합니다. 이런 이유로 甲申년에 담낭수술을 받았고 딸은 교통사고로 사망했습니다.

乾命				陰平 1954년 4월 19일 06:00								
時	日	月	年	85	75	65	55	45	35	25	15	5
癸	丁	己	甲	戊	丁	丙	乙	甲	癸	壬	辛	庚
卯	丑	巳	午	寅	丑	子	亥	戌	酉	申	未	午

평범한 가정에서 출생, 직장생활 하다 癸酉대운 30대 중반에 음식점을 개업하여 52세 즈음 건물 두개에 상당한 알부자가 되었습니다. 완벽주의자로 꼼꼼하고 술은 마시지 않으며 재물집착이 상당히 강합니다. 보수적이고 답답한 성격이지만 남에게 피해를 주지 않고 성실하며 부인복이 매우 좋습니다. 사업이나 장사할 성격으로 보이지 않지만 성실함으로 부를 축적하였습니다. 丙戌년부터 가족 때문에 상당한 재물손실을 보았습니다.

1)사주원국 구조
이 사주구조에서 배울 점은 年月과 日時의 조합이 상이할 때의 상황을 분석하는 요령입니다. 년과 월에서 甲午, 己巳로 꽃 피는 봄이며 甲己 슴은 기초공사, 교육, 건설에 어울리는 조합이고 丁火일간이 년에 甲木을 만나 공직에 적합합니다. 문제는 甲己 슴의 목적이 겨울에 뿌리내리기 위함인데 巳月을 만나서 집중하지 못하기에 교육, 공직에서 오래도록 종사하기 어렵습니다. 사주팔자의 재물크기를 판단할 때 財星이 地支에 根을 두어 강하거나 時에 偏財가 있기에 부자라고 판단하지만 그렇지 않습니다. 하늘에서 내리는 벼락부자는 시공간 흐름이 바르고 글자들이 효율적으로 움직입니다. 예로 丁辛壬, 乙丙庚, 酉丑辰과 같은 三字조합을 활용하고 나머지 글자들도 조화를 이루기에 벼락부자가 되는 것입니다. 甲木이 巳火에서 庚金으로 물형을 바꾸고 꽃을 활짝 피는데 수확하는 방향으로 갈지 뿌리내림에 집중할 것일지는 사주원국 구조가 결정합니다. 일주가 丁丑으로 月支와 巳丑 合하지만 시공간이 너무 넓습니다. 좋은 점이라면, 巳월에 필요한 癸水가 丑土의 地藏干에 있으니 배우자 복이 좋고, 時間 癸水도 드러나 자식들이 효도하며 일지의 시기 38세 이후에 발전할 것임을 암시합니다. 원국구조에서 중요한 점은 年干 甲木이 일지 丑土를 만나면 새롭게 뿌리내릴 수 있는 터전을 만납니다. 甲己 合으로 과거를 청산하고 새롭게 출발하기에 교육, 공직으로 갈 것인지, 장사, 사업을 할 것인지는 운의 흐름을 살펴야 합니다. 단점이라면 時柱 癸卯의 卯木 시기인 54세 이후에는 卯丑으로 활동이 위축됩니다.

2)대운의 시공간
삼십대에 만나는 대운은 癸酉로 癸水가 丁火를 沖하여 현재의 상황에 변화를 주라고 요구합니다. 偏官은 직업변동, 스트레스, 관재구설, 질병, 외도들통 물상을 벗어나지 않습니다. 地支에서는 巳酉丑 三合을 이루기에 丁火가 巳酉丑에 열을 가하려는 욕망이 강해지면서 재물을 추구하는 시기에 이르렀습니다. 따라서 甲木의 성장행위를 중단하고 오히려 수확 욕망이 강해지기 시작합니다. 만약 대운에서 요구하는 행위를 거부하고 계속 甲木을 키우려고 한다면(직장, 공직생활 유지) 대운의 요구를 거절하는 겁니다. 따라서 癸酉대운에 적절하게 순응하는 방법은 巳酉丑 三合운동이 원하는 대로 甲木을 수확하여 물질을 취하는 것입니다. 좋고 나쁨의 문제가 아니라 결정된 숙명에 순응하기에 거스름이 없습니다. 현명하게 회사를 그만두고 식당을 개업하고 재물을 모았습니다. 巳酉丑으로 殺氣가 강해지고 卯木이 상하면서 질병에 시달리거나 육체가 상할 수 있는데 요리물상을 활용해서 해결하였습니다. 丙戌년은 52세 즈음으로 사주원국 日時의 卯丑 조합과 丑戌 刑으로 좋지 않은 시공간에 이르러 상당한 재물손실을 보았습니다만 더욱 본질적인 원인은 時干 癸水가 丁火를 沖하기 때문입니다.

세운 분석방법

1년은 365일이라는 숫자를 맞추려는 노력은 하루아침에 이루어진 것이 아닙니다. 가장 큰 문제는 태양년을 기준으로 달과 1년의 날짜를 조화시키는 것이었는데 이 문제로 윤달이 생겨나고 다양한 부작용들이 발생했습니다. 365일이라는 기준을 세운(歲運)이라 부르고 운세를 판단하는 중요한 기준이 됩니다. 세운의 특징은 사주원국, 대운과 전혀 다릅니다. 첫째, 국가, 사회에서 공용으로 활용하기에 公的입니다. 매년의 干支는 개인의 사주팔자와 상관없이 모두에게 공통적으로 제공되는 기운입니다. 이런 이유로 대운으로는 국운이나 사회상황을 분석할 수 없지만 세운의 干支를 활용하면 국운, 사회전반의 흐름을 분석할 수 있습니다. 甲辰년 干支를 기준으로 1년의 흐름을 살피고 매월의 干支를 종합하여 열두 달의 흐름을 세부적으로 살필 수 있습니다. 둘째, 세운으로 개인의 운세를 분석합니다. 셋째, 대운에서는 결정할 수 없는 사건이나 일을 세운에서 결정할 수 있습니다. 10년의 대운과 달리 세운은 시간 단위가 1년으로 중대한 사건을 결정하고 吉凶을 바로 체감할 수 있습니다. 직장의 승진여부는 대운으로 분석할 수 없고 반드시 승진하는 해, 달, 일에 확인할 수 있습니다. 물론 대운이 승진을 결정할 바탕을 제공할 수 있지만 승진 그 자체를 결정하지는 못합니다. 주식투자의 경우에도 주식이 폭등하는 순간에 길하다고 느끼고 폭락하는 순간에 흉하다고 느낍니다. 결국 대운에서 길흉을 결정하는 것이 아니라 세운에서 사건과 吉凶을 결정합니다. 에너지로 존재할 때는 확인할 방법이 없지만 물형이 결정될 때 길흉을 피부로 느낍니다. 회사에서 합격통지서를 받는 그 순간에 기쁘다고 느끼기에 대운, 세운, 월운이 아니라 사건 당일에 가장 명확하게 길흉을 체감합니다.

乾命			
時	日	月	年
丙	戊	癸	壬
辰	辰	卯	辰

癸卯월을 기준으로 첫 대운이 甲辰이며 각 宮位의 반응이 상이합니다. 壬辰年이 甲辰대운, 癸卯月이 甲辰대운, 戊辰日이 甲辰대운, 丙辰時가 甲辰대운과 상대하기에 각 宮位는 상이한 반응을 보이는 이유는 사주팔자는 일간의 것이지만 모든 육친들도 함께하기 때문입니다. 이 조합은 十宮圖1 六親宮位를 기준으로 살핀 것이지만 개인의 일생을 표현한 十宮圖2를 기준으로 살피면 또 전혀 다른 통변내용을 얻을 수 있습니다. 年柱와 甲辰대운이 반응하면 日干에게 국가, 해외, 조상, 터전의 상황에 어떤 변화가 발생하는지, 月柱와 甲辰대운이 반응하면 일간의 사회활동, 직업 환경, 부모상황이 어떻게 변하는지, 日柱와 甲辰대운이 반응하면 나와 배우자는 물론이고 자식 宮位에 어떤 변화가 발

생하는지, 時柱와 甲辰대운이 반응하면 자식, 일간이 추진하는 상황이 어떻게 변하는지를 알려줍니다. 사주당사자의 부친은 甲辰대운에 부도나고 교도소에 수감되었지만 日干은 성적이 우수하여 학생회장으로 활동하였기에 부친과 본인의 상황이 전혀 다릅니다. 아무리 동일한 대운을 만나도 각 육친에게 발생하는 길흉이 다르기에 <u>用神 운에는 부친도, 모친도, 나도 좋다는 판단은 지극히 비현실적</u>입니다. 이처럼 대운은 각 宮位에 영향력을 행사하고 상응하는 物形을 결정합니다. 10년으로 지극히 장기적 시간단위이며 물질, 육체, 환경, 공간, 심리상태의 변화를 암시하며 그 대운에 발생할 가장 중대한 사건이 무엇인지를 알려줍니다. 세운에서는 대운을 기준으로 무엇이 어떻게 변화하는지 살펴야 합니다. 대운은 사주원국 연월일시 각 宮位에 변화를 일으키고 대운에 속한 10년 세운에서 대운의 요구에 따라 세부적으로 물형을 결정하고 吉凶을 현실화시킵니다. 사주구조에 따라서 年柱와 時柱는 길한데 月柱와 日柱는 흉하고 정반대의 상황도 가능합니다. 심지어 모든 宮位가 吉할 수도, 모든 宮位가 凶할 수도 있기에 각 宮位의 상황을 살펴야 합니다. 대운과 세운의 차이에 대해서 살펴보겠습니다.

1)공통의 시공간 변화.
大運과 歲運의 가장 큰 차이는 私的과 公的입니다. 대운은 사주팔자 당사자에게만 해당하지만 세운은 公的이면서도 개인적입니다. 매년 순환하는 干支, 예로 甲辰년의 에너지는 모든 생명체들에게 공통적으로 영향을 미칩니다. 지난 己亥년에서 庚子년으로 이어지는 과정에 코로나가 전 세계로 확산되는 상황처럼 지구 전역에서 동시에 반응합니다. 이런 유사한 역사가 반복되는 이유는 60干支가 가진 에너지 특징이 유사하기 때문입니다. 다만, 코로나 발생 원인을 사주명리로 분석하는데 애를 먹는 이유는 판단할 기준이 모호하기 때문입니다. 사주팔자에는 8개의 글자가 있기에 대운, 세운을 활용해서 운세를 분석하지만 코로나 발생 원인을 설명할 기준점(時空間좌표)이 없는 겁니다. 그렇다면 자연현상을 설명할 방법은 없을까요? 대운은 개인적이기에 불가능하지만 세운은 공적인 시공간 좌표이기에 가능하다고 했습니다. 己亥년에는 甲己 合하고 地支에서는 亥卯未 三合운동을 시작합니다. 己土를 기반으로 甲이 하강하여 뿌리 내리거나 상승하여 땅 밖으로 드러나는데 상승하는지 하강하는지는 己土가 만난 地支 공간이 결정합니다. 亥水를 만났기에 甲木의 하강을 돕습니다. 따라서 壬甲己 三字조합으로 뿌리내리므로 미래를 설계하며 亥卯未 三合으로 성장하려고 노력합니다. 그렇다면, 己亥년이 공적이기에 80억 인구가 동일하게 반응할까요? 그렇지 않은 이유는 첫째, 활동 공간이 다릅니다. 한국, 중국, 미국 각 나라마다 己亥를 받아내는 각도가 상이하기에 반응방식이 다르고 물형도 다릅니다. 둘째, 개인의 사주팔자와 己亥년이 반응하는 방식이 상이합니다.

2)세운 - 年柱의 변화.
年柱는 사주팔자의 출발점으로 陽氣의 변화입니다. 年支가 중요한 이유는 三合운동의 근거지로 12神煞을 활용해서 물질, 육체, 공간, 환경의 상황을 결정하며 그 외에도 많은 중요한 정보를 제공합니다.

坤命			
時	日	月	年
癸巳	丙戌	乙未	辛未

과학고 2학년 18세 상황인데, 학업성정이 매우 뛰어나 3학년 과정을 생략하고 대학진학이 가능하며 전교 수석을 놓친 적이 없으며 부친과 모친 모두 상류대학을 졸업했습니다. 총명한 이유를 十神으로 설명하려면 반드시 傷官佩印을 논하지만 傷官을 통제하는 乙木 印星은 辛金 財星에게 沖으로 상했기에 印星이 무기력합니다.

坤命			
時	日	月	年
庚	壬	戊	辛
戌	子	戌	未

부친은 외국에서 박사학위를 받았고 모친은 약사입니다. 뛰어난 수재로 의사, 검경에 어울립니다. 사주팔자의 총명함은 傷官이나 印星으로 판단하지만 이 사주에는 傷官이 없고 있다면 강력한 庚辛에 상하기 쉽습니다. 따라서 관인상생으로 보수적이고 공직팔자에 적합하지만 매우 총명한 이유는 분석하기 어렵습니다. 이처럼 十神으로 분석하기 어려운 특징을 12神煞이 제공합니다. 두 사주는 공통적으로 년지 亥卯未 三合을 기준으로 년간 辛金이 재살(災煞)에 해당하기에 매우 총명합니다. 三合운동을 벗어났기에 독특한 특징, 성향을 드러내며 전생에 외국에서 살았던 영혼이 한국에서 윤회한 것이라고 설명하였습니다.

3)단기적이고 일 년에 국한된 기운.
세운은 1년마다 순환합니다. 다만, 한해의 에너지가 반드시 1월 1일에 시작하고 12월 31일에 끝난다고 생각할 필요는 없습니다. 일 년을 결정한 것은 자연의 의지가 아니며 인간이 만든 방식에 불과하며 시간은 끊임없이 이어지기에 칼로 무 베듯 끊어지지 않습니다. 비록 달력은 1월 1일에서 시작하고 12월 31일에 마감하지만 작년 10월부터 올해의 기운이 들어올 수도 있고 3월부터 올해의 기운이 뚜렷하게 시작될 수도 있습니다. 그 변화의 시작은 각 세운에서 제공하는 열두 달의 특정한 달과 관련이 있습니다. 예로 丙申년의 경우 가을에 丁酉월을 맞이하기에 丙申년 丁酉월에 丁酉년의 기운을 일정부분 드러내기 시작합니다.

4)원국과 대운, 세운의 차이점

사주원국 월주를 기준으로 산출하는 대운과 매년 돌아오는 세운을 명확하게 구분해야 합니다. 五行, 十神을 활용한 生剋으로는 신기할 정도로 사주원국, 대운, 세운의 차이를 구분하기 어려운데 그 이유는 전혀 다른 기준점인 사주원국, 대운, 세운을 동일한 것처럼 섞어서 生剋을 활용하거나 用神을 대운, 세운에 대입해서 길흉을 판단합니다. 사주원국과 대운, 세운의 기준은 하늘과 땅처럼 상이하기에 명확하게 구분해서 활용해야 합니다. 그 차이를 살펴보겠습니다.

사주팔자는 높은 곳에서 낮은 곳으로 흘러가는 물처럼 년에서 월일을 지나 時로 흘러갑니다. 다만, 사주팔자 내에서의 시간방향이 순행도, 역행도 가능한 이유는 연월일시 시간단위가 상이하기 때문입니다. 비록 시간이 과거에서 현재, 미래를 향하지만 사주팔자에 존재하는 시간은 단일하지 않습니다. 예로 연월일시가 子丑寅卯의 경우, 宮位도, 시공간도 순차적이지만 子卯丑寅이라면 子水에서 卯는 순차적이고 卯에서 丑은 역류하며 또 丑에서 寅은 순차적이기에 시공간이 비틀리고 刑沖破害의 원인이 됩니다.

乾命			
時	日	月	年
庚辰	乙酉	戊午	癸卯

사주원국을 살피는 방법은 년에서 시까지 癸-卯-戊-午-乙-酉-庚-辰으로 순차적으로 살펴야 합니다. 사주원국에서 <u>시공간이 휘어진다는 의미</u>는 天干 癸戊乙庚과 地支 卯午酉辰 흐름에 비틀림이 발생한다는 것입니다. 만약 천간이 癸乙戊庚이라면 흐름이 순차적인데 乙과 戊가 바뀌면서 일정부분 뒤틀렸습니다. 地支는 매우 순차적입니다. 전체적으로 干支가 순행하기에 막힘이 없으니 천억이라는 엄청난 부를 축적하였다. 月支를 중심으로 살피면, 午月의 시공간에서 열매를 맺어야하는데 사주구조에서 그 행위를 적절하게 할 수 있는지 살펴야 합니다. 午月에 열매를 맺으려면 먼저 卯木이 필요하고 약간의 水氣도 필요합니다. 또 열매를 확장해야 재물 복이 커지는데 午火에 丙火가 있기에 乙丙庚 三字조합으로 열매를 확장하고 酉金으로 수확하고 酉辰으로 뻥튀기하여 폭발적으로 부풀립니다. 천억 부자인 이유입니다.

대세운의 시공간
대운과 세운은 마구 섞이면서 반응하지만 반드시 사주팔자 꼴대로만 반응합니다.

乾命				陰平 1963년 윤4월 20일 08:00							
時	日	月	年	82	72	62	52	42	32	22	12	2
庚辰	乙酉	戊午	癸卯	己酉	庚戌	辛亥	壬子	癸丑	甲寅	乙卯	丙辰	丁巳

이 팔자에 주어진 시공간 좌표를 정리해보겠습니다.

癸卯 - 癸水와 卯 공간의 地藏干 甲과 乙
戊午 - 戊土와 午 공간의 지장간 丙, 己, 丁.
乙酉 - 乙木과 酉 공간의 지장간 庚과 辛
庚辰 - 庚金과 辰 공간의 지장간 乙과, 癸와 戊

모두 정리하면 甲乙, 丙丁, 戊己, 庚辛, 癸로 十干 중에서 壬水를 제외하고 모든 시간을 품고 태어났습니다. 다만, 辰土에는 申子辰 三合운동을 갈무리한 壬水가 담겼습니다.

乾命				陰平 1974년 윤4월 24일 20:00							
時	日	月	年	83	73	63	53	43	33	23	13	3
戊戌	丙戌	庚午	甲寅	辛酉	壬戌	癸亥	甲子	乙丑	丙寅	丁卯	戊辰	己巳

수십 억 재물로 행복하게 살아가는 여명인데 모든 시공간을 정리하면 아래와 같습니다.

甲寅 - 甲과 地藏干 戊丙甲
庚午 - 庚과 地藏干 丙己丁

丙戌 - 丙과 地藏干 辛丁戊
戊戌 - 戊와 地藏干 辛丁戊

모두 정리하면 甲丙丁戊己庚辛으로 乙壬癸는 사주팔자에 없습니다. 따라서 乙壬癸가 운에서 들어오면 태어날 때 받지 못한 시간을 만나기에 어떤 반응을 보이는지 이해해야 합니다.

乾命				陰平 1963년 윤 4월 20일 08:00								
時	日	月	年	82	72	62	52	42	32	22	12	2
庚辰	乙酉	戊午	癸卯	己酉	庚戌	辛亥	壬子	癸丑	甲寅	乙卯	丙辰	丁巳

대운이 반응하는 방식을 살펴보겠습니다. 丁巳대운은 월지 午火의 地藏干 丁火가 透干하였습니다. 또 丙辰대운은 午中의 地藏干 丙火가 透干하였습니다. 두 대운은 모두 月支 궁위가 반응하였습니다. 乙卯대운은 年支 卯木의 地藏干, 時支 辰土의 地藏干이 透干하였고 일간 乙木도 함께 반응하였습니다. 甲寅대운도 年支 卯木의 地藏干이 透干하였습니다. 癸丑대운은 년간 癸水와 時支 辰土의 地藏干이 透干하였지만 壬子대운은 사주원국에 없는 시간이 도래하였습니다. 이처럼 탄생하여 사망까지 직선으로만 흐르는 사주원국 흐름과 달리 대운과 세운의 시간이 반응하는 방식은 전혀 순차적이지 않습니다.

乾命				陰平 1930년 1월 7일 14:00								
時	日	月	年	89	79	69	59	49	39	29	19	9
乙未	丙戌	戊寅	庚午	丁亥	丙戌	乙酉	甲申	癸未	壬午	辛巳	庚辰	己卯

己卯대운의 己土는 年支 午火의 地藏干 己土, 時支 未土의 地藏干 己土가 透干하였습니다. 庚辰대운의 庚金은 年干의 庚金과 동일하고 辛巳대운의 辛金은 戌土의 地藏干 辛金이 透干하였습니다. 또 壬午대운은 사주팔자에 없는 壬水의 시간이 도래하였고 癸未대운의 癸水도 숙명에 없는 시간입니다. 甲申대운의 甲은 월지 寅木의 地藏干 甲木이 透干하였고 乙酉대운은 時支 未土의 地藏干 乙木이 透干하였습니다. 따라서 대운의 시간이 도래한 宮位는 전혀 순차적이지 않고 마구 섞이면서 반응합니다. 여기에서 "순차적이지 않다"는 의미는 매우 중요합니다. 순서가 없기에 기준이 없고 물상, 사건, 사고를 추론하기 어렵습니다.

따라서 운세를 판단할 기준이 필요한데 가장 상위 기준이 바로 "宮位"입니다. 年支의 地藏干이 透干하면 조상, 근본터전, 국가자리에 변화를 암시하고, 月支의 地藏干이 透干하면 사회, 직업, 모친, 형제의 변화를 암시하고, 日支의 地藏干이 透干하면 부인, 개인재산, 내 육체, 개인의지의 변화를 암시하고, 時支의 地藏干이 透干하면 私的으로 추진하는 일의 변화, 자식의 변화가 발생합니다. 이처럼 宮位가 동할 때마다 宮位가 상징하는 의미를 이해해야 대운과 세운의 사건과 길흉을 분석해냅니다. 이런 기준이 없다면 미래에 발생할 사건, 사고들이 구체적으로 어떤 현상일 것이라는 기준이 없기에 五行, 十神 生剋으로 마구잡이식 판단을 할 수밖에 없습니다. 정리하면, 대운과 세운을 분석할 때는 반드시 地藏干이 반응하는 宮位와 시간방향을 살펴서 의미를 판단해야 五行과 十神의 마구잡이식 生剋 론에서 벗어납니다. 지금부터 사주원국, 대운의 기준을 참고하고 세운에 집중하여 사건을 분석해보겠습니다.

乾命				陰平 1952년 7월 16일 18:00								
時	日	月	年	81	71	61	51	41	31	21	11	1
癸酉	甲寅	戊申	壬辰	丁巳	丙辰	乙卯	甲寅	癸丑	壬子	辛亥	庚戌	己酉

1983년 癸亥년 부친사망 후 토지유산을 받고, 1992년 壬申년 토지가 수용되어 50억을 받았습니다. 1983년은 壬子대운 초입으로 壬水는 년에 있으며 일주 甲木을 향하는 시간방향이기에 甲日은 壬水 근본터전, 국가로부터 무언가를 받을 것임을 암시하고 그 대운의 핵심 사건이나 일임을 알려줍니다. 地支에서 申子辰 三合이 이루어지기에 戊土 터전에 홍수가 발생한 것처럼 불안정해집니다. 癸亥세운에 이르면 戊癸 합하고 癸甲戊 三字로 조합하자 月干 戊土부친이 사망했고 壬癸가 甲木을 향하기에 토지를 유산으로 받았습니다. 壬申년에도 年干 壬水가 甲木을 향하자 국가로부터 보상을 받았습니다. 이 방식은 에너지 파동과 時間方向으로 운세변화를 살핀 것입니다. 기억할 점은, 발생하는 모든 일이나 사건들은 반드시 "<u>사주팔자에 정해진 꼴대로만 발생</u>"한다는 점입니다.

乾命				陰平 1961년 8월 6일 00:00								
時	日	月	年	82	72	62	52	42	32	22	12	2
戊子	辛亥	丁酉	辛丑	戊子	己丑	庚寅	辛卯	壬辰	癸巳	甲午	乙未	丙申

2017년 6월초 상황입니다. 내과의사로 2017년 丁酉년 봄부터 주식으로 이득을 보고 있지만 무릎이 찢어져 육체가 상했고 임

플란트 2개를 치료중입니다. 사주구조는 명확하게 丁辛亥, 丁辛壬 三字로 丁火가 辛金에 열을 가하면 亥水에 풀어지고 子水에 전달됩니다. 이 三字구조의 특징은 총명하고 재물 복이 두텁습니다. 다만 金水가 많고 丁火 열기는 약하기에 火氣를 보충해서 계속 뻥튀기해야 재물이 마르지 않고 증가합니다. 시간에 戊土가 있기에 안정적인 공간을 확보했고 辛戌조합은 특별한 구조를 제외하고 박사급입니다. 의사를 하는 이유는 申酉戌 月은 숙살기운이 강해서 검경, 금융, 의사에 적합합니다. 대운이 초년부터 火氣로 흐르면서 金을 자극하여 水氣에 풀어지니 총명합니다. 辛卯대운은 辛金과 卯木으로 卯대운은 대략 57세 즈음이고 사주원국 子水에 이르렀습니다. 卯木은 사주원국에 없는데 운에서 들어와 강한 金水와 충돌하여 상합니다. 丁酉년이 오면 卯木 생기가 상하기에 무릎이 찢어졌고 丁酉월과 복음으로 亥水와 子水에 酉金이 풀어지니 인체의 가장 딱딱한 부위 치아에 문제가 생겨 치료합니다. 동일한 논리로 丁火에 자극받은 酉金이 亥水에 풀어지자 주식투자로 재미를 보는 중입니다. 이처럼 시공간이 반응하는 방식은 절대로 하나의 물상으로 발현되는 것이 아닙니다. 재물은 들어오지만 육체가 상하고, 육체에 문제가 없다면 재물손실이 발생합니다.

지금까지 사주원국의 시공간 구조를 살피고 대운과 세운의 반응방식에 대해서 살펴보았습니다. 동일한 논리로 세운을 기준으로 월운과 일운도 살필 수 있는데 모두 公的, 私的 시간이 공존합니다. 다만 반응방식은 동일하기에 생략합니다. 마지막으로, 매일 주어지는 에너지들의 작용방식에 대해서 간략하게 언급하고 넘어가겠습니다. 아래 내용들은 모두 2012년 7월 21일 10시 49분에 올라온 글들이며 이 시공간 좌표에서 사람들은 그 에너지에 영향을 받고 상응하는 사고방식, 행동을 드러냅니다.

1. 아침 7시 51분에 두 아들이 동시에 외국에 나가네요. 큰 아들은 닭띠로 丙午일주이고 일본으로 나가고 작은 아들은 돼지띠인데 뉴질랜드로 갑니다. 왜 이날에 해외이동 관련 글을 올릴까 생각해봐야 합니다. 또 무엇이 그런 글을 올리게 만들고 두 아들은 왜 해외로 가는지를 살피면 간지의 특징을 이해합니다. 日運 癸未에는 해외이동이라는 에너지 파동이 있음이 분명합니다.

乾命			
時	日	月	年
庚	辛	癸	乙
寅	亥	未	丑

이 사주원국 월주에 癸未가 있으며 해외, 역마의 에너지 특징이 강하기에 월주 宮位 16세에 캐나다로 유학가고 다시 중국에 유학하였으며 부친은 중동에서 건설업에 종사하셨습니다.

2. 1973년생 남자로 辛卯년에 군무원에 합격하여 섬에서 근무 중인데 癸巳년쯤에 육지로 나올 수 있는지 질문하였습니다. 이동에 대한 동일한 의문을 품은 날입니다.

3. 1953년 2월 10일생 여인은 관재가 동하여 힘들어 상담해보니 조상님이 화내서 천도 재를 올려드려야 하냐고 문의하였습니다. 癸未 일에 이런 질문을 하는 이유를 이해하려면 十宮圖 2를 살펴야 합니다. 壬癸는 영혼의 세계와 같은데 未土에 좌하여 영혼이 증발되어 정신이 혼미한 상태입니다. 따라서 정신을 다잡기 위해서는 영혼을 달래는 행위가 필요하기에 천도 재와 관련된 글을 올렸습니다. 정신적 방황이 아니라면 육체가 방황하는

데 해외로 떠나는 행위도 포함됩니다.

4. 61년생 여성은 癸未일에 제주도에 갈 예정이라고 합니다. 癸未 일에 이동을 이야기하는 이유는 하늘에서 주는 에너지대로 뇌가 반응하고 행동하기 때문입니다. 이 시공간은 公的으로 모두에게 주어지지만 반응이 다른 이유는 사주팔자 시공간 좌표가 상이하고 日運의 에너지와 사주팔자의 파동이 다르기 때문입니다. 그렇다면 왜 癸未干支는 이동의 속성을 가질까요? 未土는 亥卯未 三合운동을 완성했기에 더 이상 성장이 어려워 그 공간에서 멀리 떠나야만 합니다.

또 未土는 火와 金을 연결하는 공간이기에 그런 특징을 품었습니다. 성장을 멈출 수밖에 없는 未土에서 성장이 어렵다는 것을 느끼고 새로운 공간을 찾으러 떠나는 것입니다. 未土에서는 더 이상 발전이 어렵다는 것을 본능적으로 느끼는 겁니다. 또 未土에 좌한 癸水는 발산에너지로 봄에 乙木의 성장을 촉진하는데 활용하지만 未土를 만나면 午月부터 시작된 丁火 중력 작용으로 쓰임을 상실합니다. 또 未土의 地藏干 乙木은 성장을 완료하였기에 癸水의 가치를 적절하게 활용하지 못하기에 쓰임을 얻을 수 있는 공간으로 떠납니다. 이처럼 60개의 시공간 부호는 고유한 에너지 파동을 가졌으며 天干과 天干, 地支와 地支, 干支와 干支가 만나서 독특한 파동이 생기고 물형에 변화가 발생합니다. 지금까지 살펴보았던 사주팔자의 시공간 변화방식에 대해 간략히 정리해보겠습니다.

1.사주원국 年月日時가 순차적으로 흐르면서 각 宮位를 지날 때마다 물질, 육친, 공간, 환경에 변화가 발생합니다. 사주원국의 숙명은 대운, 세운과는 전혀 관련이 없기에 반드시 사주원국에

있는 8개의 글자를 활용해서 숙명을 읽어내야 합니다.

乾命			
時	日	月	年
丁未	丁巳	乙未	辛巳

이 사주팔자의 時間은 반드시 辛巳, 乙未, 丁巳, 丁未로 흘러가며 각 宮位에 존재하는 글자들은 대략 7-8년 단위로 바뀝니다. 7-8세까지는 辛金에 영향을 받으며 8세 이후에는 巳火의 에너지에 영향을 받습니다. 16세에서 23세까지는 乙木의 영향을 받고 30세까지는 未土의 영향을 받습니다. 에너지 특징을 살펴보면, 23세까지는 乙木이기에 적극적으로 육체를 활용하지만 24세 이후에는 未土에서 乙木의 활동이 둔해지거나 해외로 이동합니다.

2. 사주원국에는 두 종류의 상이한 시공간이 겹치는데 六親을 살피는 시공간과 個人의 일생을 살피는 시공간이 따로 또 함께 반응합니다. 六親宮位는 조부모, 부모, 배우자와 자식, 자식의 배우자를 살피는 방법으로 十宮圖 1을 활용합니다. 個人宮位는 年干에서 탄생해서 時支에서 죽음에 이르는 과정까지 직선의 시간으로 개인의 일생을 살피며 十宮圖 2를 활용합니다.

乾命			
時	日	月	年
丁未	丁巳	乙未	辛巳

육친을 살피는 방법은 年干 辛金을 조부, 년지 巳火를 조모 宮位로 분석합니다. 배우자를 살피려면 반드시 日支 宮位를 기준으로 살피고 배우자 十神을 참조합니다. 예로 부인은 財星, 남편은 官星입니다. 개인의 일생을 살피려면 辛巳에서 乙未, 丁巳, 丁未로 탄생에서 죽음을 향하는 흐름을 읽어야 합니다. 각 宮位는 日干의 정보를 제공하는데 일간이 처한 사회상황을 살피려면 월주 乙未를 분석하고 자식의 동태를 살피려면 時柱 丁未를 분석합니다.

3. 月柱를 기준으로 大運을 산출하는데 10년마다 바뀌며 각 대운은 사주원국에 결정된 숙명들 중에서 그 대운에 발생할 가장 핵심적인 사건이나 문제에 대한 정보를 제공합니다.

坤命				陰平 1998년 1월 19일								
時	日	月	年	85	75	65	55	45	35	25	15	5
癸巳	甲寅	甲寅	戊寅	乙巳	丙午	丁未	戊申	己酉	庚戌	辛亥	壬子	癸丑

월주 甲寅을 기준으로 대운을 산출하고 각 대운은 고유한 숫자 5를 가졌으며 10년마다 바뀌며 영향을 미칩니다. 壬子대운은 15세에서 24세까지의 시공간이며 그 시기에 가장 중요한 사건

이나 문제의 정보를 제공합니다.

4. 세운에서 변화가 발생하는데 1년 중 가장 핵심적인 사건이나 문제가 무엇인지 정보를 제공합니다.

乾命			
時	日	月	年
丁未	丁巳	乙未	辛巳

辛巳년에 태어난 이후 매년 干支가 변화합니다. 辛巳년을 기준으로 壬午, 癸未, 甲申, 乙酉 순서대로 흐르며 모든 생명체들에게 公的으로 부여된 시공간이자 각 개인에게 변화를 일으키는 원인입니다.

5. 월운은 한 달 단위로 변화하면서 그 달의 중심사건, 문제가 무언지 정보를 제공합니다.

乾命			
時	日	月	年
		丙寅	甲辰

甲辰년의 첫 달은 丙寅으로 甲辰년을 기준으로 丙寅월에 발생할 핵심사건, 문제를 암시합니다. 甲辰년을 기준으로 했기에 丙寅월도 공적 시공간과 사적 시공간이 공존합니다.

6. 24시간마다 하루가 바뀌며 그 날에 발생할 중심사건이 무엇인지를 알려줍니다.

乾命			
時	日	月	年
	壬午	戊寅	庚子

예로, 庚子년을 기준으로 戊寅월이 따르고 戊寅월을 기준으로 壬午 일이 따릅니다. 따라서 壬午일도 공적, 사적 시공간이 공존하며 하루에 발생할 사건이나 문제의 핵심이 무엇인지를 알려줍니다.

7. 2시간마다 시간단위가 달라지면서 중점 사건이 무엇인지 알려줍니다.

乾命			
時	日	月	年
乙巳	壬午	戊寅	庚子

壬午일을 기준으로 乙巳시는 2시간 단위로 받은 변화하며 그 시간에 발생할 사건이나 문제의 핵심이 무엇인가를 암시합니다. 이처럼 사주원국과 대운, 세운에는 다양한 시간단위가 존재하며 서로 물고 물리면서 변화를 일으키고 인생에 영향을 미칩니다. 시간단위에서 가장 중점적인 사건이나 문제가 무엇인지를 알려준다는 표현은 매우 중요합니다.

제 52강

◆時間 方向과 사주사례 249

이 내용은 <u>2014년에서 2015년</u> 사이에 강의한 것으로 10년이 지나 책으로 출판하고자 강의파일을 뼈대로 문어체로 교정한 것입니다. 시공명리학은 10년 이전부터 五行과 十神의 生剋 논리에서 벗어나 시간과 공간을 활용해서 사주구조를 분석하여 왔습니다. 사주명리를 학습한 경험이 있다면 쉽게 이해하지만 단 하나의 사주명리 이론을 정립하고 증명하는 것조차 어렵습니다. 지금까지 시공명리학은 25권이 넘는 책을 출판하는 과정에 모든 명리이론에 시간과 공간의 개념을 불어 넣어서 2차원 生剋에서 벗어나 지극히 현실적인 4차원을 활용한 사주명리로 거듭나고 있습니다. 시공명리학에서 활용하는 사주팔자 분석기법들 중에서 가장 핵심이론은 바로 <u>時間方向과 宮位</u>입니다. 宮位에 대한 자세한 내용은 宮位論에서 설명하였기에 이 章에서는 시간방향 개념을 확장해보겠습니다. 時間方向의 근본원리에 대해서는 책 時空學에서 天干을 위주로 설명했지만 地支의 刑沖破害, 夾字, 墓庫 등으로 확장하여 살필 수 있습니다. 時間方向이란 에너지와 같은 時間이 움직이는 방향을 표현하기에 天干을 중심으로 살핍니다. 다음 章에서 시공간이 반응하는 방식에 대해 자세히 살펴보겠지만 가장 근본적인 유형은 地支에 담겨진 地藏干(時間)이 대운, 세운에서 透干할 때 물형을 결정합니다. 표현을 바꾸면, 사주팔자 地支에서 刑沖破害가 아무리 복잡해도 가능성과 확률로만 존재할 뿐 스스로 물형을 결정할 수 없으며 반드시 刑沖破害의 地藏干이 透干할 때 비로소 상응하는 물형을 결정합니다.

우리는 평시에 "때가 되었다"는 표현을 자주 합니다. 비유하면, 45개의 번호를 담은 로또기계가 회전하다 하나의 숫자가 밖으로 튀어나오기 전에는 모든 숫자는 확률, 가능성으로만 존재합니다. 이런 상황이 바로 사주팔자의 地支입니다. 45개 중 하나의 공이 밖으로 튀어나오고 그 숫자를 보여줄 때에서야 그 실체를 확인할 수 있는 것처럼 사주팔자의 地支도 확률과 가능성으로만 존재하다가 실체를 드러내고 가능성을 현실로 바꿉니다. 무엇을 드러낼까요? 바로 地支에 담겨있던 地藏干(時間)의 실체를 드러내는 것입니다. 이처럼 地藏干은 자연이 사계를 순환하는 방식은 물론이고 사주팔자에서 어떤 사건이 언제, 어떻게 발생하는지를 알려주는 유일무이한 존재입니다. 사주명리 학습과정에 가장 먼저 地藏干의 원리를 학습해야 하는 이유입니다. 이처럼 사주팔자에서 운세를 분석하려면 로또기계가 회전하다 숫자 하나가 튀어나와 물형을 결정하는 과정이 어떤 시스템으로 이루어지는지 이해해야 합니다. 이 章에서 학습할 주요한 내용입니다.

사주원국 地支에 辰戌未 三字가 아무리 복잡해도 가능성으로만 존재할 뿐 상응하는 地藏干이 透干할 때 비로소 물형이 결정됩니다. 예로, 사주원국에 卯酉 沖이 있는데 어느 날 사망했다면 그 원인을 卯酉 沖에서 찾지만 실제로는 沖하는 地藏干이 透干할 때 비로소 사망 물상을 결정합니다. 따라서 정확한 표현은 卯酉 沖때문이 아니라 卯酉 沖에 관련된 地藏干이 透干했기 때문입니다. 이것이 <u>사주팔자 운세를 읽는 핵심</u>입니다. 아무리 사주원국 地支에 卯酉 沖이 있다고 해도 언제 卯酉 沖이 발생하고 해당사건이 발생하는지는 알 수 없습니다. 예로 사주팔자 원국 月과 日에 卯酉 沖이 있다면 각 宮位가 15년을 담당하기에 30년 과정에 반드시 卯酉 沖이 발생하겠지만 정확하게 몇 년, 몇 월, 며칠에 발생할지 분석할 방법이 없다는 겁니다. 이것이 바로 地支의 단점으로 시간과 공간, 氣와 質이 극명하게 다른 이유입니다. 사망이라는 사건이 발생해도 사주팔자를 분석할 기준이 없으면 그 이유를 알 수 없습니다. 格局, 用神, 十神 生剋, 五行 生剋, 조후, 일간 旺衰, 通根과 같은 모호하고 둔탁한 방법으로는 정확하게 언제 어떤 사건이 발생하는지 예측하기 어렵습니다. 사건이 발생하는 바로 그 순간을 분석하는 방법들이 아니기 때문입니다. 로또 기계에서 하나의 숫자가 튀어나오기 전까지는 무엇이 튀어나올지 모르듯, 사주팔자에서 卯酉 沖이 아무리 흉해보여도 가능성으로만 존재할 뿐 실제 사건을 확정한 것이 아닙니다. 가능성과 물형을 결정하는 것은 완벽하게 다른 상황임을 이해해야 운세를 판단하는 기본원리에 접근할 수 있습니다. 地支에 寅巳申 三刑이 있거나 운에서 三刑을 범하면 반드시 흉한 사건이 발생할 것이라고 상상하지만 地支는 靜하여 자발적으로 움직이고 변화할 수 없습니다. 반드시 寅巳申 三刑과 관련된 地藏干(時間)이 天干에 드러날 때 비로소 물형을 결정합니다. 또 寅巳申 세 글자가 동일한 상황에서 地藏干이 透干해도 물상이 상이한 이유는 바로 사주구조와 배열이 상이하기 때문입니다.

간단히 살펴도, 연월일시에서 寅巳申의 배열이 寅巳申, 巳寅申, 申巳寅, 申寅巳 등으로 다양합니다. 정리하면, 사주원국 地支에 寅巳申 三刑이 있다고 무조건 흉한 것도, 당장 三刑이 동하거나 지속적으로 반응하는 것도 아니며 天干에 地藏干이 透干해야 현실적으로 발현됩니다. 결국 時間方向의 핵심은 바로 天干입니다. 수시로 움직이고 변하는 것은 天干이며 地支는 가능성으로만 존재할 뿐 물형을 결정하지 못하는 이치입니다. 정리하면, 사주팔자에서 時間이 도래하는 것을 알 수 있는 방법은 바로 사주팔자 地支의 地藏干이 透干될 때입니다. 여자 사주팔자 원국에 官星이 없으면 남편이 없다고 주장하는 논리가 황당한 이유는 배우자 궁위인 日支가 반드시 존재하기 때문입니다. 남편을 판단하는 기준은 日支이며 十神은 참조에 그쳐야 함에도 宮位를 배제한 채 十神이 남편을 규정한다고 착각합니다. 十神을 참조할 수 있어도 사주원국에 남편에 해당하는 官星이 없다고 결혼할 수 없다는 논리는 옳지 않습니다. 사주원국에 官星이 없는 구조는 결혼할 시기의 대운, 세운에서 官星이 天干에 드러날 때 결혼합니다. 만약 결혼한 후라면 40세 즈음에 운의 天干에 官星이 드러나면 이혼, 사별합니다. 사주팔자 地支에서 아무리 심하게 이혼할 것임을 암시해도 그 의도가 天干으로 드러나야 비로소 이혼합니다. 生剋은 질량의 증감을 표현하는 방식으로 十干의 본질인 時間方向, 에너지 움직임을 살피지 못합니다. 바람이 분다, 돈을 투자하다, 밖으로 나가다, 부산에서 서울로 이사하다. 수입이 늘어났다와 같은 표현들에는 반드시 일정한 時間方向이 있습니다.

현실에서 時間方向을 갖지 않는 존재는 없습니다. 다만, 時間方向이 너무도 복잡하고 빨라서 속도를 따라잡지 못하기에 실체를 분석해내는데 애를 먹습니다. 양자물리학에서 주장하는 빛의 입자와 파동에 대한 혼동도 빠른 움직임을 분석해내지 못하기에 발생하는 문제입니다. 종교관점에서 살피면, 불교는 本性을 찾으라고 표현하는데 왜 찾지 못할까요? 요동치는 마음의 움직임을 따라잡을 수 없기 때문입니다. 육체를 유지하는 丁火 중력에너지와 정신을 지배하는 癸水 척력에너지가 끊임없이 충돌하면서 움직이고 변하기에 그 변화를 따라잡느라 정신을 못 차립니다. 불교에서는 우리의 정신을 지배하는 癸水의 움직임을 관찰하라고 요구하지만 육체를 지탱하는 丁火가 계속 癸水를 沖으로 자극하여 움직이고 변하기에 따라잡기 어렵습니다. 주제로 돌아와서, 우리의 생각과 행동은 물론이고 모든 사건을 결정하는 것은 時間인데 독특하게도 時間은 方向을 가졌습니다. 따라서 시간방향을 살펴야 사건의 본질을 분석해냅니다. 癸水를 암흑에너지라고 표현하는데 그 움직임을 명확하게 이해하기 어렵습니다. 辛金이 乙木을 沖하면 물리적 접촉이 전혀 없고 사주팔자 내에서 발생한 沖임에도 정신병에 걸리거나 뇌의 일부가 사라지는 현상도 있습니다. 흔할 정도로 발생하는 현상들이기에 믿을 수밖에 없습니다. 이처럼 癸水는 인간에게 직접적인 영향력을 행사하지 않는 것처럼 보이지만 실제로는 직접 인체에 영향을 미쳐서 정신병이나 육체손상과 같은 문제를 일으킵니다. <u>時間方向이 발생하는 원인</u>에 대해 살펴보겠습니다.

첫째, 時間은 일차원으로 흘러가지만 우리는 그 실체를 이해하지 못합니다. 지구가 회전하지 않고 물질이 존재하지 않다면 시간의 존재도 알 수 없습니다. 결국 時間은 인간이 만든 척도에 불과할지도 모릅니다. 일정한 시간단위를 관찰하고자 시계를 만들었지만 지구가 일정한 속도와 방향으로 회전하기에 가능한 일입니다. 최근에는 시간이 흐르지 않는다는 주장이 설득력을 얻고 있는데 시간이 흐른다는 환상에 빠져있는지도 모릅니다. 고대에서 현대까지 사주명리에 時間方向을 활용하지 않았습니다만 지구가 일정 방향으로 회전하기에 時間이 일정한 방향으로만 흘러가는 것은 당연한 이치입니다. 이 원리를 확장해보겠습니다. 사주원국 시간방향은 연에서 월, 월에서 일, 일에서 시로만 흘러가며 활용하는 시간단위는 15세, 30세, 45세, 60세로 판단합니다. 독특한 점은, 사주팔자 宮位의 시간단위는 상이하며 년은 365일, 월은 30일, 일은 24시, 시는 2시간 단위이지만 사주팔자라는 틀로 묶이고 상이한 시간단위가 함께 섞이면서 刑沖破害라 불리는 이론이 생겨났습니다. 우리가 활동하는 지구에는 두 종류의 시간단위가 있는데 거시적 시간단위로는 굵직한 사건을 살피고 미시적 시공간으로는 물형을 명확하게 결정해야 합니다. 거시적 시공간은 대운, 세운처럼 시간단위가 넓고 길어서 물형을 즉시 결정하지 못하며 월운을 지나고 일운, 시운에서 확정합니다. 하지만 미시적 시공간에서는 양자물리학처럼 동시다발로 움직이고 변하기에 그토록 빠른 움직임을 분석하려면 刑冲破害를 활용해야 합니다. 일상에서 찾기 어려운 미시적 시공간을 활용하는 사례는 인체내부의 움직임으로 양자물리학의 미시적 움직임과 다를 바 없습니다. 극히 짧은 시간단위를 활용해서 인체의 균형을 맞추고자 끊임없이 움직이고 변합니다. 이런 이유로 인체내부에서는 과거, 현재, 미래가 동시다발적으로 반응합니다. 갑자기 뇌출혈로 쓰러지는 경우는 미시적인 시간단위에서 발생하는 현상입니다.

둘째, 十干조합 예로. 甲甲, 甲乙, 癸乙로 조합할 때 그 시간방향과 움직임이 동일하지 않습니다. 陽陽과 陰陰이 조합하면 느리고 陽陰과 陰陽이 조합하면 빠릅니다. 이런 특징은 성격, 취향 등을 결정합니다. 성질이 매우 급하거나 느긋하다는 개념인데 물론 陰陰, 陽陽으로 조합해도 빠른 구조와 느린 구조가 있습니다. 예로 癸乙, 丙庚, 丁辛은 陰陰, 陽陽 조합임에도 움직임이 빠르고 급합니다. 특히 癸乙, 丁辛은 陰氣(물질)를 빠르게 완성해야 하기에 癸水가 에너지를 폭발적으로 방사해서 乙木을 좌우로 확산시킵니다. 丁火도 열기를 폭발적으로 방사해서 辛金을 수렴하게 만들어 씨종자를 완성합니다. 따라서 陽陽, 陰陰으로 조합해도 글자특징과 시공간에 따라서 움직임과 속도가 크게 달라집니다.

셋째, 十神의 時間방향 예를 들어보겠습니다. 官星은 오르막길이라고 표현한 이유는 현재의 물형을 새로운 물형으로 바꾸라고 요구하기에 변화과정이 힘들기 때문입니다. 예로, 5급 공무원으로 근무하다 문제가 발생하여 그만두고 갑자기 장사하는 상황에 내몰리면 육체, 정신, 물질적으로 힘들어질 수밖에 없습니다. 나이가 들면 육체의 움직임이 느려지고 질병에 시달리는 이유와 동일합니다. 偏官 운에는 직장을 바꾸라고 요구하기에 변화를 감당하는 것이 불편하고 시비나 관재구설에 시달리는 물상도 유사한 이유입니다. 이런 時間은 역류하는 것처럼 불편합니다. 比劫, 食傷, 財星의 시간방향은 官星과 달리 순탄하고 막힘없이 흘러갑니다. 이처럼 十神 중에서 시간을 역류시키는 움직임은 官星뿐입니다. 물론 印星은 시간흐름이 크게 느려집니다. 예로, 乙亥干支는 乙木의 좌우확산 움직임이 亥水에서 응결되기에 시간이 느리게 흐릅니다. 지구가 동일한 방향으로 회전한다는 원칙을 이해하면 사주팔자의 시간방향 개념은 어렵지 않게 이해합니다. 과거에는 시간과 공간을 사주팔자에 활용하지 못했기에 시간방향을 이해하지 못했을 뿐입니다. 특히 四季圖를 기준으로 四季의 순환방식에 일정한 시간방향이 있음을 살펴보았습니다.

과거에는 丙壬이 만나면 "강휘상영"이라고 표현했지만 時間方向이 없기에 壬이 丙을 향하는지 丙이 壬을 향하는 모른 채 "강휘상영"이기에 모두 좋다는 오해를 했습니다. 예로, 丙壬의 시간방향은 壬水가 丙火를 향해가지만 절반만 살핀 것에 불과합니다. 丙火도 壬水를 향하지만 반드시 丁火를 활용해서 壬水에 이릅니다. 마찬가지로 壬水도 丙火를 직접적으로 향하지 못하고 반드시 癸水를 활용해서 丙火로 갑니다. 壬丙, 丙壬이 순환하는 과정에 癸丁이 중개역할을 하는 이유입니다. 丙壬은 沖하기에 절대로 직접 접촉하지 못하고 조절해줄 대상이 필요한데 바로 癸水, 丁火, 甲木, 乙木, 庚金, 辛金 등으로 소통해줄 인자가 필요합니다. 물론 壬水는 丙火를 沖해서 丁火를 얻고 丁壬 合하여 水火가 조화를 이룹니다. 丙壬은 水火로 주로 정신을 활용하는데 사주팔자에 어떤 글자와 조합하는지 살펴야 합니다. 丙壬 沖해서 무엇을 원하는지 다른 글자들과의 조합을 종합해서 판단하는 겁니다. 예로, 년과 월에 壬子와 丙午, 癸亥, 丁巳와 같은 조합이라면 木金이 섞이지 않았기에 주로 종교, 명리, 철학, 교육과 같은 물상을 활용합니다. 물질을 활용하면 주로 예술, 홍보, 광고, 전자제품처럼 빛을 분산하는 물상으로 무에서 유를 창조하는 직업에 활용합니다. 정리하면, 壬水는 丙火를 향하고 丙火는 壬水를 향하지만 丙火는 壬水를 원하지 않기에 불편해 합니다.

壬癸丙丁이 어떤 시간방향을 갖는지 살펴보겠습니다. 癸水와 丁火는 壬丙의 입장을 대변해서 둘 사이의 氣가 유통되도록 조절하는데 壬水가 癸水를 향하는 의미를 十神으로 살피면 比肩이 劫財를 향하는 겁니다. 즉, 甲은 乙을 향하고 丙은 丁을 향하고 壬水는 癸水를 향합니다. 이렇게 정해진 시간방향은 바뀔 수 없습니다. 물론 사주구조에 따라서 비틀릴 수는 있어도 比肩이 劫財를 향하는 근본속성은 바뀌지 않습니다. 또 癸水가 丙火를 향하는데 이해하기 어려워하는 이유는 生剋 논리 때문입니다. 고전명리는 生剋을 활용하기에 癸水가 丙火를 극하는 것으로만 인식합니다. 하지만 자연의 순환원리에서 보여주는 시간방향은 봄에 癸水 발산에너지가 온기를 올려주기에 여름에 丙火 분산에너지가 생겨납니다. 癸水가 丙火를 향하는 시간방향은 틀림이 없습니다. 물론 癸水의 에너지 특징은 점점 丙火로 바뀌면서 휘발되기에 존재가치를 상실하지만 癸水 때문에 여름에 후덥지근한 습도가 생겨납니다. 未月에 이르면 丁火가 丙火를 수렴하여 壬水를 모으기 시작하기에 申月에 水氣는 하강하고 습도가 낮아지면서 천고마비의 계절이 찾아옵니다. 이런 이치로 午未申月을 지날 때 덥고 습하다가 갑자기 건조해지기 시작합니다. 丙火만 있으면 여름의 습기는 생겨날 수 없지만 癸水가 丙火를 향하기에 열이 가해지면서 후덥지근합니다. 이처럼 자연은 봄과 여름에 癸水, 丙火, 丁火를 활용해서 새싹을 키우고 열매를 맺어서 익힙니다. 결국, <u>癸水가 丙火를 극한다는</u> 인식은 五行의 生剋작용만을 살핀 것으로 癸水가 丙火를 생하는 이치를 이해하지 못한 겁니다. 다양하게 사주사례를 분석해보면 癸水가 丙火를 극하는지, 생하는지 명확하게 이해할 수 있습니다. 癸水가 丙火를 생하는 지극히 자연스러운 이치는 五行 生剋을 뛰어넘어야 비로소 보이는 겁니다. 물론 亥子丑月인지 巳午未月인지를 살펴야 하는데 亥子丑月에는 丙火가 빛을 빼앗기고 巳午未月에는 癸水가 증발하지만 癸水와 丙火가 만나면 무조건 水剋火로 丙火를 극한다는 단조로운 생각에서 벗어나야 합니다. 癸水가 癸亥, 壬子 月에 태어나면 丙火가 빛을 상실하지만 丙火가 없다면 사주팔자 쓰임이 크게 낮아지는 이유는 壬子와 癸亥는 丙火 빛이 없다면 그 가치를 활용할 수 없기 때문입니다. 흘러 다니는 물에 불과한 壬子와 癸亥가 丙火를 활용하면 甲木, 乙木 生氣를 키울 수 있습니다. 이런 이유로 壬子, 癸亥는 丙火를 향하는 시간방향을 가졌습니다. 만약 丙일 여성이 사주팔자에 壬子, 癸亥가 많다면 많은 남자들이 丙火를 찾아와 빛을 달라고 조릅니다. 官殺이라고 무조건 흉하다고 판단할 수 없는 이유는 丙火가 반드시 필요한 水氣들은 보물단지와 같은 丙火를 애지중지 감싸기 때문입니다. 正, 偏官 혼잡이라고 무조건 괴롭히는 것이 아니며 오히려 뭇 남성들의 사랑과 보호를 받습니다. 生剋으로는 이해하지 못하는 오묘한 이치입니다.

坤命				陰平 1956년 5월 25일 12:00								
時	日	月	年	89	79	69	59	49	39	29	19	9
甲午	辛未	甲午	丙申	乙酉	丙戌	丁亥	戊子	己丑	庚寅	辛卯	壬辰	癸巳

미인이며 재산도 많고 자식들도 명문대를 졸업했습니다. 남편은 丁亥년에 뇌졸중으로 쓰러졌다가 회복했지만 수족이 약간 불편합니다. 丁亥년에는 사주원국에 없던 亥水가 오자 辛金이 갑자기 탄성이 생겨 총알처럼 튀어나가면서 甲을 찌르고 丙火 남편으로 가는 피의 흐름이 막히자 뇌졸 증이 발생했습니다. 이 여인은 남편의 극진한 사랑을 받습니다. 辛未일주는 기본적으로 결혼이 불미하고 辛金이 필요한 水氣가 전혀 없고 火氣만 가득하며 관살 혼잡으로 여러 번 결혼할 팔자인데 실제 상황은 정반대로 부자요 남편의 지극한 사랑을 받습니다.

그 이유를 時間方向으로 분석하면, 辛金은 바른 지도자 강력한 火氣를 흡수하기에 방탕하지 않고 통제력을 유지하며 水氣의 반발도 없기에 남편은 물론이고 식구들, 주위로부터 반드시 필요한 인물입니다. 많은 火氣들은 자신의 존재가치를 발휘하려면 반드시 金氣가 필요한데 사주팔자에서 유일하게 일간 辛金만이 그 역할을 담당합니다. 五行이나 十神 生剋으로 분석하면 이해할 수 없는 논리입니다. 관살혼잡이기에 남자들로부터 고통을 받아야 함에도 많은 남자들이 오히려 여인에게 잘 대해줍니다. 丙火가 반드시 필요한 壬子, 癸亥의 상황을 보겠습니다. 丙火에게 잘 대할 수밖에 없는 이유는 <u>丙火를 활용해야 壬子, 癸亥의 쓰임을 얻기 때문</u>입니다. 이처럼 癸水가 丙火를 생하는 이치를 이해해야 전혀 보이지 않던 에너지 움직임이 보입니다. 癸水가 丙火를 향하는 것은 진리입니다. 또 丙火는 丁火를 향하고 결국 丁火는 다시 壬水를 향합니다. 이것이 壬水에서 시작한 시간방향이 壬癸丙丁으로 순환하는 방식입니다. 물론 자연에서 결정된 時間方向은 일정방향으로만 흐르지만 양자세계와 같은 사주원국은 시간방향이 어디로 향할지 예측하기 어렵습니다. 사주원국의 시간방향은 연월일시로 순차적으로 흐르지만 대운과 세운은 원자처럼 어디로 튈지 모릅니다. 그 빠른 움직임을 인간의 능력으로는 관찰할 수 없기에 사주팔자를 분석하는데 애를 먹는 겁니다. 에너지의 움직임이 물형을 결정하는 속도를 인간의 능력으로는 따라잡지 못하는 겁니다. 만약 인간이 빛, 원자, 에너지의 움직임을 눈으로 따라잡는다면 사주팔자를 분석할 필요도 없었을 겁니다.

乾命			
時	日	月	年
癸	壬	丁	辛
卯	子	酉	亥

丁火가 壬水를 향하고 酉金이 子水를 향하기에 丁辛壬 三字로 모든 재물이 日柱를 향해옵니다. 하지만 46세 이후에는 壬水가 만들어낸 癸水가 壬水와 合하는 丁火를 沖으로 거부합니다. 따라서 丁火가 壬水를 향하는 시간방향이 비틀리고 상할 수밖에 없습니다. 이런 이치를 추론하면 동업자, 직원, 후배 때문에 재산을 탕진할 수 있습니다.

다행한 점은 壬子에서 癸卯로의 흐름이 순차적이기에 심각한 정도는 아닙니다. 乙未년에 未土가 亥水와 子水의 흐름을 막아서 탁해지면 酉金이 卯木을 沖하는 정도가 강해지면서 卯木 生氣가 상하기에 질병에 시달리거나 육체가 망가지거나 재산을 탕진할 수 있습니다. 실제로는 건강이 좋지 않아서 고생하였습니다.

乾命			
時	日	月	年
壬	丙	癸	乙
辰	午	未	亥

癸水는 乙木을 향하면서도 동시에 丙火도 향하기에 癸水의 마음은 산만합니다. 이런 구조는 운에 따라 시간방향이 크게 달라집니다. 壬水는 癸水를 향하지만 문제는 夾字로 끼어있는 丙火가 沖으로 상합니다. 사주원국 구조대로 壬水가 癸水에 이르려면 반드시 丙火를 충해야 하며 직접 癸水를 향할 수 없습니다. 이런 구조를 夾字라 부르는데 무조건 길하거나 무조건 흉한 것이 아니며 사주구조에 따라 길흉이 달라집니다. 이 구조는 丙壬으로 沖하기에 불편합니다. 운을 대입해보겠습니다. 2015년 乙未년을 만나면 癸水는 시간방향대로 년의 乙木을 향해갑니다. 이 의미를 宮位를 활용해서 분석하면, 月干에 머물던 癸水가 년의 宮位를 향하기에 日干과 月干의 거리가 멀어집니다. 年柱는 부친 癸水의 사회 宮位에 해당하기에 부친이 지방의 사무소로 이동했습니다만 丙火아들이 癸水 부친을 너무도 싫어해서 억지로 이동했다고 합니다.

물론 아들이 부친을 싫어하는 것도 운의 장난일 뿐 계속 부친을 싫어하는 것은 아닙니다. 未月에 좌한 부친 癸水가 丙火를 향하지만 未월에 午火, 辰土로 水氣가 필요함에도 癸水는 午未에 증발되고 丙午에게 반드시 필요한 庚申도 없으니 丙火는 할 일이 없고 癸水는 庚申의 도움도 받을 수 없습니다. 이런 이유로 癸水가 丙火를 향하는 움직임을 기뻐하지 않습니다. 丙火는 당장 庚申을 만나야 자신의 에너지를 효율적으로 활용하는데 癸水

가 未月에 후덥지근한 기운을 쏟아내니 아들이 부친을 싫어하는 겁니다. 이것이 사주팔자에 정해진 時間方向으로 운명을 결정하는 중요한 인자입니다. 동일한 이치를 生剋으로 분석하면, 癸水가 丙火를 극한다고 인식합니다. 乙木이 있기에 官印相生이요 丙午, 未로 日干이 강하기에 癸水 正官을 두려할 필요도 없음에도 아이가 부친을 싫어하는 이유를 설명할 수 없습니다. 운명은 사주구조가 결정한다는 개념을 확립해야 동일한 글자라도 구조에 따라서 상이하게 반응하는 이유를 이해합니다.

乾命			
時	日	月	年
戊	丙	甲	庚
子	子	申	申

申月이기에 甲木은 丙火를 간절히 필요로 합니다. 마침 일간이 丙火이기에 부친 甲木은 丙火를 기뻐합니다. 이 자식이 태어난 후 부친이 발전하였다는 것을 알기에 아들이 좋을 수밖에 없습니다. 부친은 직장생활 하다 원단사업을 시작해서 돈을 많이 벌었고 아들을 중국으로 유학 보내서 편히 살도록 했습니다. 현재는 부친과 원단사업 하는데 부친은 丙火를 곁에 두면 기분이 좋아집니다. 이처럼 육친의 동태와 관계도 사주원국에 정해져있습니다. 물론 운에 따라서 변하지만 기본관계는 숙명처럼 형성되어 있습니다. 時間方向은 甲木이 빠른 속도로 丙火를 향하고 庚金도 甲木을 향하고 丙火는 庚金을 향하여 빛을 방사해서 열매를 확장합니다. 이런 시간방향의 의미를 풀어보면, 부친 甲木은 丙火를 만나기 전까지는 열매를 수확할 수 없기에 사업할 엄두조차 내지 못했지만 丙火아들이 태어나자 갑자기 년과 월에 매

달린 庚申열매들을 확장할 욕망이 생겨납니다. 물론 수많은 庚申은 열매의 가치를 높이려면 반드시 부친 甲木이 필요하므로 사회에서 활동하는 부친의 존재가치가 높은데 丙火 자식이 태어나면서 더욱 효율적으로 甲木을 활용하기에 사업을 시작하고 발전하였습니다. 부친이 복덩이 丙火 자식을 곁에 두려는 이유입니다. 丙火도 부친과 함께하는 것을 좋아하는 이유는 부친이 소유한 庚申을 활용해야 돈을 벌 수 있기 때문입니다. 부친과 함께하면 열매를 수확할 수 있으니 좋은 겁니다. 또 丙火는 戊土에 빛을 방사하기에 안정적인 터전을 얻었습니다. 다만 약점은 丙庚과 甲木만 있기에 乙丙庚 三字조합을 적극적으로 활용할 수 없고 丙火가 戊土에게 빛을 비춰도 子水에 있기에 어두워서 활용도가 떨어집니다.

물질의 時間방향을 보겠습니다. 木金은 甲乙庚辛으로 순환합니다. 甲乙庚으로 갔다가 辛甲으로 돌아옵니다. 甲庚과 乙辛은 상반된 기운이기에 충돌하므로 甲이 乙로, 乙이 庚과 합하는 방식으로 이어지고 순환합니다. 따라서 甲이 乙을 향하는 시간방향과 乙이 庚을 향하여 시간방향은 불변입니다. 또 庚이 辛을 향하고 辛이 甲을 향하는 시간방향도 바뀔 수 없습니다. 지구가 일정한 방향으로 회전하는 한 절대적인 원칙입니다. 하지만 壬癸丙丁, 甲乙庚辛이 사주팔자에서 조합하면 상이한 시간방향이 파생됩니다. 壬과 癸는 甲乙을 향해서 성장을 주도합니다. 水氣는 木氣를 향하기에 壬水가 甲을 향하고, 癸水가 乙木을 향하는 움직임은 매우 적절하지만 壬水가 乙木을 향할 수 있고, 癸水도 甲木을 향할 수 있습니다. 즉, 순환하는 시간방향은 결정되어 있지만 사주팔자에서는 시공간의 종류에 따라 호불호가 갈립니다. 이것이 바로 時節 개념입니다. 시간방향을 속도로 살펴보겠습니다. 壬甲으로 조합하면 壬水가 甲을 향하는 움직임이 느리지만 시공간이 매우 적절합니다. 壬乙 조합의 움직임은 굉장히 빠르지만 시공간이 적절하지 않기에 가치가 낮거나 효율적으로 활용하지 못하거나 왜곡시켜서 활용합니다.

乾命				陰平 1954년 11월 12일 02:00								
時	日	月	年	81	71	61	51	41	31	21	11	1
己丑	丙申	乙亥	甲午	甲申	癸未	壬午	辛巳	庚辰	己卯	戊寅	丁丑	丙子

입만 열면 거짓말을 하고 겉으로는 착한 척하나 속으로는 독을 품었으며 재물, 여자, 이름 모두 가짜라고 합니다. 진짜처럼 보이는 유령회사의 사기꾼입니다. 년지 寅午戌 三合을 기준으로 亥子丑은 저승사자에 해당하기에 입만 열면 거짓말을 합니다. 겉으로는 乙丙으로 착한데 속에서는 독을 품은 이유는 亥水 겁살로 午火 장성을 빼앗으려하기 때문입니다. 또 亥水 위의 乙木은 壬乙로 해수에 의해 응결되어 그 가치를 왜곡해서 활용합니다. 이런 행위를 하는 자를 저승사자라고 부릅니다.

坤命				陰平 1955년 7월 12일 08:00								
時	日	月	年	83	73	63	53	43	33	23	13	3
甲辰	壬戌	甲申	乙未	癸巳	壬辰	辛卯	庚寅	己丑	戊子	丁亥	丙戌	乙酉

멀리서 보면 아름답지만 가까이 보면 온통 가시, 속 빈 강정이며 마음이 독한 꽃뱀이라고 합니다. 년지 亥卯未 三合을 기준으로 申酉戌이 저승사자로 한탕을 노립니다. 대운도 어두운 밤길

을 걷습니다. 특히 壬乙로 세치 혀가 전혀 진실 되지 않습니다. 壬乙己와 壬己乙조합은 차이가 크다고 설명했는데 모두 時間方向과 時節때문에 발생합니다. 時間方向은 生剋에서 주장하는 生의 개념과는 전혀 다릅니다. 生은 단순히 질량의 증감을 표현할 뿐 더 이상의 의미 확장은 불가하지만 시간방향은 다양한 각도에서 의미를 분석해낼 수 있습니다. 예로, 壬이 乙을 생하는 것과 壬이 甲을 생하는 것의 쓰임과 가치는 크게 다릅니다. 이런 차이를 분석해야 사주팔자 그릇을 읽어냅니다. 시간방향은 두 글자의 時節에 따라 호불호가 존재하고 속도에 따라 성취도가 달라집니다. 예로, 癸水는 乙木을 빠른 속도로 키워내지만 癸水가 甲木을 키우려 해도 시공간이 적절하지 않으니 빠를 수 없고 가치도 낮습니다. 심리상태를 분석하면, 癸乙은 온화하지만 癸甲은 조급하고 폭력적입니다. 壬乙보다 더 이상한 조합이 癸甲으로 기본적으로 성정이 거칠기에 싫어합니다. 癸甲은 癸水의 만물을 이롭게 하려는 본심과 겉으로 드러난 甲木의 행위사이에 괴리가 발생합니다. 자신의 의지와 다르게 적절하지 않은 행동으로 오해를 받습니다.

분명히 생각했던 말은 이것이었는데 癸水가 폭발하면서 갑자기 거친 말들이 쏟아집니다. 비유하면, 상대를 좋아하는데 입에서는 욕이 나오는 것으로 겉과 속이 너무 다른 이유는 癸水와 甲木이 만나면 활용하는 時節이 적절하지 않기 때문입니다. 丙丁을 살펴보겠습니다. 丙도, 丁도 庚辛을 향해갑니다. 다만, 十神처럼 丙火가 庚金을 만나면 剋하면서도 偏財로 큰 재물이요, 丁火가 庚金을 만나도 剋하면서도 正財로 월급이라는 논리는 2차 방정식에 불과합니다. 時空間, 時節, 時間方向과 속도를 감안하면 두 관계가 얼마나 큰 차이인지 이해합니다.

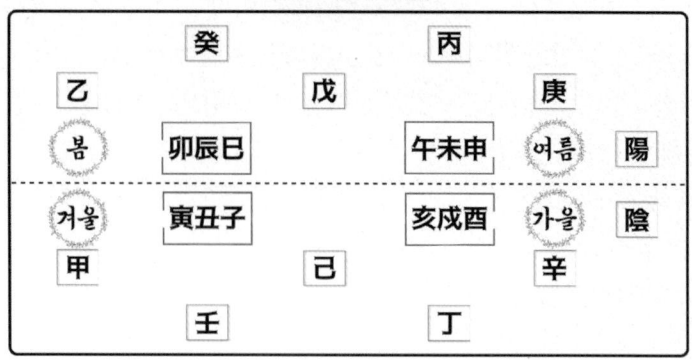

四季圖 이치대로 丙火는 庚金을 좋아하고, 丁火는 辛金을 기뻐합니다. 丙火는 庚金을 너무도 좋아하기에 집착하는 문제가 발생할 수 있고 사주구조에 따라 庚金이 심하게 상하면 재산을 탕진하거나 살인을 저지르거나 자살할 수 있습니다. 마약처럼 庚金을 탐닉하다 패가망신 하는 겁니다. 예로, 사주원국에 丙午가 있는데 운에서 庚申처럼 튼실한 열매가 아니고 庚午, 庚寅처럼 무기력하게 들어오면 사업하다 쫄딱 망할 수 있습니다. 그 외에도 庚金을 탐닉한 대가로 다양한 문제가 발생하는데 돈을 위해서 살인도 저지릅니다.

丙庚조합의 문제를 辛金으로 해결할지 己丑으로 丙火의 기세를 누그려 활용할지 사주구조에 따라 판단해야 합니다. 火氣가 탱천한 상황에서 辛金이 丙火의 기세를 안정시킬 수 있는 이유는 辛金 내부에 火氣를 품을 수 있기 때문입니다. 물론 火氣가 가득차면 반드시 壬水를 만나야 씨종자로서의 가치를 발휘하기에 辛金은 丙火와의 合을 선호하는 것은 아닙니다. 마찬가지로 庚金이 강력한 丙火를 만났을 때는 壬水를 적절하게 배합하지 못하면 심하게 상할 수 있습니다. 차이점이라면 辛金은 丙火와 合

해도 녹아나기는커녕 丙火의 기세를 잡아먹습니다. 바로 丙辛 合의 이치로 丙火가 탱천하면 辛金으로 처리하는 이유입니다. 동일한 이치로 丁火는 辛金을 만나면 탐닉하듯 열기를 방사합니 다. 丙火와의 차이는 辛金 내부에 열기가 가득차면 丁火의 열기 가 부담스럽고 고통 받을 수 있습니다. 이처럼 辛金은 丙火 빛 을 감당할 수 있지만 丁火 열기를 감당하기 어렵습니다. 이것이 丙丁의 차이점입니다. 辛金은 내부에 열기를 가득 충전하면 씨 종자로 완성되었는데 추가로 丁火 열기를 가하면 견디기 힘들어 합니다. 비유하면, 배가 터지도록 먹었는데 더 먹으라고 괴롭히 는 상황입니다. 이때 문제는 辛金이 水氣를 만나면 엄청난 반발 력으로 총알처럼 튀어나가거나 주위의 木氣를 잘라버립니다. 辛 日 丁月 여인을 본 적이 있는데 얼굴도 몸도 심보도 틀어져 있 습니다. 물론 丁火가 偏官이기에 辛金이 고통 받아서 틀어진다 고 이해할 수 있습니다.

만약 고통 받던 辛金이 운에서 壬水, 癸水를 만나면 총알처럼 튀어 나가거나, 甲乙을 잘라 버리기에 정신이상, 교통사고, 질병 으로 시달리거나 육체가 상하거나 자학하거나 우울증에 시달리 거나 심하면 살인도 저지릅니다. 담배로 자해하는 경우도 모두 이런 구조들입니다. 丁火가 辛金에 열을 가하면 壬水, 癸水를 향해 튀어나가는데 그 성향이 다릅니다. 辛金과 壬水는 시공간 이 적절하기에 흐름이 순차적이고 壬水의 응축에너지 때문에 내 부를 향합니다. 하지만 辛金과 癸水는 시공간이 적절하지 않을 뿐만 아니라 내부를 향하는 辛金의 움직임이 癸水의 폭발력으로 다시 밖을 향해 튀어나가 버립니다. 이에 따라서 辛金의 物形이 극도로 불안정해지기에 酉子 破라고 불렀습니다. 동일한 이치로 여름에 丙火가 庚金을 확장하려면 반드시 후덥지근한 습기 癸 水를 필요로 합니다. 庚金이 상할 수 있기에 癸水를 배치해서 습도를 맞춰서 열매가 적절하게 익도록 합니다. 癸水는 丙火를 향하고 여름에 증발되기에 庚金을 활용해서 丙火의 기세를 줄임으로써 癸水를 방어합니다. 이것이 바로 庚년에 癸未월 조합이 좋다고 하는 이유입니다. 庚년 壬午월, 庚년 癸未 월은 壬癸가 午未에서 증발하는데 특히 癸水의 발산에너지가 未土에 수렴당하면 문제가 심각한데 庚金이 火氣를 축적한 후 癸水를 안정시킵니다. 결국 火氣를 해소하는 것은 庚金으로 극히 이중적인데 火氣의 도움을 받아서 부피를 확장하면서도 빛을 열로 바꾸어서 축적합니다.

坤命			
時	日	月	年
壬辰	丙辰	辛卯	辛亥

辛金은 卯木을 만나면 즐거워합니다. 어떻게 활용할까를 고민하지만 卯木은 辛金을 만나면 성정이 거칠어집니다. 날카로운 辛金을 어떻게 피하나 긴장하면서 방어모드를 취합니다. 이런 성향이 지나치면 조폭, 깡패, 자학, 학대와 같은 물상으로 발현됩니다. 辛金은 卯木의 존재를 거부하고 무시하기에 偏官을 만난 卯木은 거칠어질 수밖에 없는 겁니다. 눈치 빠른 卯木은 자신을 구원해줄 상대를 찾는데 이 사주원국에서는 일간 丙火가 辛金의 날카로움을 해소해주기에 卯木은 丙火를 향하는 시간방향을 가졌습니다. 이런 움직임의 의미를 풀어보면, 모친은 수많은 金들의 날카로움을 해소해주는 일간 丙火에게 마음이 갑니다. 물론 기본적으로는 木生火로 이어지기에 당연히 卯木은 丙火를 향하지만 그 심리상태는 사주구조에 따라서 매우 간절할 수도, 덤덤

할 수도, 아주 둔감하게 丙火를 향하거나 오히려 싫어할 수도 있습니다. 十神으로는 사주구조에 상관없이 印星이라 부르기에 동일한 가치로 인식하지만 사주구조에 따라서 그 가치가 크게 달라집니다. 卯木 모친은 악마 같은 辛金을 처리해달라는 간절한 마음을 丙火 딸에게 기대하기에 마음이 편해지고 사랑스럽습니다. 이런 이유로 모친은 딸에게 5억 주택도 구매해주고 평시에도 많은 도움을 줍니다. 물론 丙火 딸 입장에서는 卯木을 반드시 끌어와야 乙丙庚 三字조합을 이루기에 모친에게 잘할 수밖에 없습니다.

乾命			
時	日	月	年
丁卯	甲寅	己卯	庚子

56세 乙酉대운 2015년 乙未년 상황입니다. 10년간 편의점을 운영 중이었는데 乙未년에 月과 時에 있는 卯卯의 地藏干이 透干하여 卯寅卯로 무리를 이루고 甲乙이 己土를 경쟁하는 상황이 月干에서 발생합니다. 10년 동안 편의점을 평탄하게 운영하다가 가게 위쪽에 상가건물이 들어서자 편의점이 들어오면 경쟁할지 모른다는 생각에 자신이 직접 편의점 하나를 더 운영해볼까 생각합니다. 특히 乙酉대운 乙未년이기에 乙乙甲으로 경쟁의식이 고조되고 시기, 질투, 경쟁심리가 발동해서 반드시 이겨야 한다는 강박관념이 생깁니다. 특히 부담스러운 점은, 甲己로 合하는데 두 개의 乙木이 안정적인 甲木의 터전 己土를 나눠먹자고 달려듭니다. 즉, 경쟁대상은 己土인데 乙木이 등장하기 전까지는 경쟁자가 없기에 순탄했지만 乙乙로 경쟁자가 등장하자 발등

에 불 떨어진 겁니다. 卯卯가 地支에 있기에 천간에 드러나지 않으면 상대를 무시할 뿐 시기, 질투, 경쟁하려는 심리는 아니지만 乙酉대운, 乙未년에는 대운과 세운에서 경쟁자가 등장했습니다. 이 상황을 時間方向으로 살피면, 甲은 乙을 향하면서 경쟁 심리를 느낍니다. 이때 甲木의 감정은 내가 合하고 있는 己土를 乙木이 건들면 어떻게 하지? 나의 알토란같은 터전을 빼앗기면 어떻게 하지? 걱정합니다. 宮位를 감안하면 己土가 月干에 있기에 사회, 직업 관련 일이고 년의 庚金과 乙庚 합하기에 물질을 추구합니다. 乙木은 년의 庚金을 향하기에 근본터전의 변화, 국가단위 물상으로 대기업이 운영하는 편의점이 분명합니다. 이처럼 사주팔자에서 발생하는 일은 사주에 정해진 구조대로만 반응합니다. 정리하면, 甲이 乙을 향하자 경쟁심리가 동하고 己土 터전에 불안감을 느끼면서 乙庚 합으로 대리점을 하나 더 운영해보려는 물상으로 발현되었습니다.

乾命			
時	日	月	年
庚申	癸亥	丁亥	乙亥

乙未년에 癸水는 자연스럽게 乙木을 향하고 乙木은 또 庚金을 향해갑니다. 따라서 癸와 乙의 움직임에 대한 결과물이 時의 庚申에서 완성됩니다. 국가, 사회, 직업 물상이 아니고 개인의 취미와 같은 시간방향입니다. 동일한 乙庚 합이라도 時의 宮位를 활용하기에 직업이나 사회활동 보다는 개인적으로 좋아하는 활동을 의미합니다. 乙未년에 갑자기 헬스에 열심입니다. 또 乙未년에 乙木이 반응하였기에 년의 宮位가 제공하는 의미대로 근본

터전에 변화가 생기자 대학교를 휴학하고 개인적으로 공부하면서 헬스에 열심입니다.

戊己의 시간방향

戊己의 시간방향을 살펴보겠습니다. 기본적으로 모든 天干은 자연스럽게 戊土를 향합니다. 乙木도, 癸水도, 丙火도, 庚金도 戊土를 향하지만 속성과 목적이 다릅니다. 乙木이 戊土를 향하는 것은 戊土 위에서 성장을 원하기에 허허벌판에 파릇파릇한 세상이 열리는 것으로 성장과정이자 남녀의 애정행위 혹은 색욕문제라고 했습니다. 특히 戊일 여자가 乙卯 時와 조합하면 남자들이 달려드는데 子卯 刑까지 겹치면 심각해집니다. 따사로운 봄날에 이루어지는 젊은이들의 파릇한 사랑이기에 빠르게 사랑에 빠집니다. 이때 癸水는 乙木을 향하는 것을 기뻐하지만 戊土와 합하는 것은 꺼려하는 이유는 戊土에 合 당해서 답답하고 이용당하기 때문입니다. 戊土는 반드시 癸水를 合해야 乙木의 성장을 촉진할 수 있기에 癸水는 乙木을 향하고 戊土는 癸水를 合하고 乙木은 戊土를 향해갑니다. 바로 乙癸戊 三字 조합으로 서로의 쓰임이 극대화됩니다. 세 글자의 宮位를 감안하여 의미의 차이를 살펴보겠습니다.

日 月 年
癸 乙 戊
癸 戊 乙
乙 戊 癸
乙 癸 戊
戊 乙 癸
戊 癸 乙

세 글자는 동일해도 <u>宮位와 시간방향 그리고 夾字</u>가 개입되면 그 의미가 크게 달라집니다. 癸乙戊는 시간방향이 癸水가 乙木을 향하고 戊土를 향하기에 순차적입니다. 하지만 癸戊乙이나 乙戊癸는 戊癸가 合하는 과정에 乙木이 주위에서 겉도는데 癸乙戊는 戊癸 合 사이에 乙木이 夾字로 끼어서 戊癸 合의 혜택을 누립니다. 따라서 癸일은 戊와 合을 이루고 중간에 乙木이 夾字로 끼어있는 구조가 활용도가 높습니다. 일과 월에서 癸戊로 가까이서 합하면 癸水가 월간 戊土를 직장생활, 공직, 사업으로 활용할 수 있지만 癸乙戊로 조합하면 癸水와 乙木이 국가자리에 있는 戊土를 향하기에 국가, 사회적인 인물로 바뀝니다. 만약 丙火가 戊土를 향하면 어둠이 깔린 대지에 빛을 비추는데 무엇을 비추는지는 사주구조를 보고 판단합니다. 庚金을 비출 수도, 辛金을 비출 수도 있습니다. 庚金을 비추면 열매를 키우려는 의지를 드러내고 辛金을 비추면 부피를 확장하지 못하기에 辛金의 존재를 화려하게 드러냅니다.

戊土가 庚金과 조합하면 戊土위에 열매의 가치를 드러냈는데 乙木과 丙火를 보충하면 庚金의 가치는 더욱 높아집니다. 만약 丙火가 戊土와 庚金의 존재를 환하게 비출 수만 있다면 戊土의 땅과 庚金 열매의 가치가 높다는 것을 증명합니다. 다만, 丙火가 너무 강렬하면 庚金이 상하기에 壬水를 보충하거나 丙戊乙庚으로 乙丙庚 三字 조합을 활용해야 합니다. 戊土와 辛金이 조합하면 가을에 辛金이 戊土 위에 떨어지고 낙엽이 덮이면서 戊土의 특징이 己土로 바뀝니다. 따라서 辛金은 己土 내부에만 존재한다는 편견에서 벗어나야 합니다. 四季圖에서 辛己로 조합하면 시공간이 적절해도 존재감을 드러내기 어렵지만 辛金이 戊土 위에 존재감을 드러내면 사회활동에 훨씬 유리합니다. 이것이 바로 자연에서 요구하는 순환원리와 사회활동 과정에 발생하는 괴리입니다. 유사한 논리로 乙木과 己土가 조합하면 乙木이 偏官이기에 흉하다고 인식하지만 만물을 내부에 감추려고만 하는 답답한 己土를 자극하고 소통시켜서 총명하고 활발하게 자극합니다. 즉, 乙木이 없는 己土는 맹꽁이 같은 면이 있습니다. 또 丁火가 辛金과 己土를 향하는 구조가 丁辛己, 丁己辛 三字조합인데 丁己辛으로 조합하는 것이 더 좋은 이유는 丁火가 己土에게 열기를 가하고 辛金을 내부에 품으면 丁辛이 직접 조합했을 때의 단점을 해결합니다. 또 辛金은 壬水를 향하고 甲木을 내놓으려는 시간방향이 바로 丁辛壬 三字 조합입니다.

壬水와 己土의 관계는 壬水가 己土를 향하는데 乙木이 없다면 방탕, 방랑 조합이라고 했습니다. 물상에 비유하면 물과 흙이 뒤섞여 쓰임이 없습니다. 壬水의 흐름이 막히고 己土가 안정적으로 辛金을 품을 수도 없는 상황이기에 乙木이 막힌 己土를 뚫어서 壬水의 물길을 내주면 매우 총명하고 학력도 높아서 사회에서 지위도 크게 상승합니다. 바로 壬乙己, 乙壬己 三字조합입니다. 만약 丁火가 壬己 사이에 끼어들어 壬丁己 三字로 조합하면 집중력이 뛰어나기에 매우 총명합니다. 甲木은 己土를 향해서 合해야 안정적으로 뿌리내립니다. 己土도 땅의 가치를 높이려면 甲木과 合해야 하는데 문제는 두 글자 중 하나는 가치를 상당부분 상실합니다. 예로, 乙庚 合하면 乙木의 좌우확산 움직임이 답답해지고 甲己 合하면 己土 터전이 상할 수 있습니다. 戊癸 合하면 사주구조에 따라서 癸水가 증발하면서 존재가치를 상실할 수 있습니다. 이처럼 天干에서 合하면 한쪽이 상할 수밖에 없는데 사계순환 과정에 발생하는 필연적 현상으로 한 글자가 무력해져야 계속 순환할 수 있기 때문입니다. 乙庚 合하였음에도 乙木이 적극적으로 좌우확산하면 庚金이 아무리 열매를 맺고자 해도 불가능하고 가을을 향할 수 없습니다. 결국 천간 合

의 핵심은 한 글자의 가치를 상실하는 것으로 주로 陰氣가 상할 수밖에 없습니다.

地支의 시간방향을 살피면, 卯辰巳는 卯에서 巳를 향하고, 午未申은 午申, 酉戌亥는 酉亥, 子丑寅은 子寅의 흐름을 좋아합니다. 만약 卯辰으로 조합하면 穿이라 부르고 卯木이 辰土에 들어가 활동에 제약이 따르고 구속당하는 느낌을 싫어합니다. 午未도 午火가 未土에 들어가면 午火의 수렴작용이 未土에 묶여서 답답해지기에 좋아할 리 없습니다. 酉戌亥도 酉金이 戌土에 들어가 갇히는 것을 원하지 않으며 酉亥로 활동이 자유로운 조합을 좋아합니다. 子丑寅도 자유롭게 흐르는 子水의 속성이 丑土에 들어가면 답답해지기에 기뻐할 리 없습니다.

각 관계의 간격을 한 단계 확장하면 子卯 刑, 卯午 破, 午酉 破, 酉子 破로 바뀌면서 조합이 적절하지 않기에 刑이나 破라는 명칭을 붙였습니다. 조합이 적절한 경우를 정리하면, 卯木이 巳火를 향하고, 午火가 申金을 향하는 것인데 단점은 午火가 申金에 열을 가하면 총알처럼 水氣에 튀어가거나 木氣를 자르려고 합니다. 또 酉金이 亥水로 가면 씨종자를 잉태하려는 상황이고 子水가 寅木으로 흐르면 뿌리내리는 과정입니다. 이처럼 地支에서도 시공간 간격에 따라 물형이 달라지면서 다양한 의미와 물상을 도출합니다. 사주팔자에서 특정한 현상, 사건, 일을 생산하는 중요한 인자 중 하나가 바로 시공간 간격과 원근입니다. 결국 刑沖破害, 墓庫, 夾字등 모든 명리이론의 근본원칙은 시공간 간격과 원근에 의해서 결정됩니다.

乾命			
時	日	月	年
乙卯	戊申	丁酉	丙戌

酉金이 丁火 열기를 가득 품었기에 적절하게 水氣에 풀어져야 하는데 일지 申金때문에 역류하면서 순탄하지 않습니다. 시주 乙卯에 이르면 정해진 시간방향대로 乙木이 戊土를 향하기에 戊土의 외형이 아름답게 변합니다. 1996년 丙子년부터 사업이 호전되었고 2002년에 헐값으로 회사를 매수하여 癸卯대운 53세 이후 크게 수익을 내서 많은 돈을 벌었습니다. 乙戊로만 있다가 癸대운을 만나자 乙癸戊 三字로 조합하자 세 글자의 효율이 갑자기 높아졌습니다.

그 외에도 년과 월에서 丙丁 火가 申酉에 열기를 자극하지만 水氣가 없기에 풀리지 않고 乙卯 生氣도 상하는데 丙子년에 이르러 酉金을 子水에 풀어내자 사업이 호전되고 癸卯대운에는 癸水가 드러나 丁辛壬, 丁辛癸 三字로 뻥튀기하듯 부를 축적합니다. 또 다른 三字조합은 사주원국 연월일에 열매를 수확하려는 욕망은 강하지만 자본금이 없는 구조였는데 時의 乙卯에서 두 개의 三字조합이 추가됩니다. 바로 乙癸戊와 乙丙庚 三字로 반드시 필요했던 乙卯를 활용하여 열매를 수확할 수 있는 시기에 이르자 사주의 효율이 크게 높아졌습니다. 이런 이유로 헐값에 매입한 사업체를 키우고 매각해서 빚을 청산하고 부를 축적했습니다.

乾命			
時	日	月	年
壬寅	壬午	癸卯	丁酉

2001년 辛巳년 상황으로 중견기업 간부에서 부채포함 100억대 재산을 모았으며 직장생활을 계속하고 있습니다. 뛰어난 로비스트 체질을 타고 났으며 성격은 활동적이며 합리적이라고 합니다. 년의 丁火가 壬水를 향하고 싶은데 癸水가 夾字로 끼어서 방해합니다. 戊戌대운 戊土가 癸水와 合하여 丁火가 壬水를 향하는 움직임이 훨씬 편해집니다. 더욱 좋은 점은, 丁火를 沖하던 癸水가 戊癸 合하고 卯月에 乙癸戊 三字를 활용합니다. 또 戊癸 合으로 丁火가 壬水를 향하는 속도가 빨라진 이유는 시공간 간격이 가까워졌기 때문입니다. 戊癸 合으로 온기를 올려주자 卯木의 성장도 빨라졌습니다.

더욱 좋은 점은 丁火 열기를 품은 酉金은 월간 癸水에 폭발하기에 경쟁자 癸水에게 좋았는데 戊土가 癸水를 합하자 酉金은 癸水를 향하는 시간방향을 돌려서 壬水를 향하기에 빠르고 쉽게 취하면서 재물의 크기가 달라지자 백억을 축적했습니다. 戊癸 合으로 사주구조 효율이 크게 높아지자 발전한 것입니다. 辛巳년에는 천간에서 丁辛壬 三字를 이루었고 巳午로 火氣에 자극받은 辛金이 총알처럼 壬水를 향하는 해였습니다. 신살로 살피면, 酉年을 기준으로 寅卯는 三合을 벗어난 겁살과 재살로 총명하고 한탕을 빠르게 축적할 수 있는 에너지입니다. 참고로 壬壬癸의 세력을 정치적으로 활용할 수 있습니다. 특히 년과 월의 丁癸 沖은 법조계 물상으로 타협하고 균형을 맞추기에 로비스트

체질을 타고났다고 합니다. 정리하면, 년의 丁火는 壬水를 향하는 시간방향이 결정되어 있는데 중간에서 癸水가 방해하다가 戊癸 合으로 잡아주자 폭발적으로 발전하였습니다.

乾命			
時	日	月	年
己卯	乙未	戊寅	乙巳

어떻게 이런 사주팔자가 국회의원이 될 수 있는지 이해하기 어렵다는 사례입니다. 연월일에서 乙戊로 조합하기에 癸水가 없어도 교육, 공직에 어울립니다. 운에서 癸水가 오면 두 글자의 쓰임이 三字로 조합하면서 효율이 크게 향상됩니다. 癸酉대운 戊子년에 乙癸戊 三字로 조합하자 국회의원에 당선되었습니다. 乙木 일간이 戊土를 향하기에 사회 宮位의 戊土를 활용해서 많은 사람들을 상대로 癸水의 사상을 펼쳐서 꿈을 실현합니다. 사회궁에 戊土가 있기에 사적 재물보다는 사회를 위해서 봉사하는 의지를 드러냅니다. 물론 日支에 未土가 있기에 많은 木氣를 안방에 담으려 하므로 겉으로는 교육, 공직처럼 보이지만 속에서는 한탕을 노리는 탐욕도 있기에 운에 따라서 뇌물죄와 같은 문제가 발생할 수 있습니다.

乾命			
時	日	月	年
戊寅	乙巳	丙午	壬申

이 구조도 乙戊로 조합하였지만 宮位가 다릅니다. 戊土가 시간에 있기에 개인적이며 45세 이후에 乙木의 꿈을 이룰 터전입니다. 일과 월에서 乙과 丙午로 조합하여 총명하고 언변이 좋습니다. 여기에 丙壬 冲하기에 주로 두뇌를 활용합니다. 또 丙午가 년지 申金을 키우면 자연스럽게 壬水를 향합니다. 따라서 년에 있는 壬水를 丙午로 분산하여 癸水화 시켜서 乙癸戊 三字를 활용할 수 있기에 국가와의 인연입니다. 만약 日支에 申金이 있거나 일지에 丑土가 있다면 申金을 활용해서 사적으로 재물을 축적하려는 욕망이 강합니다. 하지만 이 구조는 乙戊, 丙壬 冲, 丙午 壬申으로 직접 재물을 추구하기 어렵습니다.

辛丑년 30세에 세무 관리를 시작해서 39세 庚戌년에 큰돈을 벌었다고 합니다. 마침 庚戌대운 庚戌년에 월주 丙午가 庚金을 크게 확장하는데 乙木과 壬水가 없었다면 庚金이 크게 상했을 겁니다. 庚戌대운은 年支 申金의 地藏干이 透干하여 국가관련 일이나 사건인데 마침 丙午가 庚金의 가치를 높이고 申金은 내부에 열기를 품어서 자연스럽게 壬水를 향하고 壬水는 乙木을 향하는 시간방향입니다. 결국 국가 宮位에서 나를 향하기에 일간의 지위, 명예를 취합니다. 庚戌대운에 결정된 시간방향을 이해하고 상응하는 물형을 읽어내야 합니다. 庚戌대운 庚戌년에 정확하게 물형이 결정되고 큰돈을 벌었습니다. 만약 申金이 일지에 있었다면 장사, 사업으로 개인의 재물을 축적하지만 년에 申金이 있고 丙午가 자극해서 국가자리 壬水에 풀어지고 다시 乙木을 향하는 시간방향으로 공직자가 분명합니다. 三字조합으로 살피면 申金과 丙午와 乙木이 乙丙庚 三字로 물질을 추구하는데 마침 일지 巳火가 년지 申金과 합하여 확장하고 壬水를 활용해서 乙木이 취합니다. 세무공무원인 이유를 壬水와 乙丙庚 三字조합으로 이해할 수 있습니다.

坤命			
時	日	月	年
戊	己	壬	癸
辰	丑	戌	酉

년과 시에서 戊癸 合하지만 戌月이기에 合의 가치가 낮습니다. 하지만 乙丑대운에 이르면 乙癸戊 三字로 조합하면서 己土와 乙癸戊가 화려한 봄날처럼 바뀌고 夾字로 끼어있는 己土의 가치도 함께 상승합니다. 이 과정의 문제는 모든 결과물이 時의 戊土 위에서 이루어지기에 己土는 경쟁자 戊土에게 많은 부분을 빼앗길 수 있습니다. 다행히 甲午년에 이르면 壬水의 도움을 받아서 壬甲己 三字로 조합하고 乙癸戊 三字와 함께 사주전체 구조가 효율적으로 바뀌면서 己土와 戊土 모두에게 좋은 일이 발생합니다.

이와 같은 경쟁구조는 물형이 어디에 결정되고 완성되는지 잘 살펴야 합니다. 癸乙戊로 戊土 위에서 이루어지는지 壬甲己로 己土 위에서 이루어지는지, 戊己 모두를 효율적으로 활용하는지를 살피는 겁니다. 乙丑대운 오면 乙癸戊, 甲午년이 오면 壬甲己 三字로 조합하기에 乙丑대운의 운세는 己土가 戊土에게 경쟁력을 상실할 가능성이 높은데 甲午년에는 壬甲己로 己土가 경쟁우위를 차지합니다. 다만, 劫財를 무조건 경쟁대상으로만 인식할 것은 아닙니다. 운에 따라서 경쟁자와 협력자 사이를 넘나드는데 乙丑대운에 戌月에 시절을 잃어서 가치가 없던 戊癸가 乙木과 조합하자 효율이 높아지면서 戊土가 발전하고 甲午년에는 壬己로 쓰임이 없다가 壬甲己 三字로 己土의 효율도 함께 높아졌습니다. 이것이 바로 운에 따라서 상황이 급변하는 이유입니다.

乾命			
時	日	月	年
乙卯	癸卯	乙卯	癸卯

이 구조에는 乙癸만 있고 戊土가 없습니다. 癸水가 수많은 乙卯에게 生氣를 전달해서 성장을 촉진하지만 戊土가 없기에 生氣를 전파하는 행위만 할 수 있습니다. 의사로 성공했지만 戊土가 있었다면 그릇이 훨씬 커졌을 겁니다. 다만, 병든 환자들에게 넉넉한 生氣를 전달해서 치료효과가 좋은 의사가 분명합니다.

乾命			
時	日	月	年
乙卯	癸丑	乙卯	癸卯

일지에 丑土가 있는데 하필 卯丑으로 걸렸습니다. 부인이 안방에 들어오면 卯丑으로 주위의 친인척들이 질병에 걸리거나 장애가 생길 수 있습니다. 하필 丑土를 중심으로 모든 卯木과 연결되며 범위도 넓습니다. 형님 두 분이 간암으로 사망했고 아들이 정신적으로 문제가 있습니다. 아쉽게도 戊土도 없기에 丑土에 있는 辛金와 己土를 활용하여 법무사 시험에 합격했습니다. 결국 위와 이 사주는 癸乙로 총명하지만 아쉽게 사주원국에 戊土가 없기에 전문기술을 활용하는데 그쳤습니다.

乾命			
時	日	月	年
辛酉	戊子	乙未	辛酉

乙木은 時間方向대로 戊土를 향하지만 辛金이 乙木의 움직임을 비틀어버립니다. 戊土가 辛酉를 만나면 기술, 언변, 예술 등의 감각이 뛰어나고 日支에 있는 子水에 결과물이 풀어집니다. 따라서 일지의 쓰임이 매우 좋지만 문제는 乙木이 戊土를 향하는 것을 辛金이 거부하기에 서울대를 졸업하고 삼성에 취직했는데 乙木이 상하자 그만두고 미국으로 떠나 애플에 취직한 후 직장생활 합니다. 이 사례처럼 사주팔자에 정해진 시간방향도 合이나 沖에 의해서 비틀리기에 문제를 해결하고자 시공간을 크게 바꿔서 미국에서 발전합니다. 地支의 사례를 살펴보겠습니다.

乾命			
時	日	月	年
丙午	丁巳	丁巳	癸卯

乾命			
時	日	月	年
丙午	丁卯	丁巳	癸巳

卯木이 巳火를 향하는 시간방향은 결정되어 있기에 癸卯년은 巳火가 있는 日支를 향합니다. 따라서 개인적으로 재물을 추구하는 욕망이 강합니다. 癸巳년의 경우는 오히려 일지 卯木이 年支 巳火를 향하기에 卯木의 결과물이 국가 宮位에서 이루어지기에 공직에 적합합니다. 이처럼 卯木과 巳火의 글자가 동일해도 宮位와 時間方向에 따라서 물상이 달라지면서 상이한 인생을 살아갑니다.

坤命			
時	日	月	年
불명	丁巳	甲辰	丁未

甲木이 丁火를 향하고 辰土도 巳火를 향합니다. 甲木이 스스로 丁火를 향하기에 丁火는 부모, 사회 宮位에서 받을 수 있는 음덕, 물질이 많습니다. 강렬한 열기를 좋아하는 丁火입장에서는 꿈을 펼칠 수 있는 글자들로 가득합니다. 甲이 丁火를 향하는 宮位에 따라 의미가 달라지는데 이 사주는 月干에서 日干을 향하기에 부모, 사회 궁에서 도움을 받고 공부도 많이 해서 석사, 박사급입니다. 사주팔자 에너지 흐름이 어느 宮位를 향하고 결과물이 어디에서 결정되느냐에 따라서 운명이 크게 달라집니다.

乾命			
時	日	月	年
庚申	戊子	丙午	壬戌

2014년 甲午년이 오면 年干 壬水가 甲木을 향하기에 宮位 의미대로 국가, 해외를 상징합니다. 시간방향의 핵심은 <u>어떤 글자가 주도적으로 움직이는지</u>를 살피는 것입니다. 甲午년은 지구에서 살아가는 모든 생명체에게 공통적으로 주어지는 에너지이기에 사주당사자가 주도적으로 움직이는 것이 아니며 특히 이 사주에는 甲木이 없기에 주도적일 수도 없습니다. 甲木을 만나자 壬水가 주도적으로 時間方向을 따라 甲木을 향해갑니다. 이 움직임을 주도하는 壬水의 宮位가 年干이기에 국가, 해외, 가장 넓은

시공간, 근본터전 물상입니다. 그 해에 중국회사에 취직해서 한국을 떠났습니다. 나머지 글자들의 움직임을 추가하면, 甲이 丙火, 丙火가 戊土를 향하기에 甲이 주동적으로 월간 丙火 사회활동, 직장을 향해 갑니다. 다만 선후의 문제를 고려해야 하는데, 壬水가 주동적으로 반응하였기에 甲木이 丙火를 향해서 甲丙戊로 사회활동에 변화가 발생하였습니다. 또 甲木이 時干 庚金과 甲庚 沖하기에 개인적으로 추진하던 일에 변동이 생겼습니다. 중국의 직장으로 떠나는 상황에서 개인적으로 추진하던 일들이 沖으로 중단된 것입니다. 이처럼 시간방향에 따라 반응하는 글자와 宮位를 살펴서 누가 주도적으로 움직이고 先後의 문제를 종합적으로 판단해야 합니다.

乾命			
時	日	月	年
戊寅	庚寅	壬寅	壬寅

일간 庚金이 壬水를 향하고 壬水는 寅木을 향하고 寅木은 결국 戊土를 향해갑니다. 따라서 物像이 결정되는 時空間은 바로 戊土로 사주팔자의 모든 기운이 모여듭니다. 고려할 점은 물질을 상징하는 戊寅 月이 아니고 戊寅 時이기에 戊土가 수많은 寅木들에게 剋 당해서 견딜 수 없다고 판단하는 것은 바람직하지 않습니다. 특히 壬壬 두 개가 戊土의 땅에 충분한 水氣를 보충하기에 寅木을 두려워할 구조도 아닙니다. 또 운에서 寅木이 甲木으로 透干하여 戊土를 극한다고 판단하지만 甲木이 오면 주도적으로 반응하는 것은 壬水이기에 壬甲戊 三字로 水氣가 충분한 戊土의 터전에서 甲木이 성장하기에 무리가 없습니다. 또 庚

金이 있기에 甲木이 戊土를 함부로 대하는 것을 적절하게 제어합니다. 이런 이유로 戊土가 무기력하기에 從格이라고 주장하지만 寅木이 地支에 있을 때는 확률, 가능성으로만 존재하며 현실적으로 발생한 것은 아닙니다. 천간에 甲木이 드러나도 壬壬과 庚으로 甲이 戊土를 훼하는 것을 방어할 능력이 뛰어난 구조입니다. 서울대 법대를 졸업하고 고등법원 판사라고 합니다. 身强, 身弱, 從格을 살피는 것은 무의미합니다. 글자의 쓰임, 에너지 파동, 三字조합으로 만들어지는 물형을 살펴야 합니다.

乾命			
時	日	月	年
丙	戊	丙	癸
辰	戌	辰	未

결혼도 못하고 게으르고 누나의 도움으로 밥은 먹고 삽니다. 겉으로는 財星 癸水, 印星 丙火까지 있기에 좋은 사주라 보이지만 할 일이 없는 구조입니다. 戊癸 합하여 火氣가 오르는데 두 丙火까지 癸水를 증발시킵니다. 육친으로 살피면, 년에 있는 癸水 배우자는 너무 멀리 있고 일간을 향하는 과정에 증발해버리기에 존재감을 상실합니다. 또 日支도 戊土로 癸水가 싫어하는 공간입니다. 따라서 癸水는 月支와 時支에 있는 辰土를 향하는 것을 즐기지만 辰戌 沖으로 불안정해지기에 불편한 것은 마찬가지입니다. 전형적으로 결혼하지 못하거나 이혼, 사별하는 구조입니다. 흥미로운 점은, 日支 안방에는 들어오지 못하면서도 일지 좌우에 있는 辰土의 地藏干 癸水와 沖으로 접촉하기에 배우자는 없어도 주위에 여인들이 많습니다. 또 辰月에는 넉넉한 水氣가 필요한데 두 丙火가 강렬한 빛을 비추기에 辰土의 땅은 말

라갑니다. 壬辰월을 얻어야 쓰임이 좋은데 丙辰월이기에 빛이 밝아도 庚金도 없으니 丙火는 할 일 없이 빈둥거리고 水氣조차 마르니 사주팔자에 쓰임이 없는 글자들이 가득합니다. 辰의 地藏干 乙木이 戊土를 향하고 가치를 戊土 위에 드러내려 해도 辰戌 沖으로 불안정하고 辰未로 마르기에 허세만 부리고 한탕을 노리지만 결과를 얻기 어렵습니다. 그나마 戊癸 合으로 未土가 소유한 癸水를 끌어오기에 누나의 도움을 받지만 크지 않습니다.

乾命			
時	日	月	年
庚寅	丙戌	壬辰	庚寅

壬辰월이기에 壬水를 보충해서 좋아 보입니다만 丙戌일 庚寅시로 丙火가 庚金을 구석에 몰아넣고 입맛을 다시면서 부피를 확장하려고 달려들기에 물질에 지대한 관심을 드러냅니다. 문제는 庚金의 상태가 빈약하기에 감질 맛만 납니다. 丙火는 庚金을 향하는 시간방향을 포기할 수 없고 그렇다고 강하게 탐할 수도 없기에 감질 맛으로 미칠 지경입니다. 타인의 돈을 끌어와 사업한다고 탐욕 부리다 탕진하였습니다. 그런 운명으로 태어난 이유는 정해진 시간방향대로 丙火는 庚金 열매를 확장하고자 달려들 수밖에 없기 때문입니다. 비슷한 예로, 丁壬 合하는데 金이 없는 사주구조를 비교해보겠습니다.

坤命			
時	日	月	年
壬寅	丁亥	壬子	丁卯

丁壬 合하는데 辛金이 전혀 없기에 合의 가치도 낮습니다. 辛金을 보충해야만 하는 이유는 丁辛壬 三字로 丁火가 辛金에 열기를 가하고 壬水에 풀어진 후 寅卯를 생산하면 순탄하게 발전하기 때문입니다. 이 사주는 合은 많아도 글자들의 효율이 극히 낮습니다. 애 낳고 다른 남자랑 눈 맞아서 도망갔다고 합니다.

坤命			
時	日	月	年
己巳	甲子	壬寅	丁酉

丁壬 合하는데 酉金이 있습니다. 60세가 넘었는데도 열심히 사회생활 하면서 바쁘게 살아갑니다. 丁火가 酉金에게 열기를 가하면 壬水를 향해갑니다. 酉金을 품은 壬水의 가치가 높아지고 甲寅에게 가치 높은 생명수를 공급합니다. 甲木은 己土에게 뿌리내리고 壬水를 공급하기에 모든 글자들의 쓰임이 좋아서 열심히 사회활동 하는 겁니다.

乾命			
時	日	月	年
불명	乙丑	丙申	丙戌

전 미국 대통령 빌 클린턴 사주팔자입니다. 丙火가 申金을 키우고 일지 丑土에 담기는 흐름이 굉장히 좋습니다. 또 丙戌 년에서 乙丑일을 刑해서 丑土의 음습함을 처리하였습니다. 이런 작용이 없었다면 푼돈을 탐하는 팔자에 불과합니다. 戌土가 일지 丑土를 刑해서 도둑, 강도와 같은 음습한 丑土의 성질을 처리해 주었기에 미국의 대통령에 오를 수 있었습니다.

乾命			
時	日	月	年
壬戌	癸巳	乙未	丙戌

未月에는 水氣가 필요한데 戌土와 巳火만 가득하기에 癸水의 체성을 유지하기 힘들고 戌未 刑해도 火氣만 증폭되니 힘이 듭니다. 또 癸水가 乙木에게 에너지를 방사해서 성장을 촉진하고자 해도 未月이기에 성장할 수도 없습니다. 가장 심각한 문제는 癸水가 수많은 火土에 증발되어 체성을 상실하기에 壬水에 의지하여 살아갈 수밖에 없습니다. 결혼도 못하고 몸도 아프며 떠돌이 생활하면서 살아갑니다. 이처럼 癸水가 乙木을 향하는 시간방향이 정해져도 未月이기에 에너지 효율이 낮습니다. 기를 써서 노력해도 소용이 없다는 표현에 어울리는 사례로 적절하지 않은 시공간에서는 아무리 노력해도 효과를 얻을 수 없습니다.

未月에는 乙癸戊 三字로 성장하려고 노력해도 성장이 끝나고 수확을 준비하는 시공간이기에 부적절한 행위입니다. 특히 이 사주처럼 癸水가 증발하는 상황에서 乙木을 키우고자 달려들면 더욱 무기력해집니다. 자신의 앞 가름도 못하면서 오지랖만 넓은 경우입니다.

乾命			
時	日	月	年
丙	戊	庚	戊
辰	申	申	午

丙火가 戊土를, 丙火가 庚金을 향하는 시간방향으로 丙火가 해야 할 일이 많습니다. 丙火는 十神으로는 印星에 해당하지만 庚申 月이기에 열매를 확장하는 역할입니다. 또 戊午년은 戊午가 申金을 확장하고 戊土 위에서 가치 높은 庚申의 존재감을 드러내고 丙火로 계속 확장합니다. 사주구조가 썩 좋아 보이지 않지만 모든 글자들의 에너지가 넘치고 쓰임이 좋으며 서로에게 필요한 존재들이기에 시너지 효과도 뛰어납니다. 특히 丙과 庚申이 조합하였기에 반드시 乙木이 있어야 乙丙庚 三字로 효율이 높아지는데 辰土의 地藏干에 乙木이 있고 또 申月에 火氣가 필요한 시공에서 열매가 타죽지 않도록 적절하게 水氣를 배합해야 하는데 마침 辰土속 癸水가 조절해줍니다. 표면적으로는 좋아 보이지 않지만 모든 글자들의 효율이 뛰어납니다. 사주당사자는 판사요 부인의 재산이 수백억이라고 합니다. 丙火가 庚金의 가치를 높이고 戊土 위에서 庚金 열매가 풍요롭게 익어가기에 가치 높은 구조가 분명합니다. 부인이 부자인 이유를 시간방향으로 살피면 辰土의 地藏干 乙木이 일지 申金을 향하여 乙庚 合

하고 丙火로 열매를 확장하기 때문입니다.

乾命			
時	日	月	年
庚申	戊辰	丁未	壬辰

未月의 공간특징은 水氣를 충분히 받아들이기에 넉넉할수록 좋습니다. 두 辰土 속에 水氣가 있고 丁火가 국가 자리에 있는 壬水를 향하고 合으로 木氣를 만들려는 의지가 있습니다. 戊土가 庚申시를 만났기에 개인의 능력이 뛰어납니다. 다만, 가치가 높아지려면 丙火를 보충해야 하는데 없고 丁火만 있습니다. 좋은 점이라면 개인능력을 상징하는 庚申이지만 年支와 月支 그리고 日支의 地藏干 乙木들과 다양하게 合으로 연결되었습니다. 따라서 개인의 능력이 년지, 월지, 일지와 관계를 형성하고 영향력을 행사합니다. 乙木은 戊土를 아름답게 꾸며주는 官星이고 乙庚 合으로 단체, 조직을 형성하는데 연월일시가 모두 이어져 인맥형성 능력이 굉장히 뛰어납니다. 60년 동안 공직에서 평탄하게 발전하였습니다. 하나의 사주팔자에서 乙庚 合이 다양하게 연결되는 것도 쉽지 않은데 庚申은 戊土가 드러낸 열매, 결과물이고 丁壬 合으로 官星의 속성까지 만들어내기에 공직에서 오래도록 발전하였습니다.

乾命				陰平 1967년 3월 25일 16:00								
時	日	月	年	89	79	69	59	49	39	29	19	9
庚	戊	甲	丁	乙	丙	丁	戊	己	庚	辛	壬	癸
申	辰	辰	未	未	申	酉	戌	亥	子	丑	寅	卯

학생회장을 지냈고 청와대 출입기자까지 하고 사업에 우여곡절을 겪다가 乙酉년에 상품권 사업을 시작하여 우후죽순처럼 확장했습니다. 사기성을 벗어나고자 재투자를 열심히 했지만 丙戌년 4분기부터 3개회사에 압수수색이 시작되었고 丁亥년 10월 2일 경찰서 연행이 되었으며 10월 10일에 구속되었습니다. 특정범죄 가중처벌과 사기 죄목입니다. 庚申이 겁살이기에 한탕을 노리다 구속되었습니다. 이 구조도 유사합니다. 乙酉년에 辰土와 未土의 地藏干 乙木이 透干하자 다양한 乙庚 합이 연결되면서 상품권 사업을 우후죽순 확장하였습니다. 감안할 점은 未年을 기준으로 **庚申이 三合을 벗어난 겁살**에 해당하기에 과감하게 불법을 저질러 순간적으로 돈벼락을 맞았지만 酉丑辰 三字조합의 물상대로 불법을 저지르고 수감되었습니다. 위의 판사와 8개 글자들 중 7개가 동일해도 크게 다른 이유입니다.

坤命			
時	日	月	年
辛	戊	辛	己
酉	申	未	丑

未월의 地藏干 乙木이 日支 申金과 合하지만 乙木을 받아들일 맘이 없습니다. 그 이유는 乙木과 정반대 五行이고 월간 辛金과

時에 辛酉까지 있기에 안방으로 불러들이기도 전에 乙木이 상해버립니다. 또 未月에는 넉넉한 水氣가 필요함에도 없습니다. 辛未와 辛酉를 활용해서 未中 乙木을 자르려는 의지가 강한데 불행하게도 未土의 地藏干 乙木은 시간방향대로 日支에 들어와 묶이고 상합니다. 2000년 庚辰년에 남편이 심장마비로 사망했습니다. 사주원국에서 未申으로 합하고 있다가 申金의 地藏干 庚金이 透干하자 남편이 상했습니다. 또 日支를 포함해서 申子辰 三合으로 묶이면 남편이 사라질 수 있습니다. 특히 日支를 기준으로 동일한 오행이 4개나 있기에 배우자, 남자 인연이 복잡할 수밖에 없고 외도하는 운명입니다. 비록 未中 乙木이 申金을 향하는 時間方向으로 정해졌지만 부와 명예를 축적하기는커녕 남편을 죽이는 팔자로 바뀌었습니다.

乾命			
時	日	月	年
辛酉	戊午	己未	戊申

戊일이 時柱에 辛酉를 만나면 개인적인 재주가 좋습니다. 예술, 기술, 언변, 도화의 특징이나 재주를 암시하는데 만약 年干에서 丙火가 辛酉의 존재가치를 환하게 밝히면 그 특징이 더욱 뚜렷해집니다. 未中 乙木의 시간방향은 년지 申金과 乙庚 합하러 갑니다. 위 사주와 달리 年支를 향하는 시간방향으로 국가, 해외 관련입니다. 대운은 未月에 필요한 金水로 庚申, 辛酉, 壬戌, 癸亥로 흐르면서 크게 발전했습니다. 사주원국은 未月임에도 水氣를 공급하지 못하는데 대운에서 보충하여 발전하였으며 시간 방향에 따라 활용하는 宮位가 국가를 향하기에 국가그릇입니다.

乾命 고서			
時	日	月	年
己	戊	丁	戊
未	申	未	午

丁未 月에 태어났고 時支도 未土인데 地藏干 乙木들은 시간방향을 따라 일지 申金을 향합니다. 丁火가 소유한 乙木, 己未가 소유한 乙木이 모두 日支에 모여들기에 사회활동은 물론이고 개인적으로 혹은 타인이 소유한 재물을 자신의 것으로 만드는 능력이 뛰어납니다. 金水대운에 장원급제하고 승진을 거듭하여 대귀하였습니다. 日支의 쓰임이 매우 좋고 未月에 간절히 필요한 水氣를 대운에서 보충하여 발전하였습니다. 日支에서 모든 성장의 결과물들이 완성되기에 재물욕심도 많지만 공직자로서 문제가 없었던 이유는 사주원국에서 申子辰처럼 장사, 사업 욕망이 약하고 午未 火氣를 활용해서 공직, 조직의 틀을 유지하려는 욕망이 강하기 때문입니다. 辛丁己에 대해서 살펴보겠습니다.

乾命			
時	日	月	年
辛	丁	己	乙
丑	亥	卯	巳

사업실패로 乙亥대운 말 경제적 어려움으로 고시 텔에서 생활합니다. 乙亥대운은 간지의미가 방황이기에 불안정하고 사주원국 년주 乙巳와 天干은 복음, 地支는 沖하기에 근본터전에 문제가 발생합니다. 卯月의 時空에 필요한 것은 성장에 필요한 癸水이기에 亥水하나로 충분한데 丑土까지 卯丑으로 응결되기에 성장

에 어려움이 있습니다. 대운이 戊寅, 丁丑, 丙子, 甲戌, 癸酉로 흐르기에 직장생활에 적합한데 時干 辛金을 향하는 집착에서 벗어나지 못하고 재물욕심을 부리다가 문제가 발생합니다. 만약 辛金이 없다면 직장생활에 만족하는데 丁火가 辛金을 향하는 시간방향으로 욕망, 집착을 포기하지 못하고 돈을 탐하다가 문제가 발생합니다. 卯月의 辛丑이기에 쓰임도 좋지 않고 활용하는 宮位도 적절하지 않습니다. 예로, 년에 辛金이 있고 時에 乙木이 있다면 씨종자를 풀어내 乙木을 만들어내는 흐름이지만 거꾸로 있기에 적절하지 않습니다.

乾命			
時	日	月	年
辛丑	丁亥	己未	癸巳

이 사주도 유사합니다. 丁辛으로 丁火가 辛金을 향하는 에너지가 넘치기에 재물을 탐하는 욕망이 강해서 문제입니다. 사업하다 망하고 경제적 어려움으로 운전하면서 살아갑니다. 월시에서 丑未 沖하는 과정에 亥水가 夾字로 끼어있고 또 巳亥 沖 하는 과정에 未土가 夾字로 끼어서 더욱 불편한 구조가 분명합니다.

乾命			
時	日	月	年
庚戌	丁丑	己卯	乙未

이 구조는 좋아 보이지 않습니다. 년과 월에서 乙未와 己卯로

학업과 인연이 없다고 설명했습니다. 丁丑과 庚戌로 조합했는데 卯月의 시공간을 고려하면 卯木이 성장해서 時干에 있는 庚金을 향하는 시간방향입니다. 년의 乙木도 庚金을 향하는 시간방향대로 모든 결과물이 時干에 있는 庚金에 모여듭니다. 비슷한 구조처럼 보이지만 글자 하나로 전혀 다른 인생을 살아갑니다. 일지 丑土가 時干 庚金을 墓地에 담을 수 있지만 도둑처럼 음습하고 卯丑으로 연결되어 卯木이 응결되는 문제도 있는데 다행히 丑戌 刑으로 丑土의 도둑심보를 바르게 처리했습니다.

년의 乙木, 未중 乙木, 월지 卯木이 모두 庚金을 향하고 乙庚 合으로 열매를 완성하고 일지 丑土 묘지에 담아서 취합니다. 이 사주는 丁辛이 아니고 丁庚이기에 탐욕스럽지 않고 丑戌 刑으로 음습함을 제거해 수백억을 축적한 사업가입니다. 다만 丑戌 刑으로 開庫하여 수백억 부자라는 주장은 단편적인 분석입니다. 사주팔자는 절대로 하나의 요인으로 결정되는 것이 아니며 복합적으로 반응하여 하나의 물상을 결정합니다. 丑戌 刑보다는 오히려 乙庚 合으로 부를 축적했다는 주장이 훨씬 설득력이 있습니다. 특히 未年을 기준으로 庚金은 겁살에 해당하기에 일반인들은 상상도 못할 재물을 한 순간에 축적합니다.

坤命			
時	日	月	年
辛亥	壬午	辛巳	乙卯

월간 辛金은 乙卯를 보면 강력한 힘으로 취하려고 달려들기에 상하기 쉽습니다. 宮位를 감안하면 辛金 부친은 乙卯를 강력히

원하기에 재물욕망이 강합니다. 辛金이 巳火를 깔았기에 乙卯는 시간방향대로 巳火를 향해 들어옵니다. 문제는 巳월이기에 癸水가 필요한데 없고 壬水만 있지만 辛金이 乙木을 沖하는 문제를 일정부분 해소하는 이유는 辛金이 壬水를 향하는 시간방향 때문입니다. 壬水는 辛金이 乙卯를 자르려는 욕망을 통제하기에 辛金이 乙卯를 노리다가 탕진하는 문제를 일정부분 해결하였습니다. 이런 이유로 부친 辛金은 壬水 딸을 지극히 사랑합니다. 만약 庚日이었다면 辛金은 乙卯를 더욱 심하게 공격하였을 겁니다. 壬水를 곁에 두고 싶은 부친은 딸과 함께 부동산을 운영합니다. 문제는 巳月에 癸水가 필요한데 壬水뿐이기에 月支에서 원하는 時空을 맞추지 못해 효율은 떨어집니다.

乙未년에 상담한 내용은 결혼을 원했는데 일지가 午巳로 동일한 오행이 혼잡하고 또 午火가 時支 亥水와 합하기에 배우자는 시지를 향하는 시간방향대로 안방을 벗어나기에 壬水가 처음 만난 巳中 戊土 남편과 이혼하였고 재혼궁합을 상담했습니다. 시간방향이 제시하는 물상을 잘 읽어내야 합니다. 巳午 火氣가 탱천하면 辛金은 내부에 열기를 축적하고 자극 받아서 뜨거움을 해소하고자 壬水를 향해 총알처럼 튀어가기에 부친은 壬水를 기뻐하고 壬水는 辛金을 받아들여서 명예, 재물, 부친의 사랑을 취합니다.

坤命			
時	日	月	年
辛	辛	甲	辛
卯	丑	午	丑

乙未년 甲申 月에 부동산컨설팅 회사로부터 스카우트 제안을 받았지만 고민하다 포기했습니다. 庚子대운 乙未년의 시간방향을 살펴보겠습니다. 陽氣 庚金은 자연스럽게 陰氣 辛金을 향하기에 庚辛이 힘을 합하여 甲을 나누자고 제안합니다. 마침 乙未년에 이르면 庚辛이 함께 乙木을 취하려고 움직이지만 辛金이 庚金의 제안을 받으면 乙木이 상할 수밖에 없습니다. 辛金은 甲木을 취하지만 乙木은 沖하는 관계입니다. 이렇게 정해진 문제를 일으키고자 庚子대운에 庚金이 辛金을 찾아와 甲木을 나누자고 제안하는데 마침 乙未년에 庚金이 乙木을 合으로 취하고 싶어져 컨설팅 회사에서 제의를 받았습니다. 좋은 일처럼 보이지만 庚金의 의도는 乙木을 취하고 싶으니 辛金에게 도와달라는 겁니다. 이 여인은 辛辛辛 동일한 陰氣가 甲木을 나누는 구조이기에 경쟁, 시기, 질투, 한탕 속성은 약합니다. 하지만 庚子대운에는 庚金이 개입되고 음양이 섞이면서 甲乙을 분탕질하려는 욕망이 생기면서 乙未년에 庚金의 제안을 받았습니다만 현명하게 제안을 거부했습니다.

坤命			
時	日	月	年
丁	癸	癸	丁
巳	未	卯	卯

丙午대운 乙未년에 회사에 다니는데 매우 심각한 불안, 집착 증세를 보이는 이유를 살펴보겠습니다. 丙午대운에는 정해진 시간방향대로 癸水가 丙午를 향하면서 증발하는 문제가 발생합니다. 乙未년에 이르면 癸水는 반드시 乙木을 향하기에 더욱 산만해지고 공황, 집착 증세를 보입니다. 또 乙未년에는 년과 월에 있

는 卯木 두 개가 일지 未土를 향하고 未土는 癸水를 더욱 답답하게 만듭니다. 十神으로 분석하면, 癸水가 丙午대운에 재성을 만나서 큰돈을 벌 수 있고 마침 乙未년에 식신생재, 식신제살로 가능성이 더욱 높다고 판단합니다. 하지만 卯月이기에 반드시 먼저 水氣를 보충해야 함에도 대운도 甲辰, 乙巳, 丙午, 丁未로 흐르기에 癸水가 체성을 상실하기 쉽습니다. 또 월과 일에서 癸癸로 복음이기에 부친은 딸에 대해 전혀 신경 쓰지 않는다고 합니다. 癸水가 丙火를 극한다는 관점으로 살피면 시간방향을 이해하지 못합니다. 癸水가 丙火를 향하는 시간방향은 결정되었는데 火氣가 강렬한 구조에서는 오히려 癸水가 증발됩니다. 정신을 지배하는 癸水가 증발되면 다양한 문제를 일으키는데 불안증세, 집착증, 공황장애와 같은 정신병에 시달립니다. 丁未대운에는 더 심각해질 수 있는데 사주원국의 丁卯년 丁巳 時의 丁火가 육해인데 丁未대운에 육해가 중첩되면서 흉합니다. 강력한 丁火열기를 받아낼 辛金을 찾아야 하므로 멀리 떠나서 종교, 명리에 전념하는 것이 좋습니다.

坤命			
時	日	月	年
丙戌	庚戌	壬午	庚午

위에서 살폈던 사례입니다. 2014 甲午년에 현대무용 학원을 오픈했습니다. 甲午년에 庚일은 甲木을 향하는 시간방향대로 甲木을 탐하는 욕망이 생겨납니다. 월간 壬水는 자신의 의지를 甲木에게 생명수를 공급하는 방식으로 드러내기에 庚金과 壬水가 甲木을 향해갑니다. 宮位를 감안하면, 사회활동을 상징하는 壬

水가 甲木에 반응하기에 현대무용 학원을 차려서 사회활동을 시작합니다. 왜 현대무용 학원일까요? 庚壬의 방탕, 방랑, 기술, 예술의 속성을 활용하는데 丙午와 조합하였기에 그릇이 커지면서 기술, 예술 사업도 가능합니다. 시간방향과 宮位를 종합하여 살펴야 하는 이유는 時間方向을 이해해도 宮位 의미를 모르면 통변이 어렵기 때문입니다. 각 宮位에 따라서 물상이 달라지기에 그 길흉을 월지시공과 사주구조를 종합해서 판단해야 합니다. 년과 월에서 庚, 壬午로 壬水가 증발하지 않도록 보호해주고 午火 두 개가 庚金을 자극해주고 丙火도 일지 戌土 墓地에 들어오기에 물질적으로 매우 좋은 구조입니다만 午午와 戌戌로 애정문제는 복잡합니다.

甲午년 운세를 분석하는 과정에 표면적으로 드러난 甲木에 집중할 것이 아니라 甲木이 사주원국을 어떻게 움직이게 하는지를 살펴야 합니다. 빈둥거리던 壬水는 甲木을 만나자 시간방향대로 甲木을 향해 튀어가기에 상응하는 물상이 발현됩니다. 甲木은 丙火를 향하는데 時에 있기에 개인적으로 애인을 만들고 싶다는 욕망이 동합니다. 만약 甲木이 년의 丙火를 향하면 국가 宮位 丙火를 향하기에 해외, 국가관련 직업이나 사회활동 관련 일들이 발생합니다. 宮位에 따라서 의미가 크게 달라지는 이치를 이해해야 합니다. 사주원국 구조는 庚庚으로 육체를 활용하고 壬水로 기술, 언변, 재능을 드러내는데 壬午로 있기에 壬水는 매우 가볍고 활발하게 움직이면서 기술, 예술을 가미했습니다. 壬水가 활발하다는 의미는 壬午午로 증발되면서 癸水화 되어 가볍고 빠릅니다. 만약 庚金이 없다면 정신이 산만해진 壬水부친은 견디지 못하고 가출하여 돌아오지 않거나 물길을 찾는 직업을 활용하는데 마도로스, 수산업관련 직업 등입니다.

乾命			
時	日	月	年
丙午	丁未	庚申	癸卯

乙卯대운 乙未년에 소형전기 회사에 근무하는데 상황이 좋지 않아서 가을에 명예퇴직 할 예정입니다. 그 이유를 時間방향으로 살펴보겠습니다. 대운과 세운에서 乙木을 만난 癸水는 적극적으로 乙木을 향하기에 年干 宮位 의미대로 국가, 해외, 근본터전에 변화가 발생할 것임을 암시합니다. 또 庚金은 乙木을 合으로 활용하기에 月干 宮에서 사회활동, 직업관련 재물을 수확하려고 노력합니다. 또 乙木이 일간 丁火를 향하지만 시공간이 적절하지 않기에 선호하지는 않지만 시간 丙火와는 시공간이 적절하기에 그 발걸음이 가볍고 빠릅니다. 이런 움직임들이 종합해서 사건과 물형을 결정합니다. 겉으로는 그 움직임이 명확하지 않지만 각각의 움직임이 상호작용을 통하여 하나의 물상을 결정합니다. 물론 年支 卯木의 地藏干이 乙木으로 透干한 것이기에 터전에 근본적인 변화가 발생합니다.

또, 卯申으로 合하기에 터전을 바꾸는 이유가 경제 문제라는 것을 알려줍니다. 다만, 卯申과 未申으로 乙庚 合하는 과정에 申金도 묶이기에 답답한 맛은 있습니다. 또 乙木이 時干 丙火를 향하는 것은 乙木이 일간 丁火를 지나서 후배 丙火를 향하는 것입니다. 宮位를 감안하면 친구, 경쟁자, 부하가 丁火의 명예나 권위를 가져가 취할 수 있습니다. 실제상황은, 회사상황이 좋지 않아서 가을에 명예퇴직 하려고합니다. 후대를 위해 사표를 제출하지만 53 세로 젊기에 그만두면 무엇을 할지 부담감에 잠을 이루지 못합니다. 정리하면, 年支 卯木의 시간이 도래하여 근본 터전을 바꿔야 하는데 卯申 合으로 경제적인 문제이고 乙庚 合, 卯申 合으로 년과 월이 답답하게 묶이지만 時干 庚金과 합으로 재물을 축적하는 상황도 아닙니다. 癸卯년 庚申월에 火氣도 없고 時干에 있는 丙火와 함께 庚申 열매를 익히는 과정에 丁火가 경쟁에서 밀리는 겁니다. 그 시기는 時干 宮位 46-53세에 丙火가 등장하고 사회 궁에 있는 庚申열매를 빠르게 확장하기에 회사는 丁未보다 丙午를 선호합니다. 이런 조합으로 따돌림이라는 물상을 만들어냅니다. 특히 乙未년에는 乙木, 癸水, 丙火가 협력하기에 時節이 적절하지 않은 丁火는 존재가치를 상실합니다.

坤命			
時	日	月	年
乙	壬	壬	壬
巳	戌	子	申

壬乙로 조합하면 겨자씨가 파도에 떠다니듯 방탕, 방랑 조합이라고 했습니다. 壬水 물처럼 흐르고 乙木 바람처럼 돌아다닙니다. 己酉대운이 오면 사주원국에서 빈둥거리던 乙木이 己土와 접촉을 시도합니다. 소위 傷官見官으로 잘못 활용하면 관재, 구설시비가 발생하고 남녀관계에 활용하면 방탕하게 연애합니다. 傷官이 正官을 극해서 밀어내는 것이 아니라 접촉하여 일탈, 방탕의 기세를 활용하기에 부모와 주위로부터 공감을 얻기 어려운 남자 인연이 생깁니다. 己土가 오기 전에는 乙木의 존재를 인정하는 상대가 없었기에 개인취미, 개인재주로 활용했는데 己土를 만나는 순간, 乙木의 傷官 끼가 동하고 상이한 시공간에서 활동

하던 己土와 접촉을 시도합니다. 乙木은 癸水, 戊土와 더불어 봄에 활동해야 적절한데 겨울의 壬水, 己土와 조합하기에 생각과 행동이 적절하지 않아서 조화를 이루지 못합니다. 十神으로는 傷官행위로 壬乙己 三字로 방탕, 방랑 물상을 만들어냅니다. 壬乙未, 壬乙己로 법을 무시하거나 함부로 행동하거나 남자를 만나서 일탈을 감행합니다. 사주원국에서 乙壬壬壬으로 계속 돌아다니는 움직임이기에 2015년 乙未년에 취직은 못하고 밤만 되면 친구들과 나가서 새벽까지 놀다가 들어온다고 하는데 반드시 남자들과 연결되면서 임신할 수 있는 운입니다.

坤命			
時	日	月	年
丙午	丁巳	癸未	乙丑

丁巳, 丙午 未土 丑土는 주로 육체와 기술, 예술을 활용합니다. 月干 癸水는 乙木을 향하면서도 동시에 時干 丙火를 향합니다. 乙未년에 사주원국에 결정된 구조대로 癸水는 반드시 乙木을 향하지만 아쉬운 점은 戊土가 없기에 효율이 높지 않습니다. 남녀관계로 살피면 戊土가 있어야 癸水와 접촉해서 남자를 만나는데 없기에 연애하기도 힘듭니다. 乙未년 여름에 상담하였는데 남자를 언제 만날 수 있는지 문의하였습니다. 결혼 후에는 외국에 나가서 살고 싶다고 합니다. 癸水가 年干에 있는 乙木을 향하기에 宮位의미대로 해외로 떠나는 것을 원합니다. 또 丑未 沖하기에 月支의 직업을 바꾸려고 하지만 戊土가 없기에 戊土가 천간에 드러나는 戊子月에 남자가 생기거나 터전을 바꿉니다. 부친이 주말 부부라고 합니다. 乙未년에 癸水부친은 乙木을 향

하기에 일간으로부터 멀어지고 丁癸로 沖하기에 부친과 함께 살기 어렵습니다. 부친이 주말 부부로 지내는 이유는 바로 딸의 사주구조 때문입니다.

乾命			
時	日	月	年
丙申	丙戌	丙寅	己丑

己丑이 수많은 火氣들을 흡수하여 총명하게 활용합니다. 丙, 己丑 조합은 사업에 적절한데 己丑의 기술, 재주를 전문적으로 활용할 수 있습니다. 己丑을 傷官이기에 흉하다고 판단하지만 강력한 丙火를 느긋하고 효율적으로 움직이도록 합니다. 丙, 己丑 조합의 사업자질이 뛰어난 이유는 강력한 丙火를 己丑이 적절하게 소화시키기 때문입니다. 다만 년에 己丑이기에 조부모는 가난하게 살았을 겁니다. 丙寅, 丙戌, 丙辰은 천간은 동일한데 地支가 모두 다르기에 세 명이 팀을 이루어 일을 분담하는 방법으로 협력합니다. 30세에 사법고시를 패스해서 부장검사를 거쳐 57세 乙酉년에 변호사를 개업하였습니다. 丙丙丙으로 열매를 확장할 방법이 없어서 己丑만 활용했는데 庚申대운에 이르면 申金의 地藏干 庚金이 透干하고 丙火가 庚申을 확장하려고 달려듭니다. 마침 乙酉년에 乙庚 합하고 乙木이 丙火를 향하면서 乙丙庚 三字조합을 활용할 수 있게 되었습니다. 乙庚 합은 조직, 단체를 형성해서 물질을 추구한다고 했습니다. 地支 酉金은 乙酉년이기에 乙木을 수확하려는 의지가 발동하자 물질욕망이 강해지고 변호사를 개업하였습니다. 흥미롭게도 사주원국 時支 申金의 宮位에 이른 57세에 반응했습니다.

제 53강

◆ 시공명리학 운세 보는 방법(時運法) 1   306

    사주팔자 원국   307
    사주원국이 반응하는 방식   308
    時空間과 宮位의 반응   309
    時空間이 반응하는 방식   310
      1. 天干은 사주원국 天干 구조대로 반응   311
      2. 地支는 사주원국 地支 구조대로 반응   312
      3. 운에서 드러난 天干에 집중한다.   313
      4. 地藏干 透干과 천간 상황   314
      5. 大運 天干   315
      6. 大運 地支   316
      7. 歲運 天干   317
      8. 歲運 地支   318
      9. 月運, 日運   318
    辰戌丑未에 대해서   327

앞 章부터 조금씩 時間과 空間의 개념에 대해 살펴온 이유는 기존의 방식인 格局, 用神, 生剋, 通根, 旺衰 논리들을 거의 활용하지 않고도 지극히 현실적인 방법으로 사주팔자를 분석할 수 있음을 알리기 위해서입니다. 물론 고전의 명리이론을 학습한 적이 없다면 바로 時間과 空間을 활용하여 사주구조를 분석하지만 조금이라도 학습했다면 2차원의 格局, 用神, 生剋에서 벗어나는데 애를 먹습니다. 지금까지 시공간을 활용하는 방식에 대해 살펴보았고 가장 중요한 원리인 時間方向과 宮位에 대해서도 학습하였기에 사주팔자에서 시공간이 반응하는 방식을 구체적으로 살펴보겠습니다. 지금까지는 주로 사주원국 구조를 분석하는 요령을 학습했지만 대운과 세운을 활용해서 언제, 어떤 일이 발생하는지를 읽어내는 방법을 학습해야 합니다. 올해의 운세, 혹은 다음 달에 어떤 일이 발생할 것인가를 예측하는 것으로 시공간 개념을 사주원국에 불어넣고 반응하는 방식을 이해할 때 비로소 활용이 가능합니다. 위에서 다양한 분석과정을 거쳤지만 시공간 반응방식은 절대로 간단하지 않습니다.

인간의 숙명을 읽어내는 행위가 간단할 리 없습니다. 시간과 공간이 반응하는 가장 기본적인 개념을 이해하고자 자평진전 透干에 대해 살폈으며 盲派도 應期라는 용어로 地藏干 透干을 五行과 十神 生剋으로 설명하지만 시공간 개념을 활용한 것은 아닙니다. 時空命理學에서 활용하는 방법들은 고대에서 현대까지 운세를 분석하는 五行, 十神 生剋에서 벗어나 時空間을 활용한 4차원 통변기법들로 현존하는 이론들 중에서 가장 현실적이고 고차원의 분석방법이라 믿습니다. 이미 언급한 것처럼 時空間, 時間方向, 天干조합, 地支조합, 宮位, 三字조합, 夾字, 刑沖破害, 日干의 時節과 月支時空, 墓庫 등의 이론들을 종합하여 분석하는데 모든 이론의 기준은 <u>地藏干 순환원리</u>와 <u>時空命理學의 八</u>

寶圖입니다. 먼저 개념을 간단하게 정리해보겠습니다.

사주팔자 원국

운세분석의 첫 단추는 사주원국 구조를 살피는 것입니다. 주의할 점은, 사주원국 4개 宮位와 8개 글자에 집중하며 어떠한 외부 인자도 끌어들이지 않으며 대운, 세운도 고려하지 않습니다. 사주원국이 중요한 이유는 피할 수 없는 숙명이며 사주팔자에 드러나 있기에 명확한 근거를 제시합니다. 확인할 수도 없는 외부 인자들을 끌어올 때의 문제는 명확한 근거가 없기에 억지스러운 주장을 할 수밖에 없습니다. 사주원국 구조는 참으로 다양한데 五行을 모두 갖춘 사주도 있고 五行이 편중되어 집중력은 좋지만 활동범위는 좁은 사주도 있습니다. 또 어떤 사주구조는 원국의 꼴대로 반응하지만 어떤 사주구조는 원국에 없는 五行이 운에서 반응할 수 있습니다. 사실 명리 바르게 학습하기 6권에 걸쳐 학습한 내용들은 모두 사주원국 구조를 분석하기 위해서였습니다. 天干조합, 時間方向, 宮位를 활용해서 직업, 사회활동을 살피는데 天干과 地支의 목적이나 의도가 동일한지, 상이한지를 살펴야 합니다.

예로, 天干은 傷官生財, 地支는 官印相生이라면 하늘의 의지와 땅의 반응이 전혀 다릅니다. 또 天干 合과 沖 작용에 대해 명확한 이해가 필요하고 地支의 刑沖破害도 자세히 살펴야합니다. 사주원국에서 辰戌丑未가 아무리 어지러워도 절대로 동시다발로 반응하지 않는 이유는 地支는 확률, 가능성으로만 존재하기에 운에서 地藏干이 透干(시간)할 때 단일 宮位만 반응하거나 두 개, 세 개, 네 개의 宮位가 동시에 반응할 수 있습니다. 표현을 바꾸면, 사주원국은 대운, 세운이 반응하기 전까지는 시간이 정지된 상태와 같습니다. 물론 사주원국에 辰戌丑未가 복잡하게 얽히면 어떤 운에서도 복잡한 인생을 살아가는 것은 맞지만 地支에 있을 때는 가능성, 확률에 불과하고 반드시 대운, 세운에서 天干으로 透干할 때(時間이 도래할 때) 비로소 사건, 물형, 관계를 결정합니다. 이처럼 사주원국과 運은 전혀 다른 실체임을 이해해야 합니다.

인생의 숙명과 길흉을 사주원국이 제공해도 운(時間)에서 반응하지 않으면 아무런 일도 발생하지 않습니다. 사주팔자는 연월일시를 순차적으로 흐르기에 절대로 뒤죽박죽이 아닙니다. 사주원국 년에서 시로 흐르는 과정에 길흉을 판단하는 기준은 月支에 결정된 時空입니다. 대운, 세운과 상관이 없으며 사주원국 月支를 기준으로 宮位와 時間方向을 활용하여 숙명을 분석하는 것으로 간단하고 명료합니다. 하나의 宮位를 약 7-8년 단위로 분석하며 현재의 운을 살피려면 사주원국 月支와 현재 나이에 해당하는 宮位, 그리고 운을 종합해서 파악합니다. 사주원국과 운을 기준으로 분석할 때 정확도가 높은 것은 무엇일까요? 사주원국을 분석하는 것이 대운, 세운을 기준으로 판단하는 것보다 훨씬 더 정확합니다.

사주원국이 반응하는 방식

사주원국이 반응하는 방식을 살펴보겠습니다. 사주팔자 地支는 물질, 육체, 공간 환경, 심리를 상징하지만 스스로 움직이고 변화하지 못하며 반드시 地藏干이 透干할 때 상응하는 地支의 宮位에 변화가 발생하기에 天干에 드러난 글자를 참고해서 地支의 동태를 분석해야 합니다. 이때 透干한 天干과 반응한 地支의 宮位를 동시에 살피는데 天干은 어떤 종류의 시간이 도래했는지를 살피고, 地支는 그 시간이 제공하는 사건, 일, 관계가 무엇인가를 살펴야 합니다. 표현을 바꾸면, 인간은 물질의 세상을 살기에 물질, 육체, 환경, 공간, 심리가 변화하는 상황을 분석하려면 地支를 살펴야 합니다. 이처럼 時間이 반응하는 방식을 이해하면 운에서 들어온 天干을 기준으로 地支 宮位가 어떤 방식으로 반응하는지를 살피는 겁니다. 결국 인생이 아무리 복잡해도 모든 것에는 때가 있다는 의미입니다. 지금까지 내용은 地支의 地藏干이 透干하는 상황이었는데 반대로 天干이 地支 공간으로 내려오는 상황을 보겠습니다. 예로, 卯木이 透干할 때는 甲이나 乙이 모두 가능하지만 天干 甲乙丙丁이 地支로 내려올 때는 오로지 하나의 글자로만 내려옵니다. 예로, 甲이 寅으로, 乙이 卯로, 丙이 巳로, 丁이 午로 내려옵니다. 만약 地支에 寅卯가 동시에 있다면 甲木은 寅으로 내려와 작용합니다. 표현은 어렵지만 사주사례를 살피면 쉽게 이해합니다.

天干이 地支로 내려왔다는 의미는 에너지, 時間으로 자유롭게 움직이고 변화하다 地支에 내려와 그 宮位(空間, 地支)에 국한한 甲木으로 움직이면서 물질, 육체, 공간, 환경에 영향을 미치는 겁니다. 이때 핵심은 地支를 살피는 것이 아니고 천간에 있는 甲木의 구조를 살펴야 합니다. 즉, 甲木이 주위와 어떤 구조로 구성되어 있는지를 분석하는 겁니다. 정리하면, **地藏干이 透干하면 地支구조를 분석하고 天干이 地支로 내려오면 천간구조를 분석**합니다. 그 외에도 刑沖破害合, 三字조합으로도 반응하는 경우가 있습니다. 天干에서 乙癸戊 三字로 조합하는 경우, 地支에서 辰戌未, 酉丑辰 三字로 조합하는 경우가 있는데 어떤 경우에도 地藏干이 透干할 때 비로소 사건, 물형, 관계를 결정합니다.

時空間과 宮位의 반응
지지의 時空間이 반응하는 방식을 이해하는 가장 합리적인 방법이 바로 宮位로 사주통변과정에 적극적으로 활용해야 합니다. 각 宮位에 대해서 충분한 이해가 있어야 운에서 반응하는 宮位의 의미와 물상을 읽어냅니다. 흥미로운 점은, 사주팔자 地支에는 4개의 宮位뿐이지만 地藏干 透干은 결코 간단하지 않습니다. 왜 그럴까요? 예로, 대운이나 세운 혹은 대운과 세운에 따라서 地支 宮位 하나, 둘, 셋, 심지어 모든 宮位가 동시에 透干할 수도 있기에 매우 복잡합니다. 추가적으로 4개 宮位가 동했는데 刑沖破害와 合은 물론이고 夾字와 墓庫, 時間方向 등으로 얽히고설키면 인간의 능력으로는 분석할 수 없을 정도의 시공간 비틀림이 동시다발로 발생합니다.

이런 움직임은 슈퍼컴퓨터를 활용해서 분석해도 그 의미를 이해하지 못할 수도 있습니다. 이처럼 사주팔자를 분석하는 행위는 불가능에 도전하는 것과 다를 바 없지만 단계별로 학습하다보면 일정한 수준에 도달할 수 있음은 분명합니다. 정리하면, 사주팔자 운세를 분석하려면 먼저 時空間이 반응하는 방식을 이해하고 宮位, 時間方向, 月支時空, 刑沖破害, 夾字 등 시공명리에서 활용하는 이론들을 종합적으로 활용, 분석해야 합니다. 일이나 사건이 사회적인지, 가정적인지, 개인적인 일로 사회활동에 영향을 미치는지, 사회활동으로 개인생활에 영향을 미치는지를 분석할 수 있는 유일한 방법은 宮位와 時間方向뿐입니다.

時空間이 반응하는 방식

지금부터는 운(時間)이 사주팔자에 반응하는 방식을 살펴보겠습니다. 사주원국에 결정된 숙명 중에서 그 시기에 해당하는 물형을 결정하여 드러냅니다. 각 사주구조가 상이하기에 대운과 세운 干支가 동일해도 물형은 상이합니다. 예로, 丙寅년에 모두에게 공평한 에너지를 제공해도 상이하게 반응하는 이유는 사주구조가 다르기 때문입니다. 동일한 刑沖破害도 사주구조에 따라서 반응방식이 다르기에 물형도 달라집니다. 이런 이유로 사주원국 구조를 벗어난 이론들은 무의미합니다. 사주원국, 대운, 세운이 반응하는 방식을 살펴보겠습니다. 사주원국은 탄생하는 순간에 결정되면 평생 바꿀 수 없지만 대운과 세운에 의해 사주원국의 숙명을 드러내는데 그 방식은 아래와 같습니다.

1. 天干은 사주원국 天干 구조대로 반응
예로, 천간에 있는 글자가 운에서 오면 그 글자가 형성하고 있는 사주구조대로 반응합니다. 예로, 天干에 丙火가 있는데 대운, 세운에서 丙火가 들어오면 사주원국의 丙火가 어떤 구조로 어떤 행위를 하는가를 살펴야 합니다. 주의할 점은, 盲派처럼 五行과 十神 生剋으로 판단하는 것이 아닙니다. 위에서 맹파의 주장을 다시 보면,

<u>原局这个字凶, 大运出现为凶, 原局这个吉, 大运出现为吉。</u>
사주원국 글자의 쓰임이 凶하면 동일한 글자가 대운에서 출현하면 凶하고, 사주원국 글자의 쓰임이 吉할 때 동일한 글자가 대운에서 출현하면 吉하다.

이런 논리가 가능한 이유는 生剋작용에는 生하거나 剋하는 작용 뿐이기에 그 움직임의 가치는 길 혹은 흉으로 갈리기 때문입니다. 하지만 우리의 인생은 이처럼 단순하지 않기에 "살거나 죽거나" 정도의 用神은 철저히 버려버리고 丙火가 사주원국에서 나머지 3개의 天干과 어떤 구조로 구성되어 있는지 살펴서 그 움직임의 물형을 밝혀야 합니다. 여기에서 그치지 않고 반드시 4개 地支와의 관계도 함께 살펴야 합니다. 예로, 丙火가 丙辛 合하지만 地支에서는 丙子, 辛未로 子未의 흉한 관계를 형성할

때는 일정의 길흉을 결정하기 때문입니다. 결국, 천간에 있는 하나의 글자에 불과한 丙火를 만났지만 관찰해야할 대상은 결코 丙火의 길흉에 그치는 것이 아니며 丙火의 地支가 어떤 방식으로 조합하였는지도 살펴야 합니다. 여기에 天干의 合沖剋, 夾字, 三字조합과 地支의 刑沖破害, 合, 墓庫, 夾字, 三字조합으로 연결되면 길흉을 분석하는데 애를 먹습니다. 아무리 사주원국에서의 작용이 吉凶으로 지극히 명확해 보여도 대운과 세운이 조합하는 순간 흉이 길로, 길이 흉으로 급변합니다. 이처럼 급변하는 길흉을 用神으로 분석하는 것은 불가능하기에 철저히 버려야 합니다. 예로, 天干 合의 경우 년과 시에서 멀리 떨어져 있는지 혹은 년과 월에서 가까이 붙어 있는지 혹은 중간에 夾字가 끼어있는지에 따라서 반응하는 물상이 크게 달라집니다. 아래에서 사주예문으로 살펴보겠습니다.

2. 地支는 사주원국 地支 구조대로 반응

地支를 분석하는 방법도 天干과 다를 바 없지만 天干과 地支의 구조와 방식이 다름을 이해해야 합니다. 天干은 명확하게 드러나 존재하며 자발적의지로 움직이고 변화하면서 자연스럽게 관계(인간관계)와 사건, 물형을 결정합니다. 하지만 地支는 자평진전 표현처럼 靜하여 움직일 수 없기에 확률과 가능성으로만 존재하면서 때(時間 - 地藏干 透干)를 기다립니다. 地支가 아무리 刑沖破害 合, 夾字, 三字조합 등으로 복잡해도 스스로 움직이고 변화하여 物形을 결정할 능력이 없습니다. 辰戌 沖, 巳申 刑이 있어도 미래 어느 시점에 현실화될 확률이나 가능성에 불과합니다. 地支는 스스로 동할 수 없기에 반드시 時間이 도래할 때 비로소 물형을 결정합니다. 地支의 刑沖破害가 아무리 복잡해도 대운이나 세운에서 상응하는 地藏干이 透干하지 않으면 일이나 사건이 발생하지 않는 겁니다. 따라서 사주원국 地支의 확률이나 가능성이 발생할 시점을 분석하려면 대운, 세운은 물론이고 월운, 일운까지 읽어야 판단이 가능해집니다. 따라서 일이나 사건의 물형이 결정되려면 사주원국, 대운, 세운, 월운, 일운으로 이어지는 일련의 흐름을 살펴야 하므로 결코 간단하지 않습니다. 예로, 결혼이라는 이벤트를 완성하려면 먼저 대상을 만나고 연애하여 결혼 날짜를 정하고 예식장을 준비하고 기타 등등 다양한 행위를 한 후 특정한 날에 비로소 결혼식을 올릴 수 있습니다. 결국 길흉은 일이나 사건이 발생한 순간에 느끼는 감정이기에 사주원국과 대운에서는 직접적인 길흉을 느낄 수 없는 겁니다.

3. 운에서 드러난 천간에 집중한다.

이 의미는 자평진전 주장처럼 地支에 있던 地藏干(時間)이 透干한 상황을 살피는 겁니다. 문제는 모든 명리이론이 대운이나 세운에서 地藏干 透干을 五行, 十神 生剋 작용과 用神, 忌神의 2차원으로 분석하지만 반드시 4차원의 時空間으로 분석해야 합니다. 地藏干 透干의 핵심은 地支에 있는 4개 宮位들 중에서 地藏干이 드러난 宮位를 살펴야 상응하는 의미와 물상을 추론할 수 있습니다. 주의할 점은, 대운과 세운의 天干은 사주원국 地支의 地藏干이 透干했을 수도, 사주원국에 없는 天干이 올 수도 있습니다. 따라서 사주팔자에 없는 천간이 운에서 들어오면 어떻게 분석해야 하는지 이해가 필요합니다. 사주사례를 통해서 살펴보겠지만 내 숙명에 없기에 활용하기 불편한 시간이 도래한 것은 분명합니다. 이처럼 대부분의 사주팔자는 地藏干이 透干하는 방식으로 時間이 도래했음을 알리지만 사주팔자에 없는 天干이 운에서 드러나면 임시로 활용할 수 있습니다. 透干한 地藏干이 4개 地支 어느 宮位에서 반응한 것인지를 살펴야 하는 이유는 확률, 가능성으로만 존재하다가 透干하는 순간 현실적으로 관계와 물형을 결정할 때가 되었고 그 宮位가 물형을 결정할 핵심정보를 제공하기 때문입니다. 결국 地支에 담겨진 地藏干들은 미래에 내 운명에서 이런 저런 일이나 사건들이 발생할 것이라고 암시하다가 透干하는 방식으로 현실화됩니다. 地支에서 辰戌 沖, 子卯 刑, 寅申 沖으로 반응할 것이라고 암시하다 透干하면 비로소 그 물형이 현실적으로 발현됩니다.

논리의 핵심은, 地支에 담겨진 地藏干(時間)이 천간에 도래하면 일이나 사건이 발현되기에 그 이유를 분석하려면 상응하는 地支의 宮位와 주위 구조를 자세히 분석해야 합니다. 개개의 사주팔자에 존재하는 宮位, 時間方向, 刑沖破害, 夾字, 三字조합, 三合에 따라서 전혀 다른 사건과 물상으로 반응하기에 인구 수 만큼 다양한 인생이 펼쳐집니다. 정리하면, 透干한 地藏干을 분석하는 방법은, 天干구조가 地支 宮位와 주위구조를 살피는 것입니다. 이 논리는 자평진전의 透干과 동일하지만 분석방식은 五行과 十神을 활용한 2차원인지 시공명리학의 시간과 공간을 활용한 4차원인지에 따라서 통변의 입체감이 달라집니다.

4.地藏干 透干과 천간상황

지장간이 透干했는데 사주원국 天干에 동일한 글자가 있다면 天干 상황도 함께 읽어야 합니다. 즉, 地支의 궁위와 주위구조를 분석함과 동시에 천간의 궁위와 주위구조를 함께 분석해야 합니다. 다만 地藏干 透干과 天干 글자가 동일해도 地藏干 透干은 地支의 특징을 표현하지만 天干 글자는 오로지 天干의 글자의미를 표현합니다. 만약 地藏干이 透干했는데 천간에 없다면 地支 宮位와 구조를 집중적으로 분석합니다. 天干 구조를 분석하려면 合沖剋, 夾字, 時間方向, 宮位, 三字조합 정도를 비교적 간단하지만 地支는 훨씬 복잡합니다. 확률, 가능성으로만 존재하던 時間이 도래하여 刑沖破害와 合은 물론이고 夾字, 神煞, 時間方向, 宮位, 三字조합, 기타 구조들을 종합적으로 분석하기 때문입니다. 宮位를 활용하면, 地藏干이 透干할 경우, 地支 宮位 중에서 하나, 둘, 셋 혹은 4개가 동시에 반응할 수 있는데 많은 宮位가 동할수록 흔들림이 심해지기에 사건들의 상황이 복잡하고 불안정해집니다. 따라서 하나의 宮位만 동하면 분석이 비교적 간단한데 예로, 年에서 반응하면 근본터전에 변화가 발생하거나 국가, 해외관련 일이 발생합니다. 서울에서 살다가 부산으로 이사 가거나 직장생활 하다가 장사를 시작하는 방식으로 근본적인 변화가 발생합니다. 다만, 단정할 수 없는 이유는 年支의 地藏干만 透干해도 刑沖破害 合과 夾字, 三合, 三字조합, 4개 궁위가 얽히고설키기 때문입니다.

5. 大運 天干

大運은 干支 두 글자로 10년 동안의 운세를 판단하는 기준입니다 다만 과연 두 글자로 어떤 일이 발생할지 읽어낼 수 있을까요? 10년은 歲運 열 개에 해당하는 긴 時間으로 수많은 사건과 사고가 발생하는데 대운에서 제공된 干支 두 글자로 길흉이나 사건의 종류를 특정해야 하는 겁니다. 대운의 의미는 과연 무엇일까를 오래도록 고민해왔는데 결국 나름의 깨달음은 大運 天干은 10년 동안 발생하는 수많은 사건들 중에서 가장 핵심적인 사항을 표현하는 겁니다. 예로, 대운에서 月支의 地藏干이 透干하면 사회활동, 직업, 모친, 형제관련 일이 핵심사항입니다. 다만 이 또한 月支가 刑沖破害合, 墓庫, 夾字, 三合, 三字조합과 연결되면 月支의 특징만을 표현할 수 없으며 地支는 물론이고 天干과도 연결되어 반응하기에 절대로 간단하지 않습니다.

6.大運 地支

대운 地支의 개념과 작용방식을 살펴보겠습니다. 대운 地支는 사주원국 연월일시 4개 地支와 접촉하는데 사주구조에 따라서 그 반응이 상이한데 간단해서 반응이 명확하지 않은 구조, 복잡해서 매우 불안정한 구조도 있습니다. 예로, 대운에서 子水가 들어왔는데 사주원국에 寅木이 있다면 刑沖破害와 合이 아니기에 그 반응이 뚜렷하지 않습니다. 日支에 午火가 있다면 子午沖하기에 반응이 뚜렷합니다. 酉子 破의 경우는 沖의 절반정도이고 子卯 刑의 경우도 심각하지 않습니다. 주의할 점은, 아무리 대운 地支가 사주원국 地支의 글자들과 조합해서 刑沖破害合, 三字조합, 夾字로 반응해도 현실로 발현되지 않으며 단지 확률, 가능성으로 존재합니다. 따라서 사주원국 地支가 大運 地支와 접촉하면 즉각 반응하는 것이 아니며 미래에 발생할 사건의 가능성으로만 존재합니다.

그렇다면 언제 반응할까요? 10년 세운 중에서 해당 地支의 地藏干이 透干할 때 비로소 물형을 결정합니다. 만약 세운에서 透干하지 않으면 관련 사건은 발생하지 않고 소멸됩니다. 이 논리의 근거는 地藏干 透干 원칙대로 활용한 것으로 地支는 靜하여 스스로 움직이지 못하고 때(地藏干 透干)를 기다리기 때문입니다. 위에서 살펴본 자평진전과 盲派는 地支에서 刑沖破害나 合을 이루기만 하면 地支는 靜하여 때를 기다린다는 원칙을 깨고 地支가 스스로 물형을 결정한다고 주장하지만 시공명리학의 근본원칙은 모든 물형은 天干 투간 원칙(時間의 도래)으로 결정합니다. 만약 地支 刑沖破害 그리고 다양한 合, 墓庫 등이 스스로 물형을 결정할 수 있다면 굳이 따로 "應期"라는 표현을 활용할 필요가 없습니다. 중대한 일이나 사건을 결정하는 순간이 應期라면 반드시 地支의 地藏干 透干 원칙을 활용하며 이 원칙에서 벗어나면 원칙이라 부를 수도 없습니다. 이 원칙을 지키면 그토록 복잡해 보이는 刑沖破害도 지극히 간단하고 명료해집니다. 다음 章에서 사주사례로 살펴보겠습니다.

7.歲運 天干

10년 대운 중에서 1년을 담당하는 歲運의 의미와 작용에 대해 살펴보겠습니다. 운을 판단하는 기준은 사주원국이며 변화의 첫 단계는 大運이고 그 기준에서 세운이 도래합니다. 따라서 세운은 대운에 속하였기에 독립적으로 존재하는 것이 아닙니다. 다만 세운도 干支를 활용해서 1년의 운세를 분석해야 하므로 참으로 어처구니없는 행위임은 분명합니다. 대운과 동일한 원리로 살피면, 세운 天干은 <u>1년 중에서 가장 중요한 일, 사건, 관계를 표현</u>하기에 4개의 地支 중에서 어느 宮位가 天干에 透干되었나를 살펴야 합니다.

이때 핵심은 歲運에서 透干한 地藏干은 사주원국에 있는 4개의 地支와 大運 地支가 접촉하다가 세운에서 透干한 것입니다. 따라서 세운 天干은 별도로 존재하는 것이 아니며 반드시 사주원국과 대운의 地支가 刑沖破害 合, 夾字, 三合, 三字조합 등으로 접촉해서 가능성으로 존재하다가 세운에서 透干한 것입니다. 이 판단의 근거는 <u>세운은 대운의 하부조직</u>이기 때문입니다. 만약 대운과 세운을 주종의 관계로 설정하지 않고 다른 방법으로 설정하고 통변의 적중률을 높일 수만 있다면 지극히 기쁜 일이기에 後代의 분발을 기대하겠습니다. 만약 세운 天干이 사주원국과 대운에 없다면 위에서 설명한 원칙처럼 1년 동안 사주팔자에 없는 시간이 도래하여 반응하다 사라집니다.

8. 歲運 地支

세운 地支도 대운 지지의 작용방식과 동일합니다. 사주원국 연월일시 그리고 대운 地支와 접촉해서 확률로 존재하다 그 해의 열두 달의 天干에 透干할 때 사건이나 현상이 현실로 발현됩니다. 만약 그 해에 透干하지 않으면 가능성으로만 존재하다 소멸됩니다.

9. 月運, 日運

동일한 논리로, 月運을 기준으로 日運으로 이어집니다. 월운 天干에 透干한 글자는 그 달의 핵심사항이며 한 달 중에서 천간에 透干한 날에 가능성으로만 존재하다가 물형을 결정합니다. 이처럼 운명은 순차적 시공간 흐름으로 결정됩니다. 그 이유는 인과의 법칙 때문입니다. 아무런 因果없이 일이나 관계, 사건이 발생할 수 있다면 사주팔자를 활용해서 미래의 운명을 분석할 필요가 없습니다. 운전을 했기에 교통사고가 발생할 확률, 가능성이 현실로 발현되지만 운전하지 않으면 교통사고가 발생할 이유가 없습니다. 과거, 현재. 미래로 이어지는 시공간이 개인의 생각과 행동을 결정하기에 결과물이 결정됩니다. 만약 이 원칙에서 벗어나 양자물리학처럼 갑자기 하늘에서 뚝 떨어지듯 사건이나 물형을 결정한다면 사주팔자를 활용해서 운명을 살필 필요가 전혀 없습니다.

업보, 인과 법칙은 반드시 시공간의 순차적 흐름으로 이어지고 天干에 透干하는 방식으로 결정됩니다. 五行과 十神 生剋으로는 전생, 업보, 시공간을 살필 방법이 없기에 매우 제한적으로 사주팔자를 관찰합니다. 탄생할 때 받은 사주원국에는 전생의 업보가 담겨있고 대운과 세운에서 업보대로 반응합니다. 사주원국에서 刑沖破害 合과 夾字가 복잡하면 인생이 복잡해질 확률은 높아지지만 그 반대의 경우에는 기복이 없기에 복잡하게 살아갈 필요가 없습니다. 이런 이유로 운세를 분석하려면 반드시 먼저 사주원국의 숙명을 자세히 읽어야 하며 절대로 사주원국과 대운, 세운을 함께 묶어서 살피는 방법을 택하지 않아야 합니다. 사주원국과 대운, 세운은 상이한 체계로 구성되었는데 간단히 정리하면 이렇습니다.

1. 사주원국은 탄생한 순간의 시공간부호로 숙명이자 일생에 펼쳐질 과정을 암시하지만 대운, 세운이라는 時間이 흐르지 않으면 그 숙명을 발현할 수 없습니다.

2. 大運은 사주원국을 기준으로 10년 동안 발생하는 모든 사건들 중에서 가장 핵심사건을 표현한 것일 뿐 10년 동안 파노라마처럼 이어지는 모든 현상을 표현하는 것이 아닙니다.

3. 세운은 대운을 기준으로 1년 동안 발생할 가장 핵심사건을 표현하며 월운, 일운도 동일한 원리입니다.

이처럼 사주원국, 대운, 세운은 상이한 체계이기에 마구 섞어서 판단할 수 없습니다. 시공간을 활용하는 과정에 주의할 점은 <u>透干한 地藏干에 집중하는 것이 아니고 地支 宮位와 주위 구조를 살펴야</u> 합니다. 물론 透干한 天干을 활용해서 天干에 존재하는 글자들의 작용을 살피면 더욱 명확하게 분석하지만 지금 설명하는 시공간 반응방식은 사주원국 地支에서 가능성과 확률로 존재하다 사건이 발생하는 과정을 세부적으로 분석하는 기준을 설명하는 겁니다. 이런 방식이 아니면 五行과 十神의 生剋으로 판단할 때의 모호하고 불분명한 느낌에서 벗어날 수 없습니다. 시공간을 활용해서 현대까지 이어온 모호하고 불분명한 운세분석 방식에서 벗어나 지극히 현실적인 방법을 찾으려는 겁니다. 시공간을 사주팔자에 불어넣고 사주구조대로 반응한다는 논리에 익숙해지면 자연스럽게 五行과 十神의 生剋에서 탈출합니다. 복잡해 보이던 刑沖破害도 순차적인 시공간 흐름으로 반응함을 이해하면 간단해집니다.

乾命			
時	日	月	年
丙午	壬子	癸卯	壬子

중국의 학 선생이 丙午대운의 희기를 물었을 때 그의 제자였다는 단 선생이 月支 傷官이고 卯木이 丙午까지 연결되기에 傷官生財의 흐름이요 대운도 甲辰, 乙巳, 丙午로 흘러 돈 많은 부자라고 답하자 학 선생이 "아직 멀었구나."라고 하였답니다. 도저히 이유를 모르겠기에 주위 사람들에게 질문했는데 모두 동일하게 분석하더랍니다. 결국 丙午대운에 거지가 된 이유를 이해하지 못하는 겁니다.

이처럼 五行과 十神의 生剋으로 사주구조를 분석할 때의 문제는 사주구조대로 반응한다는 원리를 이해하지 못합니다. 위에서 사주원국 天干 혹은 地支에 있는 글자가 운에서 들어오면 사주원국 꼴대로만 반응한다는 원칙을 살폈습니다. 丙午대운에 時柱에 있는 丙午와 동일한 時間이 도래하였습니다. 地藏干 透干의 의미를 시공명리학은 사건을 결정할 <u>時間이 도래했다고</u> 인식하지만 자평진전과 盲派는 五行과 十神 生剋이 반응하는 상황으로 인식하기에 그 분석하는 내용이 傷官生財를 논하고 있습니다. 卯木 傷官과 時柱 丙午가 傷官生財로 연결되고 丙火가 用神인 것처럼 인식하기에 대발한다고 통변하는 겁니다. 이 사주가 丙午대운에 이르면 사주원국 時柱에 결정된 구조대로 반응할 시간이 도래했기에 丙午의 상태에 집중해야 합니다. 壬子년 癸卯월 壬子일 丙午시로 天干에서는 壬癸壬이 丙火를 경쟁적으로 끌어다가 어둠을 밝히려고 하므로 오히려 丙火 빛을 상실하고 地支도 子子가 午火를 沖하는데 卯木이 중간에 끼어서 午火를 향하려고 해도 반드시 夾字 子水를 지나야 하므로 그 효과가 떨어집니다. 더욱 심각한 문제는 壬子와 丙午가 바로 옆에서 충돌합니다. 子午 沖 외에도 卯午 破와 子卯 刑으로 비틀리는데 卯木이 六害로 수많은 水氣에 둘러싸여 성장하지 못하기에 丙火를 향하지도 못하고 丙午도 壬子와 沖으로 상했습니다. 五行과 十神 生剋으로는 用神운을 만나서 발전한다고 판단하지만 실제로는 丙午대운 시작하자마자 힘들어진 이유입니다.

사주원국은 숙명이요 대운과 세운은 숙명을 결정할 시간이 도래하는 겁니다. 결국 사주원국에서 用神을 정하는 행위의 문제가 무엇인지 깨우치는 사례입니다. 丙午이전의 대운은 乙巳로 월지 卯木의 地藏干 乙木이 透干하여 상응하는 時間이 도래했고 사주원국에 정해진 卯木의 구조대로 반응하기에 두 개의 子水에 상하는 문제가 발생합니다. 결국 乙巳대운부터 卯木에 문제가 발생하기에 상관생재의 의미가 없습니다. 乙巳대운에서 이어진 丙午대운에 사주원국 구조대로 壬子에 沖당해서 빛을 상실하고 어둠속으로 사라집니다. 아무리 사주원국에서 중요한 역할을 하는 丙午라도 사주구조 때문에 상할 수밖에 없음에도 五行과 十神의 生剋으로는 상관생재로 발전한다고 판단합니다. 木火로 연결되면 반드시 상관생재가 가능할 것처럼 인식하지만 구조에 따라서 상이하게 반응합니다.

乾命				陰/平 1971년 10월 24일 18:00							
時	日	月	年	81	71	61	51	41	31	21	11	1
乙	庚	庚	辛	辛	壬	癸	甲	乙	丙	丁	戊	己
酉	午	子	亥	卯	辰	巳	午	未	申	酉	戌	亥

丙申대운 35세 乙酉년 상황을 보겠습니다. 丙申대운에는 午火의 地藏干 丙火가 透干하여 午火 宮位가 도래하였기에 어떤 일이 발생하는지를 분석하려면 일지 午火 宮位와 구조를 살펴야 합니다. 사주원국 구조대로 午火는 월지 子水와 沖하고 時支 酉金과 午酉 破하고 年支 亥水와 暗合합니다. 월지의 時空이 子月이고 년과 월에서 辛亥와 庚子로 씨종자를 풀어내지만 子月의 폭발하는 기운을 촉진해줄 丙火가 없기에 庚辛은 지도자를 만나지 못한 상황입니다. 다행히 日支 午火가 月支에 쓰임이 좋은데 문제는 沖으로 불안정합니다. 午火가 좋은 역할임에도 쓰임이 나빠진 겁니다.

위 사례처럼 아무리 用神이라도 오히려 흉한 작용을 할 수도 있습니다. 결국 丙火가 透干하면서 子午 沖으로 午火가 상함을 알려줍니다. 丙火가 用神이기에 丙申대운에 크게 발전한다고 판단하지만 31세부터 시작한 丙申대운에 돈 문제를 해결하고자 집을 팔았음에도 빚에 허덕입니다. 丁酉대운을 지날 때 酉子, 午酉子, 丁辛壬 三字 조합을 활용해서 빠르게 돈을 벌었습니다. 이상하게도 丁酉대운도 午火의 地藏干 丁火가 透干하였고 酉金은 時支와 동일하기에 午酉로 酉金을 자극하면 月支 子水를 향하여 총알처럼 튀어나가 사회 宮位 子水에서 폭발적으로 발전합니다. 동일한 午火에서 透干한 地藏干이지만 길흉이 크게 다른 이유는 연령에 따른 宮位가 다르고 사주원국 구조가 다르기 때문입니다. 丁酉대운은 20대를 지나기에 월주 庚子를 지나지만 丙申대운은 일주 庚午를 지나기에 상황이 상이합니다. 辛亥년과 庚子월은 쓰임을 얻으려면 丁火로 丁辛壬 三字를 활용하기에 丁酉대운 하반기에는 부모가 집도 사주고 결혼도 했는데 이상하게 30세가 넘어서고 丙申대운을 만나자 흥청망청 돈을 쓰다 33세에 집을 팔고 돈을 탕진하고 乙酉년에 힘든 상황이었습니다. 따라서 동일한 午火의 地藏干이 透干했음에도 丙申대운에 돈을 흥청망청 써버린 이유는 일지 午火배우자가 들어오는 순간 사주원국에서 좋은 작용하는 배우자이지만 亥子가 午火를 沖해버리고 午酉로 破하면 火氣에 자극받은 酉金이 천간 乙木을 수확했기 때문입니다. 아무리 日支 午火의 쓰임이 좋아도 사주원국의 子午 沖으로 오히려 문제를 일으키는 겁니다. 이처럼 지극히 이중적인 특징을 발휘하는 구조가 많습니다. 사주원국에서 반드시 좋은 작용임에도 子午 沖으로 사고방식에 문제가 생기고 午火가 酉金을 자극하면 酉金이 乙木 재산을 흥청망청 날려버렸습니다. 사주원국 地支에 이 문제가 숙명으로 있다가 丙대운에 午火의 地藏干이 透干하자 흥청망청 재산을 탕진했습니다.

乙酉년에는 時에 있는 乙木을 만났기에 사주원국 구조대로 수많은 庚辛들이 乙木을 경쟁적으로 탐하기에 재산을 탕진하였습니다. 위의 거지사례와 유사한 반응으로 사주원국에 결정된 숙명을 운에서 발현하는 겁니다. 만약 庚子월, 丁酉일 乙午시라면 비록 時에서 月로 역류하지만 午火가 酉金을 자극하고 酉金이 월지 子水에 풀어지기에 사회에서 두각을 나타냅니다. 하지만 이 사주는 子水가 午火를 沖하면 午火가 酉金을, 酉金이 乙木을 자르는 연쇄반응으로 재산을 탕진했습니다. 만약 결혼하지 않아서 日支 午火 배우자가 없다면 子午 沖이 발생하지 않지만 배우자가 안방에 들어오는 순간 사주원국 구조대로 가산을 탕진하는 숙명이 현실로 결정됩니다. 子午 沖, 午酉 破로 酉金이 乙木을 자르는 원인은 결국 배우자 午火의 작용 때문입니다. 그렇다고 부인을 싫어할 리도 없습니다. 午火가 육해이고 수많은 金들의 지도자 역할을 하므로 좋은 작용이고 인연이지만 사주원국 子午 沖의 문제로 꼬였습니다.

乾命				陰/平 1966년 12월 16일 22:00								
時	日	月	年	83	73	63	53	43	33	23	13	3
丁	庚	辛	丙	庚	己	戊	丁	丙	乙	甲	癸	壬
亥	寅	丑	午	戌	酉	申	未	午	巳	辰	卯	寅

42~3세 즈음에 丙午대운이 들어오면 辛丑월이기에 대부분 用神운을 만나 발전한다고 판단하지만 실제로는 丙午대운에 불편해지기 시작합니다. 用神논리와 반대로 분석하기에 틀렸다고 인식하지만 실제상황이 증명합니다. <u>사주원국에 정해진 구조대로 반응한다는 원칙</u>을 잊지 말아야 합니다. 丙午대운은 사주원국에 정해진 丙午의 모습대로만 반응합니다. 丙辛 合하고 午丑으로 탕화작용을 일으킵니다.

따라서 辛丑의 깊은 어둠을 밝히던 丙午가 丙辛 合으로 빛을 빼앗기고 어두워집니다. 또 丑月이기에 丙辛 合으로 어두워지기에 좋지 않습니다. 丑月에 필요한 것은 丙火이기에 用神이라는 단조로운 판단을 하지만 사주원국 구조에서는 丙午대운의 빛을 辛金과 合하는 방식으로 빼앗겠노라고 말합니다. 사주원국에서 가장 중요한 역할을 하는 丙火가 상하면서 근본터전이 무너집니다. 만약 丙午월이었다면 상황이 전혀 다릅니다. 丙午월에 辛丑대운이 오면 丙辛 合과 午丑 조합은 동일해도 宮位가 다르기에

丙午월 火氣가 탱천하여 壬水가 필요한 상황에서 辛金이 들어와 강렬한 빛과 열을 조절하기에 오히려 발전합니다. 이처럼 4개 글자가 동일해도 月支 時空과 宮位가 상이하기에 발현되는 물상도 상이합니다. 사주원국 구조대로 반응한다는 의미는 五行의 生剋처럼 동일한 질량으로 生하거나 剋하는 것이 아닙니다. 질량의 증감을 활용하는 格局, 通根, 旺衰, 强弱과 같은 분석방법은 통변거리도 마땅하지 않습니다. 이 사주를 예로 盲派의 주장을 다시 보겠습니다.

原局这个字凶, 大运出现为凶, 原局这个吉, 大运出现为吉。
사주원국 글자의 쓰임이 凶하면 동일한 글자가 대운에서 출현하면 凶하고, 사주원국 글자의 쓰임이 吉할 때 동일한 글자가 대운에서 출현하면 吉하다.

이 논리의 문제는 丙午의 길흉을 어떤 관점으로 판단하느냐에 따라서 정반대 통변을 할 수 있다는 겁니다. 사주원국 구조대로 반응한다는 원칙을 세웠음에도 실제 상황과 전혀 엉뚱한 통변을 하는 겁니다. 결국, 사주팔자 원국대로 길흉이 반응한다는 의미를 이해해도 글자의 길흉을 정확하게 판단하지 못하면 무용지물입니다. 이 사주원국에서 丙午는 결코 나쁜 역할이 아닙니다. 하지만 辛丑과 조합하자 빛이 소멸되는 것이 문제입니다. 하지만 축월이기에 丙午가 用神이라는 방식으로는 사주원국대로 반응한다는 원리를 이해하지 못합니다. 좋은 작용을 하는 丙午가 운에서 들어오면 오히려 신축과 합하면서 문제가 발생하는 것이 바로 사주원국대로 반응한다는 의미입니다.

乾命				陰/平 1966년 12월 18일 20:00								
時	日	月	年	82	72	62	52	42	32	22	12	2
庚	壬	辛	丙	庚	己	戊	丁	丙	乙	甲	癸	壬
戌	辰	丑	午	戌	酉	申	未	午	巳	辰	卯	寅

乙巳대운에 매우 좋았지만 丙午대운에 매우 흉했습니다. 그 이유는 위와 다를 바 없습니다. 丙午대운이 들어오자 사주원국에 정해진 구조대로 丙辛 합하여 빛을 상실하고 壬水가 丙辛 합을 沖해버리기에 매우 흉하다고 느끼는 겁니다.

乾命				陰/平 1966년 12월 15일								
時	日	月	年	83	73	63	53	43	33	23	13	3
불명	己	辛	丙	庚	己	戊	丁	丙	乙	甲	癸	壬
	丑	丑	午	戌	酉	申	未	午	巳	辰	卯	寅

丙午대운 전에는 직장에서 순탄하게 발전했습니다. 丙午대운이 오기 전에 여러 곳에서 사주팔자를 상담하였는데 상담자들이 모두 用神대운이기에 크게 발전할 것이라고 하여 큰 기대를 하면서 기다렸는데 丙午대운 들어오자마자 회사에서 잘리고 6년 동안 일자리를 찾지 못하고 있습니다. 질병으로 시달리는 모친을 모시면서 힘들게 살아갑니다. 터전에서 벗어나려 해도 모친을 모셔야 하므로 어렵습니다. 丙午대운에 이르면 사주원국에 정해진 구조대로 년에서 환하게 빛나던 丙午가 辛丑과 丙辛 합하고 午丑으로 빛이 사라지고 칠흑 같은 어둠 속으로 빨려 들어갑니다. 이것이 바로 사주원국 구조대로 반응하는 이치입니다.

지금까지 몇 개의 사례를 통하여 사주원국 글자들이 운을 만나면 어떤 방식으로 반응하는지 살폈습니다. 사주원국의 天干이 운에서 들어오면 사주구조대로만 반응합니다. 만약 天干의 글자가 地支의 地藏干에도 있다면 어느 宮位에서 透干하였는지 살펴서 종합적으로 판단해야 합니다. 대운, 세운에서 天干이 드러나면 반드시 地支 宮位를 살피고 사주원국 天干에 있는 글자와 동일하면 천간구조도 함께 읽어야 합니다. 이때 時間方向, 宮位, 合沖과 夾字, 三字조합을 종합적으로 살펴야 적중률이 높아집니다. 예로, 사주원국 天干에 壬水가 있는데 운에서 壬水가 오면 사주원국에서 壬水가 어떤 구조로 무슨 행위를 하는지 살펴야 하는 겁니다. 만약 地支에 亥水가 있다면 地藏干에 壬水가 있기에 그 宮位도 함께 살펴야 합니다. 시공간은 절대로 뒤죽박죽 반응하는 것이 아니며 반드시 사주원국을 기준으로 대운과 세운이 순차적으로 반응하면서 물형을 결정합니다.

辰戌丑未에 대해서
나중에 골치 아픈 三合과 刑沖破害, 墓庫에 대해 살펴야 하는데 어느 정도는 정리했지만 최소한 1,000 페이지 정도는 다루어야 할 분량이기에 간단하지 않습니다.(강의 후에 三合과 刑沖破害, 三合과 墓庫論, 三刑論 책으로 출판하여 설명하였습니다.) 따라서 체계적으로 이론을 정립해야 하지만 당장 활용할 수 있는 핵심만 정리해보겠습니다.

墓庫에 대해 의견이 다양하고 정리하지 못하는 이유는 이론을 정립할 수 없을 정도로 복잡하기 때문입니다. 그 핵심을 정리하면 이렇습니다. 예로 未土가 내부에 담는 오행은 甲木, 乙木, 寅木과 卯木인데 未土가 陽氣 甲寅을 담으면 墓地라 부르고 陰氣 乙卯를 담으면 庫地라 부릅니다. 따라서 甲寅이 未土, 丙巳

가 戌土, 庚申이 丑土, 壬亥가 辰土에 들어가면 墓地라 부르기에 사주원국의 辰戌丑未가 어떤 五行을 담는지 살펴야 합니다. 土가 있다고 아무거나 담는 것이 아니고 사주구조에 따라서 가치도 상이합니다. 예로, 사주원국에 辰土와 子水, 亥水가 있다면 어느 글자가 담겨야 재물 복이 클까요? 당연히 亥水입니다. 辰土가 子水를 담으면 庫地로 작용하기에 출입이 빈번하게 발생하면서 재물을 유지하기 어렵습니다. 돈은 잘 버는데 이상하게 돈이 모이지 않는 경우입니다. 만약 亥水 陽氣를 담으면 辰土를 墓地로 활용하기에 크게 취할 수 있습니다. 즉, 辰土 내부에 陽氣를 담아서 밖으로 나가지 않기에 축적하는 겁니다. 戌土는 巳火를 담아야 부자가 되며 午火를 담으면 庫地이기에 출입이 빈번하지만 돈을 축적하는 개념은 아닙니다. 이처럼 子水나 午火는 辰土나 戌土에 담겨도 庫地로 出入이 빈번하기에 지키기 어렵습니다.

庫地의 개념에는 마감, 완성이 전혀 없습니다. 창고처럼 저장해서 언제라도 꺼내 사용하기에 반드시 밖으로 나가버리지만 墓地는 한 번 들어오면 나갈 수 없기에 안정적으로 취합니다. 이런 이유로 日干이 재물을 취하려면 日支에 辰戌丑未가 있어야 합니다. 다른 宮位에 있다면 재물을 취하는 당사자와 의미가 달라집니다. 예로 사주원국에 辰土가 있고 亥水가 있다면 정해진 시간방향대로 亥水는 자동적으로 辰土를 향해 갑니다. 자동적이라는 의미는 절대로 인위적이 아니라는 겁니다. 時間方向이 지구가 회전하는 방향으로 결정되어 바뀔 수 없습니다. 따라서 日支에 辰土가 있다면 부자가 될 확률이 높아집니다. 물론 辰辰, 혹은 酉亥辰으로 음습하고 어두워지면 효과가 크게 줄거나 오히려 흉해지면서 교도소에 수감됩니다. 辰辰으로 복음이면 발전이 막히면서 癸水가 증발하기에 무속과 인연이 깊고 귀신들과 놀기를

좋아합니다. 그런 구조가 아니라면 辰土가 亥水를 담아서 부자
될 가능성이 높아집니다. 만약 酉亥辰 三字조합이 음습한 구조
라면 천간에서 丙火가 어둠을 밝혀야 문제가 없습니다. 비록 地
支는 어둡지만 밝게 비추어서 탁함을 제거합니다. 丙火가 없다
면 亥水가 辰土에 들어가 돈벼락을 맞을 수는 있지만 불법, 비
리가 개입된 재물일 가능성이 높습니다. 마찬가지로 戌土가 巳
火를 끌어오면 부자가 될 가능성이 높은데 戌土가 년이나 월에
있다면 교육, 공직에 종사합니다. 辰戌丑未 墓庫 중에서 특별히
주의할 조합은 寅木이 未土 墓地에 들어가는 상황으로 반드시
주위에 壬水나 亥水가 있어야 문제가 없습니다. 巳戌, 申丑, 亥
辰 조합보다 심각한 조합이 寅未인 이유는 寅木은 生氣를 상징
하는데 未土에 들어가면 墓地의 작용으로 재물을 축적할 수 있
지만 질병이나 사고로 다치거나 사망할 수 있습니다. 예로, 己
未일 여명이 년에 甲寅이 있는데 사주원국에 壬水가 없다면 남
편이 사망하기 쉽습니다. 지금까지의 내용은 <u>辰戌丑未 墓庫이론
의 핵심</u>입니다. 다만 기존이론에는 巳戌, 寅未, 申丑, 亥辰조합
을 원진, 귀문으로 살피면서 비정상적인 생각이나 행동으로만
여겼는데 더욱 중요한 내용들이 많습니다. 또 辰戌未, 丑戌未,
辰戌丑 三字조합들 중에서 천살과 연결되는지도 살펴야 합니다.
천살이 끼어있다면 흉이 배가 됩니다. 물론 土가 두 개 있는데
대운, 세운에서 천살이 들어오면 매우 힘들 수 있습니다.

坤命				陰/平 1967년 8월 7일 16:00								
時	日	月	年	90	80	70	60	50	40	30	20	10
戊	丁	己	丁	戊	丁	丙	乙	甲	癸	壬	辛	庚
申	丑	酉	未	午	巳	辰	卯	寅	丑	子	亥	戌

일지에 丑土가 있기에 時支 申金이 자연스럽게 墓地를 향하고 酉金도 丑土 庫地에 들어갑니다. 만약 년에 未土가 없다면 丑土 어둠속으로 申酉를 빨아들이기에 음습한 구조인데 다행하게 沖으로 丑土의 감옥, 사망, 도둑, 강도와 같은 속성들을 처리합니다. 이렇게 정해진 사주원국 구조들은 운에서 꼴대로 반응합니다. 申金이 丑土로 들어 갈수도, 酉金이 丑土로 갈수도, 未土가 沖할 수도, 丑土가 未土를 沖할 수도 있는데 이런 사건을 결정하는 주체는 바로 대운, 세운입니다. 庚寅년이 오면 時支 申金의 地藏干 庚金이 透干하고 月支 酉金의 地藏干 庚金이 透干합니다. 따라서 月支 사회 宮位의 시간이 도래하였고 時支 자식 宮位나 개인적으로 추구하는 일들의 時間이 반응했습니다. 이런 방식으로 그 해에 상응하는 물상이 결정됩니다. 반드시 사주구조대로 시공간이 반응한다는 원칙을 지키고 활용해야 합니다. 인간능력의 한계로 운세를 정확하게 확인하지 못하지만 시간이 도래하면 반드시 움직이고 변화를 통해서 물형을 결정한다는 원칙은 바뀔 수 없습니다. 酉金 月支가 동하였기에 직업변화, 모친과 형제관련 일들이 발생합니다.

문제는 단순하게 月支만 透干한 것이 아니고 時支도 함께 透干하기에 두 종류의 시간이 동시에 반응해서 어떤 물형을 결정하는지 종합해서 추론해야 합니다. 時支가 반응해서 개인적으로 추진하는 方向이 일지 宮位를 향하여 들어와 일간이 취합니다. 이런 움직임이 반드시 庚寅년에 발생하는 겁니다. 庚寅년의 寅木은 사주원국에 없기에 寅木을 받아들이려는 의지가 없지만 사주원국과 접촉하면서 변화가 발생합니다. 月支와 寅酉로 조합하고 時支와 寅申 沖하기에 월지에서 寅木이 상하고 時支에서 沖을 통하여 변화가 발생하기에 두 상황을 종합해서 어떤 일이 발생할지 읽어야 하는데 그 해에 時支가 동하자 자식을 낳았고 月

支가 반응하자 일을 그만두고 서울에서 지방으로 이동했습니다. 寅申 沖은 사적으로 추구하는 방향에 변동을 주었고 宮位 의미대로 자식이 태어났습니다. 이때 沖의 개념을 추가하면, 아이를 편하게 낳은 것이 아니고 절개로 낳았거나 낳는 과정에 조정할 일들이 발생했습니다. 또, 酉金이 일지 丑土 墓庫에 들어오자 모친이 몫돈을 주었습니다. 이처럼 庚寅년에 사주원국이 반응하는 상황을 살펴서 길흉을 판단하는데 月支와 時支가 天干으로 透干했기에 宮位의 의미를 분석하고 주위의 구조를 함께 분석해야 합니다.

坤命				陰/平 1975년 3월 27일 02:00								
時	日	月	年	90	80	70	60	50	40	30	20	10
乙	甲	辛	乙	庚	己	戊	丁	丙	乙	甲	癸	壬
丑	寅	巳	卯	寅	丑	子	亥	戌	酉	申	未	午

사주원국에 결정된 구조를 살펴보겠습니다. 巳火는 丑土와 巳丑 습하므로 자연스럽게 丑土를 향하는 시간방향이고 그 과정에 夾字로 끼어있는 寅木과 반드시 寅巳 刑이 동합니다. 또 巳月에 癸水가 필요한데 전혀 없고 乙辛 沖으로 生氣가 상하는데 寅巳 刑까지 동하면서 火氣가 증폭되는 과정에 寅木이 심하게 상합니다. 다만, 사주원국에서는 寅木이 巳火의 기세를 팽창시키면서 生氣가 상하지만 地支에만 있기에 이런 문제가 발생할 가능성으로만 존재하다 甲申대운을 만납니다. 사주원국 地支에서 확률과 가능성으로만 존재하던 寅巳 刑의 문제가 寅木의 地藏干 甲木이 透干하자 문제를 실현하겠다고 알립니다. 이때 甲木은 年支 卯木과 日支 寅木의 宮位에서 甲木으로 透干하였습니다. 따라서 甲申대운에 年支 宮位 의미대로 근본터전에 변화가 발

생하고 일지와 寅巳 刑하는 물상이 발생합니다. 大運의 地支는 申金으로 地支의 글자들과 어떤 관계를 형성하는지 살펴야 합니다. 年支 卯木과 卯申 合, 月支 巳火와 巳申 合, 日支 寅木과 寅申 沖, 時支 丑土와 申丑으로 墓地에 들어갑니다. 마지막으로, 寅巳申 三刑으로 복잡하게 반응하지만 이 조합들이 동시에 발생한다면 극도로 불안정해지면서 어떤 물형으로 결정될지 예측조차 할 수 없습니다. 다행하게도 모든 사건을 쪼개서 발생시키는 것이 바로 시간이기에 동시에 발생하는 경우는 없습니다. 물론 극히 드물게는 황당한 사건들이 연이어 발생하지만 대운에서 암시하는 10년 동안의 가능성은 세운에서 순차적으로 발생할 뿐 뒤죽박죽 반응하지 않습니다. 즉, 卯申, 巳申, 寅申, 申丑 조합의 물형들이 세운에서 나뉘어져 발현됩니다. 이때 핵심은 대운 天干에 甲木이 드러났기에 寅木과 卯木 두 글자가 10년 동안의 주된 사건, 문제임을 암시합니다. 寅巳 刑으로 生氣가 상하고 年支 근본터전에 변화가 발생하는 것이 甲申대운의 핵심입니다. 그리고 申대운이 만들어낸 地支 조합들인 卯申, 巳申, 寅申, 申丑에 상응하는 사건들이 매년 발생하는데 그 핵심도 寅木 生氣가 상하는 것입니다.

또 巳申 合하여 丑土 墓地에 들어가고 그 위에 乙木이 있기에 甲木이 소유했던 申金이 乙木이 소유한 丑土 墓地로 들어가기에 이런 흐름이 어떤 문제를 암시하는지 읽어내야 합니다. 분석 작업은 결코 쉽지 않지만 반복훈련을 통하여 실력을 배양해야 합니다. 이 구조는 甲寅과 乙丑으로 조합하여 乙木이 丑土를 소유하였기에 형제, 친구, 동료가 甲木이 반드시 필요한 터전 丑土를 활용해서 申金을 墓地로 빨아들입니다. 따라서 담보, 보증, 동업을 조심해야 하는 구조입니다. 申金이 丑土를 향하는 과정도 상세히 살펴야 하는데 卯申으로 합하고 寅巳申 三刑으로 반응한 후 丑土에 들어가기에 분명히 乙丑과 관련된 시끄러운 일들이 발생합니다.

宮位를 예로 들면,
1) 日支에 戌土가 있고 月支와 時支에 巳火가 있는 구조
2) 月支에 戌土가 있고 年支와 日支에 巳火가 있는 구조는 크게 다릅니다. 2)의 경우라면 24세에서 30세 사이에는 年支 巳火가 月支 戌土를 향해 들어오기에 그 재물을 취하는데 조상, 조모가 소유했던 것이며 스스로의 능력으로 만든 것이 아닙니다. 만약 日支 巳火라면 38세에서 45세 사이에 月支 戌土를 향하는 시간 방향이기에 일지 배우자가 직업 때문에 이동하거나 자신이 소유한 돈이나 재능을 사회활동을 위해 투자합니다. 혹은 배우자가 戌土를 향해 나가기에 부부사이가 멀어지거나 주말부부로 지낼 수 있습니다.

만약 1)의 경우처럼 日支가 戌土요 月支와 時支가 巳火라면 쌍복음구조로 결혼이 불미하지만 부부관계에 국한한 문제입니다. 재물측면에서는 24세와 30세 사이 혹은 54세와 60세 사이에 巳火가 戌土 墓地에 담기기에 갑자기 돈벼락을 맞을 수 있습니다. 특히 일지 戌土의 시기 38-45세 사이에 양쪽의 巳火들이 墓地로 몰려들기에 부자가 될 확률이 매우 높습니다. 이처럼 辰戌丑未가 어느 宮位에 있는지 살피고 宮位의 時間을 분석해서 어떤 글자가 어떤 시간방향으로 오고 가는지 살펴야 합니다. 지금 설명은 근본적인 개념이기에 대운과 세운, 사주구조에 따라 상황이 달라지지만 宮位별 時間方向을 구분해서 돈을 투자하는지 혹은 日支에 축적하는지 살펴야 합니다. 정리하면, 년이나 월에 있는 戌土를 향하면 국가, 사회, 직장을 위해서 자신을 희생하거나 투자하고 日이나 時에 있는 戌土를 향하면 국가, 사회를

활용해서 자신이 재물을 취하는 것입니다. <u>甲申대운 乙未년</u>에 빌려준 돈을 돌려받지 못해서 소송 중이었습니다.

坤命				陰/平 1974년 2월 24일 20:00							
時	日	月	年	84	74	64	54	44	34	24	14	4
庚戌	丁巳	丁卯	甲寅	戊午	己未	庚申	辛酉	壬戌	癸亥	甲子	乙丑	丙寅

地支가 寅卯巳戌로 순차적이지만 단점이라면 巳戌의 범위가 좀 넓습니다. 巳火는 시간방향에 따라 時支 戌土를 향하는데 癸亥 대운이 오면 癸水는 地支 宮位와 관련 없는 시간이 도래하여 일시적으로 활용하는데 길흉을 어떻게 판단해야할까요? 사주원국 일간이 丁火이기에 열기를 유지하는 것을 사명으로 하기에 癸水를 받아드릴 의도가 없는데 沖하면 丁火의 특징을 유지하지 못하기에 직업변동, 관재구설, 육체손상, 스트레스, 수술, 외도들통과 같은 물상이 발생합니다. 癸水가 계속 丁火에게 현재의 물형을 고치라고 요구하기에 변화를 주는 과정에 스트레스를 많이 받습니다.

地支에서는 사주원국에 없는 亥水가 들어와 亥寅, 亥卯로 合하고 巳亥 沖하고 亥戌로 조합이지만 큰 문제는 없습니다. 이렇게 조합하고 있다가 매년 상응하는 일이나 사건이 구체적으로 발생합니다. 地支의 가장 뚜렷한 반응은 巳亥 沖으로 일지를 沖해서 변화가 발생합니다. 이때 巳火는 운에 따라서 戌土 墓地에 들어가거나 巳亥 沖해서 물상을 결정합니다. 이처럼 巳火가 독자적으로 반응할 때도 있지만 戌土 墓地에 들어가서 머물고 있다면 巳亥 沖하면 戌土까지 사건에 개입됩니다. 日支 38세에서 45세 사이에 그런 현상이 발현될 가능성을 암시하다가 세운에서 透干할 때 실현됩니다. 癸亥대운은 33세에서 43세 사이로 亥대운은 대략 38-43세 사이입니다. 癸巳년이 오면 癸水도 사주팔자에 없는 글자가 온 것이고 地支 巳火는 일지와 동일한 巳火가 세운에서 들어오고 대운 亥水와 沖합니다. 이때 단순하게 巳亥 沖만 하는 것이 아니고 사주원국에서 巳戌로 조합하다가 沖합니다. 실제로 발생한 사건은 癸巳년에 운전하다 차를 정지하면 이상하게 후방에서 충돌하는 사건들이 자주 발생했습니다. 巳戌로 멈춘 차량을 亥水가 沖했기 때문입니다. 墓地의 작용으로 운전과정에 발생한 사고가 아니고 정지된 상태에서 발생하였습니다. 戌土가 없는 巳亥 沖이라면 운전과정에 교통사고가 발생하기에 상황이 심각했을 겁니다. 이 사주사례는 사주원국에 없는 글자가 운에서 들어올 때 地支 구조와 巳亥 沖의 상관관계를 살펴보았습니다.

乾命				陰/平 1975년 1월 25일 04:00								
時	日	月	年	80	70	60	50	40	30	20	10	0
壬	壬	己	乙	庚	辛	壬	癸	甲	乙	丙	丁	戊
寅	子	卯	卯	午	未	申	酉	戌	亥	子	丑	寅

丁丑대운에는 사주원국에 없는 丁火가 들어왔기에 활용하기 어렵거나 불편한 시간이 도래하였습니다. 사주원국과 어떤 관계를 형성하는지 살펴보면, 壬水 두개와 合하는 것 외에는 특별한 관계를 형성하지 않습니다. 三字조합을 활용하면, 壬己로 있다가 丁火가 들어오자 壬丁己 三字로 조합하여 집중력이 뛰어나지만 적절하지 않게 활용하면 남녀사이에 집착이 강해지기도 합니다. 대운 地支 丑土는 子丑 合, 寅丑 암합, 卯丑으로 조합하기에 卯

木이 응결되는 문제가 가장 불편해 보이는데 사주구조가 좋지 않으면 객사 귀, 청춘 귀의 문제가 발동한다고 했습니다. 물상도 중요하지만 卯木이 丑土에 응결되는 상황을 자세히 살펴야 합니다. 卯木의 활발한 움직임이 갑자기 위축되면 육체적, 정신적, 물질적 문제는 물론이고 사회활동도 답답해질 수 있습니다. 비유하면, 건강하게 뛰어놀던 아이가 갑자기 병에 걸려 침대에 누워있는 상황입니다. 이제 甲戌년이 오면 時支 寅木의 地藏干 甲木과 年과 月에 있는 卯木의 地藏干 甲木이 동시에 透干하였습니다. 사주원국의 宮位를 감안하면, 丁丑대운 甲戌년에는 月柱 己卯를 지나기에 月支 卯木에서 드러난 甲木의 상황을 집중해서 살펴야 합니다. 卯丑과 子丑으로 조합하여 卯木이 응결되는 시기요 子卯로 조합하여 응결의 문제가 있지만 년과 월에서 水氣를 필요로 하기에 壬子가 나쁜 작용은 아니지만 문제는 丑土와 卯丑으로 연결됩니다. 또 丁火는 年支를 기준으로 六害에 해당하기에 죽음, 성욕 등을 상징하는 神煞입니다.

사주원국에서 子水는 흉한 작용이 아니었지만 丁火 六害가 개입되고 卯丑으로 연결되는 상황에서 子卯 刑하자 卯木의 상황이 더욱 나빠졌습니다. 甲戌년에 이르면 卯丑으로 응결되었던 卯木의 地藏干 甲木이 透干하여 卯丑의 문제가 발생할 것임을 알립니다. 또 甲木이 戌土 천살을 끌어와 卯丑, 子丑으로 조합한 丑土를 刑하기에 더욱 불안정해집니다. 干支조합을 감안하면, 丁丑과 壬子가 만나면 가스폭발, 가스통사업, 갑작스런 화재 등의 물상인데 사주당사자는 가스중독으로 사망했습니다. 丁壬 合으로 애인과 동거하다 가스에 중독되어 남자는 사망하고 여자는 간신히 살아남았다고 합니다. 이처럼 卯丑으로 조합해서 卯木이 응결되면 좋은 물상을 취하기 어렵습니다.

乾命			陰/平 1965년 2월 10일 06:00							
時	日	月	年	82	72	62	52	42	32	22	12	2
己卯	乙丑	己卯	乙巳	庚午	辛未	壬申	癸酉	甲戌	乙亥	丙子	丁丑	戊寅

卯丑卯로 일지를 포함하여 쌍 복음입니다. 또 乙巳와 己卯로 己土가 水氣를 만나지 못해서 甲乙이 성장하기 어려운 땅이고 주위에 수많은 乙卯에 의해서 己土가 심하게 상합니다. 일지 丑土는 흉한듯해도 년과 월에 부족한 水氣를 조금은 보충해주는 효과는 있습니다. 乙亥대운 39세 癸未년에 日支 丑의 地藏干 癸水가 透干하였습니다. 사주원국에서 유일하게 地藏干에 숨어있던 癸水가 천간에 드러나면 氣化되면서 증발하는 문제가 발생합니다. 사주원국에서 중요한 역할을 하는 글자가 地藏干에서 무기력할 때 운에서 天干에 노출되는 것은 좋지 않습니다. 이 사주도 日支의 地藏干 癸水가 쓰임이 좋은데 운에서 天干에 透干하면 丑土의 가치가 뚝뚝 떨어집니다.

이런 사례들은 매우 흔합니다. 기준을 정리하면, 사주원국에 水氣가 마른 상황에서 地藏干으로 숨어서 노출되지 않은 유일한 水氣 癸水가 운에서 透干하면 그 가치가 크게 줄면서 대부분 흉하게 작용합니다. 地支에 있을 때는 아무리 무기력해도 나름의 가치를 유지하지만 천간에 드러나는 순간, 증발하거나 소멸됩니다. 亥水, 丑土, 辰土, 子水 등의 地藏干에서 壬癸가 사주 전체에 좋은 역할을 하다가 운에서 天干에 투간하면 흉한데 추가로 사주원국이나 운에서 들어온 天干과 合하면 해당 육친, 재물, 건강에 더욱 불리한 이유는 노출되어 合으로 묶이고 존재감이 상실되기 때문입니다. 이 사주는 卯丑으로 조합하였지만 길흉이 공존하고 쌍 복음으로 결혼에 불미한데 癸未년에 日支 배우자 丑土의 地藏干 癸水가 天干에 드러나 卯丑의 문제와 쌍 복음 문제가 동시에 발현됩니다. 또 日支가 丑未로 沖하기에 더욱 불안정해집니다. 실제상황은 이혼하고, 사기당하고 불행한 일들을 많이 겪었습니다. 干支의 의미로 살피면 乙丑은 乙木이 丑土에서 재정적으로 문제가 발생한다고 하였습니다. 특히 乙亥 대운은 일간 乙木이 亥水를 만나 불안정한 상태에서 癸未년을 만나자 亥卯未 三合과 丑土가 沖 하면서 地支가 매우 불안정해지는 해였습니다. 다만, 地支에서 아무리 三合 沖으로 복잡해도 확률과 가능성으로만 있다가 地藏干이 투간하는 방식으로 三合 沖의 물형을 결정합니다.

坤命				陰/平 1953년 3월 28일 04:00							
時	日	月	年	89	79	69	59	49	39	29	19	9
壬	壬	丁	癸	丙	乙	甲	癸	壬	辛	庚	己	戊
寅	戌	巳	巳	寅	丑	子	亥	戌	酉	申	未	午

사주원국 년과 월에 있는 巳火가 일지 戌土 墓地를 향하여 들어옵니다. 월간 丁火도 일지 戌土 庫地에 들어오기에 강력한 火 氣들이 모두 日支에 집합하여 戌土 墓庫의 위용이 대단합니다. 巳火를 墓地에 담을 수 있기에 자신의 능력이 뛰어나거나 일지 배우자의 도움으로 물질의 풍요를 누릴 수 있습니다. 다만 戌巳 巳로 쌍 복음이므로 결혼에 불미한 것은 분명합니다. 또 日時에 寅戌로 殺氣를 가진 조합이라고 설명했습니다. 운에서 반응하면 육체가 상하는 사고가 발생할 수 있습니다. 사주원국에서 日支 戌土는 유일한 官星으로 日干과 동일한 오행 壬壬癸를 동시에 상대하기에 戌土의 마음이 어디를 향하는지에 따라서 부부관계

가 결정됩니다. 戌土를 품은 戌土는 癸水와 合하기에 癸水를 향하는 마음이 강하며 壬日 배우자보다 젊은 여성을 상징합니다. 특히 癸巳로 巳火가 戌土를 향하여 들어오기에 반드시 남편과 관계를 형성하는데 宮位를 감안하면 해외여성, 혹은 멀리 떨어져 살면서 만나는 여성임을 암시합니다. 時干 壬水와도 연결되지만 地支에서 寅戌로 조합하기에 잠시 외도할 수 있어도 깊은 관계를 유지하지 못합니다. 일지 戌中 丁火, 巳中 丙火 그리고 天干의 丁火까지 火 五行이 혼잡하였지만 戌土가 모든 火氣를 흡인하기에 세력을 끌어 모으는 재주를 가졌거나 재물을 끌어 모으는 능력이 좋습니다. 실제상황은 남편이 미국에서 공무원 생활하는데 안정적으로 발전하지만 바람둥이로 다른 여인에게서 자식도 낳았습니다. 남부럽지 않은 인생이지만 남편의 외도로 고통 받습니다.

壬戌대운에는 일주와 복음이기에 사주원국 구조대로 반응합니다. 寅戌 문제, 巳巳戌로 일지에 많은 火氣를 담아야 하므로 사고가 발생하거나 戌土에 담긴 수많은 火氣들이 폭발하면 문제가 발생합니다. 복음으로 부부 사이가 멀어지기에 떨어져 살거나 사이가 나빠져 별거하거나 이혼하는 운입니다. 壬戌대운의 주된 사건들이며 특히 나와 배우자가 반드시 관여되는 사건입니다. 56세 戊子년이 오면 壬戌대운 戌土의 地藏干 戊土가 透干하여 壬戌대운에 암시하는 현상이 戊子년에 발현 될 것임을 알립니다. 수많은 火氣를 담은 戌土의 地藏干 戊土가 透干하자 남편이 대장암 말기 판정을 받았습니다. 十神으로 살피면, 사주원국 天干에 남편을 상징하는 官星 戊己가 없다가 세운에서 戊土가 드러나 남편 관련 일임을 알려줍니다. 특히 년의 癸水와 合하여 묶이자 존재가치를 상실합니다. 이처럼 日支의 地藏干이 透干하여 天干의 글자와 合하면 배우자가 나를 멀리 떠나는 움직임이기에 별거, 이혼, 심하면 사망하는 운입니다. 戊子년의 子水 그리고 癸水는 六害로 사망을 상징하기에 육친의 변고를 암시합니다. 지금까지 살펴본 것처럼, 남편이 대장암 말기라는 물상을 만들어가는 과정은 하나 혹은 둘의 요인으로 발현되는 것이 아니고 반드시 순차적 시공간 흐름을 통하여 다양한 반응들이 이어지다가 하나의 물상으로 귀결됩니다.

乾命				陰/平 1975년 1월 7일 02:00							
時	日	月	年	84	74	64	54	44	34	24	14	4
乙丑	甲午	戊寅	乙卯	己巳	庚午	辛未	壬申	癸酉	甲戌	乙亥	丙子	丁丑

地支에서 寅午, 卯午, 午丑, 卯丑으로 매우 복잡한 구조는 아니며 午丑 조합의 작용이 가장 뚜렷하고 甲木과 乙丑조합으로 乙木이 소유한 丑土를 甲木이 탐하는 문제를 가졌습니다. 월간 戊土가 乙卯, 甲寅에 포위되었는데 水氣가 없기에 심하게 상하다가 운에서 반응할 때 현실적으로 실현됩니다. 마침 甲戌대운에 이르면 日干 甲木이 사주원국에서 무엇을 의도하는지 살펴야 합니다. 乙乙과 세를 모아서 水氣가 없어 말라가는 사막과 같은 戊土를 뚫어버리려고 합니다. 또 地支에서 戊土가 寅午戌 三合한 후 丑戌 刑할 것임을 암시하고 卯戌과 合하면서 상응하는 사건이 확률과 가능성으로 존재합니다. 神煞을 가미하면 年支를 기준으로 亥卯未 三合의 戊土는 天煞이기에 沖刑으로 시끄러운 일들이 발생할 수 있습니다. 이런 조합들은 당장 발생하는 것은 아니며 10년 대운을 지나는 과정에 세운에서 사건을 쪼개서 卯戌, 寅午戌, 丑戌 등의 물형을 결정합니다. 戊子년에 이르면, 월간 戊土와 동일한 시간이 도래하였기에 사주원국 구조대로 수많

은 木氣들이 戊土에 달려듭니다. 또 甲戌대운 戊土의 地藏干 戊土가 透干하여 寅午戌, 卯戌, 丑戌의 조합들이 반응합니다. 이처럼 戊土만 단독으로 반응한 것이 아니고 甲戌대운에 寅午戌 三合과 丑土가 刑하고 있다가 세운에서 戊土로 透干하는 방식으로 刑의 작용을 현실화시킵니다. 실제 상황은 甲戌대운 戊子년 酉月부터 경제적으로 힘들어져 1년 넘도록 죽지 못해 살고 있다고 합니다. 또 가슴이 답답하고 명치부위가 아파서 잠을 이루기 힘들다고 합니다. 戊土가 수많은 木氣에 시달리자 육체가 반응하는 것입니다. 戊土 위장을 찔러대기에 몸무게도 10키로가 줄었습니다. 이처럼 운명은 사주원국 구조대로 반응합니다. 세운 地支 子水는 子丑 合, 子午 沖, 子寅, 子卯로 조합하는데 하필 午火는 寅午戌 三合의 육해로 沖하면 좋지 않습니다. 월운에서 子午 沖에 해당하는 天干이 透干하면 현실화 됩니다.

예로, 丁火 혹은 癸水가 透干하는 달에 子午 沖이 반응하면 불안정해지고 癸水 혹은 辛金이 透干하는 달에는 子丑 合과 午丑 탕화작용으로 상응하는 사건이 발생합니다. 神煞의 경우, 六害와 天煞을 중심으로 살펴야 하는데 인간의 육체와 정신에 지대한 영향을 미치기 때문입니다. 이 사주구조는 六害가 하나뿐이며 寅午로 연결되어 午丑의 반응이 심각하지는 않습니다. 또 丑土가 흉한 작용을 하는 것도 아닌 이유는 습기를 보충해주기 때문입니다. 다만 월간 戊土가 강력한 木氣에 상하는 것이 문제이기에 돈과 위장에 문제가 발생하였습니다.

坤命				陰/平 1935년 3월 6일 06:00							
時	日	月	年	89	79	69	59	49	39	29	19	9
丁	甲	庚	乙	己	戊	丁	丙	乙	甲	癸	壬	辛
卯	寅	辰	亥	丑	子	亥	戌	酉	申	未	午	巳

壬午대운의 午대운 27세 辛丑년에 이혼했습니다. 辰月에 반드시 필요한 水氣는 年支 亥水뿐인데 다행히 辰土를 향하여 들어옵니다. 사주원국에서 성장해야 하는 수많은 木氣들에게 亥水의 존재는 참으로 중요합니다. 壬午대운이 오면, 亥水의 地藏干이 透干하였는데 水氣가 간절히 필요한 구조에서 유일한 亥水가 천간에 노출되고 氣化되면 좋지 않습니다. 또 亥水가 辰土에 담기면 열이 오르고 탁해지면서 증발합니다. 다만 심하지 않은 이유는 亥水가 辰土 墓地에 들어가지만 亥寅 合, 亥卯로 흉한 조합은 없기에 육체가 상하거나 심각한 사건이 발생하는 구조는 아닙니다. 壬午대운의 午火는 亥年을 기준으로 六害이기에 본인이나 육친에 문제가 발생할 수 있습니다. 月干에 庚金이 있기에 16세에서 23세 사이에 乙庚 合, 甲庚 沖으로 반드시 남자와 접촉하는데 관계가 간단하지 않습니다.

그 이유는 日干 甲木과 沖으로 접촉하면서 동시에 年干 乙木과 합하기에 庚金은 유부남이거나 바람둥이입니다. 또 庚金이 甲寅, 卯木, 辰中 乙木, 亥中 甲木을 모두 상대하면서도 무기력하고 감질 맛 나는 남자이기에 성욕이 강해서 남자가 없으면 잠을 이루지 못한다는 구조입니다. 하지만 庚金의 상태 때문에 관계를 오래도록 유지할 수도 없습니다. 일지 배우자 宮位를 기준으로 살피면, 寅木과 庚金은 상반된 五行이기에 庚金이 日支 안방에 들어오는 것을 꺼립니다. 사주원국에서 庚金은 비록 무기력하지만 五行이 혼잡한 상태는 아닌데 辛丑년에 庚辛이 혼잡하면서 탁해집니다. 이처럼 月干이 탁해질 때 발생하는 물상은 직업을 바꾸거나 남자를 바꿉니다. 구조가 나쁘면 해고당하거나 좋지 않은 사건으로 직업변화가 발생합니다. 辛丑년의 辛金은 사주원국 地支에서 반응한 宮位가 없고 단지 庚辛이 혼잡하기에 이혼하는 정도에 그쳤습니다. 세월이 흘러 甲申대운이 오면 사주원국에서 반응하는 宮位가 년지 亥水, 일지 寅木, 시지 卯木으로 다양합니다. 甲申이 39세부터 시작하는 대운이기에 日支를 중심으로 살펴야 하지만 亥水, 寅木, 卯木이 모두 반응하기에 각 宮位의 움직임도 함께 분석해야 합니다. 年支 亥水의 地藏干 甲木이 透干하였기에 근본터전에 변화가 발생하고, 日支 배우자, 時支 자식 宮位가 동하여 상응하는 사건이 세운에서 현실화 됩니다. 기억할 점은, 현재 대운이 日支를 지나는 과정이기에 日支 宮位를 중심으로 핵심 사건을 분석해야 합니다. 대운 地支 申金은 4개의 地支들과 申亥, 申辰, 寅申, 卯申으로 조합하는데 가장 뚜렷한 반응은 일지와 沖하는 것입니다. 물론 卯申 暗合의 문제도 있지만 申亥와 申辰 조합은 뚜렷하지는 않습니다. 寅申 沖으로 日支가 충돌하기에 변화는 불가피합니다.

대운의 申金은 사주원국 月干에 있는 庚金이 地支로 내려왔기에 庚金의 구조를 분석하면, 甲木과 沖하고 乙木과 合하는 움직임입니다. 결국 日干과 沖으로 멀어지고 乙木과 合으로 가까워지는 움직임을 보일 것입니다. 庚申년에 이르면 寅申 沖하는 시간이 도래하여 물상을 결정합니다. 재혼한 남편이 폐병으로 사망했다고 합니다. 이 사례에서 배울 점은, 乙庚 合하면 무조건 외도가 아니라 시간방향대로 日干으로부터 멀어진다고 읽어야 하며 물상 하나가 바로 남편의 사망입니다. 일간으로부터 멀리 있는 年干 乙木과 合하여 사라지기에 남편이 멀리 떠나는 겁니다. 이처럼 사주원국에 결정된 숙명을 결정하기까지 대운, 세운으로 순차적으로 흐르면서 계속 어떤 사건이 발생할 것인지 힌트를 제공합니다. 이 사주구조에서 庚金은 굉장히 무기력한데 대운에서 申金이 들어오자 갑자기 강해지기에 좋을 이유가 없습니다. 사주원국에서 무기력한 글자가 운에서 갑자기 강해지면 갑자기 무모하게 에너지를 소모하다 탈이 나는 이치를 이해해야 합니다. 일상에 비유하면, 평시에 일자리도 변변하지 않아서 알바로 근근이 살았는데 운이 갑자기 좋아지자 자신도 할 수 있다는 고집을 피우고 사업을 벌이지만 약골이기에 얼마 지나지 않아 돈을 탕진하고 알거지가 됩니다. 바로 강장제의 효과가 떨어지면 더욱 무기력해지고 심하면 사망합니다. 정리하면, 乙庚 合, 寅申 沖으로 배우자가 떠날 운인데 더욱 명확한 이유는 사주원국에서 寅卯와 辰中 乙木, 亥中 甲木이 다투어서 庚金을 차지하고자 경쟁하기에 결혼이 불미한 운명입니다.

乾命				陰/平 1963년 10월 1일 00:00								
時	日	月	年	83	73	63	53	43	33	23	13	3
壬子	癸亥	癸亥	癸卯	甲寅	乙卯	丙辰	丁巳	戊午	己未	庚申	辛酉	壬戌

22세부터 庚申대운입니다. 고전관법으로 살피면, 辛酉, 庚申대운을 흉하다고 판단합니다. 그 이유는 食神 卯木이 강력한 水氣들을 설해주는 用神인데 辛酉, 庚申이 食神 卯木을 倒食하며 金生水로 강력한 水氣를 더욱 강하게 만들기 때문입니다. 하지만 현실에서는 오히려 발전하기에 이해하지 못합니다. 자연의 순환원리로 살피면 金氣를 품지 못한 水氣들은 해일이나 홍수처럼 방탕 하는데 金氣를 보충하면 모친이 소중한 아이를 품듯 씨

종자를 품어서 미네랄워터를 만들기에 水氣의 가치가 상승합니다. 홍수처럼 쓸모가 없던 水氣들이 金氣를 품으면 가치가 높아지는 이치를 이해해야 합니다. 다만 庚申대운의 문제는 강력한 水氣들을 밖으로 쏟아내는 卯木 수도꼭지가 申金에 묶이면 답답함을 느낍니다. 비록 물이 흐르지만 기존처럼 시원하게 흐르지는 못하는 겁니다. 수통은 매우 크지만 수도꼭지가 너무 작아서 답답합니다. 다만 辛酉, 庚申대운에는 사주원국에서 쓸모가 없던 水氣들의 쓰임이 좋아진 것은 명백합니다. 辛酉, 庚申대운에 흉하다고 확신하는 이유는 五行, 十神 生剋에 치중하기 때문입니다. 글자의 쓰임을 이해하면 辛酉, 庚申이 水氣의 가치를 얼마나 높여주는지를 깨닫습니다. 물론 庚申대운에 卯申 합하고 申亥亥로 많은 水氣에 庚申이 딱딱한 속성을 유지 못하고 흐물흐물 해질 수 있습니다.

또 申亥 穿으로 한탕을 노리는 뻥튀기 조합이라고 했으며 卯申 합으로 地支에서 어떤 일이 발생할 것인지 알려주고 있습니다. 庚午년에 이르면 庚申대운의 庚金과 申金이 卯申 합하고 申亥 穿하는 시간이 도래하였습니다. 申子辰 三合도 없고 巳申 刑도 없으며 단지 庚申이 강력한 水氣에 흐물흐물 해지고 방탕, 방랑 물상을 만드는 작용 외에는 卯申 합이 가장 뚜렷한 움직임입니다. 대운에서 卯木 수도꼭지가 卯申 합으로 묶였다가 乙木이 天干에 드러나거나 庚金이 天干에 드러나면 卯申 합 물상이 현실화됩니다. 27세 庚午년에 卯申 합이 天干에 드러나고 地支에서 午火 六害가 卯午 破하고 수많은 水氣들이 午火를 沖하고 슴하기에 심하게 상하지만 地支이기에 단지 확률과 가능성으로만 존재하다가 午火의 地藏干이 透干하는 丙月, 丁月에 이르면 문제가 발생할 수 있습니다. 주식투자로 5억을 날렸다고 합니다. 十神으로 사주구조를 읽는다면 庚金은 印星이고 午火는 財星이기에 印星이 財星을 끌고 들어 왔는데 수많은 水氣에 財星이 상하자 들어온 문서에 문제가 발생한다고 읽어도 됩니다만 五行, 十神 生剋에 만족하면 더 이상의 실력향상은 어렵습니다. 지금 설명하는 시공간을 활용하는 4차원 논리에 익숙해져야 적중률이 크게 높아집니다.

己未대운에 地支에서 亥卯未 三合을 이룹니다. 이때는 사주원국에 큰 변화가 발생합니다. 강력한 水氣들이 흐름이 막히지 않았는데 己未대운에 갑자기 막히면 제방이 넘치듯 난리가 납니다. 水氣가 막힘없이 흐르다 土의 저항에 막히면 흉할 수밖에 없습니다. 비록 亥卯未 三合으로 수도꼭지가 넓어지지만 己未가 흐름을 막아버리면 홍수가 역류하듯 소용돌이칩니다. 己卯년에 이르면 대운의 己土가 세운에서 재차 반응하고 卯木이 亥卯未로 三合을 이루자 재차 주식투자로 크게 탕진하였습니다. 그 후에는 丙戌년부터 술집을 운영합니다. 이 구조의 핵심은 庚申대운 庚午년과 己未대운 己卯년에 주식으로 재산을 탕진한 이유를 이해하는 겁니다. 주의할 점은, 金剋木을 편인도식으로만 분석하면 5억을 탕진할 정도의 재물을 소유한 이유를 이해하기 힘들지만 미네랄워터의 개념을 이해하면 辛酉, 庚申 대운이 나쁘지 않기 때문입니다. 다만, 세운에서 운이 막히는 시기에 일시적으로 흉할 수 있습니다. 즉, 사주원국 구조가 나쁜 것과 사주원국 구조는 좋지만 운에서 일시적으로 나쁜 것은 전혀 다릅니다.

乾命				陰/平 1968년 4월 1일 22:00							
時	日	月	年	82	72	62	52	42	32	22	12	2
癸	戊	丙	戊	乙	甲	癸	壬	辛	庚	己	戊	丁
亥	辰	辰	申	丑	子	亥	戌	酉	申	未	午	巳

이 사주를 활용해서 月運까지 살펴보겠습니다. 사주원국 구조는 년과 월에서 戊申과 丙辰으로 辰月에 성장하는데 필요한 水氣가 없고 丙火가 戊土 위에 빛을 비추어도 그 가치가 없으며 辰月이기에 申金 열매를 확장할 수도 없습니다. 따라서 丙火의 가치가 낮은데 辰辰으로 복음이며 水氣가 더욱 마르는 상황에서 일간 戊土에게 빛을 비추지만 그 가치도 낮습니다. 따라서 戊일간은 당장 水氣를 끌어와야 辰月에 수많은 乙木의 성장을 촉진할 수 있습니다. 다행히 癸亥 時에 태어나 戊癸 合과, 亥辰 墓地조합으로 월지 時空을 맞춥니다. 문제는 時柱이기에 46세 이후에서야 癸亥를 적극적으로 활용할 수 있습니다. 이처럼 月支에서 필요한 글자가 時에 있다면 인내심을 가지고 기다려야 합니다. 특히 辰辰으로 복음 상태에서 亥水를 끌어오므로 일지 辰土를 지나는 과정에 亥水에 열이 오르고 탁해지기에 효율적으로 활용하기 어렵습니다. 시간방향으로 살피면, 월지 辰土에 亥水를 채워야 적절하게 사회활동을 할 수 있는데 日支 辰土가 중간에서 亥水의 많은 부분을 먼저 취하기에 일간은 타인의 돈이나 소유물을 중간에서 노리는 구조입니다.

물론 그 목적은 月支에서 필요한 조건을 맞추려는 것이지만 중간에서 亥水를 취하려는 태도는 버리기 힘듭니다. 또 辰辰申, 辰辰亥, 戊丙戊로 쌍 복음이 많은데 己未대운에 이르면 十神으로 劫財요, 神煞로 天煞이며 己未가 癸亥의 흐름을 막기에 좋지 않고 甲戌년에 이르면 사주전체에 생명수를 공급하는 중대한 역할을 수행하는 亥水의 地藏干 甲木이 透干하자 사주원국 구조대로 반응합니다. 즉, 亥水가 두 개의 辰土에 들어가는 과정에 증발하는데 더욱 큰 문제는 己未대운의 己土와 甲己 合하기에 내가 활용해왔던 亥水가 경쟁자 己土를 향하자 戊土일간은 己土와의 경쟁에서 밀리기 시작합니다. 甲木이 己未대운의 己土

와 合하여 사라지는 겁니다. 또 대운 未土 천살과 세운의 戌土
가 戌未 刑하고 辰戌未 三字로 조합하기에 흉할 것임을 암시합
니다. 己未대운 상황을 부연설명하면, 未土의 행위는 辰未 刑하
는 과정에 水氣는 더욱 마르고 亥未로 가장 중요한 亥水의 흐
름을 막아서 열이 오르고 탁해집니다. 또 己土가 戊土와 함께
癸水를 나누자고 달려들기에 癸亥에 문제가 생길 것임을 암시하
다 甲戌년이 온 것입니다. 즉, 대운에서 亥未로 亥中 甲木이 말
라가는 상황에서 甲戌년에 透干하여 亥水가 상함을 알리는 겁
니다. 하필 戌土를 달고 들어와 辰戌未로 亥水가 더욱 불안정해
지기에 亥水 宮位의 구조와 의미를 자세히 살펴야 합니다. 戌土
는 사주원국에 전혀 없기에 불편하며 辰戌未로 조합한 후 丁火
가 드러난 달의 상황을 상상해보겠습니다.

甲戌년 丁丑월에 未土와 戌土의 地藏干 丁火가 透干하여 戌未
刑할 것임을 알립니다. 대운과 세운에서 甲己 合하고 地支에서
戌未 刑하는 움직임이 丁월에 반응합니다. 문제는 未土가 천살
로 戌未 刑하기에 육체와 정신이 상할 수 있습니다. 또 丁丑월
이기에 辰戌丑未가 모두 만나고 丑戌未 三刑이 동하고 辰戌未
로 불안정한데 특히 辰戌未가 모두 모이면 암이나 건강 문제가
발생할 수 있습니다. 戌土와 未土에 담겨있던 丁火가 월에서 드
러날 때 교통사고로 사망했습니다. 특히 申丑辰, 酉丑辰 三字조
합도 교통사고 물상이라고 했습니다. 이처럼 운명은 시간흐름을
따라서 지속적으로 암시를 주다가 교통사고 물상을 결정합니다.
더 복잡한 사례를 보겠습니다.

乾命				陰/平 1977년 9월 14일 18:00							
時	日	月	年	86	76	66	56	46	36	26	16	6
丁	丙	庚	丁	辛	壬	癸	甲	乙	丙	丁	戊	己
酉	辰	戌	巳	丑	寅	卯	辰	巳	午	未	申	酉

천간에 丁庚丙丁으로 수많은 火氣들이 庚金을 잡겠다고 달려듭니다. 日干 丙火입장에서 庚金은 財星으로 삶의 터전, 삶의 목적과 같은데 수많은 火氣들이 나누자고 달려듭니다. 地支에서 巳火는 시간방향대로 戌土 墓地로 들어갑니다. 월지 시공은 丁巳, 庚戌로 戌月에 필요한 火氣를 가득 채우기에 좋은데 水氣가 전혀 없고 火氣를 가득담은 戌土 墓地를 辰土가 冲하기에 화로에서 불똥이 튀면 문제가 심각해질 수 있습니다. 강력한 火氣 丁巳를 戌土에 담고 日時의 丙丁도 戌土에 들어가기에 엄청난 火氣를 담은 난로가 辰戌 冲하면 화기가 폭발하는 문제가 발생하는데 辰土가 天煞이기에 더욱 불안합니다. 다만, 辰戌 冲을 辰酉 合으로 완화해주는 맛은 있습니다. 이 내용들이 사주원국 天干과 地支에서 보여주는 상황입니다.

정리하면, 사주원국에서 암시하는 문제는 庚金이 상할 수 있는데 月干 宮位요 16세에서 23세 사이입니다. 戊申대운에 戌, 辰, 巳의 地藏干 戊土가 透干하여 辰戌 冲, 巳亥 冲, 巳火가 戌土 墓地에 들어가려는 의지를 드러냅니다. 戊申대운이 15세에서 25세까지로 사주원국 宮位와 대운이 겹치면서 庚金이 상할 것임을 암시합니다. 대운 戊土는 辰戌巳 3개의 宮位가 동시에 반응한 것이지만 확률, 가능성으로만 존재하다 세운, 월운에서 순차적으로 반응합니다. 대운 地支 申金은 사주원국과 巳申 합하고 申辰 합하고 申戌은 특별한 조합은 아니고 申酉도 특징이 강하지 않지만 전체적으로 金氣가 강해지면서 生氣가 상하는 대운입니다만 地支에서 확률로 존재하다 戊寅년에 巳中 戊土, 戌中 戊土, 辰中 戊土가 透干하고 巳戌로 조합하고 辰戌 沖하는 움직임이 발현됩니다. 또 다른 문제는 세운 地支에 寅木이 들어오자 수많은 金氣들이 서로 자르겠다고 달려들기에 질병으로 시달리거나 사고로 사망할 수 있습니다. 사주원국에 없는 寅木이 申酉戌, 寅巳 刑, 寅申 沖, 寅戌로 조합하여 상하기 때문입니다. 사주원국에서 암시하는 16세~23세 사이에 庚金이 녹아나는 문제와 戊申대운 戊寅년에 寅木 生氣가 사라지는 문제가 겹칩니다. 己未 月에 이르면, 사주원국과 대운, 세운에 己未의 문제는 없지만 寅木이 未土 墓地에 들어가고 사주원국과 辰戌未 三字로 조합합니다. 정확하게 未月에 寅木이 墓地에 들어가고 辰戌未로 조합하여 寅木이 상합니다. 실제 상황은 戊寅년 己未月, 己卯일과 庚辰일 사이에 지리산에서 폭우로 사망했습니다. 戊寅년에 등장한 寅木이 己未월의 未土에 入墓하고 己卯일에 寅木이 未土 墓地에 들어왔음을 확인하는 날이었습니다. 未中 己土가 寅木을 墓地에 담았다고 확인해주고자 透干한 것입니다.

폭우로 사망했다는 것을 추리하는 것은 어렵지만 火氣가 탱천하기에 불이나 물의 문제라고 분석하는 것은 어렵지 않습니다. 내용의 핵심은, 시공간 흐름이 순차적으로 물형을 결정하면서 己卯일에 사망이라는 물상을 결정한다는 것입니다. 辰戌巳로 있는데 사주원국에 없는 寅木이 들어오고 己未 月에 入墓한 후 己卯일에 卯酉 沖 寅申 沖으로 잘려서 생기가 상했습니다. 생각할 문제는, 짧은 상담시간에 시공간 변화과정을 이토록 자세히 살필 수는 없습니다. 사주원국, 대운, 세운, 월운, 일운까지 살피는 것은 내담자가 묻기 전까지는 현실적으로 불가능합니다. 다만, 戊寅년이 오면 수많은 金氣에 寅木이 상하기에 건강, 사고 조심하라고 조언할 수 있습니다. 사실 시공간 흐름을 읽는 것은 어려운 문제는 아닌 것이 사주원국에서 火金이 날카롭게 달구어져 寅木이 오면 잘라버린다는 것은 어렵지 않기 때문입니다.

제 54강

◆시공명리학 운세 보는 방법(時運法) 2   353
　　辰戌丑未 墓庫 417
　　夾字의 時運法 428- 433

時運法을 이어서 하겠습니다. 운에 따라서 사주원국의 地藏干 하나가 반응할 수도 두 개 혹은 세 개 심지어 네 개가 동시에 반응할 수도 있습니다. 반응하는 地支가 많을수록 발생하는 사건들이 점점 복잡해집니다. 地藏干 하나가 반응하면 물상도 간단하지만 서너 개가 동시에 刑沖破害와 夾字 등으로 엮이면 사건이 더욱 복잡해지는 겁니다.

乾命				陰/平 1960년 6월 17일 06:00							
時	日	月	年	89	79	69	59	49	39	29	19	9
丁	己	癸	庚	壬	辛	庚	己	戊	丁	丙	乙	甲
卯	亥	未	子	辰	卯	寅	丑	子	亥	戌	酉	申

庚子년, 癸未월로 未土가 천살이고 時支 卯木은 육해요 亥卯未 三合을 이루지만 순차적 흐름은 아닙니다. 未월에 水氣가 필요한데 癸水, 子水, 亥水로 넉넉하기에 未土가 천살이지만 흉하지는 않습니다. 未月에는 水氣가 아무리 많아도 모두 흡수한다고 설명했습니다. 午月 다음이 未月임에도 午월과 未月의 공간 특징은 상이합니다. 午月에는 열매를 맺어야 하기에 壬午로 壬水가 무기력해야 좋지만 未月은 壬癸, 亥子는 물론이고 丑土도 모두 흡수해버립니다.

이 구조는 未土가 沖刑도 없기에 특별히 흉하지 않습니다. 또 癸未월 癸水의 증발을 막아줄 庚金이 년에 있기에 庚, 癸未조합으로 월지 시공이 적절합니다. 대운이 甲申, 乙酉, 丙戌, 丁亥로 흘러가는데 사주원국 일지 宮位에 해당하는 丁亥대운 39세에 이르면 천살 未土의 地藏干 丁火가 透干합니다. 따라서 未土가 사주원국에서 어떤 행위를 하는지 살펴야 합니다. 비록 時干에

丁火가 있지만 46세 이후의 宮位이기에 월지 未土를 기준으로 두 상황을 종합해서 판단하면 더욱 정확합니다. 時干 丁火가 왔기에 월간 癸水와 沖하려는 의지를 드러내는데 그 움직임이 46세 이후에 발생할 수 있습니다. 39세는 일지 亥水의 宮位인데 月支 未土가 丁火로 투간하였기에 첫째, 未土가 子水를 공격합니다. 子未원진이라 부르는데 열기를 품은 未土가 子水에 열을 가해서 흐름이 막히고 탁해지기에 문제입니다. 둘째, 未土가 亥水를 공격하고 또 亥卯로 合하는 과정에 夾字로 끼어있는 亥水가 더욱 탁해집니다.

이처럼 亥卯未 三合으로 구성되어도 흐름이 바르지 않으면 중간에 끼어있는 글자가 심하게 상할 수도 있습니다. 亥卯未로 흐름이 바르면 좋지만 卯未 사이에 亥水가 夾字로 불편합니다. 정리하면, 丁火의 시간이 도래하여 未土가 반응하고 子水와 亥水를 공격하려는 의도를 드러내는데 宮位를 감안하면 丁亥대운의 주된 문제는 亥水를 탁하게 만드는 것입니다. 물론 세운에 따라서 未土와 子水, 未土와 亥水가 반응하면서 물형을 결정합니다. 비교사주를 보겠습니다.

乾命				陰/平 1960년 윤 6월 2일 18:00							
時	日	月	年	84	74	64	54	44	34	24	14	4
癸	甲	癸	庚	壬	辛	庚	己	戊	丁	丙	乙	甲
酉	寅	未	子	辰	卯	寅	丑	子	亥	戌	酉	申

己丑대운, 乙未년이 왔습니다. 生剋으로 살피면, 己丑대운에 甲己 合하고 乙未년에 甲乙이 동시에 己土를 공격하면서 나누자고 합니다. 이 정도의 분석이 生剋을 활용한 경우입니다. 천간

구조를 읽은 것으로 대운에서 甲己 合하고 세운에서 乙木이 甲己 合을 깨기에 재산을 탕진한다는 통변입니다. 하지만 透干한 地藏干을 기준으로 사주원국 地支 구조를 읽으면 더욱 자세한 상황을 분석해냅니다. 己丑대운에 뿌리 내릴 공간이 없던 甲寅은 처음으로 안정적인 터전에서 뿌리내림을 시도합니다. 未月이기에 안정적으로 뿌리 내리지 못하다가 己丑에서 안정을 취하려고 합니다. 己丑대운 己土는 월지 未土에서 透干하였기에 宮位의 특성대로 사회, 직업관련 일이나 사건이 주된 사건입니다. 地支 未土는 子水를 공격하는 상황인데 生剋으로 살피면 통변거리가 별로 없습니다. 반드시 宮位를 감안해서 분석하는데 이 내용을 설명하고자 단계별로 나누었습니다.

宮位 분석은 통변과정에 매우 중요합니다. 月支 未土가 年支 子水를 건들기에 사회활동 과정에 국가 宮位와 마찰을 일으키고 법적 문제가 발생할 수 있습니다. 그 시기는 己丑대운 중에서 未土가 반응하거나 子水가 반응하는 세운입니다. 또 己土로 未土가 반응했기에 일지 寅木이 시간방향대로 未土 墓地를 향하기에 내가 소유한 재물을 직업, 사업을 위해 투자합니다. 또 未土가 子水를 공격하면 日支와 時支 寅酉조합이 더욱 날카로워지고 마찰이 심해지면서 자식과 배우자 宮位에서 다툼이 발생합니다. 乙未년에 반응한 地支는 오로지 월지 未土의 地藏干 乙木 뿐이기에 子水를 공격하고 寅木이 未土를 향하고 未土가 酉金을 자극하면 국가관련 소송이 발생할 수 있습니다. 실제로 乙未년 내내 국가와 소송을 벌이면서 하나씩 승소하였습니다. 또 寅木이 未土를 향하기에 공장규모를 확장했고 日支가 밖으로 나가기에 부인은 자식과 해외로 이민을 떠났습니다. 또 未土가 酉金을 자극하면 열기를 품은 酉金이 癸水를 향하고 월과 시의 癸水는 甲日을 향하기에 계속 소송하면서도 주문은 계속 늘어나

공장규모는 확장되었습니다. 비교사주를 하나 더 보겠습니다.

乾命				陰/平 1948년 6월 19일 18:00								
時	日	月	年	84	74	64	54	44	34	24	14	4
丁	辛	己	戊	戊	丁	丙	乙	甲	癸	壬	辛	庚
酉	亥	未	子	辰	卯	寅	丑	子	亥	戌	酉	申

未土를 기준으로 子未와 亥未로 조합하였기에 子水와 亥水에게 불편합니다. 실제상황은 돈을 빌려주었으나 갚지 못한 채무자가 소유한 부동산을 계약서도 없이 담보로 받아두었다가 甲申년에 동의 없이 매각하다가 사기죄로 몰렸습니다. 구두로 약속한 담보를 처리하다 걸려든 것입니다. 乙丑대운이 오면 월지 未土의 地藏干 乙木이 透干하였기에 亥未, 子未로 조합합니다. 地支에 들어온 丑土는 子丑 合, 丑未 沖, 酉丑 合, 酉子丑 三字로 퍽치기 물상으로 불법, 비리, 위법의 문제를 암시합니다.

특히 酉丑은 한탕을 노리는데 그 위에 丁火가 偏官으로 辛金을 속박합니다. 宮位를 감안하면 년지 子水가 未土에 상하기에 법적 문제가 발생하고 亥未로 亥水가 탁해지면 日支의 행위가 막히고 답답해집니다. 乙丑과 亥未가 月支와 日支에서 亥卯未 三合을 시도하는데 傷官이고 未土에 탁해지는 문제가 세운에서 반응합니다. 받아야할 돈을 未土 땅으로 받았는데 일지 亥水의 地藏干에 있는 甲木이 천간에 드러나는 甲申년에 돈을 취하고자 매매했지만 사기죄로 걸리고 교도소에 들어갈 상황에 처했습니다. 이 사주도 未土가 子水와 亥水를 탁하게 만들기에 상응하는 문제가 세운에서 발생했습니다.

乾命				陰/平 1960년 6월 17일 06:00								
時	日	月	年	89	79	69	59	49	39	29	19	9
丁卯	己亥	癸未	庚子	壬辰	辛卯	庚寅	己丑	戊子	丁亥	丙戌	乙酉	甲申

가장 위 사주로 돌아와서, 未土가 일지 亥水를 공격하는데 時支에 卯木이 있기에 亥未, 卯未, 亥卯未로 합하고 싶지만 순서가 뒤죽박죽입니다. 亥水는 卯木을 향하고, 卯木은 未土를 향하고, 未土는 亥水를 공격하는데 하필 卯未 합사이에 亥水가 夾字로 끼어서 비틀리고 탁해집니다. 甲申년에 이르면 바로 위의 사기 당한 사례와 유사합니다. 위 사주는 酉丑 合으로 음습한 문제가 있고 이 구조는 없지만 甲申년에 未土의 공격을 받고 있던 亥水의 地藏干 甲木이 透干해서 답답한 상황을 알립니다. 乙亥월에는 卯木과 未中 乙木이 천간에 드러나 亥卯未 三合 의지를 드러내지만 사주구조대로 亥水가 未土에 탁해지고 열이 오르면서 상합니다.

甲申년의 申金은 년의 庚金이 傷官으로 있다가 地支로 내려오기에 傷官의 불법, 비리 물상으로 읽습니다. 天干 글자가 地支로 내려오는 상황이 익숙하지 않지만 天干이 地支로 내려왔는지, 地支가 天干으로 올라갔는지, 대운 세운 월운 일운이 어떤 방식으로 흘렀는지 순차적, 단계적으로 살펴야 합니다. 甲申년의 申金은 傷官의 속성이고 甲木을 수확하려는 욕망인데 申金이 庚金 국가자리에서 子水 財星과 함께 있기에 불법, 비리행위가 돈과 연결됩니다. 庚戌일에 庚金이 透干하여 傷官이 도래하고 月支와 戌未 刑하기에 재물, 육체가 상합니다. 하필 未土가 천살인데 戌土가 刑하기에 배임죄로 구속되었습니다. 위에서는 사기 당해서 교도소에 들어가고 사업하는 사례는 年干을 건들기에 계속 송사에 시달렸고 이 구조는 未土가 亥水를 공격하는데 년에 庚子로 傷官과 財星이 있기에 불법, 비리를 저지르는데 亥未로 들통 나고 배임죄로 구속되었습니다. 중년에 日支에서 三合을 이루면 沖刑이 없어도 배우자와 이혼, 사별하는 사례가 많습니다. 沖刑까지 개입되면 더욱 심각해집니다. 이혼 외에도 다양한 문제들이 발생합니다.

坤命				陰/平 1970년 4월 13일 12:00								
時	日	月	年	84	74	64	54	44	34	24	14	4
丙	丁	辛	庚	壬	癸	甲	乙	丙	丁	戊	己	庚
午	酉	巳	戌	申	酉	戌	亥	子	丑	寅	卯	辰

사주구조가 독특합니다. 오로지 火金으로만 구성되어 삶의 목적이나 방향은 재물추구 욕망이 강렬하며 월급으로 저축하는 것에 만족하지 못합니다. 丁火 일간이 丙午까지 있기에 경쟁을 통하여 한탕을 노리는데 월간 辛金과 丙辛이 合하기에 중간에 夾字로 끼어있는 丁火는 丙火와 辛金 사이에서 중개인 역할을 하거나 丙火에게 자신이 노력한 결과물 辛金을 빼앗길 수 있습니다. 이런 구조는 기복이 심해서 크게 벌고 크게 잃지만 돈을 모으기 어렵습니다. 또 午火, 巳火가 日支 酉金에게 열을 가하지만 木이 없기에 生氣는 상하지 않지만 丁火일간이 가장 좋아하는 甲木이 없기에 그릇이 크지는 않습니다. 또 수많은 午火, 巳火, 丁火, 丙火가 年支 戌土 墓庫를 향하여 巳戌조합을 이루었습니다. 아쉬운 점은, 열기를 가득 담은 날카로운 金氣를 풀어낼 水氣가 사주원국에 전혀 없습니다. 丁丑대운이 오면 午火와 戌土의 地藏干 丁火가 透干하였습니다. 따라서 丁丑대운에 발생하는

가장 중요한 사건은 年支 근본터전에 변화를 주거나 국가 관련 일이나 사건이 발생합니다. 근본터전이 반응할 때 사주구조가 나쁘면 관재, 소송의 문제가 발생하지만 이 구조는 巳戌뿐이기에 소송물상을 읽기 어렵습니다. 또 時支 午火가 반응했기에 私的으로 추구하는 과정에 변화가 오거나 자식에게 변화가 발생할 수 있습니다. 또 午火와 戌土가 동시에 반응했기에 어떤 구조를 형성하는지 살펴야 합니다. 戌土는 巳火를 담습니다. 또 午火가 酉金에게 火氣를 자극하면 水氣를 향하여 총알처럼 튀어나가거나 木氣를 자르려고 달려들지만 사주원국에 水氣도, 木氣도 없으니 아무런 움직임도 없다가 丁丑대운에 이르면 酉金은 丑土의 地藏干 癸水를 향하여 튀어갑니다. 또 月支, 日支와 함께 巳酉丑 三合을 이루었습니다. 문제는 戌土가 巳酉丑 三合과 丑戌 刑합니다만 수시로 발생하는 것은 아니고 세운 天干에 상응하는 地藏干이 透干할 때 비로소 刑으로 반응합니다. 巳酉丑 三合의 기준을 어느 宮位에 두느냐의 문제가 있는데 丁丑대운이 34세 이후이기에 日支를 기준으로 잡아야 합니다. 더욱 강한 힌트는 時에 강력한 丙午와 年의 戌土 傷官이 있기에 財星과 官星에게 불편한 대운입니다.

둘째, 일지 酉金과 월간 辛金, 년간 庚金으로 혼잡하였기에 남편을 자주 바꾸거나 남자관계가 복잡할 수 있습니다. 日支와 동일 五行이 혼잡하고 天干에 두 개, 巳中 庚金, 戌中 辛金까지 있으며 水氣도 없기에 통제력도 약합니다. 그렇다고 성욕이 강한 구조도 아닌 이유는 너무 말라서 그렇습니다. 이런 상태에서 丁丑대운에 이르면 수많은 金氣들은 엄청난 탄성으로 丑土를 향해 돌진하는 과정에 乙酉년과 丙戌년을 만납니다. 乙酉년의 乙木은 사주원국 어디에도 없지만 酉金은 사주원국, 대운, 세운이 연결되면서 巳酉丑 三合을 이루고 일지 酉金과 복음이기에

日支를 밀어내 결혼생활에 문제가 발생합니다. 乙木은 사주원국에 없다가 운에서 들어왔기에 사용이 불편합니다. 火氣에 자극받은 酉金 辛金 庚金이 乙木을 보자마자 자르려고 달려들면서 生氣가 상합니다. 乙酉년 하반기에 별거를 시작하고 丙戌년 여름에 이혼했습니다. 丙戌년에 월지 巳火, 시지 午火의 地藏干 丙火가 透干하여 巳火는 戌土를 향하고 午火는 酉金에 열기를 가하면서 戌土를 향해갑니다. 또 丙戌년의 戌土는 대운의 巳酉丑 三合과 丑戌 刑하기에 이혼할 수밖에 없습니다.

또 다른 문제는 丙戌의 丙火는 사주원국 時干 丙火가 온 것이기에 사주원국 구조대로 月干 辛金과 合하면서 丁火가 소유한 재산이나 가치를 丙火에게 빼앗깁니다. 이처럼 사주원국 구조를 면밀히 살펴야 하는데 丙火가 辛金과 合하면 日支 酉金과 동일한 五行이므로 반드시 日支와 관련이 있습니다. 대운에서 酉丑으로 合하기에 한탕의 재물유입이 가능하다고 설명했는데 남편에게 위자료를 받았지만 巳酉丑 三合과 戌土가 刑하기에 흥청망청 써버렸습니다.

六親으로 분석하면, 일지 酉金은 財星이지만 남편을 상징하고 月干 辛金과 동일한 五行이기에 서로 관계가 있습니다. 따라서 丙戌년에 丁火의 경쟁상대 丙火가 辛金과 合하자 일지 酉金도 丙火를 향해 떠나는 것입니다. 이것이 사주원국 구조에서 암시하는 六親관계입니다. 만약 丙戌년에 재물을 탕진하지 않거나 남편이 떠나지 않으면 질병이나 사고로 본인이 상할 가능성이 높습니다. 참고로 酉丑조합은 물론이고 酉丑辰, 丑辰, 酉辰은 모두 한탕을 노리는 조합이고 월급처럼 일정한 금액을 모으는데 흥미를 느끼지 못합니다. 丙戌년 물상은 유흥, 술집, 룸살롱이라고 했습니다. 地支로 바꾸면 巳戌인데 丁火 입장에서 劫財와 傷

官이기에 부부인연이 좋지 않고 일탈, 방탕을 암시하며 반드시 육체가 가미됩니다. 巳戌물상을 가미하면 육체가 뜨거워져 위자료를 모두 써버리고 룸살롱에서 선금 받고 일합니다. 丙戌 밤의 세계로 들어가 남자들이 꼬이는데 劫財와 傷官으로 일탈을 원하는 남자들과 인연 됩니다.

그 과정에 남자가 생겼고 여인이 빌린 수 천 만원 빚을 갚아주고 동거 비슷한 생활을 하지만 유부남이기에 부인에게 들통 나 이혼한다고 시끄럽고 회사에서도 시끄럽고 집에서도 쫓겨나게 생겼습니다. 이처럼 巳戌, 丙戌은 쾌락이나 잘못된 판단으로 엄청난 집착 증세를 보입니다. 이 여인은 술집에서 남자를 만나고 복잡한 일들이 발생함에도 한탕의 돈은 들어옵니다. 火氣를 가득담은 酉金이 丑대운을 만나고 丑戌 刑으로 도둑, 강도와 같은 나쁜 성정을 처리하면서 돈의 유입이 발생합니다. 이처럼 나쁜 일과 좋은 일은 항상 공존하는데 대운과 세운에 따른 물상들이 순차적으로 반응합니다. 여자를 도운 남자의 사주입니다.

乾命				陰/平 1966년 5월 9일 12:00							
時	日	月	年	83	73	63	53	43	33	23	13	3
辛亥	丁巳	甲午	丙午	癸卯	壬寅	辛丑	庚子	己亥	戊戌	丁酉	丙申	乙未

丁火일간이 月干에 甲木이 있기에 좋지만 丁巳와 丙午로 육체가 강하고 스포츠로 활용하는 것을 좋아합니다. 사주원국의 강력한 火氣들은 반드시 활용 대상을 찾아야 하는데 바로 時干에 있는 辛金으로 私的으로 강한 육체(火氣)를 활용해서 대문 밖에서 辛金을 취하려고 합니다. 神煞로 辛金이 六害이기에 강력한

성욕을 암시하고 辛金 아래의 亥水가 일지와 沖하기에 辛金 때문에 문제가 발생합니다. 33세부터 戊戌대운이 오면 戊土가 반응하는 地支는 日支 巳火뿐입니다. 물론 亥中 戊土도 있지만 쓰임도 없고 54세 이후를 상징하기에 巳中 戊土가 透干한 것으로 읽습니다. 사주원국 巳火의 구조를 살피면, 日支와 時支가 巳亥 沖으로 빈응합니다. 따라서 丙火 혹은 壬水가 天干에 드러나는 세운에 巳亥 沖이 발현되기에 38세에서 45세 사이에 안방이 불안정해집니다. 또 일간 丁火가 戊戌 대운을 만나면 강력한 傷官으로 불법, 비리, 방탕, 일탈 등 비정상적인 심리상태나 행동을 하면서 거칠어집니다. 궤도를 이탈하기에 소송과 같은 시끄러운 사건이 발생할 수도 있습니다. 다만, 100% 발생하는 것은 아니고 세운에서 어떻게 반응하는가에 따라 달라집니다. 또 戌대운 地支는 巳戌로 조합하기에 수많은 火氣가 戌土 墓地에 담겨 쾌락, 방종 물상이라고 했습니다.

丙戌년에 여자 사주구조와 비슷하게 巳亥 沖이 발생합니다. 즉, 戊戌대운에 戊土가 巳亥 沖하려는 의지를 드러내고 丙戌년에 巳亥 沖이 정확하게 발생합니다. 대운에서 日支가 반응하여 배우자가 핵심 사건임을 알려주고 丙戌년에 巳亥 沖이 정확하게 발생하자 日支가 불안정해졌습니다. 또 丙戌과 巳戌로 연결되기에 丁火 일간에게는 육체가 뜨거워지고 亥水가 중요한 역할을 담당했는데 戊戌, 丙戌이 亥水를 탁하게 만들면 통제력을 상실하면서 일탈이 강해졌습니다. 특히 丙戌년에는 사주원국 구조대로 년과 시에서 丙辛으로 합하기에 夾字로 끼어있는 丁火는 이상하게 육체가 강해지고 丙火에게 辛金을 빼앗기지 않으려는 시기, 질투, 경쟁, 투기 심리가 동합니다. 이런 조합들이 어떤 물상으로 결정될까요? 辛金이 辛亥로 있을 때는 감질 맛이 아니었는데 亥水가 戌土에 탁해지고 辛金이 火氣에 더욱 뜨거워지면 감질 맛이 강해지면서 더욱 간절히 辛金을 탐합니다. 時干 문밖의 여자를 찾는 시기에 이르자 술집에서 일하는 이혼녀와 사랑에 빠졌습니다. 특히 남성이 戌土 운을 만나면 陽氣를 잃고 여성처럼 변한다고 했습니다. 문제는 부인을 상대할 때만 그렇고 밖에서는 오히려 성욕이 강해집니다. 집에서는 여성화 되고 고독하지만 문밖을 나서면 쾌락을 즐깁니다. 戌土는 홀아비, 辰土는 노처녀, 과부라고 했기에 유부남이 戌土 운을 만나면 가정에서 힘을 쓰지 못하는 사례들이 많고 홀아비로 살 수 있습니다. 이 사주는 亥水가 없다면 홀아비로 살아갈 가능성이 높습니다. 또 戌土는 가을에 곡식을 수확하여 창고에 저장한 후 돈을 흥청망청 쓰다가 丑土에서 부도나고 심하면 교도소에 갑니다. 戌時 혹은 戌운에 외도하는 경우가 많은 이유입니다. 하필 룸살롱 여인과 사랑에 빠지고 돈도 날리고 가정에서도 쫓겨나게 생겼습니다.

坤命				陰/平 1975년 4월 17일 20:00							
時	日	月	年	83	73	63	53	43	33	23	13	3
壬戌	癸酉	辛巳	乙卯	庚寅	己丑	戊子	丁亥	丙戌	乙酉	甲申	癸未	壬午

癸酉 乙卯 혹은 癸卯 辛酉 조합은 배우자가 사망할 정도로 殺氣가 강하다고 했습니다. 이 구조는 乙卯년 癸酉일이지만 어느 宮位에 있더라도 殺氣가 있음을 기억해야 합니다. 물론 두 간지 외에도 다른 요인들이 복합적으로 작용하면 더욱 흉할 수 있습니다. 33세부터 乙酉대운이 들어오기에 乙木이 어디에서 왔는지 살펴야 하는데 바로 年支 卯木의 地藏干 乙木이 透干하였습니다. 하필 乙酉로 일지 酉金과 동일한 글자가 왔기에 사주원국

구조대로 卯酉 沖하려는 의지를 드러냅니다. 宮位를 감안하면 年支와 日支가 대운의 주된 사건을 담당합니다. 年支 근본터전의 문제, 日支 배우자의 문제가 물형을 결정합니다. 여기까지 살펴도 이혼, 사별문제가 발생할 수 있습니다. 癸酉와 乙卯가 조합하면 흉한 이유는 癸水는 乙卯의 성장을 촉진하는 것이 목저인데 乙木 生氣가 辛酉에 잘리면 삶의 희망을 상실합니다.

둘째, 卯木이 巳火로, 巳火가 酉金으로 酉金이 戌土로 흐름이 바르지만 卯木에게는 또 다른 문제가 있습니다. 년과 월에서 卯巳로 흐르면 月干 부친 辛金이 사회 궁에서 乙卯를 보았기에 한탕 욕망으로 사업하지만 乙辛으로 沖하기에 기복이 심합니다. 다만, 이 여인의 월지 宮位에 해당하는 24세에서 30세 사이에는 卯木이 자연스럽게 巳火를 향하기에 부친의 사업이 발전하면서 돈을 벌었다고 읽어야 합니다. 다만, 辛巳干支 의미대로 부모는 함께 살기 힘들어 별거하거나 이혼합니다. 셋째, 사주원국 卯酉 沖이 암시하는 바는 배우자 宮位가 불안정해지고 여러 번 결혼하거나 인연이 복잡하고 乙卯가 辛巳와 癸酉를 지나 時柱 壬戌과 卯戌 合하기에 癸水가 乙卯를 키우려고 노력해도 결국 卯戌 合으로 壬水에게 가버립니다.

癸水가 아무리 乙卯의 성장을 도와주어도 결국에는 壬水에게 빼앗기기에 癸水는 남 좋은 일만 하는 겁니다. 또 卯戌 合 과정에 반드시 日支 夾字 酉金을 지나면서 卯酉 沖으로 상한 후 戌土로 들어가기에 癸水가 卯戌 合을 완성하기도 전에 망가져버립니다. 이처럼 일지 배우자는 사주원국에서 흉하게 작용하므로 남편 복이 없어 이혼, 사별하여 불안정해집니다. 이처럼 癸酉, 乙卯 혹은 癸卯, 辛酉로 조합하면 배우자가 사망하는 경우가 많습니다. 乙卯가 년에 있기에 일간과의 거리가 멀어서 영향력이 없다고 단정하지 못하며 이 사주처럼 복합적인 문제라면 더욱 심각합니다. 癸水와 乙木 혹은 癸水와 卯木은 하나의 육체로 이어져있다가 酉金에 잘리면 굉장히 아픕니다. 사주원국에 乙卯가 없거나 酉金이 없다면 문제가 없지만 酉金과 卯木이 조합하면 여러모로 불편합니다.

乾命				陰/平 1974년 1월 21일 04:00								
時	日	月	年	87	77	67	57	47	37	27	17	7
丙	甲	丙	甲	乙	甲	癸	壬	辛	庚	己	戊	丁
寅	申	寅	寅	亥	戌	酉	申	未	午	巳	辰	卯

사주구조가 좋아 보이지 않은데 사주의 핵심이 무엇인지 살펴보겠습니다. 첫째, 水氣가 전혀 없고 木氣는 매우 많고 丙火는 두 개나 있기에 生氣가 말라가는데 대운도 丁卯 戊辰 己巳 庚午로 흘러갑니다. 甲木이 寅月에 태어나 甲寅과 乙卯는 동일한 육체라고 했는데 일지 申金이 丙火에 자극을 받아서 寅木을 沖하면 사고로 육체가 상하거나 질병에 시달리거나 자학할 수 있는데 문제의 원인은 日支와 沖하기 때문입니다. 좋은 점이라면 일간 甲木이 간절히 바라는 壬水가 申金의 地藏干에 있기에 반드시 활용하는데 암장되어 쉽지 않습니다.

두 가지 방법이 있는데 첫째, 壬水가 운에서 들어올 때를 기다립니다. 둘째, 寅申 沖으로 申金에 담긴 壬水를 활용할 수 있습니다. 따라서 日支 申金은 좋은 역할과 나쁜 역할을 동시에 할 수 있습니다. 寅申 沖으로 申中 壬水를 활용할 수 있지만 沖으로 육체가 상하거나 질병에 시달리거나 재물을 탕진할 수 있기에 吉아니면 凶이라는 이분법으로 분류할 수 없습니다. 적절히 타협하면 寅申 沖의 단점이나 손해를 감수하면서 壬水를 취할 수 있습니다. 세상 이치가 그렇듯, 사주팔자도 일방적으로 좋거나 나쁜 것은 존재하지 않습니다. 寅申 沖으로 끝나면 간단한데 두 丙火가 申金을 자극한 후 寅木을 沖하기에 그 강도가 강해집니다. 이런 상황에서 己巳대운 35세 戊子년에 이르면 사주원국에 없는 子水가 들어옵니다. 사주원국에서 간절히 필요하지만 없다가 세운에서 들어온다고 무조건 좋은 것은 아닙니다. 子水를 만난 甲木은 그토록 필요했던 水氣를 흡수하고자 움직임이 빨라집니다. 없을 때는 희망도 없었는데 水氣가 들어오자 갑자기 무리하게 움직입니다. 戊子로 왔기에 甲木은 戊土가 소유한 子水를 달라고 공격하는데 바로 癸甲戊 三字조합입니다. 戊午월에 이르면 子水와 沖해버립니다. 도와주러온 子水가 戊子, 戊午로 충돌하면서 말라갑니다. 그토록 원했던 子水가 왔건만 감질맛만 더하고 증발해버리자 丁亥일에 아파트에서 떨어져 자살했습니다.

이 사주처럼 반드시 필요한 壬水를 얻고자 寅申 沖을 활용하는 구조들이 있습니다. 寅月의 시공에는 성장을 위해서 반드시 壬水가 필요한데 오로지 申의 地藏干에만 있기에 沖으로 활용하지만 己巳대운에 이르면 巳火가 寅巳 刑으로 生氣가 상하고 巳申 合으로 寅申 沖을 방해하면 申中 壬水를 활용할 수 없기에 甲木은 희망을 잃습니다. 정리하면, 사주원국에 水氣가 필요함에도 없는데 운에서 들어온다고 무조건 좋다고 판단할 수 없습니다. 갑자기 고집이 생기면서 의지를 뚜렷하게 드러내기에 오히려 문제가 발생하는 경우가 대부분입니다. 사업한다고 억지부리거나, 갑자기 가출해서 행방불명됩니다. 혼자서 버틸 수 없는데 기운을 차리는 운을 만나면 갑자기 에너지를 폭발적으로 사용하다 일정기간이 지나면 방전되고 더욱 무기력해집니다.

乾命				陰/平 1972년 2월 20일 02:00								
時	日	月	年	81	71	61	51	41	31	21	11	1
乙	甲	癸	壬	壬	辛	庚	己	戊	丁	丙	乙	甲
丑	子	卯	子	子	亥	戌	酉	申	未	午	巳	辰

己丑년에 상담하였는데 사주구조가 이상합니다. 子년을 기준으로 卯木과 時干 乙木도 六害인데 양쪽에서 刑하고 子丑 合, 卯丑으로 조합하고 甲木이 乙木때문에 손해 보는 구조입니다. 丁未대운이 오면, 천간에서 丁壬癸 三字로 교통사고 물상이라고 했습니다. 교통사고 외에도 눈이 상하거나 육체 일부가 상할 수 있습니다. 丁未대운의 未土는 천살인데 地支와 어떤 관계를 형성하는지 살펴야 합니다. 월지 육해와 卯未로 合하고 子丑 合을 丑未 沖으로 깨는 상황이 발생합니다. 문제는 未土가 천살이기에 세운에 따라 반응할 것입니다. 己丑년에 대운 未土의 地藏干 己土가 투간하고 사주원국 時支 丑土도 투간하여 子丑 合하고 丑未 沖합니다. 丑土의 宮位는 乙丑으로 있기에 乙木 劫財와 丑土 財星의 문제인데 子水와 合하는 상태에서 沖합니다.

참고로 일지에서 子午 沖하면 교통사고, 사업부도 등 비교적 심각한 문제가 발생합니다. 甲乙과 子丑이 서로 연결되어 있다가 沖하는데 日時에서 발생하기에 개인적인 사건들입니다. 자신의 차를 친구가 운전하다 대형사고로 사람을 치었는데 사주당사자는 기절하고 친구는 도망가 죄를 뒤집어써야 하는 상황이 발생했습니다. 丁未대운의 未土가 子水를 탁하게 만들지만 子子로 水氣가 충분하고 卯木이 상하는 것도 아니기에 자신이 사망하거나 상대를 죽이는 정도에 이르지 않았습니다. 丁癸壬 三字는 교통사고 물상이요, 甲과 乙丑 조합인데 子丑 合으로 연결되어 있다가 沖으로 불안정해지면서 사건이 발생하였습니다. 또 卯木이 육해이자 겁재이기에 친구, 형제, 아래 사람들과 엮여서 돈 문제, 보증문제 등이 발생하는 조합입니다.

乾命				陰/平 1969년 2월 27일 10:00							
時	日	月	年	83	73	63	53	43	33	23	13	3
丁巳	戊午	戊辰	己酉	己未	庚申	辛酉	壬戌	癸亥	甲子	乙丑	丙寅	丁卯

乙丑대운이 22세부터 시작됩니다. 은행에서 근무하다 과장에 올랐는데 27세 乙亥년 己丑월에 교통사고로 사망했습니다. 戊土가 丁巳 時를 만나면 학력이 높은 조합으로 학업에 열중합니다. 辰月에 태어났기에 반드시 水氣가 필요한데 없고 유일하게 癸水가 辰土의 地藏干에 숨어있지만 다른 宮位에는 전혀 없기에 소중함을 알고 있는 일간은 癸水를 절대로 밖으로 내놓지 않으려고 합니다. 癸水가 증발하면 절실히 필요한 에너지가 사라지기에 감추려고 하면서 구두쇠가 됩니다.

이처럼 辰戌丑未의 地藏干에 필요한 글자가 숨어있다면 대부분 구두쇠처럼 행동합니다. 따라서 이 사주의 핵심은 辰土인데 水氣가 부족합니다. 둘째, 辰酉 합하는데 酉丑, 酉丑辰과 더불어 교통사고 발생사례가 많습니다. 辰月에는 乙木이 성장해야 하는데 水氣도 없고 酉金이 合으로 辰土를 묶어버리면 地藏干 乙木의 움직임이 매우 답답합니다. 乙丑대운에 이르면 辰中 乙木이 透干하고 戊乙로 조합하여 戊土 터전에 生氣가 돌면서 성장하기에 과장으로 승진했습니다. 문제는 丑대운에 이르면 지지에서 酉丑辰 三字로 조합하고 丑土의 영향을 받는 乙木은 점점 응결됩니다. 이런 상태에서 乙亥년에 이르러 辰土 천살의 地藏干 乙木이 透干하면 상응하는 문제가 발생할 것을 알립니다. 酉丑辰 三字로 辰中 乙木이 상했음을 재차 확인시켜주는 겁니다. 乙丑 대운 干支를 분석하는 방법을 잠깐 언급하면, 대운 10년을 지나는 과정에 天干과 地支를 어떻게 나누느냐의 문제가 있지만 대운과 세운이 이어지기에 칼로 무 베듯 5년씩 나눌 수 없습니다. 즉 대운 天干, 地支에 집중할 것이 아니라 10년 세운이 乙丑干支와 어떤 반응을 보이는지가 중요합니다. 모든 이론에 시공간을 불어넣듯, 대운 干支에도 시공간을 불어넣고 활용해야 합니다. 乙丑 干支는 乙木의 시간이 먼저 도래하기에 약 5년 동안 乙木에너지를 자유롭게 활용하지만 丑土에 이르면 丑土로만 작용하는 것이 아닙니다. 干支는 동체이기에 반드시 天干과 地支의 관계를 살펴야 하는데 대운 天干을 지날 때는 乙木의 좌우확산 움직임에 장애가 전혀 없었지만 丑土대운에는 丑土 공간에 한정된 乙木으로 바뀌자 乙木이 응결되는 상황에 처합니다.

乙木을 지날 때는 축토에 영향을 받지 않기에 전혀 응축되지 않고 자유로웠던 乙木이 축토 공간을 만나자 갑자기 좌우확산 움직임이 위축되자 문제가 발생합니다. 정리하면, 天干은 스스로 자유롭게 반응하지만 地支 공간에 이르면 天干이 地支 공간에 영향을 받는다는 것을 기억해야 합니다. 이 사주는 두 가지 문제가 발생했는데 첫째, 사주팔자 원국 辰土의 地藏干 乙木이 辰酉 合으로 상하고 있으며 둘째 乙丑대운에 酉丑辰 三字로 더욱 응결되었다가 세운에서 乙亥를 만나 辰土의 地藏干 乙木을 透干하는 방식으로 酉丑辰 三字의 문제가 발생합니다. 丑대운에 酉丑辰, 巳丑辰으로 辰中 乙木이 상하다가 乙亥년에 地藏干을 透干하는 방식으로 문제가 있음을 확인해준 겁니다. 또 사주원국과 대운이 巳酉丑으로 三合하다가 乙亥년에 巳亥 沖하면서 불안정해졌지만 문제의 핵심은 아닙니다. 사주원국에 辰酉로 교통사고 가능성이 있고 辰中 乙木이 상하기에 透干하자 문제가 발생한 것입니다. 물론 乙丑대운 乙亥년에 亥水가 辰土로 들어오고 戊乙로 조합하여 공직 조합이며 己土 경쟁자를 제압하기 좋다고 판단하지만 丑대운에 酉丑辰 三字로 조합하자 乙木이 상하는 것이 문제입니다.

乾命				陰/平 1963년 12월 8일 04:00							
時	日	月	年	85	75	65	55	45	35	25	15	5
戊寅	庚午	乙丑	癸卯	丙辰	丁巳	戊午	己未	庚申	辛酉	壬戌	癸亥	甲子

辛酉대운 2004년 甲申년 42세 庚午월에 사기죄로 구속 되었습니다. 2005년 원광대 석사학위 논문사례입니다. 卯丑으로 조합하고 午火 육해가 午丑으로 탕화작용 합니다. 庚金 일간 입장에서 年柱가 癸卯로 傷官과 財星이기에 傷官의 불법행위로 재물이나 여인을 취하려는 욕망이 강합니다. 卯木과 庚金이 乙庚 合하기 때문인데 卯木을 취하는 과정이 순탄하지 않습니다.

卯木은 반드시 丑土를 지나야 일지 午火에 이르지만 그 과정에 卯木이 丑土에 응결됩니다. 丑土의 도둑, 강도와 같은 속성이 해결되지 않았으며 午丑으로 불편합니다. 따라서 재물추구 과정이 정상적이지 않고 불법, 비리를 저지를 수 있습니다. 특히 卯年을 기준으로 일간 庚金은 劫煞에 해당하기에 한탕 욕망이 매우 강합니다. 乙丑월의 干支의미는 부도의 상이라고 설명했는데, 丙일간의 경우에 乙丑월을 만나고 辛酉, 庚申 대운으로 흐를 때는 대부분 발전하는데 庚申대운이 좋고 辛酉대운에는 길흉이 공존하는 이유는 구조에 따라서 乙木이 상할 수도 있기 때문입니다. 특히 丙火일간의 경우 수백억 부를 축적하는 사례가 많은데 이 사주는 庚일간으로 丑土의 도둑 심보가 열리지 않은 상태에서 卯丑과 午丑으로 불편합니다. 辛酉대운이 오면 丑中의 地藏干 辛金의 透干하였기에 사주원국 구조대로 丑卯, 丑午가 반응하고 멀리 있는 寅木과 丑寅으로 암합하여 寅木 偏財를 비밀리에 끌어오려는 욕망이 동합니다. 丑土가 동하자 사주원국 구조대로 卯丑, 午丑, 丑寅으로 불법, 비리, 도둑, 강도, 한탕 욕망이 생기면서 문제가 발생하고 교도소에 들어갈 수 있습니다. 특히 辛酉대운에는 庚日과 辛酉가 乙卯와 寅木을 경쟁적으로 다투기에 乙木이 상합니다. 辛酉를 이용해서 乙木을 노리기에 불법, 비리, 한탕 문제가 분명합니다.

甲申년에 이르면 年支 卯木과 時支 寅木의 地藏干이 透干하면서 年支와 時支가 동시에 반응하기에 宮位의 의미를 읽어야 합니다. 국가 宮位가 반응하여 불법을 저지르다 구속되었고 時支 宮位는 개인적으로 추구하는 행위인데 寅丑 암합으로 한탕을 노렸기에 문제가 발생했습니다. 즉, 年과 時가 동시에 반응하고 私的으로 일을 도모하다가 국가와 엮이면서 문제가 발생하고 구속되었습니다. 부연설명하면, 時支 寅木은 丑土와 암합하는 과정에 午丑으로 탕화가 동하고, 년지 卯木은 午火를 향하는 과정에 丑土에 암장된 辛金에게 상합니다. 결국 日支 午火는 양쪽에 탕화작용을 일으킵니다. 庚午월에 이르면 甲申년의 地支 申金의 地藏干 庚金이 透干하였기에 구조를 살펴야 합니다. 卯申과 申丑으로 劫煞 申金이 卯木과 암합하고 丑土 墓地에 들어갑니다. 또 寅申 沖하고 午申으로 申金 내부에 열기를 축적해서 乙丙庚 (卯午申) 三字를 활용해서 한탕으로 노리다가 庚午월에 그 행위가 庚金으로 天干에 투간하자 사기를 저지르고 구속되었습니다.

이처럼 중대한 사건은 순차적인 흐름으로 진행하다가 어느 시점에 상응하는 물상을 透干하는 방식으로 결정합니다. 神煞을 가미하면 일지 午火는 六害요 庚金은 劫煞로 여성의 경우라면 화류계에 많이 보이는데 그 이유는 일반인들은 감히 행동에 옮길 수 없는 불법, 비리를 저질러서라도 원하는 것을 취하려는 욕망이 강하기 때문입니다. 이처럼 사주원국에 年支를 기준으로 三合을 벗어난 글자들이 많으면 사기, 도둑, 강도, 과감한 일탈행위를 저지릅니다. 또 丑土의 어두운 심보를 沖刑으로 해결하지 못하고 卯丑, 午丑, 寅丑으로 조합하였기에 매우 음습한 성정입니다. 丑土, 辰土, 丑辰 破에 대해서 학습했는데 술주정뱅이, 마약, 도둑, 한탕, 도박, 투기, 정신이상이라고 했습니다. 정신을 추구해야 하는데 물질을 추구하면 음습한 행위를 하다가 酉丑辰으로 강제로 취한 돈을 모두 빼앗기고 교도소에 들어갑니다.

丑辰 破에 대해 보충설명해보겠습니다. 丑土가 사주원국에 있으면 沖刑으로 도둑심보를 해결해야 합니다. 酉丑辰 三字조합은 하늘에서 돈벼락을 맞을 수 있지만 丑土의 한탕을 노리는 불법행위 때문에 모두 빼앗기고 교도소에 들어갈 수 있습니다.

乾命				陰/平 1933년 10월 17일 02:00							
時	日	月	年	89	79	69	59	49	39	29	19	9
乙丑	甲辰	癸亥	癸酉	甲寅	乙卯	丙辰	丁巳	戊午	己未	庚申	辛酉	壬戌

酉年을 기준으로 癸癸가 육해요 辰中, 丑中 癸水도 六害입니다. 癸亥는 天煞 辰土 墓地를 향해 들어가고 酉金은 亥水를 거쳐 辰酉 合하는 酉亥辰 三字조합으로 辰土 속 乙木이 심하게 응결

되고 時의 乙丑과 丑辰 破합니다. 사주원국에 酉丑辰이 있으면 丙火를 활용해서 음습함을 제거해야 하는데 없습니다. 辛酉대운이 18세부터 시작하는데 年支 酉金의 地藏干, 時支 丑土의 地藏干이 透干하여 사주원국 구조대로 酉丑 合이 동합니다. 宮位를 감안하면 年支 근본터전, 국가, 時支의 私的 추진방향에 변화가 발생합니다. 이처럼 宮位의미와 시간방향을 읽어서 물상을 추론해야 합니다. 夾字를 감안하면, 酉丑 合 과정에 夾字 亥辰이 合의 중력에 비틀립니다. 酉丑 合이 단순하게 두 글자의 작용에 그치는 것이 아니고 나머지 宮位와 모종의 관계를 형성하면서 복잡해집니다. 酉辰으로 合하고 亥辰 墓地의 작용도 동하고 丑辰 破하면서 酉丑辰 三字의 흉한 물상을 포함한 상태에서 酉亥辰 三字로 辰土가 묶이면 地藏干 乙木의 응결문제가 심각해집니다.

다행이라면, 丑辰 破로 丑土와 辰土의 단점을 약간 해결했지만 길흉이 공존합니다. 즉 亥辰, 酉辰으로 辰土가 답답한 상황에서 丑辰 破로 生氣를 유지하는데 도움이 되지만 육해 癸水가 破작용으로 불안정합니다. 사주원국에 육해 癸水가 너무 많기에 정신적으로 문제가 생길 수 있습니다. 辛酉대운에 년지의 地藏干이 透干하여 근본터전에 변화를 주고 壬辰년에 이르러 월지 亥水의 地藏干이 透干하여 직업, 사회, 부모, 형제 宮位가 동하자 고향을 떠났고 癸巳년에 사주원국 丑, 辰, 癸, 癸 六害가 모두 반응하였습니다. 또 丑辰 破로 반응하고 대운과 함께 酉丑辰 三字로 반응하면서 부도, 감옥, 임플란트, 교통사고, 육체손상 등 좋지 않은 사건이 발생할 것임을 암시합니다. 21세 癸巳년에 酉丑辰, 巳丑辰으로 조합하자 간첩혐의로 구속되어 15년형을 받았습니다. 六害와 천살의 독특한 물상 하나는 사망, 외톨이, 고독, 쓸쓸함이라고 했으며 육해와 천살 운에는 이상하게 주위로부터 멀어집니다. 함께 하려해도 따돌림 당하기에 교도소에 수감되는 것도 동일한 이치입니다. 21세는 월간 宮位 癸水 육해를 지날 때였습니다.

坤命				陰/平 1967년 10월 29일 12:00								
時	日	月	年	83	73	63	53	43	33	23	13	3
丁	戊	辛	丁	庚	己	戊	丁	丙	乙	甲	癸	壬
巳	戌	亥	未	申	未	午	巳	辰	卯	寅	丑	子

戊土와 丁巳 時로 조합하고 년과 월에서 丁辛亥 三字로 매우 총명하고 하늘에서 돈벼락을 맞는 조합입니다. 학창시절에 능력이 뛰어나고 공부도 잘하고 총명하고 재주도 많았는데 甲寅대운 乙亥년에 뇌신경에 문제가 생겨 정신장애가 발생하자 이혼하고 丙子년에 약을 먹고 자살했습니다. 甲寅대운은 29세부터 시작하는데 丙子년에 자살한 이유를 이해하기 어렵습니다.

이 구조에서 학습할 유형은 亥水가 月支에 있는데 좌우에서 未土와 戌土, 戌土와 戌土, 未土와 未土로 夾字로 비틀리면 亥의 地藏干 甲木의 성장에 문제가 발생하고 地藏干이 透干하면 정신병에 걸리거나 육체가 상할 수 있습니다. 亥水와 子水는 인간의 정신을 주도하는데 문제가 발생하면 이 여인처럼 乙亥년에 뇌신경에 문제가 생기는 이유를 이해할 수 있습니다. 丁火가 辛金을 자극하는데 未의 地藏干 乙木이 透干하면 火氣를 품은 辛金이 乙木을 沖해버립니다. 신체에 직접적인 충격을 가하지 않아도 사주팔자에서 발생하는 乙辛 沖의 충격으로도 정신병에 걸릴 수 있음이 참으로 신기합니다. 未土가 亥水에 열을 가해서 탁해지고 乙木과 함께 亥卯未 三合을 이루는데 乙木이 천간에

透干하자 辛金이 沖해서 피의 흐름에 문제가 발생하였습니다. 특히 丁巳와 乙木이 조합하자 乙木이 丁巳를 향하는 흐름이 막히지 않아야 하는데 辛金이 沖 해버리면 피의 흐름에 문제가 발생합니다. 대운까지 고려하면, 丁火육해가 두 개요 戌未 사이에서 夾字로 亥水가 상하다 甲寅대운에 甲木이 透干하여 문제가 있음을 알립니다. 대운 寅木은 寅亥 合하기에 亥水가 더욱 마릅니다. 乙亥년에는 未土가 반응하여 戌未 刑하면서 亥水가 찌그러지고 天干에서 乙辛 沖으로 문제가 심각합니다. 丙子년에는 甲寅대운의 寅中 丙火가 透干하고 巳中 丙火도 함께 반응해서 寅亥 合하고 巳亥 沖하고 寅巳 刑합니다. 亥水가 하나밖에 없는데 계속 火氣에 탁해지고 열이 오르면서 망가지고 生氣를 상실했습니다. 墓地로 살피면, 寅亥 合하고 未土 墓地에 들어간 후 戌未 刑으로 문제가 발생했습니다. 참고로 乙亥년에는 乙木과 丁巳로 피의 흐름이 이어지고 辛金이 乙木을 沖하자 뇌신경에 문제가 발생하는 작용을 <u>辛戌乙 三字 조합</u>이라고 부릅니다.

乾命				陰/平 1967년 3월 25일 16:00								
時	日	月	年	90	80	70	60	50	40	30	20	10
庚申	戊辰	甲辰	丁未	乙未	丙申	丁酉	戊戌	己亥	庚子	辛丑	壬寅	癸卯

辰未가 있기에 한탕을 노리고 부풀리는 성향이 강하고 辰辰복음으로 흐름이 답답합니다. 時의 庚申은 사적인 추진방향인데 월간 甲木을 沖해서라도 원하는 것을 관철시키려고 합니다. 申辰으로 合해도 子水가 없기에 중간과정을 생략하고 바로 마감해버리는 성급한 태도입니다. 따라서 일을 추진하는 과정이 순탄하지 않고 시작하자마자 마감하기를 반복합니다. 또 未土와 辰土

의 地藏干 乙木과 庚申이 乙庚 合하기에 조직을 형성하고 물질을 추구하려는 욕망이 강합니다. 월지 時空은 甲辰으로 반드시 水氣가 필요한데 없으면 겉모양만 좋습니다. 水氣가 있어야 학력이 높고 사회에서 쓰임을 얻지만 水氣를 보충하지 못하면 육체를 활용하기에 군인물상이라고 했습니다. 또 水氣가 부족해 뿌리내리지 못해 고향 떠나 타향에서 발전합니다. 다행히 대운이 癸卯, 壬寅으로 水氣를 보충하자 壬대운에 모 대학 학생회장을 하였고 학업성적도 뛰어나 청와대 출입기자로 활동하다 사업으로 전환하여 우여곡절을 겪다가 39세 乙酉년에 상품권 사업을 우후죽순처럼 확장했는데 丙戌, 丁亥년에 문제가 생기고 구속되었습니다.

그 이유를 살펴보겠습니다. 첫째, 대운이 辛丑, 庚子로 흘러갑니다. 辛丑대운에는 丑辰 破로 한탕을 노리는 기운이 강해집니다. 사주원국에서 辰未로 부풀리는 성향이 강한데 39세 일지 宮位에서 丑辰으로 破하자 한탕 욕망이 더욱 강해집니다. 乙酉년이 오면 未土, 辰土의 地藏干 乙木이 透干하여 세 宮位가 동시에 반응했고 辛丑대운과 酉丑辰 三字로 한탕을 노리는 문제가 발생할 수 있습니다. 時柱 庚申과 辰辰未 地藏干 乙木이 暗合하자 우후죽순처럼 상품권 사업을 확장했는데 庚子대운으로 넘어가면 庚申 時의 庚金이 透干하고 사주원국 구조대로 月干 甲木 지도자를 沖으로 부수려고 달려듭니다. 개인 宮位 庚申이 私的인 의지를 드러내 사회 宮位 법과 규범에 해당하는 甲木을 충해서라도 원하는 것을 추구합니다. 이런 이유로 사업의도가 사적이고 불법적입니다. 時柱가 月柱나 年柱를 공격하면 국가, 사회에 반기를 드는 행위와 같아서 교도소에 가는 경우가 발생합니다. 庚子대운의 子水는 일지, 시지와 申子辰 三合을 이루기에 私的인 일이며 申子辰 三合의 어두운 특징대로 음습, 조폭, 방랑, 불법, 비리를 저지르는데 戊土 일간 입장에서 申子辰으로 재물을 탐합니다. 그 행위가 乙酉년에 시작된 이유는 辰未로 한탕을 노리고 사적 욕망이 년과 월까지 연결되면서 국가관련 사건이 발생하기 때문입니다. 庚子대운에 사주원국 구조대로 甲木을 沖하고 庚庚으로 힘을 합하여 甲木을 제압하고 乙酉년에도 乙庚 合으로 乙木이 답답해지자 국가, 사회의 법을 무시하는 행위를 합니다. 따라서 법률로는 이 사람의 행동을 통제하지 못하기에 대놓고 불법, 비리를 저지르지만 丙戌년에 이르면 상황이 크게 달라집니다. 사주원국에 없는 丙火가 드러났기에 적절하게 활용하기 어렵지만 庚申의 지도자를 만난 丙火는 그 통제에 순응할 수밖에 없고 庚金에 沖당하던 甲木은 丙火를 활용해서 망나니처럼 달려드는 庚申을 제압하자 사업에 브레이크가 걸립니다. 더욱 흉한 점은, 申子辰 三合하고 있는데 丙戌년 戊土가 辰戌 沖해버리면 申子辰 三合의 행위가 심하게 흔들립니다. 甲木이 丙火와 戊土를 활용해서 申子辰 방탕, 도둑, 강도 조합을 부수자 검찰이 회사를 압수 수색했습니다.

다만, 丙火가 사주원국에 없기에 잡혀가지는 않았습니다. 또 丙庚은 乙木과 함께 庚申 열매를 확장하고 申子辰 어둠을 밝히기에 좋은 작용도 있습니다. 하지만 丁亥년에 이르면 년간 丁火와 未中 丁火가 반응한 것으로 未土가 申子辰 三合의 子水에 열을 가하고 탁하게 만들어버립니다. 宮位로 살피면 未土 국가 자리에서 日時에서 조합한 申子辰 三合 중심부 子水를 공격하였습니다. 未土가 私的으로 추진하는 申子辰 중앙 子水를 공격해서 흐름을 막아버렸습니다. 丁亥년 己酉월에 未土의 地藏干 己土가 透干하고 己巳일에 未土의 地藏干 己土가 반응하자 구속영장이 발부되고 사기죄로 수감되었습니다. 정리하면, 乙酉년에 辰未의 부풀리는 성향과 乙庚 合의 영향을 받아서 능력 밖의 행위를 합니다. 丁亥년에 未土가 辰未로 조합하다가 申子辰 三合의 중심을 공격하자 개인적으로 추진하는 행위에 문제가 발생합니다. 辰未조합의 물상은 능력 밖의 일을 벌이다 부도낸다고 하였습니다. 丁亥년에 문제가 발생하였는데 丁火는 六害로 사망을 상징하기에 사업이 사망했습니다. 육해 문제는 사건의 핵심은 아니지만 고독, 쓸쓸, 따돌림 당하는 운으로 교도소에 들어갔습니다.

乾命				陰/平 1972년 8월 20일 02:00								
時	日	月	年	84	74	64	54	44	34	24	14	4
己	辛	己	壬	戊	丁	丙	乙	甲	癸	壬	辛	庚
丑	酉	酉	子	午	巳	辰	卯	寅	丑	子	亥	戌

사주전체 구조가 음습하고 탁해 보입니다. 대운도 庚戌, 辛亥, 壬子, 癸丑으로 더욱 어둡습니다. 년과 월에서 酉子 破하는데 己酉月에 년에 壬水를 배합해서 재물복은 있습니다. 己酉가 壬水를 향하기에 국가 혹은 조상자리에서 酉金을 풀어내 물질적으로 발전할 수 있기 때문입니다. 하지만 辛酉일을 만나서 酉酉복음으로 흐름이 탁해집니다. 丁亥 혹은 壬子日을 만났다면 月支 酉金을 일지에 풀어내 흐름이 좋아집니다. 비록 壬子가 년에 있지만 음습하기에 酉金의 가치를 적절하게 활용하지 못합니다. 時에 己丑이 있는데 丑土가 子丑, 酉丑으로 金氣를 담지만 戌이나 未로 刑沖하지 못하였기에 <u>丑土의 도둑, 강도</u>와 같은 속성을 해결하지 못합니다. 다만, 酉丑으로 조합하였기에 한순간 돈벼락을 맞을 수 있습니다. 辛酉酉 날카로움을 壬子로 어둡게 풀어내는 구조들은 조폭, 깡패, 칼잡이 물상이 많습니다. 干支로 辛亥는 회, 미용사, 칼잡이로 활용하지만 丁火를 보충하고 흐름

이 좋으면 백억, 천억을 축적할 수 있습니다. 壬子대운에 년의 壬子가 드러났기에 사주원국에 정해진 구조대로 읽어야 합니다. 火氣가 없는 상태에서 酉酉 金氣가 강한데 壬子로 풀어내 뻥튀기하려는 욕망이 강해집니다. 丁火가 있어야 가치 높게 취하는데 없으면 壬子를 활용해서 酉酉를 강제로 풀어내기에 사채놀이 물상입니다. 중국의 조폭두목으로 강압적으로 돈을 빼앗아서 재물을 부풀립니다. 비록 壬대운에 수십억을 벌었지만 子대운 辛巳년에 酉酉丑 地藏干에 있는 辛金이 透干하여 세 宮位가 동시에 반응하고 巳酉丑 三合하자 巳火 밝은 빛이 丑土에 사라졌습니다. 음습한 세 글자가 반응했는데 丑土의 도둑, 강도 속성을 처리하지 못했기에 교도소에 수감되었습니다.

특히 사주원국과 대운에서 酉子丑 三字로 퍽치기 물상을 만들자 더욱 심각해졌습니다. 모든 글자들이 時支 丑土를 향하고 子丑 合으로 묶여 열리지 않기에 조폭, 깡패 조합이 분명합니다. 酉子 破로 뻥튀기하지만 그 방식이 강압적이기에 재산을 몰수당하고 무기징역에 처해졌습니다. 이처럼 사주원국 丑土가 戌未의 刑沖으로 도둑, 강도와 같은 심보를 해결하지 못하면 문제가 발생합니다. 壬午년에 재판으로 무기징역 받았는데 년지 子水의 地藏干 壬水가 透干하고 壬子와 壬午가 충돌하기에 국가로부터 처벌을 받았습니다.

乾命				陰/平 1957년 10월 24일 16:00								
時	日	月	年	83	73	63	53	43	33	23	13	3
丙申	辛酉	壬子	丁酉	癸卯	甲辰	乙巳	丙午	丁未	戊申	己酉	庚戌	辛亥

년과 월에서 丁壬 合으로 전문가요, 酉子 破로 뻥튀기를 원합니다. 丁火가 酉金을 자극하고 子水에 풀어지지만 필요한 丙火가 년과 월에는 없습니다. 丁壬 合하고 丁酉, 子로 전문기술이 있지만 子月에 丙火를 보충하지 못해서 그릇이 크지는 않습니다. 비록 時干에 丙火가 있어도 46세 이후를 상징하기에 당장 년과 월에서 활용할 수 없습니다. 말년에 좋은 작용이지만 년과 월의 時空을 충족하지 못합니다. 月支 時空은 년과 월에서 조건을 맞추는 것이 가장 좋지만 日柱가 맞춘다면 時柱보다는 효율적입니다. 時柱는 년과 월의 거리가 멀어서 月支 문제를 해결하기에는 시간이 많이 소요되고 영향력도 미약합니다. 실제상황은 27세 癸亥년에 교도소에 수감되고 20년 복역한 후 47세에 출옥하였다고 합니다. 수감원인은 사업실패라고 설명하지만 정확한 이유를 밝히지 않았습니다.

그 이유를 분석해보겠습니다. 월지 子水가 六害인데 丁酉, 子로 한탕을 노립니다. 위 사주처럼 壬子와 辛酉로 날카롭고 차갑기에 년에 丙火가 있으면 어둠을 해결할 것인데 없기에 효율이 떨어집니다. 己酉대운이 오면 地支에서 반응한 己土가 없고 딱히 문제도 보이지 않습니다. 地支 酉金은 사주원국에 정해진 구조대로 酉子酉로 쌍 복음이며 24세에서 30세 사이로 月支 六害가 酉子 破로 한탕을 노립니다. 丁酉, 子로 부풀리면서도 辛酉와 壬子의 날카로운 칼잡이 속성도 강합니다. 정확한 원인에 대해 설명하지 않았지만 사람을 상해했을 가능성이 높습니다. 癸亥년이 오면 子水가 天干에 드러났기에 육해 子水의 지장간이 透干하여 酉子 破의 문제가 반응합니다. 또 천간에서 壬癸丁 三字로 조합하여 교통사고 물상인데 癸水가 국가 궁위 丁火를 沖합니다. 丁壬 合으로 있으면 흉하지 않은데 육해 癸水가 丁火를 沖으로 무시합니다. 庚金이 甲木을 무시하듯, 癸水가 丁火를 무시하면 때를 기다려 반드시 역공합니다. 국가가 즉각 위법행위에 대응하지 못하지만 결국 법률을 활용해 잡아들이기 때문입니다. 예로, 戊土를 활용해서 壬癸를 방어하면 丁火가 日干 辛金을 공격합니다. 위에서 살핀 것처럼, 甲木이 丙火를 앞세워 庚金을 통제하는 방식과 동일합니다. 20년 교도소에서 살았다면 살인이 분명해 보입니다. 시간이 순차적으로 흐르는 과정에 반응하고 일정 시점에 물상을 결정합니다. 47세에 출소했는데 사주원국의 丙火를 지나는 시기로 어둠에서 벗어나 밝은 세상으로 나온 것입니다. 그 후 연애도 하고 건설업에 종사합니다. 얼굴도 깔끔하고 눈빛도 맑고 젊어 보입니다.

乾命				陰/平 1988년 12월 7일 20:00								
時	日	月	年	87	77	67	57	47	37	27	17	7
甲	甲	乙	戊	甲	癸	壬	辛	庚	己	戊	丁	丙
戌	戌	丑	辰	戌	酉	申	未	午	巳	辰	卯	寅

천간구조는 甲甲乙戊로 강력한 육체를 활용해서 戊土를 공격하려는 욕망이 강합니다. 地支는 丑辰으로 破하는데 辰戌 沖과 丑戌 刑까지 개입되어 어지럽습니다. 또 乙木 육해가 月干에 드러났고 地支에서 丑辰 破하는데 다행한 점이라면 乙戊로 조합하여 부모나 형제가 교육, 공직에 종사할 가능성이 높습니다. 12세부터 부모에게 무례한 행동하고 누나에게 욕하고 행패를 부렸다고 합니다. 이처럼 六害가 월간에 드러나고 丑辰 破로 정신적으로 불안정해지면 이상행동을 합니다. 가정을 몰락시킬 수 있는 자식입니다. 甲甲乙 육체를 활용해서 戊土 조상이 제공한 안정적인 터전을 망가뜨립니다. 참고로 辰丑 破 작용이 흉하면 地藏干 癸水가 불안정해지면서 정신에 문제가 발생하는 경우가 많

습니다. 도박, 술주정, 접신, 빙의 물상 등입니다. 16세 丁卯대운에 戌戌의 地藏干이 透干하여 丑戌 刑, 辰戌 沖으로 어지러워지자 이상 행동을 하는 것입니다. 대운 地支 卯木은 육해로 卯丑으로 조합하면서 정신적으로 불안정해졌습니다.

乾命				陰/平 1974년 3월 25일 02:00								
時	日	月	年	86	76	66	56	46	36	26	16	6
癸	戊	戊	甲	丁	丙	乙	甲	癸	壬	辛	庚	己
丑	子	辰	寅	丑	子	亥	戌	酉	申	未	午	巳

戊癸 합하고, 子丑 합하고 丑辰 破 사이에 子水가 夾字로 끼었습니다. 문제는 년과 월에서 甲寅과 戊辰으로 甲寅이 국가에서 戊辰을 다스리기에 나쁜 의미는 아니지만 辰月에 水氣가 없고 대운도 己巳, 庚午, 辛未로 水氣를 보충하지 못합니다. 비록 日支 子水, 時柱에 癸丑이 있지만 30세 즈음까지는 적절하게 활용하기 어렵습니다. 己巳대운 戊辰년에 강도, 살인으로 사형선고를 받고 교도소에 20년 복역했습니다.

만약 戊甲으로만 조합하면 戊土가 甲寅에 대항할 생각조차 못하는데 戊土 2개가 힘을 합하여 甲寅에 대항합니다. 또 辰과 丑으로 일간과 동일한 五行이 많기에 육체를 적극적으로 활용해서 甲寅에게 거역합니다. 국가 宮位에 대항하는 구조들은 범죄를 저지르고 교도소에 가는데 이 사주처럼 육체를 적극적으로 활용하면 더욱 문제입니다. 어떤 범죄를 저질렀는지 이해하려면 사주구조를 살펴야 하는데 戊戌癸와 子丑으로 세력을 이루고 癸水 돈을 탐하는데 日干이 바로 옆에서 戊癸 합, 子丑 합하기에 돈 문제를 일으킨 것이 분명합니다. 또 戊辰과 戊子, 癸丑으로

丑辰 破 과정에 일지 子水가 夾字로 비틀리기에 세력을 활용해서 돈을 탐하다 甲寅에게 심판받습니다. 己巳대운이 오면, 時支 丑土의 地藏干이 透干하였는데 사주원국에서 丑土의 음습한 문제를 해결하지 못했고 時支에서 私的으로 추진하는 일입니다. 또 子丑으로 합하면 子水가 丑土를 향해 나가버리기에 戊土가 소유한 子水를 경쟁자에게 빼앗깁니다. 여기에 끝나지 않고 丑辰 破로 동하면 夾字로 끼어있는 子水가 비틀립니다. 丑辰으로 한탕을 노리고 강도, 살인도 가능하며 丑土 물상대로 교도소에 들어갔습니다. 또 己巳대운은 甲寅과 甲己 합하고 寅巳 刑하기에 불편합니다. 특히 甲寅은 국가 宮位인데 합, 刑으로 비틀리면 근본체계가 비틀리는 것입니다. 불법, 위법을 저지르는 행동을 하는 시기입니다.

戊辰년이 오면 사주원국 구조대로 月柱와 동일한 時間이 도래하였기에 사회 宮位에서 사건이나 문제가 발생하는데 甲寅이 戊辰을 통제합니다. 戊辰이 하는 행동은 己巳대운의 丑土와 辰丑 破하고 戊癸 合하는 과정에 일지 子水가 비틀립니다. 결국, 甲寅이 戊辰을 바르게 다스리자 강도, 살인을 저질러 사형선고를 받고 20년 감옥살이했습니다. 戊辰년인지 庚午년인지 모른다는 자료인데 사주원국 구조대로 戊辰년이 분명합니다. 庚午년이라고 판단한 이유는 庚金이 甲 偏官을 공격했기 때문이라고 판단한 것인데 좋은 경우도 많습니다. 사주원국 구조대로 반응하여 물형을 결정한다는 논리를 이해하면 戊辰년에 甲寅과 戊辰이 반응해서 교도소에 수감되는 겁니다. 가장 심각한 문제는 년과 월에 水氣가 전혀 없기에 고집스럽고 다혈질이고 즉흥적이며 원하는 것을 빠르게 취하려고 달려듭니다. 사주전체에서 水氣 살피는 방식으로는 時柱에 水氣가 있다면 년과 월에서 바로 활용할 수 있다고 판단하지만 연월일시로 흐르는 시공간을 고려하지 못한 논리입니다. 즉, 日支와 時柱에 水氣가 있어도 38세 이후를 상징하는 宮位이기에 月支에서 요구하는 조건을 년과 월에서 충족한 것은 아닙니다. 이 구조는 년과 월에 水氣가 없고 戊戌甲으로 水氣가 필요한 甲木에게 덤비다가 오히려 당한 것입니다. 戊土가 무기력하면 국가에 대항할 생각을 못하지만 동일 오행의 세력이 강하면 조폭, 깡패처럼 거칠게 대항하다 강도, 살인으로 교도소에 잡혀 들어갑니다. 비교사주를 보겠습니다.

乾命				陰/平 1958년 1월 9일 04:00								
時	日	月	年	82	72	62	52	42	32	22	12	2
戊	乙	甲	戊	癸	壬	辛	庚	己	戊	丁	丙	乙
寅	亥	寅	戌	亥	戌	酉	申	未	午	巳	辰	卯

이 구조의 핵심은 일지가 亥水이기에 상응하는 六親이 좋고, 日支의 시기에 좋은 일이 발생합니다. 또 년과 시에 戊土가 있기에 乙戊로 조합하여 교육, 공직물상이며 亥水가 甲寅월에 필요한 水氣를 공급하는 것도 좋습니다. 다만, 문제는 乙戊로 조합하는 과정에 甲寅이 夾字로 끼어서 불편한데 그 이유는 운에서 亥水가 무기력해지면 甲寅이 戊戌 터전을 망칠 수 있기 때문입니다. 또 乙木이 甲寅과 寅을 만나 육체를 적극적으로 활용하기에 농사를 짓습니다.

戊寅, 乙卯, 甲寅으로 육체를 활용하는 사주들은 농사짓는 경우가 많습니다. 땅은 좁고 木이 많으면 육체를 활용해서 戊土 위에 수많은 木氣를 심어서 기릅니다. 농사물상으로 년에 戊戌이 있기에 땅이 넓습니다. 己未년에 태어나도 시골 땅이 넓고 조상대에 농사짓는 경우가 많습니다. 실제상황은 전주 근교에서 감,

복숭아 농사를 대규모로 지어서 유통하는데 1년 순수익이 3억 정도라고 합니다. 문제는 乙甲戊로 경쟁을 통해서 한탕을 노리기에 노름을 좋아합니다. 2004년 甲申년. 46세 즈음에 亥中 甲木이 透干하고 天干에 정해진 구조대로 甲木이 戊土 근본터전을 박살내니 노름으로 8천 만 원을 탕진했습니다. 乙酉, 丙戌, 丁亥, 戊子년까지 도박으로 5천만 원을 날렸습니다. 당시 대운은 己未로 사주원국에서 반응한 地藏干은 없는데 戊戌과 己未로 조합하고 甲己 合으로 甲에게 己未를 빼앗겼습니다.

己未대운의 작용을 정리하면 첫째, 戊戌과 己未로 戌未 刑하기에 年支 터전에 변화를 주려고 합니다. 둘째 未土가 亥水를 공격해서 탁하게 만들면 열이 오르고 좋지 않습니다. 사주의 핵심이 亥水인데 未土에 막히면 좋을 것이 없습니다. 흥미로운 사실은 未土가 수많은 木氣를 墓地에 담기에 횡재하는데 亥水가 없다면 甲寅 生氣가 未土 墓地에 들어가 주위 육친들이 단명할 수 있습니다.

다행하게도 亥水가 있기에 1억 3천을 도박으로 날리는 정도에 그쳤습니다. 戊子년이 오면 년에 있는 戊土의 地藏干이 透干하고 己未대운과 戌未 刑으로 터전에 변화가 발생하는데 戊子로 乙木이 좋아하는 子水를 끌어오자 소유한 땅이 혁신도시 건설에 수용되면서 가격이 4-5배 폭등했습니다. <u>年支가 운에서 刑破하면 재개발하는 것입니다.</u> 亥未 도박으로 탕진하고 甲寅寅이 未土 墓地에 들어오기에 하늘에서 돈벼락을 맞을 수 있고 戌未 刑으로 근본터전을 개간하고 戊子로 땅값이 폭등하면서 돈벼락을 맞는 이유는 모두 사주원국 구조 때문이었습니다.

乾命				陰/平 1989년 6월 29일 12:00								
時	日	月	年	88	78	68	58	48	38	28	18	8
丙	壬	辛	己	壬	癸	甲	乙	丙	丁	戊	己	庚
午	辰	未	巳	戌	亥	子	丑	寅	卯	辰	巳	午

년과 월이 己巳와 辛未로 반드시 필요한 水氣가 없습니다. 일과 시에서 壬辰과 丙午로 사주원국에 土가 많기에 특수조직에 근무하는 것이 좋습니다. 예로, 군인, 경찰, 의료계입니다. 偏官의 담력이 좋은 이유는 수많은 土氣를 막아야 한다는 강박관념이 강하기 때문입니다. 다행하게 壬辰이 년과 월에서 필요로 하는 水氣를 공급하지만 火土의 기세가 강하기에 壬水가 고갈되고 상할 수 있습니다. 다행하게도 辛金이 火氣를 품은 후 壬水를 향하여 총알처럼 튀어가기에 증발할 정도는 아닙니다. 辛金입장에서도 巳火, 未土의 열기를 품어서 답답한데 다행히 壬水가 있기에 열기를 해소할 수 있습니다.

따라서 壬水는 辛金을 원하고 辛金은 壬水가 열기를 해소해주기에 좋습니다. 또 월과 시에서 丙辛 합하기에 중간에 夾字로 끼어있는 壬水는 반드시 辛金을 취할 수 있습니다. 壬水가 말라서 체육대학에서 레슬링을 전공했는데 불행하게도 己巳대운, 戊子년, 8월 乙巳일 연습하다 조르기 당해서 뇌사상태에 빠졌습니다. 己巳대운이 오면 午火, 未土의 地藏干이 透干하여 강력한 火土의 기세가 작용하기에 壬水에게 좋을 것은 없습니다. 또 己巳는 사주원국 年과 동일하고 未月이기에 달갑지 않습니다. 또 午火와 未土가 합하면서 일지 辰土에 있던 癸水까지 증발합니다. 水氣가 간절히 필요한 구조에서 辰의 地藏干 癸水가 숨어있는데 天煞 辰土가 午未 合 사이에서 夾字로 말라갑니다. 이런 상태에서 戊子년이 오면 巳中 戊土와 일지 辰中 戊土가 透干해서 반드시 지켜야할 水氣가 천간에 노출되어 흉합니다. 특히 巳火도 함께 동해서 辰土에서 드러난 癸水를 증발시키고 壬水 일간에게 戊土 偏官은 불편합니다. 己巳와 戊土로 조합하면 壬水가 증발하면서 무기력해집니다. 체육활동을 깡으로 하는 이유는 偏官의 특징 때문입니다. 원래의 물형을 유지하지 못하게 만드는 偏官을 적절하게 활용하는 행위가 육체단련입니다. 흉하게 활용하면 깡패, 조폭, 폭력적 성향으로 변합니다. 戊子년의 子水는 六害인데 문제는 壬水가 사주원국에서 무기력한 상태였는데 子水를 만나 기운이 넘친다고 착각합니다.

사주원국대로 일간 壬水는 악으로 깡으로 살면 문제가 없는데 子水가 들어오면 壬子를 활용해서 사주전체에 水氣를 공급하려고 무리한 행동을 합니다. 戊午월에 子水가 증발하고 戊戊己로 壬水조차 증발합니다. 乙巳일에 辰中 乙木, 未中 乙木이 반응하면서 장애를 암시합니다. 사주원국 未土와 辰土의 문제가 천간에 노출되고 辛金이 乙木을 沖하고 辛戊乙 三字로 조합하자 뇌에 이상이 오거나 정신이상이 생기거나 乙木 물상대로 연결부위에 문제가 생기거나 乙木 피의 흐름이 한순간 막히면서 뇌사 상태가 되었습니다.

坤命				陰/平 1962년 7월 15일 16:00								
時	日	月	年	82	72	62	52	42	32	22	12	2
壬申	甲申	戊申	壬寅	己亥	庚子	辛丑	壬寅	癸卯	甲辰	乙巳	丙午	丁未

己丑년 48세, 3월에 상담한 내용입니다. 乙巳대운과 甲辰대운

교접기 32세 癸酉년에 구포 열차사고로 뇌수술을 받았고 인생이 엉망이 되었습니다. 결혼도 못하고 부모를 모시고 마사지 업에 종사하는데 매우 힘듭니다. 乙巳, 甲辰대운 모두 관련이 있는데 甲이 오면 년지 寅木이 반응해서 寅申 沖으로 심하게 상합니다. 乙巳도 寅巳 刑으로 寅木이 상합니다.

특히 甲日이 年支에 寅이 있기에 生氣가 연결되고 강한 申金에 沖으로 육체가 상하지만 사망에 이르지 않았던 이유는 두 개의 壬水가 있기 때문입니다. 癸酉년에는 사주원국에 없는 癸水가 들어왔습니다. 사실 壬申년에도 寅申 沖이 반응하지만 문제가 없었던 이유는 사주원국에 정해진 寅申 沖이 반응하려면 甲이나 庚이 천간에 透干해야 합니다. 癸酉년에 천간에서 癸甲戊 三字로 조합하고 地支에서 寅酉로 피의 흐름이 막히자 뇌수술을 했습니다. 사주팔자에는 사망하는 시점이 결정되어 있는데 사주원국에서 壬寅과 壬申으로 사망할 정도는 아니기에 목숨을 유지하였습니다. 우주어미와 같은 癸水가 인구 수 만큼을 통제하는데 어떻게 그토록 정확하게 다스리는지 신비로울 따름입니다.

坤命				陰/平 1972년 1월 22일 20:00							
時	日	月	年	81	71	61	51	41	31	21	11	1
庚戌	丁酉	癸卯	壬子	甲午	乙未	丙申	丁酉	戊戌	己亥	庚子	辛丑	壬寅

癸卯와 丁酉로 卯酉 沖하기에 卯木 六害가 심하게 상합니다. 丁火가 酉金을 자극하고 卯木을 沖하는 흐름입니다. 丁癸壬 三字로 교통사고 물상입니다. 庚子대운에 이르면 酉金의 地藏干 庚金이 透干하여 卯酉 沖, 酉子 破하고 地支에서 子卯 刑하려

는 겁니다. 2000년 29세 庚辰년에는 辰酉로 조합하여 교통사고를 암시하고 乙酉월에 卯木과 辰土의 地藏干 乙木이 透干하여 卯酉 沖이 발생하고 辛卯일에 교통사고로 두 다리를 절단했습니다. 운명은 정해진 시간표대로 일정시점에 물형을 확정합니다. 사주팔자에 정해진 神의 의지를 실천하는 과정에 정확하게 반응하는 사례도 있고 사주팔자에 결정된 시간이 아님에도 사건이 발생하는 사례도 많습니다. 사주팔자에 없는데 사주원국과 반응하고 물형을 결정하는 원리도 확장해서 밝혀야 합니다. 이 사주사례는 정확하게 반응하였는데 庚子대운에 酉金의 시간이 도래하여 卯酉 沖의 의지를 드러내고 子卯 刑으로 사주원국에서 六害 卯木을 刑하기에 生氣가 상해서 문제입니다. 천간에서 丁癸壬 三字로 교통사고 물상이고 庚辰년에 庚子대운에서 암시하는 庚金이 세운에서 물상을 결정합니다. 乙酉월에 卯木과 辰土의 지장간 乙木이 투간하여 沖당한 사실을 알려줍니다. 辛卯일에 乙酉월 酉金의 地藏干 辛金이 透干하여 卯木이 沖 당하자 다리가 상했습니다.

乾命				陰/平 1958년 2월 26일 06:00								
時	日	月	年	87	77	67	57	47	37	27	17	7
辛	辛	丙	戊	乙	甲	癸	壬	辛	庚	己	戊	丁
卯	酉	辰	戌	丑	子	亥	戌	酉	申	未	午	巳

년과 월에서 戊戌, 丙辰으로 조합했습니다. 일간 辛金을 기준으로 년과 월에서 官印相生으로 좋다고 주장해도 의미가 없습니다. 辰月에 水氣가 전혀 없는데 辰戌 沖으로 더욱 마르고 불안정하며 辰酉 合으로 辰中 乙木을 묶어 답답한데 卯酉 沖까지 있기에 사주원국 生氣들이 심하게 상합니다. 대운도 丁巳, 戊

午, 己未로 水氣가 마릅니다. 庚申대운에 일지 酉金의 地藏干이 透干하고 宮位의 연령은 38세에서 45세 사이로 卯酉 沖하고 辰酉 合으로 교통사고 물상을 만들어냅니다. 43세 庚辰년에 대운에서 암시했던 卯酉 沖이 발현되고 辰酉 合으로 辰土 속 乙木이 심하게 상합니다. 또 辰戌 沖하고 辰酉 合하기에 地支가 몽땅 동하면서 生氣 卯木을 잘라버립니다. 가난해서 결혼도 못해서 자살한 농촌 총각이라고 합니다. 나중에 환생하면 그 억울함을 사주팔자에 드러내고 업보를 풀어야 합니다. 신살을 감안하면 죽음을 상징하는 六害 辛酉가 많습니다.

乾命				陰/平 1976년 6월 25일 02:00								
時	日	月	年	86	76	66	56	46	36	26	16	6
乙	甲	乙	丙	甲	癸	壬	辛	庚	己	戊	丁	丙
丑	戌	未	辰	辰	卯	寅	丑	子	亥	戌	酉	申

乙未月의 乙木은 육해요, 未土는 천살인데 時干에도 乙木 육해가 있으며 戌未 刑하고 丑未 沖하기에 사주원국이 어지럽습니다. 戊戌대운 34세 己丑년에 자살했습니다. 戊戌 대운에는 辰戌 沖하려는 의지가 명확하지만 辰戌 沖 사이에 未가 夾字로 끼어 있는데 천살입니다. 己丑년에 未土와 丑土의 地藏干 己土가 透干했기에 丑未 沖하면 천간에 있는 乙木육해가 불안정해집니다. 戊戌대운과 己丑년에 辰戌丑未가 모두 동하면서 지진이 난 것처럼 불안정해지고 丁卯 月에 戌未의 地藏干 丁火가 透干하자 모두 요동치는 시기에 자살했습니다.

坤命				陰/平 1969년 9월 26일 02:00							
時	日	月	年	81	71	61	51	41	31	21	11	1
乙丑	甲申	甲戌	己酉	癸未	壬午	辛巳	庚辰	己卯	戊寅	丁丑	丙子	乙亥

乙甲甲己로 육체를 활용하여 己土를 다툽니다. 甲申의 申金이 乙木이 소유하고 있는 丑土의 땅으로 들어간 후 丑戌 刑하는 과정에 申金이 夾字로 비틀립니다. 申酉戌로 殺氣가 강해서 甲乙 生氣를 자르려고 합니다. 殺氣가 강한 사람들은 生氣를 함부로 다루고 우습게봅니다. 심하면 사람들을 상해할 수 있습니다. 丁丑대운에 戌월의 地藏干 丁火가 透干하고 두 개의 丑土가 戌土를 刑하기에 재물창고 戌土가 도둑들에게 털립니다. 이것이 정축대운의 가장 큰 사건입니다. 己巳년에 이르면 대운에서 암시하는 문제가 드러나는데 丑土의 地藏干 己土가 透干하여 戌土를 刑하자 도둑, 강도 행위로 교도소에 들어가 4년을 보냈습니다. 천간을 살피면, 己巳대운의 己土는 년간 己土와 동일하기에 사주원국 천간 구조대로 乙甲甲 년지 酉金의 三合을 벗어난 저승사자들이 己土를 경쟁적으로 탐하기에 불법을 저질렀습니다. 戌土의 地藏干 丁火가 투간하면 흉한 사례를 더 보겠습니다.

乾命				陰/平 1946년 2월 27일 02:00							
時	日	月	年	82	72	62	52	42	32	22	12	2
癸丑	癸卯	辛卯	丙戌	庚子	己亥	戊戌	丁酉	丙申	乙未	甲午	癸巳	壬辰

일시에서 卯丑이 조합하였습니다. 사주원국에 卯丑이 있거나 卯木이 있는데 丑土 혹은 丑土가 있는데 卯木이 운에서 들어오면 卯木에게 불편한 상황이 발생합니다. 만약 정신을 추구하면 종교, 명리, 철학, 무속과 연결됩니다. 卯丑 외에도 丑卯卯로 쌍복음이며 卯戌로 두 번 合합니다. 또 년과 시에서 丑戌 刑이 반응하기에 卯木 두개가 夾字로 비틀립니다. 天干 년과 월에서 丙辛 合하고 있기에 사주원국에 결정된 숙명들은 운에서 반응하고 물형을 결정합니다. 丁酉대운에 이르면 戌土의 地藏干 丁火가 透干하여 사주원국 구조대로 반응하는데 바로 卯戌 合하고 丑戌 刑하는 겁니다. 丁火가 오면 丁火를 살필 것이 아니라 地支의 地藏干 丁火가 무슨 행위를 하는지를 살펴야 합니다.

이 사주도 독특한 구조가 있는데 卯丑, 卯卯戌, 그리고 천간 丙火입니다. 丁酉대운에 이르면 丙火와 丁火가 혼잡하기에 丙火에서 丁火로 대체되거나 丙丁이 갈등합니다. 地支 戌土가 하는 행위는 丙火를 墓地에 담고 卯戌 合하고 丑戌 刑합니다. 53세이기에 宮位를 감안하면 卯戌 合, 丑戌 刑이 발생하는 시기에 이르렀고 丁酉대운의 地支 酉金이 卯木을 沖하기에 상할 가능성이 매우 높습니다. 물론 酉金이 沖한다고 바로 문제가 발생하는 것이 아니며 반드시 天干에 透干해야 실현됩니다. 이 사주는 丁酉대운 53세에 戊寅년에 부인이 사망했습니다. 세운에서 戌土의 地藏干 戊土가 透干하여 卯戌 合, 丑戌 刑하자 夾字로 끼어있는 卯木 배우자가 53세에 사망한 것입니다. 다음 章에서 天煞에 대해서 자세히 살펴보겠지만 戌年을 기준으로 丑土는 天煞인데 卯丑으로 조합하자 卯木이 더욱 흉했습니다. 丁酉대운 壬午년에 지방 선거에서 15표로 낙선했습니다. 丁酉대운 壬午년에는 두 가지를 살펴야 합니다. 천간에서 丁壬癸 三字로 조합하였고 壬水가 丙辛 合을 깨는 해였습니다. 유사한 사례를 보겠습니다.

乾命				陰/平 1946년 8월 9일 02:00								
時	日	月	年	81	71	61	51	41	31	21	11	1
己	辛	丙	丙	乙	甲	癸	壬	辛	庚	己	戊	丁
丑	巳	申	戌	巳	辰	卯	寅	丑	子	亥	戌	酉

丑戌 刑 사이에 夾字로 끼어있는 구조를 하나 더 살펴보겠습니다. 천간에서 두 번 丙辛 합합니다. 지지에서 巳申 합하고 巳火가 戌토 墓地에 들어가며 丑戌 刑하기에 夾字로 끼어있는 巳申이 비틀립니다. 壬寅대운에 가장 뚜렷한 변화는 壬水가 丙辛 합을 沖하기에 丙火 빛이 어둠 속으로 사라집니다. 地支에서도 사주원국에 없던 寅木이 들어오자 날카로운 金氣들이 寅木을 공격하는데 寅巳申 三刑으로 심각합니다. 壬水는 申金의 地藏干 壬水가 透干하였기에 巳申으로 합하려는 의지가 동합니다. 즉, 申金의 시간이 도래하자 사주원국 申金의 좌우에 있는 巳火, 丙火들이 申金의 부피를 확장하겠다고 달려듭니다.

이런 상황에서 己丑년에 이르면 사주원국 時柱 己丑이 어떤 행위를 하는지 살펴야 합니다. 천간 己土는 특별한 행위를 하지 않지만 地支 丑土는 巳丑으로 합하고 申金을 墓地에 담고 년간 戌土와 刑하기에 夾字로 끼어있는 巳申이 찌그러집니다. 특히 丑土는 天煞이기에 흉이 더합니다. 丙子월에 사주원국 천간 丙火가 반응하고 地支에서 巳火의 地藏干 丙火가 透干하여 丑戌 刑하는 과정에 巳申 合으로 비틀리던 丙火가 문제가 발생했음을 알리자 부도로 전 재산을 날렸습니다. 己丑년에 사주원국 己丑의 時間이 도래하여 사주원국 구조대로 반응합니다. 대운과 세운을 종합하면 丙辛 합이 壬水에 충당하고 寅巳申 三刑으로 불안정한데 己丑년에 丑戌 刑으로 巳申이 夾字로 비틀리다가

丙子월에 巳火의 시간이 반응해서 夾字로 비틀리는 상황을 증명합니다. 刑沖破害와 合이 발생할 때는 반드시 夾字로 끼어있는 글자가 있는지, 있다면 어떤 상황인지를 종합해서 살펴야 합니다.

사주팔자 원국에서 水氣의 중요성
壬癸가 午月이나 未月을 만나면 힘들어집니다. 午火의 地藏干에 丙火, 己土, 丁火가 水氣를 증발시키지만 巳火는 地藏干에 庚金이 있기에 크게 다릅니다. 午火에는 丙丁뿐이기에 庚辛의 도움도 받지 못하고 불편합니다. 癸水가 午月, 未月을 만나면 매우 불편하다고 강조했습니다. 癸水도 壬水도 午未月에 정신이 불안정해지거나 건강이 좋지 않습니다. 이해하기 어려운 이치는 壬午, 癸未일 때 庚辛으로 火氣를 수렴하면 매우 좋지만 壬癸나 亥子로 壬癸의 무기력함을 보충하면 불편한 경우가 대부분입니다.

乾命				陰/平 1949년 6월 7일 08:00							
時	日	月	年	89	79	69	59	49	39	29	19	9
丙辰	癸巳	庚午	己丑	辛酉	壬戌	癸亥	甲子	乙丑	丙寅	丁卯	戊辰	己巳

午月에 巳火, 丙辰까지 있기에 癸水가 증발하는 상황입니다. 戊辰대운에 戊癸 合으로 癸水가 더욱 불편하고 답답한 상황입니다. 비록 庚金이 월에 있어도 癸水에 물탱크를 제공하는 상황이 좋지 않으며 戊土가 오면 癸水가 불편한 것은 분명합니다. 壬水와 戊土가 조합하는 것과 많이 다릅니다. 午月에 丁火가 수렴운동을 시작하기에 癸水는 발산에너지를 활용하는 가치를 상실하

면서 쓰임이 사라집니다. 午月 癸水로 태어나면 타향이나 해외로 떠나는 것이 좋은 이유는 午火의 地藏干 丙丁 火를 감당하기 힘들기 때문입니다. 물론 庚金이 있지만 戊土와 合하면 감당하기 어렵습니다. 十神 生剋으로 戊庚이 官印相生이라고 주장하지만 무의미 합니다. 戊辰대운의 戊土는 巳火의 地藏干과 辰土의 地藏干에서 透干하였는데 23세 당시의 상황이기에 巳火의 地藏干을 중점적으로 살피고 50대 이후라면 辰土의 地藏干 戊土를 중점적으로 살펴야 합니다. 癸水가 午月을 만났고 巳火의 地藏干 戊土까지 透干하면 더욱 무기력해집니다. 辛亥년이 오면 년지 丑土의 地藏干 辛金이 반응했습니다. 丑土가 午丑 탕화로 작용하고 巳丑 丑辰 破하는데 辰土는 天煞입니다. 핵심은, 사주원국에서 午月을 만난 癸水이고 戊辰대운에 巳火가 반응하여 더욱 증발하고 丙火까지 있으며 地支에서 丑辰이 반응하는데 辛金이 천간에 드러나 酉丑辰 三字로 반응합니다.

巳丑辰 조합도 酉丑辰 조합 물상과 유사한 반응을 드러냅니다. 辛亥년에 丑土가 반응하여 巳丑辰, 酉丑辰이 조합하고 午丑으로 탕화가 발동하자 갑작스런 사건, 사고를 암시합니다. 酉丑辰 三字조합은 교통사고, 임플란트, 폭발적인 재물유입, 교도소 물상이라고 했는데 午火까지 반응하자 자신의 처지를 비관하고 자살해 버렸습니다. 辛亥년은 무기력한 癸水에게 印星과 比肩으로 힘을 북돋아주는 조합임에도 오히려 자살해버린 겁니다. 이것이 바로 사주원국에 水氣가 부족할 때 수기로 보충하는 것이 불편한 이유입니다.

乾命				陰/平 1956년 5월 27일 20:00								
時	日	月	年	81	71	61	51	41	31	21	11	1
壬	癸	甲	丙	癸	壬	辛	庚	己	戊	丁	丙	乙
戌	酉	午	申	卯	寅	丑	子	亥	戌	酉	申	未

이 피디가 제시한 제주도 高씨 사주팔자라고 합니다. 60년 평생에 14년을 교도소에서 보냈다고 합니다. 정확하게 癸甲戌 三字가 조합하는 戊戌대운에 매우 힘들어졌습니다. 癸酉년에 이르면 地支의 地藏干에 癸水를 품은 공간은 없지만 日柱와 동일합니다. 따라서 癸酉가 사주원국에서 어떤 움직임을 보이는지를 살펴야 합니다. 癸水는 甲木을 향하고 또 丙火를 향합니다. 그리고 대운 戊土와 合하고 甲木이 마른 戊土의 땅을 뚫어버립니다. 이 시기에 빚보증으로 파산했습니다. 이어지는 甲戌년에도 戊土가 상하기에 아내와 이혼하였습니다. 甲木을 透干한 地支는 없고 午戌 合하는 과정에 夾字로 끼어있는 배우자 酉金이 열기에 자극받아서 壬水를 향해 튀어나가 버립니다.

이처럼 酉金이 강력한 火氣에 자극받으면 반발심이 생기고 水氣를 향하여 총알처럼 튀어나가거나 목을 공격합니다. 이제 己亥대운의 상황을 살펴보겠습니다. 午火의 地藏干 己土가 透干하였기에 午戌 合하는 과정에 酉金을 자극합니다. 地支 亥水와 壬水의 행위를 살펴보면 癸水와 壬水와 세력을 형성해서 甲木에게 水氣를 전달해서 자신의 의지를 드러내려고 합니다. 十神으로 傷官의 성정을 휘둘러 일탈, 불법, 비리를 저지를 수 있는 운입니다. 丁丑년에 이르면 丁火는 午중 丁火, 戌중 丁火가 透干하여 午戌 合하는 과정에 酉金이 더욱 자극받습니다. 또 午丑 탕화작용으로 갑작스런 사건, 사고가 발생할 수 있습니다. 癸水

가 丙申년 甲午월에 태어나 정신적으로 불안정한데 己亥대운의 亥水는 壬水가 반응하는 것 외에도 地支에서 어떤 반응을 하는지 살펴야 10년 동안의 세운에서 어떤 일들이 발생하는지 분석해낼 수 있습니다. 亥水가 申亥, 午亥 合, 酉亥, 戌亥로 조합하다 매년 透干하는 방식으로 물형을 결정합니다. 다만 이 구조도 癸水가 증발하는 상황에서 水氣를 보충하면 오히려 고집스러워지고 문제가 발생함을 이해해야 합니다. 甲申년이 오면 月干 甲木의 작용이 발현되기에 관재구설이 발생하고 또 대운 亥水가 午火와 合하고 있다가 地藏干 甲木이 透干하자 누명으로 교도소에서 7년을 살았다고 합니다. 결국 壬水와 癸水가 地支에서 午火를 다투는 문제가 己亥대운 甲申년에 반응한 것입니다.

정리하면, 己亥대운 亥水는 두 가지 상황을 모두 살펴야 하는데, 첫째, 壬水가 亥水로 내려온 것이기에 壬水의 작용을 살피고 또 亥水가 4개의 地支와 조합하다가 10년의 세운에서 상응하는 물상으로 반응합니다. 특히 午亥 암합 작용이 가장 뚜렷하기에 地藏干이 透干 하는 세운을 살펴야 합니다. 또 申酉는 火氣에 자극받고 있다가 亥水에 풀어지려고 달려듭니다. 그 宮位는 年支와 日支로 궁위에 해당하는 물상들이 세운에서 발생합니다. 따라서 甲申년에는 亥의 地藏干 甲木이 透干하여 壬水와 癸水가 午火를 다투고 결국 문제가 발생하고 교도소에 들어갔습니다.

坤命				陰/平 1956년 5월 27일 20:00								
時	日	月	年	90	80	70	60	50	40	30	20	10
壬戌	癸酉	甲午	丙申	乙酉	丙戌	丁亥	戊子	己丑	庚寅	辛卯	壬辰	癸巳

동일한 사주인데 여자입니다. 辛卯대운 32세 丁卯년에 심장병으로 사망했습니다. 화병의 원인은 남편 때문이라고 합니다. 癸水가 丙申년 甲午월을 만나 증발하자 위의 남자는 교도소에서 오랜 세월을 낭비했고 이 여인은 단명했습니다. 癸水가 午火에 증발하는데 辛卯대운이 오면 일지 酉金의 地藏干 辛金이 透干하였기에 酉金이 무슨 행위를 하는지 살펴야 합니다. 午火에 자극 받아서 癸水와 壬水를 향해서 튀어갑니다. 대운 地支 卯木은 卯戌 合, 卯酉 沖, 午酉 破, 申卯 암합합니다. 특히 卯木은 申年을 기준으로 육해이기에 사망을 암시합니다. 卯木의 문제는 결국 세운에서 반응하면 生氣가 상할 수 있음을 암시합니다. 丁卯년에 이르면 午火의 地藏干 丁火, 戌土의 地藏干 丁火가 透干하였기에 午戌이 일지 夾字 酉金에 열을 가하고 丁火가 데리고 온 卯木이 4개의 地支와 반응하기에 生氣가 상할 것임을 암시합니다.

사주원국 대운, 세운의 天干과 地支의 반응순서를 잘 이해해야 합니다. 먼저 辛金이 반응하고 이어서 卯木이 반응하는데 辛金이 대략 5년, 卯木이 대략 5년의 대운에 영향력을 행사합니다. 辛卯대운이 29세부터 시작하였는데 32세에 사망했습니다. 대운 辛金은 酉金과 戌土의 地藏干이 透干하였고 세운 丁火는 午火, 戌土의 地藏干이 透干하였기에 일지 酉金이 강력한 火氣에 뜨거워지기에 반드시 壬水를 향하여 총알처럼 튀어나갑니다. 이런 움직임으로 이혼, 가출, 사별과 같은 물상을 만들어냅니다. 또 다른 문제는 酉金의 地藏干 辛金은 壬水를 향하는 것 외에도 년간 丙火와 丙辛 合하여 사라집니다. 따라서 나 혹은 배우자가 일지를 지키지 못하고 멀어져가는 겁니다. 주의할 점은, 卯木의 地藏干은 甲乙이 모두 透干하지만 천간 甲乙은 다릅니다. 甲木은 地支에 寅木, 乙木은 地支에 卯木으로만 내려옵니다. 이처럼 地支에서 透干하는 것과 天干에서 地支로 내려오는 것은 동일하지 않음을 이해해야 합니다.

乾命			
時	日	月	年
壬戌	癸巳	乙未	丙戌

癸水가 未月을 만나 불안정한데 乙木도 未月에 시들합니다. 아무리 성장하려고 노력해도 불가능합니다. 丙戌년 乙未월에 巳戌까지 있기에 癸水가 지극히 산만합니다. 壬癸는 영혼을 상징하지만 巳午未에서 증발하면 정신을 못 차립니다. 40이 넘었어도 결혼도 못하고 떠돌이 생활하는데 몸이 아파 직장도 다니지 못합니다.

坤命				陰/平 1988년 5월 18일 08:00								
時	日	月	年	89	79	69	59	49	39	29	19	9
甲辰	丁巳	戊午	戊辰	己酉	庚戌	辛亥	壬子	癸丑	甲寅	乙卯	丙辰	丁巳

22세 丙辰대운 己丑년에 가출하였습니다. 丁火는 기본적으로 甲木을 만나야 존재가치를 높이는데 년과 월에 없습니다. 時干에 甲木이 있기에 그 宮位에 이르면 甲木을 활용할 수 있기에 중년에 철이 들거나 갑자기 가치를 높이는 사주입니다. 午月에 필요한 壬水도 없고 육체를 활용하는 戊午, 丁巳만 가득합니다. 대운도 丙辰으로 적극적으로 육체를 활용하고 친구들과 세력을 형성하는 시기인데 문제는 辰年을 기준으로 申子辰 三合을 벗어나 일탈을 상징하는 巳午未, 丙丁이 가득합니다. 또 다른 특징은 辰土와 丑土의 地藏干에는 癸水가 있는데 영혼을 상징하는데 辰辰 自刑으로 흉하고 술집, 화류계로 빠지거나 불법을 저지르고 남녀관계가 복잡한 이유는 癸水가 증발하면서 생각이나 행실이 비정상적이기 때문입니다. 사주원국에 없으면 문제가 발생하지 않지만 辰丑 破로 癸水에 파동이 생기면 비정상적인 경우가 많습니다. 地藏干 癸水를 품은 地支는 子丑辰으로 씨종자 酉金을 풀어내기에 전생의 업보를 품고 있습니다.

이런 이유로 子水, 丑土, 辰土가 불안정해지면 정신에 문제가 발생할 수 있는 것입니다. 申子辰 三合도 金氣를 亥子丑에서 풀어내고 寅卯辰을 생산하는 과정이 모두 어둠 속에서 이루어지기에 음습하고 비밀스러우며 사적이고 공명정대하지 않습니다. 조폭, 깍두기, 범죄, 비리, 방탕 등으로 子丑辰을 잘못 활용하면 발생하는 물상들입니다. 酉丑辰 三字조합에서 한탕을 노리고 불법을 저지르는 이유입니다. 丑土의 도둑, 음습, 강도, 뇌물수수, 불법비리 속성을 가진 글자입니다. 子丑辰에는 탁해진 영혼이 있기에 문제를 일으키는 사주사례가 많습니다. 이 여인은 丙辰대운에 戊辰 甲辰 丙辰으로 辰辰이 겹치면서 탁해지고 수많은 火氣에 癸水가 증발되면서 가출하였습니다.

乾命			
時	日	月	年
己丑	丙辰	辛丑	丙子

陰/平 1936년 12월 17일 02:00								
82	72	62	52	42	32	22	12	2
庚戌	己酉	戊申	丁未	丙午	乙巳	甲辰	癸卯	壬寅

사주원국에 子丑辰이 모두 있는데 특히 丑辰은 교통사고 물상 조합입니다. 丁未대운에 사주원국에 없는 丁火가 왔는데 子年을 기준으로 丁火는 재살, 未土는 천살이며 일간 丙火까지 감안하면 三合을 벗어난 저승사자들(겁살, 재살, 천살)이 집합하는 대운이었습니다. 未土 天煞은 사주구조에 따라서 예측 불가한 사건, 사고를 암시하는데 사주원국 地支와 子未, 丑未 沖, 辰未로 조합하다가 癸酉년에 酉丑辰 三字가 뚜렷하게 조합하자 교통사고로 사망했습니다. 다만, 표면적으로는 보이지 않는 작용이 바로 未土 天煞이 모든 宮位와 반응해서 불안정해졌습니다. 또 癸년은 모든 地支의 地藏干 癸水가 透干하여 지진이 발생하듯 불안정한 해였습니다. 酉丑辰 三字 조합 물상은 교통사고, 돈벼락, 교도소, 치아문제, 임플란트 등의 물상인데 교통사고로 사망했습니다.

坤命			
時	日	月	年
壬申	己丑	丙戌	乙丑

陰/平 1925년 9월 15일 16:00								
82	72	62	52	42	32	22	12	2
乙未	甲午	癸巳	壬辰	辛卯	庚寅	己丑	戊子	丁亥

사주원국 월지 戌土가 양쪽에서 丑戌로 상하고 있다가 壬辰대운, 乙丑년에 이르렀습니다. 壬辰대운은 申金의 地藏干 壬水가

透干하였고 辰土는 辰丑戌로 반응합니다. 乙丑년에 남편이 사망한 이유를 살펴보겠습니다. 乙木은 사주원국 년간에 있는 乙木의 시간이 도래하였고 丑土는 년지와 일지의 丑土가 중첩하는 해였습니다. 또 壬辰대운 辰土의 地藏干 乙木이 透干하여 辰戌丑 4개 地支가 어지럽게 충돌하는 시간이 도래하였음을 알립니다. 乙木이 透干하자 배우자가 사망한 이유는 무엇일까요? 배우자를 분석하는 원칙에 따라 일지 丑土 배우자와 동일한 오행이 4개나 있으며 년지 丑土와는 복음입니다. 또 년간 乙木은 十神으로 남편을 상징하지만 가까이 하기 어려운 궁위입니다. 남편 乙木은 일지 丑土의 얼어붙은 땅을 꺼리기에 안방에 들어와 머무는 것을 싫어합니다. 사주원국의 문제들 때문에 乙丑년에 남편이 사망하였습니다. 癸巳대운에 이르면 丑土의 地藏干 癸水가 透干합니다. 따라서 年支와 日支가 사주원국 구조대로 양쪽에서 戌土를 刑하기 시작합니다. 戊辰년에 이르자 戌의 地藏干 戊土가 透干하여 대운과 세운에서 정확하게 丑戌 刑이 반응하고 辰土까지 가세하여 辰丑 破와 酉丑辰 三字와 유사한 巳丑辰 三字가 조합하자 교통사고로 차가 뒤집혀 거의 사망까지 갔지만 다행하게도 두 달 후에 걸을 수 있게 되었습니다. 神煞을 감안하면 壬辰대운의 辰土는 天煞로 남편이 사망했고 戊辰년의 辰土도 天煞이기에 자신이 교통사고를 당했습니다.

乾命				陰/平 1975년 11월 6일 10:00								
時	日	月	年	81	71	61	51	41	31	21	11	0
丁巳	戊子	戊子	乙卯	己卯	庚辰	辛巳	壬午	癸未	甲申	乙酉	丙戌	丁亥

乙酉대운 辛巳년 11월 당시의 상황입니다. 결혼 3년차인데 남

편은 술을 마시면 정신이상이 됩니다. 결혼 한 달도 지나지 않아서 구타를 시작했는데 팔을 부러뜨려 깁스한 상태에서도 구타할 정도입니다. 사주원국 구조는 戊子로 복음이요 子卯 刑을 두 번 하므로 한 번의 결혼으로 끝날 구조는 아닙니다. 乙酉대운은 年의 天干과 地支에서 반응하자 사주원국 구조대로 子卯 刑이 두 번 발생합니다. 문제는 대운의 地支 酉金때문에 乙卯와 乙酉가 天干은 복음이고 地支는 沖하기에 배합이 좋지 않습니다. 卯木 生氣가 상할 뿐만 아니라 酉金이 子水에 풀어지는 과정에 정신적으로 문제가 발생합니다. 씨종자 酉金이 子卯酉로 복잡하게 반응하면 정신병과 같은 증상을 보입니다. 특히 卯木이 상하면 丁巳로 가는 피의 흐름이 막히기에 심장마비, 뇌출혈, 정신질환 물상을 드러냅니다. 辛巳년에 이르면 대운의 地支 酉金의 地藏干 辛金이 透干하기에 卯酉 沖하고 酉子 破하는 문제가 발생합니다. 또 天干에서는 辛戊乙 三字로 殺氣가 강해지자 구타의 정도가 신장을 망가뜨려 수술할 지경입니다. 참고로 부인의 사주팔자는 丙辰년, 壬辰월, 甲午일, 乙亥 시로 己丑대운 당시의 상황입니다. 甲午와 己丑이 合하고 탕화작용으로 남편 午火가 견디기 힘든 대운임은 분명합니다. 午丑으로 조합하면 갑작스런 사건, 사고가 발생하는 사례가 많습니다.

坤命				陰/平 1970년 7월 5일 10:00								
時	日	月	年	90	80	70	60	50	40	30	20	10
丁	戊	癸	庚	甲	乙	丙	丁	戊	己	庚	辛	壬
巳	午	未	戌	戌	亥	子	丑	寅	卯	辰	巳	午

사주원국에서 癸水의 상황이 불편합니다. 巳午未 강력한 火氣에 증발하기에 정신을 상징하는 癸水가 불안정하고 戌未로 火氣를

증폭시키기에 더욱 불편합니다. 辛巳대운에 이르면 戌의 地藏干 辛金이 透干하여 사주원국 구조대로 巳午 火氣를 담은 후 戌未 刑합니다. 또 辛金은 강렬한 火氣를 품어서 매우 뜨거운 상태인데 癸水를 만나면 열기를 해소하고자 총알처럼 튀어갑니다. 바로 위에서 살폈던 酉子 破 물상처럼 술을 마시면 정신병자처럼 변하듯 이 여인은 씨종자 辛金을 癸水에 풀어내 生氣를 퍼트리려는 강력한 성욕을 느끼기에 화류계에 종사합니다.

坤命				陰/平 1971년 6월 22일 18:00							
時	日	月	年	89	79	69	59	49	39	29	19	9
癸	己	丙	辛	乙	甲	癸	壬	辛	庚	己	戊	丁
酉	巳	申	亥	巳	辰	卯	寅	丑	子	亥	戌	酉

이 구조는 특별해 보이지 않지만 亥水와 癸水가 수많은 金氣들을 풀어내고 있습니다. 戊戌대운에 이르면 戊癸 合하기에 상대적으로 火氣가 증가하면서 수많은 金氣들은 유일한 탈출구 亥水를 향하는 욕망이 급상승하기에 강렬한 성욕이 동합니다. 月支 時空으로 살피면, 申月에 丙, 巳가 열매를 익히기에 水氣를 적절하게 배합해야 하는데 마침 癸水와 亥水가 있기에 충분합니다. 戊戌대운에 戊癸 合으로 癸水가 金氣를 풀어내는 역할을 하지 못하자 다급해진 씨종자들은 너도나도 亥水를 향해 튀어갑니다. 神煞로 살피면 亥年을 기준으로 亥卯未 三合을 벗어난 申酉戌이 가득하기에 일반인들은 감히 실행하지 못하는 일들을 과감하게 저지르기에 화류계에 종사합니다. 이처럼 火氣를 가득 품은 金氣들은 뜨거움을 해소할 水氣를 만나지 못하면 난동을 부리는데 유일한 탈출구는 亥水뿐이기에 너도 나도 亥水를 향해 돌진하는 과정에 발현되는 물상은 바로 강력한 성욕입니다.

坤命			
時	日	月	年
辛巳	乙丑	甲子	戊午

午年을 기준으로 時干 辛金이 六害이자 偏官이고 子丑은 寅午戌 三合을 벗어났기에 육해와 겁살, 재살, 천살이 많은 여성들은 방탕속성이 강해서 화류계에 많습니다.

坤命			
時	日	月	年
丁卯	戊申	丁卯	甲子

子年을 기준으로 육해 卯木이 많고 혼잡하였으며 子卯 刑하는데 卯木은 남자를 상징하는 官星입니다. 또 子年을 기준으로 三合을 벗어난 丁火는 災煞로 과감하게 일탈을 감행하기에 화류계에 빠집니다.

坤命			
時	日	月	年
己酉	丁酉	戊申	壬辰

대운이 丁未, 丙午로 흐르면 수많은 金氣들이 열기에 자극받아서 년간 壬水를 향해 총알처럼 튀어갑니다. 이런 움직임으로 발

현되는 물상을 분석하려면 宮位와 時間방향을 살펴야 합니다.
갑자기 육체가 뜨거워지면서 성욕이 강해지거나 씨종자 申金이
壬水에 부풀리면서 갑자기 돈벼락을 맞거나 총명해집니다. 이
여인은 丙午대운을 만나자 육체가 강해지고 시기, 질투가 발동
하고 강력한 火氣에 자극받은 金氣들이 壬水를 향해 총알처럼
튀어가자 유부남에게 홀딱 빠져 돈을 탕진하고도 본처에게 구타
당하고 음독자살을 시도했지만 미수에 그쳤습니다. 이처럼 火氣
에 자극받은 金氣가 水氣에 빠질 때에는 독특한 반응을 보이는
데 그 중 하나가 강력한 성욕입니다.

乾命				陰/平 1956년 1월 8일 18:00								
時	日	月	年	85	75	65	55	45	35	25	15	5
丁	丙	庚	丙	己	戊	丁	丙	乙	甲	癸	壬	辛
酉	辰	寅	申	亥	戌	酉	申	未	午	巳	辰	卯

30대 중반까지 경찰로 근무하다 문제가 생겨 퇴직하고 천간에서
丁丙庚으로 물질에 대한 욕망이 강해서 甲午대운 약 10년 동안
건설, 음식 업으로 축재하였습니다. 甲午대운에는 寅중의 地藏
干 甲木이 透干하여 사주원국 구조대로 寅申 沖으로 寅月의 時
空에 필요한 壬水를 활용하였습니다. 하지만 乙未대운에 이르러
사업자금을 댔다가 완전히 망해서 집도 없으며 술에 의지하여
살아갑니다. 부인은 상당한 미인이고 처가에 의지하여 겨우 먹
고 삽니다. 乙未대운은 申年을 기준으로 사망을 상징하는 乙木
六害와 未土 天煞로 매우 불편합니다. 日支 辰土의 地藏干 乙
木이 透干하여 월간 庚金과 合하는데 이 움직임의 의미를 분석
해야 운의 길흉을 판단합니다. 자신의 내장과 같은 日支의 소유
물이 透干하여 月干과 合하는 움직임은 내가 소유했던 무언가

가 밖으로 나가버리는 것입니다. 따라서 기본적으로 "손실"을 암시하는데 여기에 그칠 것이 아니라 주위구조를 함께 살펴서 판단해야 합니다. 乙庚 合하면 일간과 동일한 五行에 해당하는 丙丁이 열매를 확장하고자 달려들기에 동업으로 재산이 흩어집니다. 사주원국의 숙명대로 丙丁이 乙庚 合하는 방식으로 재물을 추구하지만 문제는 나의 소유물이 밖으로 나갔고 여럿이 경쟁적으로 庚金을 다투기에 재산을 탕진한 것입니다. 乙未대운의 문제를 神煞로 살피면, 乙木 육해는 사망을 상징하기에 사업으로 발전하기 어려운 운이고 천살은 영혼, 저승과 같아서 물질을 탐하기 어렵습니다. 따라서 사업하기에 매우 불편한 대운입니다. 地支에서는 辰未로 한탕을 노리면서 무리하게 확장하다 부도나는 조합입니다. 다만, 일지 辰土의 가치가 높은 이유는 丙庚으로 조합하였기에 반드시 乙木이 있어야 乙丙庚 三字로 부를 축적하는데 유일하게 일지에 乙木이 있어 마르지 않는 재물의 원천을 제공합니다. 이런 이유로 재산을 탕진하고도 처가의 도움으로 살아갑니다.

정리하면, 日支의 지장간이 透干하여 천간에서 合을 이루면 그 宮位의 의미와 사주구조를 살펴서 판단합니다. 이 사주처럼 月干과 合하면 사회활동 과정에 투자하는 행위를 의미하지만 사주구조가 나쁘기에 재산을 탕진하고 말았습니다. 그렇지 않았다면 부인과 이혼하거나 사별하는 운입니다. 사주원국에서 유일무이한 가치를 가진 宮位의 地藏干이 透干할 때는 그 가치가 훼손되기에 좋을 것이 없습니다. 地支에서 아무리 복잡한 刑沖破害가 발생해도 당황할 필요가 없습니다. 대운과 세운에서 사건을 구분해주기에 어떤 地藏干이 透干하여 어떤 구조로 반응하는지를 살펴서 사건을 추론해야 합니다. 인생의 사건은 절대로 마구잡이로 뒤죽박죽 발생하는 것이 아닙니다.

乾命				陰/平 1980년 2월 26일 14:00							
時	日	月	年	88	78	68	58	48	38	28	18	8
辛未	甲寅	庚辰	庚申	己丑	戊子	丁亥	丙戌	乙酉	甲申	癸未	壬午	辛巳

壬午대운에는 申中 壬水가 透干하였기에 근본터전의 문제를 암시하고 26세 乙酉년에는 辰土와 未土의 地藏干 乙木이 透干했으며 연령을 감안하면 辰土 宮位의 乙木이 반응하는 시기입니다. 辰土에 水氣가 마른 상태에서 酉金이 辰酉 合하면 水氣가 더욱 마르고 合으로 묶인 乙木 生氣가 상하기에 辰月에 할 일을 적절하게 하지 못합니다. 18세부터 壬午대운인데 午火에 의해서 辰土의 땅이 더욱 마릅니다. 대학을 졸업하려는 상황에서 모친이 돈을 빼앗아갑니다. 辰月에 필요한 水氣를 보충하지 못하고 辰酉로 合하자 힘들어진 모친 辰土가 일간에게 손을 내밀었습니다. 보통 壬午대운에 壬水가 水氣를 보충해서 좋다고 판단하지만 사주원국에 감추어진 水氣가 천간에 노출되면 좋을 것이 없습니다. 申中 壬水, 辰土의 地藏干 癸水가 말라가기에 노출되면 지킬 수 없는데 壬水가 壬午로 노출되어 증발하기에 좋을 것이 없습니다.

乾命				陰/平 1958년 4월 21일 12:00							
時	日	月	年	90	80	70	60	50	40	30	20	10
甲午	丙辰	戊午	戊戌	丁卯	丙寅	乙丑	甲子	癸亥	壬戌	辛酉	庚申	己未

이 사주구조도 水氣가 말라가는데 유일하게 辰土의 地藏干 癸

水가 있기에 반드시 지켜야 합니다. 壬戌대운에 이르자 壬水가 천간에 노출되어 좋지 않습니다. 水氣가 노출되지 않을 때는 水氣를 상해할 수 없지만 壬水가 노출되면 모든 글자들이 서로 차지하려고 아우성치면서 壬水는 고갈됩니다. 또 戌土는 午戌로 合하고 辰土를 沖합니다. 丙戌년에 이르자 일간 丙火가 왔기에 일간이 주인공이며 丙辰과 丙戌로 天干은 동일하고 地支는 沖하기에 흉한 운입니다. 또 丙火는 午火의 地藏干 丙火가 透干하여 水氣가 마르는데 戌土가 일지 辰土와 沖하자 사업부도로 쫓기는 신세가 되었습니다. 戌土가 유일한 水氣를 품은 辰土를 沖하자 심각한 문제가 발생한 것입니다. 사주원국의 문제는 丙火는 강력한데 활용할 金氣가 없기에 사업의 효율이 높지 않습니다.

乾命				陰/平 1961년 7월 9일 12:00							
時	日	月	年	84	74	64	54	44	34	24	14	4
丁卯	甲申	丙申	辛丑	丁亥	戊子	己丑	庚寅	辛卯	壬辰	癸巳	甲午	乙未

壬辰대운의 壬水는 申金의 地藏干 壬水가 透干하였습니다. 다른 宮位에 壬水, 亥水가 전혀 없고 사주원국 구조대로 申申으로 복음이기에 두 가능성이 노출되었습니다. 첫째, 배우자 宮位의 복음으로 부부사이가 멀어지거나 직업 宮位의 복음으로 직업이 바뀝니다. 또 申申은 年支 丑土 墓地를 향하기에 일간으로부터 멀어집니다. 丙申월로 열매를 확장하고 있는데 월과 일에 있던 열매가 年支로 나가면서 멀어져갑니다. 특히 문제는 사주원국에 丙辛 合하고 있는데 壬水가 沖하기에 丙火가 申金 열매를 확장할 수 없게 되었습니다. 壬水가 데려온 辰土는 丑年을 기준으로

天煞에 해당하고 丙申월의 열매를 확장하는 움직임을 방해하기에 좋을 것이 없습니다. 壬辰대운 하반기 辰대운에 사업이 망했으며 부인도 외도하고 당사자도 외도하였습니다. 월주가 丙申으로 물질과 인연이 많아서 대기업 자재과에 근무하면서 비자금을 챙겨서 빌딩을 소유하였습니다. 甲木일간이 丁卯시를 만나면 성욕이 강해서 여성편력을 드러낸다고 하였습니다. 또 丁火의 특징대로 불법, 비리를 저지를 수 있는 성정입니다.

坤命				陰/平 1972년 10월 12일 22:00							
時	日	月	年	83	73	63	53	43	33	23	13	3
辛	壬	辛	壬	壬	癸	甲	乙	丙	丁	戊	己	庚
亥	子	亥	子	寅	卯	辰	巳	午	未	申	酉	戌

日支를 기준으로 쌍 복음구조이기에 결혼이 불안정합니다. 月干에 辛金이 있기에 수많은 水氣들에 미네랄을 풀어주지만 丁火가 없기에 가치가 높지는 않습니다. 丁未대운에 이르면 丁火가 辛金을 자극하고 壬水에 풀어지는 丁辛壬 三字조합을 활용하지만 사주원국에 없는 에너지가 들어왔기에 활용하기 불편합니다. 그 이유는 첫째, 사주원국의 숙명처럼 활용할 수 없고 둘째, 丁火가 강력한 水氣에 상하며 심각한 문제는 未土가 막힘없이 흐르던 水氣들을 막아버리면 회오리치듯 문제가 발생합니다. 특히 丁未는 재살과 천살로 三合을 벗어났기에 저승길을 걷는 것처럼 안정을 취하지 못합니다. 이 여인은 평생 언니의 도움으로 어렵게 살아가며 남자도 없습니다. 사주원국에 火氣가 전혀 없는 상태에서는 火氣가 들어와도 충돌만 일으키고 적절하게 활용하지 못합니다. 33세 甲申년에 亥의 地藏干 甲木이 透干하였는데 특별한 작용이 없는 것처럼 보이지만 未土가 亥水의 地藏干 甲木

의 성장을 방해하고 있다가 天干에 투간하여 문제가 있음을 알리는 것입니다. 특히 甲木이 甲丁으로 연결되자 피의 흐름에 문제가 생기고 중풍에 걸렸습니다. 이처럼 세운의 甲木은 마구잡이식으로 갑자기 튀어나온 것이 아니며 사주원국, 대운과 조합하여 반응하고 있다가 세운에서 튀어나와서 그 상황을 설명해주는 것입니다. 만약 사주원국과 대운의 조합이 좋으면 세운에서 좋은 일이 발생하지만 이 사주처럼 사주원국과 대운에서 불편한 상황이라면 상응하는 물상을 드러냅니다.

乾命				陰/平 1969년 12월 8일 14:00							
時	日	月	年	83	73	63	53	43	33	23	13	3
癸	乙	丁	己	戊	己	庚	辛	壬	癸	甲	乙	丙
未	未	丑	酉	辰	巳	午	未	申	酉	戌	亥	子

月支에 辰戌丑未가 있으면 순행하던, 역행하던 세 번째 대운에서 辰대운 혹은 戌대운을 만나기에 沖하거나 刑하면서 月支의 동태가 불안정해집니다. 辰戌丑未가 추가되면 더욱 불안정해지고 천살이 개입되면 더욱 흉해집니다. 酉丑 合, 丑未 沖하는데 甲戌대운을 만나자 모든 地支가 요동치고 불안정해집니다. 甲木은 사주원국에 없다가 운에서 들어와 년간 己土와 합하지만 특별한 문제는 없습니다. 하지만 戌土는 丑土, 두 개의 未土와 丑戌未 三刑을 이루기에 불안정해집니다. 丁丑년에 이르면 사주원국 未土의 地藏干 丁火가 透干하고 甲戌대운 戌土의 地藏干 丁火가 透干하였으며 丁丑으로 丑土도 끌고 왔기에 세운에서 丑戌未 三刑이 반응하여 문제가 발생할 것임을 알려줍니다. 戌未 刑 물상은 육체가 상하기에 행방불명 15일 후에 시체로 발견되었으며 사망 원인은 모른다고 합니다.

乾命				陰/平 1971년 11월 7일 14:00							
時	日	月	年	85	75	65	55	45	35	25	15	5
乙未	癸未	庚子	辛亥	辛卯	壬辰	癸巳	甲午	乙未	丙申	丁酉	戊戌	己亥

丁酉대운에 일지 未土의 地藏干 丁火가 透干하였기에 未土가 사주원국에서 무엇을 하는지 살펴야 합니다. 卯未 합하고 子未, 亥未 그리고 亥卯未 三合을 시도합니다. 문제는 子月이기에 열기를 품은 未土가 子水의 흐름을 막아서 열이 오르고 탁해지면 정신적, 물질적으로 불안정해집니다. 대운의 地支 酉金은 천간 辛金이 地支로 내려와 丁辛壬, 丁辛癸 三字로 반응하기에 하늘에서 돈벼락을 맞을 수 있는 운인데 마침 31-32세 辛巳년과 壬午년에 대운과 세운에서 명확하게 丁辛壬 三字로 조합하자 亥水, 子水의 어둡고 비밀스러운 행위를 활용하여 한탕을 노립니다.

불법 음란사이트를 운영해서 2년 만에 백억 돈벼락을 맞았습니다. 결국 未土가 子水와 접촉한 것은 불법, 비리, 행위이고 丁辛壬 三字를 활용해서 한탕을 노렸습니다. 甲申년에 이르자 측근의 배신으로 사이트가 노출되고 소송으로 수십억 대를 날렸습니다. 甲木은 卯木과 亥水의 地藏干 甲木이 透干하였는데 중간에 未土가 夾字로 끼어서 소송이 발생하였습니다. 亥水와 卯木의 地藏干 甲木이 투간해도 辛亥년 庚子월로 癸水입장에서 時節을 잃었고 丙火도 없기에 쓰임이 적절하지 않습니다. 甲申의 申金은 庚金이 반응한 것으로 癸水가 좋아하는 乙木과 합하여 답답해지고 庚辛이 乙木을 경쟁하는 상황이 발생합니다. 癸水에게 乙木은 부하인데 庚辛이 슴하고 沖하기에 부하가 고통에서 벗어나고자 정보를 노출시켜버립니다. 乙木은 癸水에게 삶의 목적과 같은데 合하고 沖하자 흉한 일이 발생했습니다. 癸酉, 乙卯와 癸卯, 辛酉로 조합하면 배우자가 사망한다고 했는데 이 구조는 癸未이기에 부하의 배신이라는 물상으로 발현되었습니다. 癸水에게 乙卯는 생명줄과 같아서 상하면 삶의 가치, 목적이 사라지는 것과 같습니다. 丁酉대운은 未土가 透干하고 甲申년에 亥水가 透干하였기에 정확하게 亥未가 조합하고 중간에 夾字로 끼어있는 子水와도 子未로 조합하자 수십억을 날렸습니다.

乾命				陰/平 1953년 7월 19일 10:00							
時	日	月	年	87	77	67	57	47	37	27	17	7
癸	辛	庚	癸	辛	壬	癸	甲	乙	丙	丁	戊	己
巳	亥	申	巳	亥	子	丑	寅	卯	辰	巳	午	未

년과 시에서 癸巳로 복음이고 辛金일간이 申月을 만나면 시절을 잃어서 쓰임이 좋지 않습니다. 다만 庚申월에 필요한 巳火가 열매를 확장하기에 辛亥입장에서는 庚申의 상황이 부럽기에 시기, 질투, 경쟁, 한탕의 욕망이 생겨납니다. 또 일지 亥水를 활용해서 庚申 열매를 확장하는 巳火를 沖하기에 년과 시의 宮位가 시끄러워집니다. 전과 4범으로 모친을 학대하고 여자관계가 문란하면 교도소를 수시로 드나듭니다. 丙辰대운에 이르면 巳火의 地藏干 丙火가 透干하여 年支 의미대로 근본적인 변화가 발생하고 시지 의미대로 개인적으로 추진하는 과정에 문제가 발생합니다. 다만, 巳火가 庚申 열매를 확장하기에 물질적으로는 일시적으로 좋을 수 있습니다. 42세 甲戌년에 이르면 일지 亥의 地藏干 甲木이 透干하여 년과 시의 巳火와 沖하겠다는 의지를 드러냅니다. 또 天干에서는 甲庚 沖하기에 일지에 문제가 발생

할 것임을 암시합니다. 마침 日支를 지나는 시기이기에 巳亥 沖하자 가정에 풍파가 발생하였습니다. 丙辰대운의 辰土는 亥水를 墓地에 담아서 흐름을 막아버리기에 답답해지고 亥水도 일지를 지키지 못하고 辰土를 향해 나가버립니다. 甲戌년에는 亥水를 담은 辰土와 沖하기에 일지가 더욱 불안정해집니다. 다만 天干에 己土가 없기에 甲己 合하고 甲庚 沖까지 하는 심각한 상황은 발생하지 않았습니다.

乾命			陰/平 1941년 1월 12일 14:00							
時	日	月	年	81	71	61	51	41	31	21	11	1
乙未	丙戌	庚寅	辛巳	辛巳	壬午	癸未	甲申	乙酉	丙戌	丁亥	戊子	己丑

丁亥대운에 은행에 입사해서 돈을 모았는데 丙戌대운을 만나면 일간 丙火가 주인공이기에 사주원국 일주의 구조대로 반응합니다. 丙火는 년간 辛金과 合하는 과정에 夾字로 끼어있는 庚金과 접촉합니다. 또 巳火의 地藏干 丙火가 透干하여 地支 구조대로 戌土 墓地를 향하는 과정에 夾字로 끼어있는 寅木과 刑하기에 水氣가 없어서 말라가는 상황에서 火氣를 증폭시키니 寅木 生氣가 상합니다. 寅月에 水氣가 간절하게 필요한데 없고 오히려 火氣가 증폭하는 운을 만나자 건강이 극도로 악화되어 퇴사했습니다. 세월이 흘러 甲申대운을 만나는 상황을 보겠습니다. 월지 寅木의 地藏干 甲木이 透干하였기에 정확하게 寅巳 刑하여 火氣가 증폭하고 寅戌로 육체가 상하는 대운입니다. 地支에서는 申金을 달고 들어왔기에 寅巳申 三刑이 확률로 존재하다가 세운에서 寅巳申 三刑과 관련된 물형을 결정할 것입니다. 丁丑년에 이르면 戌土와 未土의 地藏干 丁火가 透干하여 戌未 刑하기

에 육체가 상할 것임을 암시합니다. 하필 地支에 丑土를 달고 들어왔기에 丑戌未 三刑이 동하면서 대운과 세운에서 生氣가 심하게 상합니다. 결국 모든 地支가 三刑으로 반응하자 교통사고로 사망했습니다. 夾字가 무서운 이유로, 巳火가 戌土를 향하는 과정에 반드시 寅木을 건들기에 生氣가 상할 수밖에 없습니다. 寅月에 필요한 水氣를 己丑, 戊子, 丁亥대운에 보충하자 은행 다니면서 큰돈을 모았지만 丙戌대운에 水氣가 마르자 아픈 이유도 모르면서 백혈병처럼 무기력해졌고 甲木이 드러나자 寅巳 刑으로 사망했습니다.

乾命				陰/平 1956년 5월 2일 08:00								
時	日	月	年	89	79	69	59	49	39	29	19	9
丙	戊	甲	丙	癸	壬	辛	庚	己	戊	丁	丙	乙
辰	申	午	申	卯	寅	丑	子	亥	戌	酉	申	未

戊戌대운 43세 戊寅년에 명예퇴직하고 戌대운 己卯년 봄에 교통사고로 사망했습니다. 戊戌대운에 이르면 辰土의 地藏干 戊土 외에는 반응하는 地支가 없습니다. 戊寅년에 이르면 사주원국 辰土의 地藏干 戊土, 대운 戌土의 地藏干 戊土가 透干하기에 辰戌 沖이 반응합니다. 사주원국과 대운, 세운에서 寅午戌 三合이 월지에서 이루어지고 辰戌 沖하자 명예퇴직 하였습니다.

己卯년에 이르면 辰戌 沖, 午戌 合이 이루어진 상태에서 午의 地藏干 己土가 透干하여 甲木과 합하기에 甲木 生氣가 午月에 더욱 무기력해지기에 좋은 움직임이 아닙니다. 己土가 卯木을 데리고 왔는데 年支를 기준으로 육해입니다. 午戌과 辰土가 沖하는데 육해까지 卯午 破로 잡스러워집니다. 午戌이 辰戌 沖하는 과정에 육해가 쌍으로 묶이고 申金도 답답해집니다. 기억할 점은, 戊戌대운의 戊土와 戊寅년의 戊土는 다릅니다. 대운에서는 辰土의 地藏干이, 세운에서는 대운 戌土의 地藏干이 透干한 것이며 辰戌 沖합니다. 寅巳申亥의 地藏干 戊土의 透干을 활용하지 않는 이유는 陽氣의 터전 역할에 불과하기 때문이며 寅巳申亥의 실질적인 작용은 中氣와 正氣의 장생과 록입니다.

坤命				陰/平 1961년 12월 21일 20:00								
時	日	月	年	83	73	63	53	43	33	23	13	3
甲	甲	辛	辛	庚	己	戊	丁	丙	乙	甲	癸	壬
戌	子	丑	丑	戌	酉	申	未	午	巳	辰	卯	寅

日支 子水가 丑戌 刑 사이에 夾字로 비틀립니다. 따라서 배우자에게 문제가 발생하기 쉬운 구조입니다. 남편이 외도하는 이유는 이 여인의 사주원국 구조에 결정된 숙명 때문입니다. 日支 子水가 丑戌 刑 사이에 夾字로 비틀리기에 남편은 정서적으로 불안하고 의처증이 있고 이 여인도 심하게 외도합니다. 乙巳대운에 乙木이 반응하는 地支가 없지만 천간에서 甲乙로 육체를 강하게 활용하기에 외도하는 대운입니다. 巳火는 時支 戌土 墓地를 향해 들어가고 庚辰년에 甲木일간이 庚金 偏官의 물상대로 외도가 들통 날 수 있습니다. 특히 乙巳대운 巳火의 地藏干 庚金이 천간에 드러나서 巳戌 어둠 속에서 이루어지는 은밀한 관계가 들통 납니다. 庚金이 달고 들어온 辰土는 丑年을 기준으로 天煞에 해당하고 子水 육해와 함께 辰戌丑 등으로 복잡하게 반응하였습니다.

辰戌丑未 墓庫

명리학습 과정에 상당히 어려운 이론은 三合운동과 墓庫論으로 현재까지도 개념정립을 못해서 중구난방입니다. 辰戌丑未의 중대한 작용은 바로 墓地, 庫地의 역할입니다. 墓地는 五行의 陽氣를 담아서 꺼낼 필요가 없기에 고스란히 취하므로 재물을 상징합니다. 하지만 庫地는 陰氣를 담았기에 반드시 꺼내 재활용해야하므로 마감, 완성의 의미를 사용할 수 없고 창고처럼 일시적으로 소유하지만 꺼내 활용하기에 지키기 어렵습니다. 이것이 辰戌丑未의 핵심입니다. 일반적으로 巳戌, 辰亥, 寅未, 申丑 조합을 원진, 귀문으로 흉한 작용으로만 이해하는데 하늘에서 돈벼락을 맞을 기회를 제공하는 중요한 작용을 합니다. 기 출판한 三合과 墓庫論에 자세히 설명했기에 참고하시기 바랍니다. 墓庫의 작용은 통변과정에 매우 중요하기에 사주사례로 간략하게 정리하겠습니다.

乾命				陰/平 1887년 9월 20일 16:00							
時	日	月	年	89	79	69	59	49	39	29	19	9
壬申	甲戌	庚戌	丁亥	辛丑	壬寅	癸卯	甲辰	乙巳	丙午	丁未	戊申	己酉

丁亥년 庚戌월이기에 월지 시공이 매우 적절하고 대운도 丁未, 丙午, 乙巳로 흐르면서 戌月의 時空에서 필요한 火氣를 가득 채우기에 좋습니다. 丁未대운에 商界에 진출하여 윗사람의 도움으로 丙午대운에 거부가 되었습니다. 乙巳대운에는 엄청난 부를 축적하였습니다. 일지 戌土가 丙午, 乙巳대운에 모든 火氣를 담아서 취한 것입니다. 丁未대운과 丙午, 乙巳대운의 재물크기는 차이가 매우 큽니다. 丁火는 戌土 庫地를 만나 창고에 물건을

- 417 -

담았다 꺼내 활용하기에 재물 복이 작습니다. 戌土가 담는 재물의 크기는 五行의 陽陰뿐만 아니고 조합하는 글자에 따라서 크게 다릅니다. 예로, 寅午戌 三合과정을 시간흐름으로 살피면 寅木이 戌土와 조합하면 戌土에 담을 火氣가 생겨나기도 전이기에 戌土에 담을 火氣가 없습니다. 午火는 午戌로 合하지만 午火 陰氣를 戌土 庫地에 담아서 꺼내 활용하기에 수입과 지출이 빈번해서 재물을 지키기 어렵습니다. 하지만 火氣가 왕성한 巳火를 戌土에 담으면 墓地로써 큰 부를 축적합니다. 이것이 바로 墓地와 庫地의 차이입니다. 정리하면, 墓地는 물질을 축적하여 취하지만 庫地는 창고처럼 꺼내 활용해야 합니다. 이 사주가 엄청난 부를 축적한 이유는 丙火, 巳火 陽氣를 戌土 墓地에 담았기 때문입니다.

乾命				陰/平 1902년 1월 1일 18:00							
時	日	月	年	88	78	68	58	48	38	28	18	8
己酉	壬戌	壬寅	壬寅	辛亥	庚戌	己酉	戊申	丁未	丙午	乙巳	甲辰	癸卯

사주원국에서 寅戌로 조합하여 戌土에 담을 火氣가 없습니다. 하지만 대운이 甲辰, 乙巳, 丙午로 흐르기에 원국에 없던 강력한 火氣를 戌土에 담을 수 있었습니다. 중앙은행 총재, 재정부장에 오른 이유도 모두 일지 戌土에 강력한 火氣를 담았기 때문입니다. 丁火를 담으면 그릇이 많이 줄어듭니다. 이 사주는 년과 월에서 壬寅과 壬寅으로 월지 시공이 좋고 酉金 씨종자를 壬水에 풀어내기에 매우 총명합니다.

坤命			
時	日	月	年
壬寅	壬戌	丁巳	癸巳

일지에 戌土가 있기에 년과 월에 있는 강력한 巳巳를 끌어와 담습니다. 남편이 공무원으로 발전한 이유는 모두 강력한 火氣를 戌土에 담았기 때문입니다.

정리하면, 未土가 甲寅을 담거나, 丑土가 庚申을 담거나, 戌土가 丙巳를 담거나, 辰土가 壬亥를 담으면 엄청난 부를 축적합니다. 이것이 墓地를 활용해서 재물을 취하는 방법입니다. 예로, 亥卯未 三合은 亥子丑寅 과정을 거쳐 튼실한 寅木을 未土 墓地에 담으면 부를 축적합니다. 寅午戌 三合은 寅卯辰巳 과정을 거쳐서 튼실한 巳火를 戌土 묘지에 담으면 부를 축적합니다. 동일한 논리로 辰土는 亥水를, 丑土는 申金을 墓地에 담으면 벼락부자가 될 가능성이 높아집니다. 다만 寅木이 未土에 담길 때 반드시 壬水, 亥水를 보충해야 문제가 없습니다. 조건이 까다롭기에 寅未 墓地의 재물크기가 작고 巳戌, 亥辰, 申丑의 墓地조합이 상대적으로 큰 부를 축적합니다.

坤命			
時	日	月	年
丁巳	戊辰	丁丑	甲午

丑土에 담을 金氣가 없고 辰土에 담을 水氣도 없습니다. 癸酉

대운에 丑辰 破, 酉丑辰 三字로 조합하니 엄청 고생하면서 자식을 키웠으나 남편은 도박 빚으로 조폭들에 쫓기면서 가정을 돌보지 않습니다. 남편이 丑辰을 도박물상으로 활용했습니다.

乾命			
時	日	月	年
불명	乙丑	丙申	丙戌

丙火로 申金의 부피를 확장한 후 일지 丑土 墓地에 담아서 취합니다. 또 丑戌 刑으로 丑土의 단점인 도둑심보를 고쳤습니다. 전 미국대통령 빌 클린턴 사주입니다.

乾命			
時	日	月	年
불명	乙未	壬寅	壬寅

정치인 안철수 사주입니다. 壬水가 있기에 두 개의 寅木을 일지 未土에 담아도 生氣가 상하지 않습니다. 甲寅년 혹은 甲寅월 己未일 여성의 경우 화류계에 많이 보입니다. 甲寅을 未土 墓地에 담기에 甲寅이 生氣를 상실하고 도망가면서 계속 남자를 바꿉니다. 일반 여성이 결혼하면 水氣를 보충해야 남편에게 문제가 발생하지 않습니다. 甲寅이 未土 墓地에 들어갈 때 水氣가 있어야 生氣를 상실하지 않습니다.

乾命			
時	日	月	年
戊辰	甲子	庚戌	丁未

辰土에 子水를 담아도 庫地이기에 재물이 크지 않습니다. 戌土에 丁火를 담아도 마찬가지 상황입니다. 丙午대운 38세 甲申년에 법원장이 되었습니다. 戌土에 강력한 화기 丙午를 담았는데 월지 宮位이기에 사회활동 과정에 墓地를 활용한 사례입니다.

乾命			
時	日	月	年
甲寅	戊辰	乙亥	己卯

20대 초반 壬申대운을 만나자 亥水의 地藏干 壬水가 透干하여 자연스럽게 辰土 墓地를 향해 들어오기에 갑작스럽게 벼락부자가 될 수 있습니다. 40대 후반까지 준 재벌에 이르렀지만 甲寅 시주에 쫄딱 망했습니다. 甲寅이 필요한 것은 亥水인데 辰土에 담아서 마르고 寅亥 합으로 더욱 마르기에 甲寅은 水氣를 달라고 戊辰에게 요구하지만 더 이상 제공할 수 없기에 축적했던 재물을 꺼내는 방식으로 생명을 유지합니다. 젊어서 준 재벌에 이르렀던 이유는 바로 日支 辰土가 亥水를 담아서 취했기 때문입니다.

乾命			
時	日	月	年
戊	乙	丙	壬
寅	巳	午	申

庚戌대운 庚戌년에 생사가 좌우되는 일이 발생했는데 담대하게 추진해서 수백 만금을 득했다고 합니다. 戌대운, 戌년이 오면 寅午戌 三合을 이루는데 그 과정에 丙火, 巳火를 戌土에 담을 수 있었습니다. 특히 巳火는 夾字로 끼어서 자연스럽게 三合으로 취할 수 있습니다. 년에 午月에 필요한 壬水가 있기에 월지 시공도 매우 적절합니다.

乾命			
時	日	月	年
甲	壬	甲	癸
辰	子	子	未

辰土에 亥水를 담지 못하고 癸水, 子水를 담습니다. 년과 월에 필요한 씨종자 金氣가 없기에 子水의 가치가 높지 않습니다. 초등학교도 졸업하지 못하고 머슴살이 하다가 己未대운에 甲己 合으로 건축업을 했습니다. 亥水를 담는 것과 子水를 담는 것의 차이입니다. 다만, 日과 時에서 壬水가 甲辰에게 水氣를 공급하고 辰土 묘지가 壬子를 담아서 건축업으로 발전하였습니다.

乾命			
時	日	月	年
己	己	甲	庚
巳	丑	申	辰

대만 국가 요직을 두루 거쳤습니다. 庚金과 申金을 일지 丑土 墓地에 담았습니다. 표면적으로는 傷官見官 이지만 甲申월이기에 甲木은 수확할 대상이기에 正官처럼 반드시 보호해야 할 대상이 아닙니다. 月支 時空을 이해하지 못하면 상관 견관은 무조건 흉하다는 인식에서 벗어나지 못합니다. 巳火가 申金 열매를 확장해주는 작용을 하므로 국가 요직을 맡았습니다.

乾命			
時	日	月	年
壬	乙	庚	戊
午	丑	申	子

상해갑부로 庚申을 일지 丑土에 가득 담았습니다. 午火는 庚申 열매를 확장하지만 문제는 午丑 탕화, 子午 沖으로 불안정하기에 부를 축적하는 과정이 순탄하지 않습니다. 이 구조에는 三字 조합이 많습니다. 戊子 년과 乙木이 乙癸戊 三字, 乙庚 합과 午火가 乙丙庚 三字조합을 이루고 丑土 墓地의 작용까지 활용하여 상해 갑부가 되었습니다.

乾命			
時	日	月	年
辛亥	壬辰	己亥	辛酉

마카오 카지노 왕으로 재산이 얼마인지 모를 정도라고 합니다. 일지 辰土 墓地에 수많은 亥水를 담습니다. 더욱 좋은 점은 해수가 년주 辛酉 씨종자를 품어서 가치를 높인 후 辰土에 담겼습니다. 다만, 사주전체가 음습하기에 불법, 비리, 이권과 같은 지름길을 택하는 방식으로 부자가 된 것입니다. 겉으로는 보잘 것 없어 보이지만 墓地의 작용으로 하늘에서 돈벼락을 맞았습니다.

乾命			
時	日	月	年
己酉	丁丑	丙申	丙申

천하의 난봉꾼이라고 합니다. 대운도 金水로 흐르자 수많은 金氣를 일지 丑土에 담아서 난봉꾼이 되었습니다. 墓地를 재물로 활용한 것이 아니라 여인들을 담은 사례입니다. 만약 년과 월에 甲木이라도 있었다면 그릇이 달라졌을 겁니다. 좋은 가치를 담지 못하고 수많은 金氣들이 丑土에 담겨 부패하기에 천하의 난봉꾼이 되었습니다.

坤命			
時	日	月	年
丙午	壬戌	戊午	戊申

사주원국에 강력한 火土의 기세를 戌土에 담았습니다. 이 여인은 乙卯, 甲寅 대운에 50명 정도의 남자들과 생리사별을 했다고 합니다. 巳戌과 午戌의 차이로 午火를 庫地 戌土에 담기에 창고처럼 남자들이 들락거립니다.

坤命			
時	日	月	年
壬子	丙辰	庚子	辛亥

일지에 수많은 水氣들을 담기에 남자들이 안방으로 우르르 몰려듭니다. 수많은 남자들이 丙火에 몰려드는 이유는 유일한 빛이 일간 밖에 없기 때문입니다. 다만, 庚辛 씨종자를 水氣에 풀어냈기에 가치 없는 남자들이 아니고 일정 수준을 갖춘 남자들이 분명합니다.

乾命			
時	日	月	年
壬寅	壬辰	辛亥	壬申

1932년생으로 중년 이후 丙辰, 丁巳, 戊午대운으로 흐르기에 丁辛壬 三字조합을 활용하고 수많은 壬水와 亥水를 일지 辰土에 끌어와 담기에 수백억 부자이며 여성편력도 심합니다.

坤命				陰/平 1923년 10월 15일 12:00								
時	日	月	年	85	75	65	55	45	35	25	15	5
壬	庚	癸	癸	壬	辛	庚	己	戊	丁	丙	乙	甲
午	子	亥	亥	申	未	午	巳	辰	卯	寅	丑	子

戊辰대운 己酉년에 남편이 사망했습니다. 사주원국에 수많은 水氣를 담을 辰土가 없는데 운에서 들어오면 어떤 현상이 발생하는지 살펴보겠습니다. 막힘없이 흘러가던 水氣들은 戊辰대운의 辰土 墓地에 담깁니다. 己酉년에 이르면 午火의 지장간 己土가 透干하여 子午 沖하고 午亥 合하여 남편을 상징하는 午火가 심하게 상합니다. 또 酉金은 辰酉 合하기에 사주원국의 子午 沖을 멈추게 만드는 작용을 합니다. 이 사주구조는 沖으로 午火를 활용하다가 水氣를 가득담은 辰土가 酉金과 합하면 자연스럽게 子午 沖이 멈추면서 사주원국 구조에 변화가 발생합니다.

물론 사주구조대로 수많은 水氣가 午火를 沖하기에 남편에게 불리한 것은 사실이지만 흐르던 물이 막히고 辰土 墓地에 담기면 운이 막히는 이치도 함께 이해해야 합니다. 사주 꼴대로 반응한다는 의미는 태어날 때 받은 사주구조를 유지해야 탈이 없으며 이 사주처럼 사주에 정해진 구조가 비틀리면 흉하다는 의미입니다. 특히 물은 흐르기를 원하는데 운에서 막혀버리면 답답해집니다.

坤命 1974			
時	日	月	年
庚戌	丁巳	丁卯	甲寅

卯木과 巳火와 戌土 墓地에 들어갑니다. 癸亥대운에 이르면 戌土에 들어간 巳火를 沖하자 교통사고가 주기적으로 발생하는데 접촉사고로 경미하지만 항상 차를 멈추고 신호대기 상태에서 상대방이 뒤에서 충돌합니다. 심지어 앞차가 후진하다 충돌하는 경우도 있으며 두 번이나 병원에 입원했습니다. 巳戌로 차량이 戌土 주차장에 들어갔는데 운에서 亥水가 충돌하자 巳火 차량에 충격이 발생한 것입니다. 이 또한 墓地의 작용입니다.

坤命				陰/平 1983년 12월 4일 20:00								
時	日	月	年	85	75	65	55	45	35	25	15	5
甲戌	己亥	乙丑	癸亥	甲戌	癸酉	壬申	辛未	庚午	己巳	戊辰	丁卯	丙寅

丁卯대운에 戌土의 地藏干 丁火가 透干하고 壬午년에 亥水의 地藏干 壬水가 透干했지만 戌土에 담을 火氣가 없고 丑土에 담을 金氣가 없습니다. 壬午년에 교통사고로 눈을 다쳐 거의 실명 상태입니다. 亥水의 地藏干 壬水가 透干해서 丑戌 刑 사이에 夾字로 끼어있는 亥水가 비틀립니다. 天干에서는 丁壬癸 三字가 조합하여 丁火 시신경이 상하여 실명할 상황입니다.

지금까지 墓庫이론에 대해 간략하게 살폈지만 사주통변에 매우 중요한 작용을 하므로 반드시 학습해야 할 이론입니다. 자세한 내용은 책 三合과 墓庫論을 참조하시기 바랍니다. 墓庫의 차이를 정리해보겠습니다.

戌土가 丙, 巳火를 담으면 墓地, 丁午 火를 담으면 庫地입니다.
辰土가 壬, 亥水를 담으면 墓地, 癸子 水를 담으면 庫地입니다.
丑土가 庚, 申金을 담으면 墓地, 辛酉 金을 담으면 庫地입니다.
未土가 甲, 寅木을 담으면 墓地, 乙卯 木을 담으면 庫地입니다.
이런 차이로 재물크기가 다르고 육친작용, 물상도 상이합니다.

夾字의 時運法

사건이나 일의 도래를 알려주는 透干을 원칙으로 분석하는 과정에 夾字가 끼어들면 상황이 더욱 복잡해집니다. 夾字는 天干 合과 沖, 地支의 刑沖破害合 사이에 끼어있는 글자 혹은 글자들을 정의하기에 일반적인 刑沖破害와 전혀 다릅니다. 예로, 子丑 合이라면 子水와 丑土의 合의 작용을 분석하지만 중간에 午火가 끼어있다면 반응방식과 물형이 상이할 수밖에 없습니다. 간단해 보이지만, 子午 沖, 午丑 탕화, 子丑 合으로 작용이 상이하기에 午火의 동태가 달라집니다. 이것을 구분하지 못하면 사건의 종류와 특징을 규정할 수 없습니다. 이 문제를 해결하려면 사주원국에서 제공하는 宮位를 참조하고 운에서 결정하는 시간방향에 따라 발현되는 사건의 특징을 읽어내야 합니다. 이처럼 夾字는 시간과 공간이 반응하는 방식과 얽히면서 비틀리는 공간상황까지 살펴야 하므로 훨씬 복잡한 분석과정을 요구합니다. 자세한 내용은 책 夾字論을 참조하시기 바랍니다. 사주 사례를 보겠습니다.

乾命				陰/平 1958년 1월 23일 10:00								
時	日	月	年	88	78	68	58	48	38	28	18	8
己	己	乙	戊	甲	癸	壬	辛	庚	己	戊	丁	丙
巳	丑	卯	戌	子	亥	戌	酉	申	未	午	巳	辰

庚申대운에 형님이 사망했습니다. 따라서 형님이 사망한 원인을 분석하려면 宮位와 六親을 활용하는 방식을 고민해야 합니다. 해설에 戊戌을 형님이라 간주한 이유는 己土 일간을 기준으로 겁재이기 때문이라고 합니다. 하지만 十神으로 형제를 구분하면 己巳, 丑土도 형제이기에 무엇을 기준으로 판단할지 불분명합니다. 이런 모호함을 제거하려면 宮位를 기준으로 육친을 판단하고 十神은 참조에 그쳐야 합니다. 이 구조는 월주 乙卯가 부모와 형제 宮位라는 기준은 절대로 변하지 않습니다. 부친은 乙木으로 명확하지만 卯木은 모친, 형제 모두를 상징하는 宮位이기에 관련된 사건이나 관계가 발생하면 모친을 지칭하는지 형제를 지칭하는지 판단하기 어렵습니다.

하지만 운에서 그 정체에 대한 정보를 계속 제공해주기에 자세히 관찰해야 합니다. 예로 운에서 丙丁이 透干하면 모친관련, 戊己가 투간하면 형제일 가능성이 높아집니다. 따라서 대운, 세운에서 제공하는 정보에 귀를 기울여야 해당 육친을 적절하게 골라냅니다. 月支는 모친, 형제, 직업을 포괄적으로 포함하기에 기준을 잡지 못하면 혼란스럽습니다. 이 문제를 해결하도록 사주원국, 대운, 세운이 순차적으로 흐르면서 상응하는 정보를 제공하기에 五行, 十神 生剋처럼 마구잡이식으로 질량의 증감을 따질 필요가 없습니다. 시간은 우리에게 어떤 일이 발생할지 계속 정보를 제공하기에 그것을 읽는데 익숙해져야 합니다. 형제를 판단하는 기준도 宮位가 우선이고 十神을 참조하는데 戊戌도 丑土도 己巳도 모두 형제에 해당하기에 혼란스럽습니다. 宮位를 기준으로 살피면, 卯木이 모친, 형제 궁이자 직업, 사회상황 등을 제공하고 형제에 해당하는 十神 己戌도 함께 참조합니다. 사주원국의 수많은 比劫들은 형제, 동료, 사회의 인맥들로 세력이 강해서 정치활동이라면 활용도가 매우 높지만 사업에 활용하면 돈 문제로 소송이 빈번하게 발생하는데 그 이유는 戊己들이 丑中 癸水를 서로 차지하려고 달려들기 때문입니다. 月支 卯木의 구조를 살피면, 丑戌 刑 사이에 夾字로 끼어있기에 丑戌이 반응하는 운에 이르면 卯木이 비틀리는 문제가 발생합니다.

또 卯巳戌 三字도 참조해야 하는데 卯戌 合은 卯木이 戌土 墓地에 들어가 가을에 낙엽이 떨어지듯 生氣가 상하는 조합입니다. 여기에 巳火가 중간에 끼어들면 卯木이 먼저 巳火에서 활짝 펼쳐진 후 갑자기 戌土 어둠속으로 사라집니다. 따라서 卯巳戌 三字로 구성되면 갑작스럽게 生氣가 상하면서 감옥에 가거나 사망할 수 있습니다. 이 사주는 卯巳戌로 조합하고 丑戌 사이에 卯木이 夾字로 끼었으며 卯丑으로 응결되기에 심하게 상합니다. 언제 문제나 사건이 발생하는지 분석해야 하는데 그 기준은 卯木이 상하는 시기입니다. 사주팔자에서 生死의 동태는 주로 木 金을 분석하는데 어떻게 죽느냐는 나머지 五行이 결정합니다. 木金은 生死를 가르는 기준으로 木이 상하면 간, 丙丁이 상하면 심장의 문제라는 것입니다. 戊己는 위장이고 辰戌丑未는 암으로 사망할 가능성이 높습니다. 암의 종류도 木+土 조합이면 위장 대장일 가능성이 많습니다. 예로, 사주팔자에서 木이 土를 극해서 위장이 상하는데 金이 木을 冲하면 표면적으로는 간이 상하지만 대부분 위암으로 발현됩니다. 乙卯는 사주원국 구조대로 상하기 쉬운데 卯巳戌, 丑戌 刑, 卯丑조합으로 가능성, 확률로 존재하다가 地藏干이 透干할 때 물형을 결정합니다. 사주원국이 아무리 흉해도 운에서 반응하지 않으면 의미가 없습니다. 宮位의 시기를 살피면, 월주에 乙卯가 있으면 젊어서 발생하고 時支에 있으면 54세에서 60세 사이에 발생합니다. 하지만 원론에 불과하고 사주팔자 시공간은 수시로 역류하기에 月支의 사건이 60대에 발생하는 경우도 있고 時支의 사건이 20대에 반응할 수도 있습니다. 원칙적으로는 사주원국 月支에서 卯木이 丑戌 刑 사이에 끼어서 24-30세 사이에 본인의 활동에 문제가 생기거나 모친 혹은 형제에게 문제가 발생할 수 있지만 운에서 반응하지 않으면 문제가 없다고 하였습니다.

실제로는 庚申대운 47-57세 己丑년에 친형이 간암으로 사망했다고 합니다. 庚申대운은 47세로 時支 巳火의 地藏干 庚金이 透干했기에 정해진 시간방향대로 월지 卯木은 시지 巳火를 향해 갑니다. 단순하게 巳火의 地藏干 透干 만을 살필 것이 아니라 巳火때문에 반응하는 地支의 동태도 함께 살펴야 합니다. 巳火는 반드시 戌土 墓地를 향하기에 巳火와 卯木은 戌土墓地에 들어가는데 그 과정에 夾字 丑土와 卯木을 접촉하고 卯木은 巳火를 향하는 과정에 夾字 丑土와 접촉하면서 生氣가 상합니다. 무엇이 가장 심하게 상하는지 살펴야 하는데 대운에서 巳火의 地藏干이 庚申으로 투간해서 乙庚 合, 卯申 合으로 乙卯가 답답해집니다. 결국 巳火가 반응하자 卯木이 巳火를 향하고 巳火는 卯木과 함께 戌土 墓地에 들어가고 夾字 丑土와 접촉하는 卯木이 응결되고 庚申에 묶이고 丑戌 刑으로 비틀립니다. 그리고 己丑년을 만나면 일주가 사주원국에서 어떤 구조인가를 살펴야 합니다. 庚申대운 己丑 년으로 왔기에 乙卯가 응결되는 것은 분명합니다. 己丑이 반응하자 丑戌 刑, 巳卯戌로 조합하는 과정에 夾字들이 복잡하게 비틀립니다. 이때 모친이 사망하는지 형제가 사망하는지 己丑년이 힌트를 제공합니다. 형제가 사망한 이유는 己丑 때문입니다. 만약 丁丑년이라면 모친이 사망할 확률이 높습니다. 이처럼 시간은 우리에게 어떤 종류의 사건이 발생할 것이라고 계속 암시하는데 우리가 살피지 못하는 겁니다.

坤命				陰/平 1968년 5월 23일 18:00								
時	日	月	年	84	74	64	54	44	34	24	14	4
癸酉	己未	戊午	戊申	己酉	庚戌	辛亥	壬子	癸丑	甲寅	乙卯	丙辰	丁巳

월과 일에서 午未 합하는데 戊午월입니다. 戊土가 午火를 차지하고 午未로 己土일간과 연결되었기에 己未는 필연적으로 시기, 질투, 경쟁, 집착이 강하지만 日干의 時節이 적절하지 않기에 경쟁에서 밀립니다. 火氣가 탱천하고 水氣가 마르면 구두쇠가 되는데 그나마 癸酉로 있기에 46세 이후에 보충할 수 있습니다. 년과 월의 戊申과 戊午로 戊土가 경쟁우위에 있기에 己土는 남 좋은 일만 한다는 불만을 품습니다. 地支에서 가장 중요한 조합은 未申으로 未中 乙木이 년지 申金을 향하는 과정에 午火가 夾字로 乙丙庚 三字조합을 이룹니다. 따라서 일간이 취하는 것이 아니고 己土가 소유한 未土 재물이나 능력을 年支에서 활용합니다. 그 과정에 戊申과 己未 사이에서 戊午가 열매를 확장해 줍니다. 결국 戊申의 戊土가 모든 것의 주인이고 중간에서 열매 확장 역할은 戊午가 담당하며 己未는 그들의 요구를 실행합니다. 시간 癸水는 夾字 己土와 접촉하고 월간 戊土와 슴하고 년간 戊土와 재차 슴합니다. 흥미로운 점은, 戊土는 癸水를 합하려면 반드시 己土를 활용해야 합니다. 戊土는 반드시 己未를 매개체로 癸水를 슴으로 끌어갑니다. 만약 癸水가 없다면 戊土와

己土는 아무런 관계가 없지만 時干 癸水가 개입되자 반드시 연결되는 사이입니다. 이것이 夾字의 작용입니다. 午未 合은 사회궁에서 연결되지만 좋은 관계는 아닙니다. 午月이기에 반드시 水氣가 필요함에도 午未로 合하기에 좋은 사이도 아니면서 合에서 벗어나지도 못합니다. 하지만 시간 癸水가 合으로 연결되는 시기에 사주구조가 크게 개선됩니다. 46-53세 즈음에 癸水는 戊土를 향하는 과정에 반드시 돈이 개입됩니다. 실제 상황은 甲寅대운에 이혼하고 식당도 하고 부동산 중개도 했지만 돈 욕심을 부려도 벌지 못했고 소송만 당했습니다. 癸丑대운이 44세에서 53세로 사주원국 時干 癸水가 들어오자 戊土와 合하는 사이에 일간 己土가 끼어들고 자연스럽게 癸水와 戊土 사이에서 중개 행위를 합니다. 戊午 月의 戊土나 戊申년의 戊土를 대신해서 己土가 대행하는 과정에 午未로 연결되고 戊申과 乙庚합하기에 돈이 되는 것은 분명합니다.

乙庚 合으로 조직을 형성하고 乙木의 정보, 연락망을 취하는 행위는 모두 일지 未中 乙木에 의해서 이루어집니다. 결국 己未는 戊午, 戊申을 위해서 움직입니다. 未土 중개개념을 활용하고 戊癸 合하는 과정에 癸水 중개수수료를 받고서 戊土에게 넘겨줍니다. 癸丑대운 49세 丙申년에 丙火가 반응하는 宮位는 午火밖에 없습니다. 丙申년이기에 未申으로 乙庚 合이 이루어지고 午中 丙火가 열매를 확장해서 뻥튀기 합니다. 癸丑대운에 癸水가 먼저 반응하기에 중개가 분명하고 丙申년에 乙庚 合해서 확장하는 겁니다. 戊戌월에 재차 戊癸 合하자 상가를 거래해서 5천만원 수수료를 받아서 사무소에 30% 주고 나머지는 수익으로 취하여 오랜만에 보람을 느꼈다고 합니다. 이 구조에서 큰돈이 나올 수 없는 이유는 비록 큰돈이 생겨도 나가기 바쁜 구조이기 때문입니다.

後記

잠시 눈을 감았다 떴는데 10년의 세월이 흘렀습니다. 2014년 초에 시작했던 강의내용 52강을 命理 바르게 학습하기 6권의 책으로 출판하는 여정이 끝나갑니다. 나를 찾는 과정으로 사주명리를 활용하는 경우도 있지만 대부분은 나의 미래를 살피려는 것인데 문제는 그 방식이 너무도 모호하기에 참으로 다양한 관법들이 생겨났습니다. 이 문제를 해결할 방법을 찾고자 오랜 세월 고민했습니다. 2008년 즈음 우연한 기회에 地藏干이 시공간의 순환원리를 표현한 것임을 깨닫고 2012년 즈음부터 모든 명리이론에 時間과 空間의 영혼을 불어넣기 시작하였으며 2014년부터 1년 동안 3시간, 52강 강의를 시작하였습니다. 8년이 지난 후 강의 내용을 교정하고 보완하여 2021년 말부터 2024년 10월까지 6권의 책으로 출판하게 되었습니다.

이 모든 과정에 깃든 영혼은 두 가지로 첫째, 모든 이론에 <u>시간과 공간을 불어넣어야 한다는 사명감</u>이었습니다. 현실세계는 4차원임에도 五行과 十神의 生剋은 生하거나 剋하는 지극히 단조로운 방식만을 고집합니다. 둘째, 사주명리의 흔들리지 않는 원리, 기준을 정립하는 것이었습니다. 왜 유독 사주팔자 술에는 다툼이 심할까요? 그 이유는 옳고 그름을 판단할 기준을 정립하지 못했기 때문이라고 생각합니다. 하지만 불행하게도 우주, 지구자연에는 흔들리지 않는 불변의 기준은 존재할 수 없습니다. 움직임과 변화가 우주본성이기에 어느 것도 절대적 기준이 될 수 없는 겁니다. 더 심각한 문제는 갈대처럼 흔들리는 日干을 기준으로 하는 사주팔자 이론으로 다툼은 멈출 수 없게 되었습니다. 日干을 판단의 기준으로 인식하는 한 천년이 지나도 다툼은 끝나지 않을 것입니다. 하지만 절대적 기준이 없다고 절망할 필요는 없습니다. 비록 상대적이지만 가장 절대적 기준을 활용하면 차선책을 구할 수 있기 때문입니다. 그 기준은 바로 자연입니다. 지구에서 우주를 바라보고 정립한 이론도 많고 우주에서 지구를 바라보고 정립한 이론도 많지만 최상의 절대적 기준은 바로 사계의 순환과정을 명확하게 보여주는 자연입니다. 60년의 시공간을 지구에서 경험하였지만 四季의 순환방식은 변함이 없습니다. 비록 더 추운 겨울, 더 더운 여름이 오지만 가을과 봄이 바뀌지 않았으며 여름과 겨울이 거꾸로 지나지도 않았습니다. 四季는 비록 지구에서의 기준에 국한하지만 사주팔자 일간의 흔들리는 기준에 비하면 神이라 불러도 무방할 정도의 근본원리와 기준을 우리에게 제공하는 것은 분명합니다.

日干을 기준으로 상대적 관계를 설정한 十神 生剋 논리는 현실을 거부한 이론입니다. 첫째, 4차원의 시공간을 전혀 활용하지 못하며 둘째, 상대적 기준에서 가장 낮은 단계의 日干을 판단기준으로 활용하기 때문에 지극히 불안정합니다. 시공명리 학은 이 문제에서 벗어나는 방법을 고민해왔던 겁니다. 자연에서 보여주는 시공간의 순환과정을 8寶圖라는 명칭으로 표현하였습니다.

우주자연 본성도 丁壬癸, 時空圖, 四季圖, 十宮圖 1과 2, 自然순환도, 三合순환도, 命統圖입니다. 8보도의 이치는 모두 地藏干이 보여주는 時空間 순환원리를 기준으로 하였습니다. 흔들리지 않는 판단기준 8寶圖와 地藏干을 활용한 이론체계를 정립하였습니다. 이 외에도 통변에 필요한 세부적인 이론들이 가득합니다. 時運法(시공명리학 운세 분석방법)은 운세를 찍는 기법을 다룬 것입니다. 月支 時空이나 일간의 時節, 三字조합처럼 사주팔자 그릇을 분석하는 방식이 아니라 대운, 세운, 월운에서 과연 어떤 사건, 일, 관계, 물형이 결정되는가를 살피는 방식에 대한 것입니다. 다만, 기본이론과 개념을 학습하지 않으면 사건을 읽는 행위는 무모한 찍기술에 불과하기에 적중률이 낮을 수밖에 없습니다. 이론체계가 중요한 이유는 동일한 명칭을 활용하는 刑沖破害도 五行 生剋, 十神 生剋, 시공명리학의 時空間 분석 방법이 상이하기에 적중률이 달라지기 때문입니다. 옳고 그름을 판단할 기준이 있는 이론과 없는 이론은 하늘과 땅 차이입니다.

물론 時運法이 모든 인생을 쉽게 읽어낸다는 의미는 아닙니다. 이 책에서는 시간과 공간이 반응하는 기본원리를 제시했고 다음 기회에는 원칙을 벗어난 사례들을 세부적으로 관찰해서 출판해야 합니다. 예로, 사주팔자 원국에 없는 글자가 들어올 경우 어떤 방식으로 분석하는가에 대한 이론도 명확하게 정립해야 합니다. 또 기본원리를 정립했음에도 상이하게 반응하는 사례들이 발견되면 그 이치를 정리하는 것도 당면한 숙제입니다. 더욱 간절히 바라는 것이라면, 後代들은 다양한 관점을 활용하여 더욱 발전된 이론을 정립하는 것입니다. 머지않은 장래에 통변실전 확장 편에서 다시 만나도록 하겠습니다.

6권의 실타래를 매듭지으며..........

命理 바르게 학습하기 - 통변실전

저자 : 紫雲 김 광용
youtube : 시공명리학
http://cafe.daum.net/sajuforbetterlife
http://blog.naver.com/fluorsparr
Tel : 010 8234 7519

펴낸이 ■時空명리학
펴낸곳 ■時空명리학 출판사
표　　지 ■時空學

초판　발행 ■ 2024. 10. 29.
출판등록 제 406~2020~00006호

경기도 파주시 탄현로 144~63, 102호
Tel　　■ (010) 8234~7519
ISBN: 979-11-986898-9-4(93180)

정　가 ■ 49,000원

잘못 만들어진 책은 구입하신 서점에서 교환해 드립니다.
저자의 동의하에 인지는 붙이지 않았습니다.

> 본서의 무단전제 또는 복제행위는 저작권법 제98조에 의거
> 민·형사상의 처벌을 받을 수 있습니다.